福祉+α Welfare Plus Alpha 11

[監修] 橘木俊詔/宮本太郎

福祉財政

PUBLIC FINANCE OF WELFARE

高端正幸/伊集守直 [編]

ミネルヴァ書房

刊行にあたって

現在、国民が何に対してもっとも不安を感じているかといえば、将来の生活に対してであろう。もう少し具体的には、将来の生活費の確保、退職後や老後の年金・介護の問題、現役世代であれば病気や失業したときのこと、さらには家族、地域、社会などにおける絆が弱くなったために、自分一人になったときに助けてくれる人がいるのかといった不安など、枚挙にいとまがない。

本シリーズはこれら国民に蔓延する不安を取り除くために、福祉という視点から議論することを目的としている。ただし福祉という言葉が有する狭い意味に限定せず、福祉をもっと幅の広い視点から考えることにする。なぜ人間が福祉ということを考えるようになったのか、なぜ福祉を必要とする時代となったのか。また、国民に福祉を提供する分野と手段としてどのようなものがあるのか、誰が福祉を提供するのか、その財源と人手を調達するにはどうしたらよいのか。さらには、福祉の提供が少ないとどのような社会になるのか、逆に福祉の提供がありすぎるとどのような弊害があるのか、福祉を効率的、公平に提供する方策のあり方はいかなるものか、といった様々な福祉に関する幅広い課題について論じることとする。

これらの課題はまさに無数にあるが、各巻では一つの課題を選択してそのテーマを徹底的に分析し、かつ議論するものである。監修者は、どのような課題に挑戦するかを選択し、そのテーマに関して一冊の本を編集するのに誰がもっともふさわしいかを指名し、その編者は、特定のテーマに関して一流であることは当然として、歴史、法律、理論、制度、政策といった幅広い視点から適切な分析のできる執筆陣を選んで執筆を依頼するとともに、その本全体の編集責任を負う。

本シリーズのもう一つの特色は、読者対象を必ずしもその分野の専門家や研究者に限定せず、幅広い読者を念頭に置いているということである。すなわち、学生、一般読者、福祉を考えてみたい人、福祉の現場に関わっている人、福祉に関する政策や法律、プロジェクトを考案・作成する機関やＮＰＯに属する人、など幅広い層を想定している。したがって、書き手は福祉のことをほとんど知らない人でも読むことができるよう配慮し、福祉の現状と問題点が明快に理解できるよう書くことを念頭に置いている。そしてそのテーマをもっと深く考えてみたいという人に対しては、これからあたるべき文献なども網羅することによって、さらなる学習への案内となるようにしている。

福祉と関係する学問分野は、社会福祉学、経済学、社会学、法学、政治学、人口論、医学、薬学、農学、工学など多岐にわたる。このシリーズの読者は、これらの専門家によって書かれたわかりやすい分析に接することによって、福祉の全容を理解することが可能になると信じている。そしてそのことから自分の福祉のこと、そして社会における福祉のあり方に関して、自己の考え方を決める際の有効な資料となることを願ってやまない。

2012年10月

橘木俊詔
宮本太郎

はしがき

私たちは、何のために「福祉財政」を知ろうとするのであろうか。

福祉、あるいは社会保障の拡充は、積年の重要課題である。雇用・所得の不安定化、家族形態の多様化、そして少子高齢化といった、世紀をまたいで進行した経済・社会の変容は、所得格差や貧困の拡がりを決定的とし、老後の生活を脅かすだけでなく、就業・出産・育児などライフスタイルの選択を著しく制約している。世代に関わらず、今や社会全体を「生きづらさ」が覆っている。

ところが、昨今の福祉政策の展開は、こうした危機的状況に十分に応えるものではなかった。財政事情の悪化がその主因であることは、誰にも否定しえないであろう。一九八〇年代の「増税なき財政再建」、バブル崩壊後の一九九〇年代における政府債務の累積、そして世紀転換期の「構造改革」へと変転する一連の流れにおいて、あるいはさらに最近の政治状況においても、社会保障は国や地方の財政を圧迫する支出増加要因として扱われてきた。福祉施策の拡充が鋭く求められる反面で、支出の抑制が常に政策課題とされ、施策の拡充が退けられてきたわけである。

福祉ニーズの増大に相反する福祉財源の制約。それは、単に人々の生活を危機に陥れただけでなく、日本の社会を瓦解させせようとしている。社会は人間同士が関係を取り結ぶことにより成立する。ただ複数の人間が同じ空間にいるというだけでは、それは社会ではない。互いの信頼や他者の受容に裏打ちされた、対面・非対面の協業関係こそが社会を形作る。

しかし、生活上のニーズが福祉制度・政策により十分にカバーされないということは、人々が自助・自立、あるいは自己責任を強いられることを意味している。人間的な生活をあきらめてまで、必死に稼ぎ、何とか老親の介護をし、子どもを育てなければならない（あるいは子どもを持つことをあきらめねばならない）状況は、人々の心から他者に対する寛容さを奪う。それだけではない。正規―非正規雇用、高齢者―若者、男―女、健常者―障害者……私たちの社会は切り刻まれつつある。その先に待っている社会の崩壊とは、すなわち文明の終焉ではないか。

危機を克服する途が見出されねばならない。その第一歩が、何より現状の的確な理解であることは論をまたない。本書はこうした問題意識に立ち、福祉の現場や福祉行政に身をおく方々や学生さらには一般の方々を読者として想定し、編まれたものである。

第Ⅰ部では総論として四つの章を立て、日本の福祉財政の総体としての特徴、歴史的展開、税と社会保険料という二大財源の性格、そして国と地方の政府間財政関係について論じている。各論の背景をなす日本的な文脈や、福祉財政を規定する財政制度・政策の基本について押さえることが、第Ⅰ部の主眼である。

第Ⅱ部では各論として、社会保障政策を構成する個別の福祉制度・政策のあり方に対する、財政制度（財源、会計間・政府間関係など）や財政状況（収支規模や財源の過不足、財政的な持続可能性など）の係わり方を描いている。福祉「政策」でも福祉「レジーム」でもない、福祉「財政」の論考を幅広い読者層に提供するならば、しばしば難解かつ可視化されにくい福祉政策の財政的側面を実直に解きほぐすことが何より重要だ、という考え方に立って、これらの章は書かれた。ただし、福祉「財政」を財政学者が論じた基本書が（意外にも）希少であることを踏まえ、各章において、執筆者の個性が十分に発揮されることも意図した。そのため、具体論、改革論への踏み込み方は、各章がテーマとする分野の性格のみならず、執筆者のスタンスにも応じて多様となっている。

第Ⅲ部では、比較対象として五つの主要国を取り上げ、各国固有の条件下で形成された福祉財政の姿や、近年のグローバル化、ポスト工業化あるいは雇用や家族の不安定化に対する政策対応の多様性について掘り下げている。また、第Ⅲ部の冒頭には、日本の福祉財政の特質や課題を、国際比較をつうじて考えるための手がかりとなる、短い導入をおいた。他国の歴史的経験や現在の苦闘は、日本の福祉財政の特質を理解するための座標軸となり、より幅広い視野をもって日本の現状をみつめ、課題を探るための手助けとなるであろう。

なお、本書では、社会保障改革のグランドデザインや、税制改革を含めた抜本的な財政改革論には踏み込んでいない。その一歩手前において不可欠な、現状に対する考察に注力した結果である。なお、改革論にかんして、本書の執筆者は、神野・金子（1999）、神野・井手（2006）、井手（2013）らが見出した希望への道を共有していることを付記しておく。

最後に、本書の出版が遅れたことを、ミネルヴァ書房および「福祉＋α」シリーズ監修者に対して深くお詫びしなければならない。その責任はひとえに編者にある。また、それにもかかわらず、辛抱強く出版へのプロセスを導いてくださったミネルヴァ書房の堀川健太郎氏に、心よりお礼を申し上げたい。

本書が、混迷する日本社会に光明を見出すための一助として、多少なりとも意味を持つことを願っている。

二〇一七年十二月

編者を代表して　高端正幸

井手英策（2013）『日本財政　転換の指針』岩波書店。
神野直彦・井手英策（2006）『希望の構想――分権・社会保障・財政改革のトータルプラン』岩波書店。
神野直彦・金子勝（1999）『福祉政府への提言――社会保障の新体系を構想する』岩波書店。

目次

第Ⅱ部　福祉財政を掘り下げる

第Ⅲ部 比較の視座を得る

第Ⅰ部

全体像をつかむ

第1章　日本における福祉財政の特徴

池上岳彦

現代国家において、対人社会サービスの供給、生活環境の整備、社会保障現金給付等により社会システムを維持することが福祉財政の課題である。ただし、現代の「大きな政府」の支出及びそれを支える財源調達システムとしての租税体系は多様である。日本の福祉財政には、家族主義レジームの一員として、相対的に「小さな政府」をもつ、租税負担が軽い、個人所得税と一般消費税がとくに軽い、社会保障制度が社会保険に偏重している、所得再分配効果が小さい、等の特徴がある。社会変化と政府債務累積のなかで、これがどのように変化するのだろうか。

1　福祉レジーム論

OECD加盟国の財政規模は、一般政府支出の対GDP比でみると、一九七〇年代に三〇％台前半から急上昇したが、一九八〇年代前半に四〇％前後に達してからは、景気に応じた上下動はあるものの、ほぼ横ばいである（OECD 2003, 2015: Annex Tables）。租税・社会保障負担の対GDP比も、一九七〇年代初頭に二八％程度であったものが一九七〇年代から八〇年代にかけて上昇し、一九九〇年代からは三五％程度で横ばいである（OECD 2016：95-99）。

ただし、現代の「大きな政府」は多様である。先進国を「福祉レジーム」という観点から類型化する試みがある。ここでは、図1-1に示すように、①自らの労働力を市場経済の中で商品化することができない、すなわち失業、老齢、傷病、保育、介護、貧困等の状況に対して、市場外で社会保障制度により生活が保障されるという意味での「脱商品化」と、②女性の経済的自立が進み、家族構成が多様化するという意味での「脱家族化」の度合を組み合わせた福祉レジーム論を採用する（新川 2011, 2015：池上 2015：225-226）。

「脱商品化」について「社会支出」（ＯＥＣＤ基準。二〇一一年）を、「脱家族化」について女性の就業率（二〇一四年）を、それぞれ指標として用い、先進国を各類型にあてはめたのが表１－１である。「社会民主主義レジーム」は、社会サービスの現物給付・現金給付としての社会支出が多く、脱商品化が進み、同時に女性の就業率も高く、脱家族化が進んでいる国である。スウェーデン・デンマーク・ノルウェー等の北欧諸国がこれにあたる。「自由主義レジーム」は、社会サービス水準が相対的に低く、脱商品化は進んでいないが、労働市場に安価な労働力が存在するために家事労働の市場化という意味で脱家族化が進んだ国である。アメリカ・カナダ・イギリス等がこれにあたる。「保守主義レジーム」は、社会保障の現金給付が充実して脱商品化の度合いは高いが、脱家族化の度合いは相対的に低い国であり、ドイツ・フランスが該当する。「家族主義レジーム」は、社会支出が比較的少なく、女性の就業率が低い国であり、南欧諸国・日本・韓国等が該当する。

社会支出の内容を比較した表１－２からわかるように、支出規模の相違が大きいのは保健（医療）、家族（子育て支援）、積極的労働市場政策（就労支援）等である。いずれも家族主義レジーム諸国で少ないが、家族・労働の支出はアメリカ・カナダも少ない。なお、高齢（年金等）については、給付水準に加えて、制度の成熟度、高齢化率等の相違も反映されるため、レジームとの関連が必ずしも強く表れないといえる。

また、表１－３に示したように、社会支出の

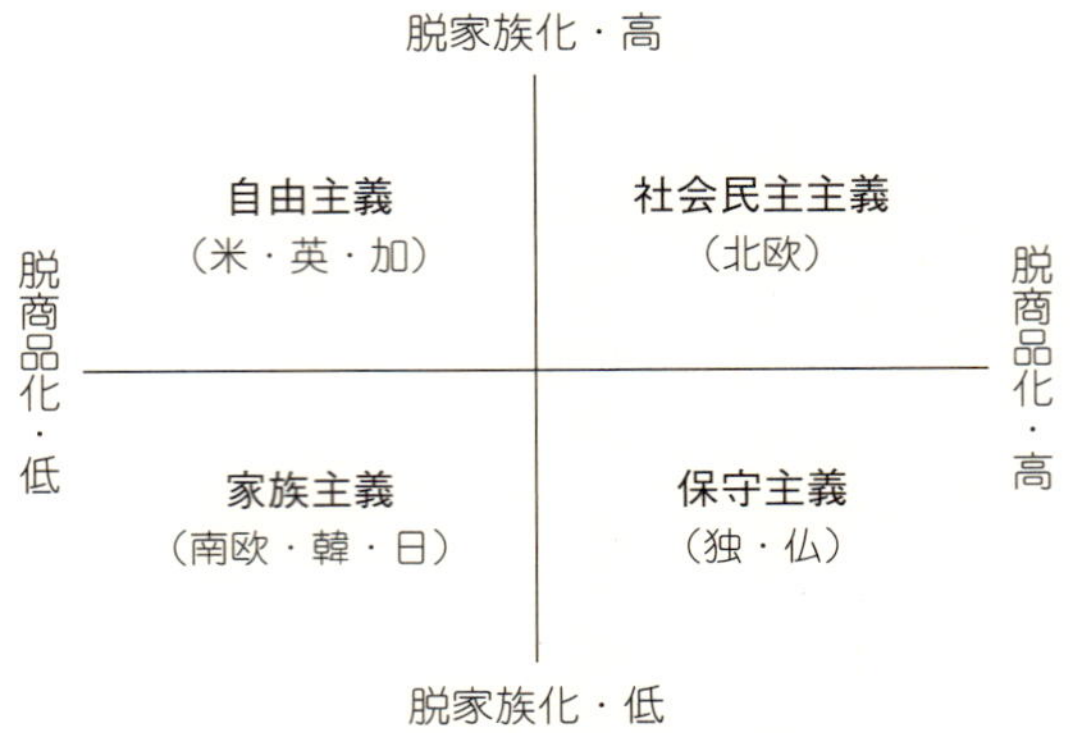

図１－１　「福祉レジーム」の多様性

出所：新川敏光「福祉国家変容の比較枠組」（新川敏光編著『福祉レジームの収斂と分岐』ミネルヴァ書房、2011年、所収）16～20頁を参照し、一部修正して作成。

表１－１　「脱商品化」と「脱家族化」の指標

		社会支出（2011年）		女性の就業率（2014年）（％）
		人口１人当たり額（米ドル）	対 GDP 比（％）	
社会民主主義	スウェーデン	11,363	27.2	73.2
	デンマーク	12,578	30.1	69.8
	ノルウェー	13,506	21.8	73.4
自由主義	アメリカ	9,375	19.0	63.0
	カナダ	7,211	17.4	69.4
	イギリス	7,991	22.7	67.8
保守主義	ドイツ	10,471	25.5	69.5
	フランス	11,419	31.4	60.9
家族主義	イタリア	9,325	27.5	47.5
	スペイン	8,617	26.8	52.0
	ギリシャ	6,951	25.7	41.1
	韓　国	2,611	9.0	54.9
	日　本	**7,981**	**23.1**	**63.6**

注(1)：社会支出は、OECD の定義による“Public Social Expenditures”を用いた。そのうち人口１人当たり額は購買力調整済みの数値。

(2)：女性の就業率（Employment/Population Ratio）は、15～64歳の女性人口に占める就業者の割合。

出所：OECD Social Expenditure Database (SOCX), OECD Labour Force Statistics by Sex and Age.（http://stats.oecd.org/）（2016年５月１日参照）。

表1－2　社会支出の人口1人当たり額（2011年）

（単位：米ドル［購買力調整済み］）

	高　齢	遺　族	障害・業務災害・傷病	保　健	家　族	積極的労働市場政策	失　業	住　宅	その他	合　計
スウェーデン	3,927	186	1,787	2,779	1,519	511	184	187	285	11,363
デンマーク	3,533	3	1,969	2,811	1,694	925	916	297	430	12,578
ノルウェー	4,419	180	2,384	3,458	1,908	353	256	102	447	13,506
アメリカ	2,985	349	695	3,947	357	62	390	147	443	9,375
カナダ	1,644	142	351	2,987	513	100	270	142	1,063	7,211
イギリス	2,129	30	866	2,701	1,397	139	135	535	60	7,991
ドイツ	3,510	830	828	3,282	895	326	480	259	61	10,471
フランス	4,532	629	619	3,130	1,066	338	573	301	232	11,419
イタリア	4,524	881	620	2,355	507	141	273	8	16	9,325
スペイン	2,876	737	848	2,172	444	289	1,110	75	68	8,617
ギリシャ	3,333	631	259	1,785	370	68	289	94	122	6,951
韓　国	610	78	141	1,170	272	82	84	—	174	2,611
日　本	3,604	499	352	2,660	468	67	103	40	187	7,981

注(1)：高齢：老齢年金等の現金給付、在宅ケア等の現物給付。
(2)：遺族：遺族年金等の現金給付、葬儀・埋葬料等の現物給付。
(3)：障害・業務災害・傷病：障害年金・労災手当・休業手当等の現金給付、在宅ケア・リハビリ等の現物給付。
(4)：保健：医療の現物給付。
(5)：家族：家族手当・出産／育児手当等の現金給付、保育所・育児支援・就学前教育等の現物給付。
(6)：積極的労働市場政策：職業案内、能力開発・訓練、雇用拡大助成、直接的雇用創出、早期退職対策等。
(7)：失業：雇用保険等の失業給付。
(8)：住宅：公的住宅、家賃・家主補助。
(9)：その他：公的社会扶助等。
出所：OECD Social Expenditure Database (SOCX).（http://stats.oecd.org/）（2016年5月1日参照）。

表1－3　社会支出の対GDP比

（単位：％）

	1980年	1990年	2000年	2011年	1980年↓2011年	［参考］（2013年時点）	
						合計特殊出生率	高齢化率
スウェーデン	26.0	28.5	28.2	27.2	+1.2	1.89	19.9
デンマーク	24.4	25.0	26.0	30.1	+5.7	1.67	18.0
ノルウェー	16.3	21.9	20.8	21.8	+5.5	1.78	15.8
アメリカ	12.8	13.1	14.2	19.0	+6.2	1.86	14.1
カナダ	13.2	17.6	15.8	17.4	+4.2	1.61	15.2
イギリス	16.3	16.3	18.4	22.7	+6.4	1.83	17.0
ドイツ	21.8	21.4	26.2	25.5	+3.7	1.41	20.8
フランス	20.6	24.9	28.4	31.4	+10.8	1.98	17.9
イタリア	18.0	21.4	23.3	27.5	+9.5	1.39	20.9
スペイン	15.4	19.7	20.0	26.8	+11.4	1.27	17.9
ギリシャ	10.3	16.5	19.2	25.7	+15.4	1.30	19.7
韓　国	—	2.8	4.8	9.0	—	1.19	12.2
日　本	10.3	11.1	16.3	23.1	+12.8	1.43	25.1

注(1)：「合計特殊出生率」は、1年間における各年齢（15～49歳）の女性の出生率を合計したもの。
(2)：「高齢化率」は、65歳以上の者が全人口に占める割合（％）。
出所：OECD Social Expenditure Database (SOCX), OECD Country Statistical Profiles により作成。
（http://stats.oecd.org/）（2016年5月2日参照）。

表1－4　一般政府支出の国際比較（2013年。対 GDP 比）

（単位：％）

	一般政府サービス	防　衛	秩序・安全	経　済	教　育	保健・医療	社会福祉	合　計
スウェーデン	7.8	1.5	1.4	4.3	6.6	7.0	22.6	52.4
デンマーク	7.8	1.4	1.0	3.6	7.0	8.7	25.1	57.1
ノルウェー	4.3	1.6	1.0	4.7	4.9	7.5	17.5	44.1
アメリカ	5.6	3.8	2.2	3.6	6.2	8.7	8.1	38.7
カナダ	7.3	1.0	1.6	3.4	7.2	7.3	9.2	39.2
イギリス	5.6	2.3	2.1	3.1	5.4	7.5	16.7	44.9
ドイツ	6.3	1.1	1.6	3.3	4.3	7.0	18.8	44.5
フランス	6.8	1.8	1.6	4.9	5.5	8.1	24.5	57.1
イタリア	8.9	1.2	2.0	4.2	4.1	7.2	21.0	51.0
スペイン	7.0	1.0	2.0	4.5	4.1	6.1	17.9	45.1
ギリシャ	12.8	2.4	1.7	3.2	4.1	6.0	20.4	51.8
韓　国	5.4	2.5	1.3	5.3	5.2	3.9	5.9	31.8
日　本	**4.5**	**0.9**	**1.3**	**4.4**	**3.6**	**7.4**	**18.0**	**42.3**

注(1)：「合計」は、表示されていない項目（環境保全，住宅・地域，娯楽・文化・宗教）を含む。
(2)：カナダは2006年の数値。ギリシャは2011年の数値。
出所：OECD, *National Accounts at a Glance*, 2015 Edition.　ただし、カナダとギリシャは 2014 Edition による（http://stats.oecd.org/）（2016年5月1日参照）。

表1－5　租税及び社会保障負担の国際比較（2014年）

	対 GDP 比（％）							人口1人当たり額（米ドル）
	個人所得税	法人所得税	一般消費税	社会保障負担	雇用者	雇用主	合　計（順位）	
スウェーデン	12.2	2.7	9.1	9.9	2.7	7.1	42.8 （7）	25,198
デンマーク	26.8	2.6	9.5	0.1	0.0	0.0	49.6 （1）	30,630
ノルウェー	9.8	6.6	7.8	9.9	3.4	5.9	38.7 （9）	37,682
アメリカ	10.2	2.2	2.0	6.2	2.8	3.1	25.9 （32）	14,115
カナダ	11.3	3.3	4.3	4.7	1.9	2.7	31.2 （26）	15,671
イギリス	8.8	2.4	6.8	6.0	2.3	3.5	32.1 （22）	15,119
ドイツ	9.6	1.7	7.0	13.9	6.2	6.5	36.6 （13）	17,533
フランス	8.5	2.3	7.2	17.0	4.2	11.4	45.5 （2）	20,067
イタリア	11.3	2.2	6.0	13.0	2.4	8.7	43.7 （5）	15,213
スペイン	7.6	2.1	6.1	11.6	1.8	8.2	33.8 （17）	10,063
ギリシャ	5.9	1.9	6.0	10.3	4.2	4.5	35.8 （15）	7,405
韓　国	4.0	3.2	4.2	6.6	2.8	3.0	24.6 （33）	6,882
日　本	**6.1**	**4.1**	**3.9**	**12.7**	**5.5**	**5.8**	**32.0 （23）**	**11,674**

注(1)：「合計」は、表示されていない税目（財産税、個別消費税、給与税、利用税等）を含む。
(2)：「順位」は、「合計」について OECD 加盟35カ国の数値を高い順に並べた場合の順番。
出所：OECD, *Revenue Statistics 1965-2015* (November 2016) pp. 94, 106-130. により作成。

対GDP比は、社会民主主義レジーム諸国では大きく変化していないのに対して、制度のスタートが遅かった韓国を除く家族主義レジーム諸国では急上昇している。合計特殊出生率が低い家族主義レジーム諸国、高齢化の進行が遅いアメリカ・カナダ・韓国ではこれまで社会支出が小規模であったが、長期的にみると支出規模の差が縮小すると予想される。

　さらに、一般政府支出全体を国際比較した表1－4からわかるとおり、社会民主主義レジームあるいは保守主義レジームに属する諸国では社会福祉を中心に支出規模がとくに大きく、それに対して自由主義レジームあるいは家族主義レジームに属する諸国では社会福祉等の支出規模が小さい。ただし、教育に関しては自由主義レジーム諸国においても支出が多いのに対して、保守主義レジーム諸国と家族主義レジーム諸国の支出が少ない。

　ここで、社会保障をはじめとする財政支出を支える財源をみておきたい。日本では社会保障財源の確保といえば「消費税」（一般消費税）の増税というイメージで語られることがあるものの、事実はそうではない。租税及び社会保障負担の対GDP比を国際比較した表1－5からわかるように、現在も税制の中軸は明らかに個人所得税であり、ほとんどの国において一般消費税はそれを補完する地位にある。そのなかで、社会民主主義レジーム及び保守主義レジームに属する諸国では一般消費税の地位が比較的高く、家族主義のなかでもギリシャ・韓国は一般消費税が個人所得税を上回る。なお、保守主義レジームあるいは家族主義レジームに属する諸国では、社会保障負担が個人所得税を上回っている。

2　日本における福祉財政の特徴

「小さな政府」をもつ日本

　表1－1、表1－2及び表1－3でみたように、家族主義レジームに属する国では、脱家族化の度合いが低く、社会サービス及び現金給付の水準が比較的低い。日本もその一員であり、年金や医療の給付抑制をはかる改革がたびたび行われてきた。日本において、二〇一一年の社会支出対GDP比は二三・一％であり、上昇傾向はみられるものの、決して高い数値ではない。しかも、これを金額でみると七九八一米ドルであり、社会民主主義レジーム諸国・保守主義レジーム諸国を大きく下回る。対GDP比の上昇は、給付額増加のみならず、リーマン・ショック以降のGDP減少にも起因するからである。*

　日本は政府規模全体も小さい。表1－4に示したように、二〇一三年時点で、一般政府支出の対GDP比について、日本は家族主義レジーム諸国のなかでも相対的に「小さな政府」を持つ。支出内容をみると、秩序・安全、経済、保健・医療等については目立った差がないのに対して、社会福祉について日本は社会民主主義レジームと保守主義レジーム諸国を下回り、教育については最も支出が少ない。

現物給付の少なさ

　二〇一四年時点で一般政府支出の対GDP比を性質別にみたのが表1－6であるが、日本の政府規模は相対的に小さい。そのなかで、現物社会移転以外の社会給付、すなわち年金、扶助、雇用保険等の現金給付も少ないが、ヨーロッパ諸国との差は小さい。これに対して、最終消費支出のうち教育・福祉等の現物給付に必要な人件費が少ないのが目立つ。これは、表1－7に示したように、公務員数の少なさを反映している。人口千人当たりでみた日本の公的部門職員数は、アメリカ・フランス・イギリスの半分程度に過ぎない。

地方政府の役割の大きさ

　日本における公共部門の活動のうち、地方政府（地方自治体）が過半を占めている。表1－7に示

表1-6　一般政府の財政支出の対 GDP 比（2014年。性質別）

（単位：%）

	総支出	うち 最終消費支出	うち人件費	うち 社会保障給付 ［現物社会移転以外］	うち 総固定資本形成	うち 利払い費
日　本	41.8	20.4	6.0	14.1	3.5	2.3
アメリカ	38.1	14.7	9.9	14.4	3.2	3.5
イギリス	43.9	19.8	9.4	14.1	2.7	2.7
ドイツ	44.3	19.3	7.7	15.5	2.2	1.8
フランス	57.5	24.2	13.0	20.2	3.7	2.2
スウェーデン	51.8	26.3	12.6	13.9	4.5	0.7

注(1)：最終消費支出は、現実最終消費（外交・防衛、治安、環境等）、現物社会移転（医療、教育等）。
(2)：社会保障給付（現物社会移転以外）は、年金、扶助、雇用保険等。
(3)：総固定資本形成は、公共投資（除・用地費等）。
出所：財務省―予算・決算ウェブサイト「財政関係基礎データ」（2016年4月）。（http://www.mof.go.jp/budget/fiscal_condition/basic_data/201604/sy2804k.pdf）（2016年5月1日参照）。

表1-7　公的部門職員数の国際比較（人口千人当たり）

（単位：人）

	中央政府			地方政府	合　計	（地方政府の割合［%］）
	行　政	防　衛	企　業			
日　本　(2014年)	2.7	2.1	5.0	26.3	36.2	(72.7)
アメリカ　(2013年)	4.4	6.7	2.0	51.0	64.1	(79.6)
イギリス　(2013年)	5.8	3.5	32.6	27.7	69.3	(40.0)
ドイツ　(2014年)	2.7	3.1	7.8	46.8	60.4	(77.5)
フランス　(2014年)	24.6	4.2	19.1	41.3	89.1	(46.4)

出所：内閣官房ウェブサイト「国の行政機関の定員」（内閣人事局）。（http://www.cas.go.jp/jp/gaiyou/jimu/jinjikyoku/files/000272934.pdf）（2016年5月1日参照）。

したように、日本は地方政府の公的部門職員数も他の先進国より少ないが、それでも職員数の七割を占めている。

また、教育と公共投資に加えて、社会保障でも地方政府が大きな役割を担う。二〇一四年度において、一般政府から家計への社会保障関係移転は一一〇・八兆円であったが、そのうち地方政府が実質的に担う国民健康保険（九・八兆円）、後期高齢者医療（一三・五兆円）、児童手当（二・二兆円）、介護保険（九・一兆円）及び社会扶助（恩給を除く。九・七兆円）を合わせると四四・三兆円となり、総額の四〇・〇％を占める。年金（五〇・四兆円。総額の四五・五％）を除けば、社会保障給付における地方政府の役割はきわめて大きい。**

税負担が軽い国

表1-5に示したように、二〇一四年における日本の租税及び社会保障負担は対GDP比三二・〇％であり、家族主義レジーム諸国のなかでも負担が比較的軽く、金額は北欧諸国の半分もしくはそれ以下である。日本では、個人所得税及び一般消費税がとくに小規模である。

さきにみたとおり、先進国における税制の中心は個人所得税であるが、日本の個人所得税は対GDP比六・一％に過ぎない。表1-8に示した

表1-8　給与所得者の年間収入に対する個人所得税負担の国際比較（2015年1月現在）

① 単身者　　（単位：万円〔（　）内は収入に対する負担率（%）〕）

年収	500万円		700万円		1,000万円	
日本	42.4	(8.5)	78.9	(11.3)	153.7	(15.4)
アメリカ	74.3	(14.9)	131.8	(18.8)	226.2	(22.6)
イギリス	63.4	(12.7)	103.4	(14.8)	210.2	(21.0)
ドイツ	83.1	(16.6)	151.4	(21.6)	273.0	(27.3)
フランス	70.6	(14.1)	127.7	(18.2)	217.6	(21.8)

② 夫婦のみ

年収	500万円		700万円		1,000万円	
日本	35.3	(7.1)	67.8	(9.7)	142.7	(14.3)
アメリカ	42.2	(8.4)	84.2	(12.0)	148.6	(14.9)
イギリス	63.4	(12.7)	103.4	(14.8)	210.2	(21.0)
ドイツ	34.5	(6.9)	86.6	(12.4)	174.8	(17.5)
フランス	39.3	(7.9)	87.4	(12.5)	142.3	(14.2)

③ 夫婦・子2人

年収	500万円		700万円		1,000万円	
日本	19.6	(3.9)	46.2	(6.6)	114.2	(11.4)
アメリカ	17.8	(3.6)	57.2	(8.2)	121.6	(12.2)
イギリス	63.4	(12.7)	103.4	(14.8)	210.2	(21.0)
ドイツ	33.5	(6.7)	82.5	(11.8)	171.4	(17.1)
フランス	39.3	(7.9)	55.0	(7.9)	122.6	(12.3)

注(1)：「夫婦」は稼得者1人、「夫婦・子2人」は稼得者1人、子のうち1人は16～22歳と仮定。
(2)：アメリカはニューヨーク州の例。イギリスは就労税額控除と児童税額控除を差し引いた後の金額。ドイツは連帯付加税を含む金額。フランスは一般社会税等を含む金額。
出所：江島一彦編『図説日本の税制（平成27年度版）』（財経詳報社、2015年）288頁により作成。

ように、日本における給与所得者の所得税負担は、単身世帯・夫婦世帯を通じて、ほとんどのケースにおいて、表示した国のなかで最も軽い。また、所得税においては総合課税が不十分であり、金融所得の優遇が目立つ。表1-9に示したように、主要国の金融所得課税は、総合課税、もしくは税率三〇%前後の分離課税である。それに対して日本では、利子・株式配当・株式譲渡益とも実質的には税率二〇%の分離課税である。さらに、給与所得に対しては所得税と社会保険料（社会保障負担）がともに課されるのに対して、金融所得には社会保険料が課されず、その分も負担がいっそう軽い。社会保険料の本人負担は逆進性をもつため、問題はさらに深刻である。

なお、日本は法人税負担が重いとの主張がきかれる。二〇一六年四月時点で、法人所得に対する日本の実効税率（標準税率）は二九・九七%である。これはアメリカ（カリフォルニア州）四〇・七五%、フランス三三・三三%より低く、ドイツ二九・五九%と同レベルだが、中国二五・〇〇%、韓国（ソウル市）二四・二〇%、イギリス二〇・〇〇%、シンガポール一七・〇〇%と比較すれば高い。しかし、法人税の課税ベースは国ごとに異なるので、税率だけを比較しても意味はない。また、法人の負担は社会保障負担（雇用主負担分）

表1－9　金融所得課税の国際比較（2017年1月現在）

	日　本	アメリカ	イギリス	ドイツ	フランス
利子	源泉分離課税 20％（国15％、地方5％）	総合課税 （連邦税10～39.6％ ＋州・地方税）	段階的課税 （分離課税） 10％、20％、 40％、45％	申告不要（分離課税） 26.375％ または総合課税 14～47.48％（選択）	総合課税 15.5～60.5％ （所得税0～45％ 及び社会保障関連 諸税15.5％）
配当	［上場株式等（大口以外）］ 申告分離（源泉徴収したうえで 申告不要とする選択あり） 20％（国15％、地方5％） または総合課税10～55％（選択）	連邦税 段階的課税（分離課税） 0％、15％、20％ 及び州・地方税（総合課税）	段階的課税 （分離課税） 7.5％、32.5％、 38.1％	申告不要（分離課税） 26.375％ または総合課税 14～47.48％（選択）	総合課税 15.5～60.5％ （所得税0～45％ 及び社会保障関連 諸税15.5％）
株式譲渡益	［上場株式等（大口以外）］ 申告分離課税 20％（国15％、地方5％） （源泉徴収したうえで申告不要 とする選択あり）	［1年超保有］ 連邦税（段階的課税［0％、 15％、20％］）及び州・地 方税（総合課税） ［1年以下保有］ 総合課税（連邦税10～ 39.6％＋州・地方税）	段階的課税 （分離課税） 10％、20％ （土地譲渡益 と合わせて年 間11,100ポン ド非課税）	申告不要（分離課税） 26.375％ または総合課税 14～47.48％（選択）	総合課税 15.5～60.5％ （所得税0～45％ 及び社会保障関連 諸税15.5％）

出所：財務省ウェブサイト――「税制」――「国際課税―所得税など（個人所得課税）に関する資料」により作成。（http://www.mof.go.jp/tax_policy/summary/itn_comparison/j02.htm）（2017年8月15日参照）。

表1－10　法人所得課税と社会保障負担の雇用主負担の国際比較に関する調査（2006年3月）

	自動車製造業			エレクトロニクス製造業			情報サービス業			金融（銀行）業		
	租　税	社会障負担保	合　計	租　税	社会障負担保	合　計	租　税	社会障負担保	合　計	租　税	社会障負担保	合　計
日　本	23.0	7.4	30.4	21.0	12.3	33.3	25.0	19.2	44.2	23.0	3.2	26.3
アメリカ	22.4	4.5	26.9	20.0	8.3	28.3	35.0	11.7	46.7	25.8	2.0	27.8
イギリス	14.5	6.1	20.7	13.0	10.3	23.4	23.0	16.3	39.3	20.9	2.7	23.6
ドイツ	25.2	11.7	36.9	19.2	18.9	38.1	26.6	29.1	55.7	18.7	5.0	23.8
フランス	19.3	22.3	41.6	12.3	37.0	49.2	12.3	57.8	70.1	21.5	9.8	31.3

注(1)：財務省の委託により、KPMG 税理士法人が試算した。
(2)：数値は、法人所得課税負担及び社会保障負担の［税引前当期利益＋社会保障負担］（総売上から社会保障負担以外の費用を引いた額に等しい値）に対する比率を国際比較したもの。
(3)：モデル企業の立地場所は、日本は東京、アメリカはカリフォルニア州とテネシー州（自動車製造業）、カリフォルニア州とニュージャージー州（エレクトロニクス製造業）、カリフォルニア州（情報サービス業）、カリフォルニア州とニューヨーク市（金融業）、イギリスはロンドン、ドイツはデュッセルドルフ、フランスはパリと仮定した。
出所：税制調査会第3回専門家委員会（2010年4月7日）配付資料「法人課税の国際比較」により作成。

も合わせて考えるべきである。その点を主要業種について比較した表1－10をみると、ドイツ・フランスは租税負担が低いものの、社会保障負担の雇用主負担が大きい。このため、総体としては、日本の法人負担はとくに重いとはいえない。なお、アジア諸国・地域と比較するときも、法人税だけでなく、社会保障負担、固定資産税等を含めて評価する必要がある。

アメリカを除く先進国では一般消費税（付加価値税）の税率が高い。日本の消費税率は国税・地方税を合わせて八％であるが、EU加盟国の付加価値税は税率が一五％以上であり、二五％を超える国もある。しかし、税率の高い国は社会保障・教育・労働といった分野で日本を大きく上回る給付を行っている。金融所得課税・法人税の軽減及び財政赤字補てんのために消費税率を引き上げれば、財政制度全体を逆進的な方向に導いてしまう。

財界団体等は「社会保障給付を増

やすと，企業や若者が負担増を避けて外国に逃げる」という議論を繰り返してきた。それならば，現在のヨーロッパ諸国には高齢者しか住んでいないはずである。しかし，そのような事実はない。むしろ，財界の政治的影響力が大きかったために，そのような主張が「重用」されてきたのである。実際には，先進国における租税・社会保障負担率と経済成長率との間に相関関係はなく，「租税負担が重いと経済成長が阻害される」ということはない（神野・池上編 2009：第1章・第6章）。

社会保険料の偏重

二〇一三年度における社会保障給付費一一三・九兆円のうち，とくに規模が大きいのは社会保険（年金・医療・介護・雇用・災害補償等。合計九二・八兆円）であり，公務員の共済組合・災害補償（七・五兆円）を加えると一〇〇・三兆円，給付費全体の八八・一％に達する（国立社会保障・人口問題研究所 2015：20-27）。

ただし，社会保険（社会保障基金）本来の役割は，様々な事情により労働賃金を得られなくなるリスクを補償する生活費の保障，すなわち相互扶助的な「賃金代替」である。老齢年金及び傷病・出産・育児・介護等による休業手当がこれにあたる。日本では，そのうち育児・介護等の手当がとくに不十分である。それに対して，医療・介護サービスは対人社会サービスの現物給付である。本来それらは地方政府の役割であり，その財源は地方税及び財政調整制度によってまかなわれる（神野・金子 2012：第2章）。

ところが，日本では社会保険料が偏重されている。表1-5で見たように，二〇一四年における日本の社会保障負担の対GDP比は一二・七％であり，租税・社会保障負担の四割を占める。また，フランス・イタリア・スペイン・スウェーデン等，社会保障負担が重要な地位を占める国では，雇用主の負担が雇用者を大きく上回る例が多い。それに対して日本の場合，社会保険料は原則として労使折半である。その雇用主負担は，表1-10でみたように，法人税と合わせても重くはない。

社会保険料は，国民年金のように「人頭税」型の負担もあり，給与所得者の年金保険料・医療保険料・雇用保険料は収入比例である。いずれも，家計の事情に応じた所得控除と累進税率を備える所得税と比較すれば，明らかに逆進的である。

とはいえ，表1-11に示したように，国・地方自治体の公費（租税）は，公衆衛生・児童手当・生活保護・社会福祉だけでなく，国民健康保険・後期高齢者医療制度・介護保険・国民年金などにも相当程度投入されている。「社会保険」のうち社会保険料で財源の大部分をまかなっているのは健康保険・雇用保険・共済組合だけである。「保険の形をとることにより受益と負担の関係を明確化する」との発想を社会保障制度のなかで貫徹するのは無意味である。生存権保障の面で本格的な制度をつくる場合，租税が財源を支える。表1-12に示したように，医療費が飛び抜けて多いアメリカが私的保険偏重であるのと対極に，日本を含む大部分の先進国において一般政府の財源が医療費の七～八割をまかなっている。そのなかでも，北欧諸国・カナダ・イギリスなどでは租税が一般政府財源のほとんどを占める。

所得再分配の弱さ

少子高齢化と所得・資産格差拡大が同時進行する国では，貧困者と高齢者の生活保障及び児童支援を公共サービス及び所得再分配として展開しなければ，社会の持続可能性が危機に瀕する。また，格差拡大は民族間・宗教間の軋轢と相まって政治的対立を増幅する。

表1-13に示したように，国民の所得格差を示すジニ係数及び貧困率は，財政移転が所得再分配の効果をもつため，財政移転後は数値が低下する。社会民主主義レジームや保守主義レジームに

表1－11　社会保障財源の構成（2013年度）

（単位：10億円、％）

	被保険者拠出	事業主拠出	国庫負担	他の公費負担	資産収入・その他	合　計
社会保障制度全体	33,167（26.1）	29,810（23.5）	30,509（24.0）	12,514　（9.8）	21,060（16.6）	127,059（100.0）
［内訳（主なもののみ）］						
組合管掌健康保険	3,662（41.9）	4,335（49.6）	36　（0.4）	—　（—）	708　（8.1）	8,741（100.0）
協会管掌健康保険	4,122（43.2）	4,033（42.3）	1,354（14.2）	—　（—）	22　（0.2）	9,531（100.0）
国民健康保険	3,589（37.3）	—　（—）	3,608（37.5）	1,883（19.6）	545　（5.7）	9,625（100.0）
後期高齢者医療制度	1,025（12.3）	—　（—）	4,527（54.1）	2,437（29.2）	372　（4.4）	8,361（100.0）
介護保険	1,824（27.3）	—　（—）	2,056（30.8）	2,650（39.7）	152　（2.3）	6,682（100.0）
厚生年金保険	12,524（27.5）	12,524（27.5）	8,381（18.4）	—　（—）	12,172（26.7）	45,600（100.0）
国民年金	1,618（33.8）	—　（—）	2,173（45.5）	—　（—）	989（20.7）	4,780（100.0）
雇用保険	803（33.5）	1,365（56.9）	170　（7.1）	—　（—）	60　（2.5）	2,398（100.0）
労働者災害補償保険	—　（—）	793（69.1）	0　（0.0）	—　（—）	355（30.9）	1,148（100.0）
私学振興・共済事業団	316（34.3）	310（33.6）	106（11.5）	7　（0.7）	183（19.8）	923（100.0）
国家公務員共済組合	828（33.6）	1,125（45.7）	281（11.4）	—　（—）	227　（9.2）	2,461（100.0）
地方公務員等共済組合	2,349（31.6）	3,164（42.6）	3　（0.0）	662　（8.9）	1,245　（8.9）	7,423（100.0）
児童手当	—　（—）	438（17.6）	1,272（51.2）	742（29.9）	31　（1.2）	2,483（100.0）
公衆衛生	—　（—）	—　（—）	608（82.5）	129（17.5）	—　（—）	737（100.0）
生活保護	—　（—）	—　（—）	2,751（75.0）	916（25.0）	—　（—）	3,667（100.0）
社会福祉	—　（—）	—　（—）	2,126（47.0）	2,394（53.0）	—　（—）	4,521（100.0）

注：財源のうち、制度間移転（他の社会保障制度からの移転収入［合計31兆325億円。うち国民年金17兆1,399億円、後期高齢者医療制度5兆5,591億円、国民健康保険4兆847億円、介護保険2兆4,893億円、厚生年金1兆3,455億円］）は表から除いた。

出所：国立社会保障・人口問題研究所『平成25年度　社会保障費用統計』（2015年10月）集計表2「2013年度社会保障給付費収支表」（21～27ページ）により作成。

表1－12　国民医療費の国際比較（2013年）

	人口1人当たり額（米ドル）	一般政府	民間部門	うち患者負担	一般政府の割合（％）	医療費の対GDP比（％）
スウェーデン	4,904	4,126	779	726	84.1	11.0
デンマーク	4,553	3,841	713	625	84.4	10.4
ノルウェー	5,862	4,981	882	855	85.0	8.9
アメリカ	8,713	4,197	4,516	1,074	48.2	16.4
カナダ	4,351	3,074	1,278	623	70.7	10.2
イギリス	3,235	2,802	561	321	86.6	8.5
ドイツ	4,819	3,677	1,142	649	76.3	11.0
フランス	4,124	3,247	877	277	78.7	10.9
イタリア	3,077	2,381	666	536	77.4	8.8
スペイン	2,898	2,073	826	689	71.5	8.8
ギリシャ	2,366	1,551	798	726	65.6	9.2
韓　国	2,275	1,272	1,003	838	55.9	6.9
日　本	3,713	3,090	623	503	83.2	10.2

注(1)：人口1人当たり額（米ドル）は購買力調整済み。

(2)：日本の「患者負担」は、2012年の数値。

出所：OECD Health Statistics 2015により作成。（http://www.oecd.org/health/health-data.htm 及び http://stats.oecd.org/）（2016年5月2日参照）。

表1-13　ジニ係数及び貧困率の変化

		財政移転前 A		財政移転後 B		財政移転の影響 B－A	
		1995年	2011年	1995年	2011年	1995年	2011年
ジニ係数	スウェーデン	0.438	0.435	0.211	0.273	-0.227	-0.161
	デンマーク	0.417	0.431	0.215	0.253	-0.202	-0.178
	ノルウェー	0.404	0.423	0.243	0.250	-0.161	-0.173
	アメリカ	0.477	0.508	0.361	0.389	-0.116	-0.118
	カナダ	0.430	0.438	0.289	0.316	-0.141	-0.122
	イギリス	0.507	0.523	0.337	0.341	-0.170	-0.182
	ドイツ	0.459	0.506	0.266	0.293	-0.193	-0.212
	フランス	0.473	0.512	0.277	0.309	-0.196	-0.203
	イタリア	0.467	0.502	0.327	0.322	-0.140	-0.180
	スペイン	—	0.506	—	0.341	—	-0.165
	ギリシャ	—	0.555	0.352	0.335	—	-0.220
	韓　国	—	0.342	—	0.311	—	-0.031
	日　本	**0.403**	**0.488**	**0.323**	**0.336**	**-0.079**	**-0.153**
貧困率（%）	スウェーデン	29.6	26.5	3.7	9.7	-25.9	-16.8
	デンマーク	25.0	24.7	4.7	6.0	-20.2	-18.7
	ノルウェー	26.3	25.7	7.1	7.7	-19.2	-17.9
	アメリカ	26.4	28.4	16.7	17.1	-9.7	-11.3
	カナダ	26.2	24.6	10.7	11.7	-15.4	-12.9
	イギリス	32.2	31.9	10.5	10.0	-21.7	-21.9
	ドイツ	28.7	32.9	7.2	8.7	-21.5	-24.2
	フランス	35.0	35.0	7.6	8.0	-27.4	-27.0
	イタリア	27.5	31.6	14.6	12.6	-12.8	-19.0
	スペイン	—	34.2	—	14.8	—	-19.4
	ギリシャ	—	35.8	13.7	15.2	—	-20.6
	韓　国	—	17.3	—	15.2	—	-2.1
	日　本	**19.0**	**32.0**	**13.7**	**16.0**	**-5.3**	**-16.0**

注(1)：貧困率は、所得が中位所得の50％以下である世帯に住む者の割合。
(2)：「財政移転」は、公的現金給付及び家計税（所得税及び社会保険料［本人負担分］）。
(3)：フランスの「1995年」は1996年の数値、ギリシャ及びイギリスの「1995年」は1994年の数値、日本の「2011年」は2009年の数値、イギリスの「2011年」は2010年の数値。
出所：OECD Income Distribution Database により作成。（http://stats.oecd.org/）（2016年5月2日参照）。

属する諸国では低下の幅が大きい。ただし、ジニ係数及び貧困率は近年上昇傾向にある。財政移転後のジニ係数及び貧困率も、日本及び自由主義レジーム諸国はもちろん、社会民主主義レジーム諸国を含めて上昇している国が多い。

ただし、財政移転後のジニ係数及び貧困率については、社会民主主義レジーム諸国と保守主義レジーム諸国が低く、自由主義レジーム諸国と家族主義レジーム諸国が高い傾向がある。また、表1-14に示したように、児童がいる世帯の所得水準にはレジーム間の大きな差はないものの、児童貧困率は自由主義レジーム諸国と家族主義レジーム諸国が高い。

そのなかで日本は、平均所得水準は低くはないものの、ジニ係数・貧困率とも急上昇しており、財政移転後も格差拡大を抑えきれていない。とくに児童の貧困率が高く、学習環境面でも格差が大きい等、問題は深刻であり、所得再分配の弱さが表れている（須藤・野村 2014：165-192参照）。

社会保障が小規模である理由

日本において社会保障及び公教育の支出が小規模であり、所得再分配が弱かったのは、失業率及び生活保護の保護率が低く、また生活保障における家族への依存度が高かったためである。日本の社会保障は、制度の確立がヨーロッパ諸国に比べて遅かったのに加えて、老齢・疾病・失業・貧困等のリスクは家族・地域の共同体機能が対処する、との発想が残るなかでつくられた。しかも高度成長期には、所得税減税が「習慣」化した一方で、非大都市圏において公共事業が農林漁業者の所得保障を担うシステムが確立した。それは「国から補助金を持ってくる」ことを地域利益政治の中核とする公共投資優先型の地方予算システムであり、そこでは保守政党・事業官庁及び利益団体の利害が一致していた。

少子化・長寿化の進行、雇用の不安定化、共同体機能の衰退等により社会保障ニーズが増大し、不要不急の公共事業による環境負荷の増大が顕在化しているなかでも、租税負担の引上げ及び公共事業の削減に対する抵抗は強い。それは、生活保護の給付水準引き下げ、公的介護サービスの範囲制限、公教育支出の削減等の動きにもつながっている。

表1‐14　児童の経済的環境に関する指標（2000年代中期）

	①児童がいる世帯の平均可処分所得（米ドル）	②児童貧困率（％）	③劣悪な学習環境にある児童の割合（％）
スウェーデン	19,917	4.0	1.6
デンマーク	23,176	2.7	0.7
ノルウェー	28,574	4.6	1.3
アメリカ	29,197	20.6	4.8
カナダ	25,606	15.1	2.1
イギリス	22,697	10.1	1.8
ドイツ	19,894	16.3	0.5
フランス	18,960	7.6	1.2
イタリア	17,184	15.5	1.2
スペイン	16,430	17.3	0.9
ギリシャ	17,184	13.2	6.1
韓　国	21,652	10.7	1.8
日　本	**22,480**	**13.7**	**5.6**

注(1)：①は、18歳未満の者がいる世帯の平均可処分所得（2003～2005年。購買力調整済み）。
(2)：②は、18歳未満者のうち所得（財政移転後）が中位所得の50％以下である世帯に住む者の割合（2005年）。
(3)：③は、15歳の児童のうち、８つの学習設備（学習机、静かに勉強できる場所、学習用コンピュータ、教育用ソフトウェア、インターネット接続環境、電卓、辞書、教科書）のうち４つ未満しか持たない者の割合（2006年）。
出所：OECD Income Distribution Database, OECD Programme for International Student Assessment Database 2006.（http://stats.oecd.org/）（2016年５月２日参照）。

＊　名目GDP（九三SNA。二〇〇五年基準）は、二〇〇七年度の五一三・〇兆円から一一年度の四七四・二兆円へと七・六％減少した。（内閣府経済社会総合研究所「国民経済計算」二〇一四年度確報［フロー編・表二］）。

＊＊　数値は「国民経済計算」二〇一四年度確報（フロー編・付表九）による。年金は、国民年金、厚生年金及び共済組合（長期経理）の合計。また、その他の移転は、労働保険（二・四兆円）、共済組合（短期経理。一・二兆円）、健康保険（九・二兆円）、基金（〇・二兆円）、無基金雇用者社会給付（二・六兆円）及び恩給（〇・四兆円）。

3　「債務大国」の持続可能性

二〇一四年時点における一般政府の財政収支等を示した表1‐15をみると、日本における総支出の対GDP比は四二・四％であり、韓国・アメリカ・カナダに次いで低い。数値が五〇％を超える国も珍しくないなかで、日本の公共部門は相対的に「小さな政府」といえる。また「大きな政府」をもつ社会民主主義レジーム諸国の財政状態

表1-15　財政状況の国際比較（2014年）

	一般政府の財政状況［対GDP比（%）］							長期金利（%）
	総支出	総収入	財政収支	総債務	資　産	純債務	純利払い費	
スウェーデン	51.7	50.0	-1.7	54.8	82.7	-27.9	0.0	1.7
デンマーク	56.9	58.4	1.5	60.6	57.0	3.6	0.4	1.3
ノルウェー	45.6	54.7	9.1	35.5	277.8	-242.3	-2.5	2.5
アメリカ	38.2	33.1	-5.1	111.6	24.5	87.1	2.7	2.5
カナダ	39.4	37.7	-1.6	94.6	53.8	40.8	0.3	2.2
イギリス	43.9	38.2	-5.7	116.8	36.1	80.7	2.4	2.6
ドイツ	44.2	44.5	0.3	82.1	36.2	45.9	1.4	1.2
フランス	57.5	53.6	-3.9	119.1	45.5	73.6	2.0	1.7
イタリア	51.2	48.2	-3.0	158.7	27.4	131.3	4.5	2.9
スペイン	44.5	38.6	-5.9	117.7	35.6	82.1	3.0	2.7
ギリシャ	49.6	46.1	-3.6	181.3	49.4	131.9	3.7	6.9
韓　国	32.3	33.2	0.9	—	—	—	-0.1	3.2
日　本	**42.4**	**34.7**	**-7.7**	**226.1**	**97.4**	**128.7**	**0.9**	**0.6**

注(1)：「一般政府」は、中央政府、地方政府及び社会保障基金の合計。
(2)：韓国の政府債務に関する数値は不明。
出所：*OECD Economic Outlook 98* (November 2015) Statistical Annex Tables により作成。

が良好であり、債務も少ないのに対して、日本の「小さな政府」は莫大な借金を抱えている。日本・アメリカ・イギリス・スペインといった「小さな政府」が大幅な赤字に陥っているのは、政府収入が少ない、すなわちさきにみたとおり租税・社会保障負担が軽いからである。

二〇一四年現在、日本の政府総債務の対GDP比は二二六・一%と飛びぬけて高く、「債務大国」と呼ぶにふさわしい。ところが、純利払い費の対GDP比は〇・九%と比較的低い。その理由の一つは、政府の資産が多いことである。資産の対GDP比が北海油田をもつノルウェーに次いで九七・四%と高いため、政府純債務の対GDP比は一二八・七%まで低下し、ギリシャ・イタリアと順位が逆転する。資産の収益が利払い費と相殺されるため、純利払い費が縮小するのである。もう一つの理由は、金利が低いことである。日本の場合、極端な低金利政策がとられ続けているため、政府の資金繰りが可能だったのである。

経済危機もしくは不況期に財政収支がある程度悪化するのは当然ともいえるが、その影響を除いても収支均衡を実現できない構造的財政赤字が拡大する場合、その理由はさまざまである（池上 2012：31-32）。

第一に、社会システムを維持する社会サービス及び所得保障給付の増大を支える税収確保が不十分であれば、それは財政収支悪化に直結する。第二に、「長期間使われる公共施設について将来世代にも建設費を分担してもらう」との理由で建設公債を発行するケースがみられるが、それは当面の租税負担を伴わないため、不要不急の公共投資を助長するおそれがある。第三に、不況期には景気対策として公共投資や減税が行われるが、それを中・低所得者の将来不安を緩和する社会保障政策と連携させることができなければ、有効需要拡大効果は限定的である。そうなれば、財政収支回復は困難になる。第四に、サプライサイダー的観点から配当・キャピタルゲイン減税、所得税の最高税率引下げ等の高所得者減税を行っても、それが企業投資の増加に結びつく保証はない。したがって、それは財政収支悪化につながる。第五に、バブル崩壊のような恐慌が起きれば、法人・個人とも所得税収は激減する。さらに金融機関救済のために公的資金を注入すれば、企業負債を公債肩代わりすることになり、政府債務が増大する。

とくに日本は、社会サービスの市場化（私企業化）と再家族化に限界があるにもかかわらず、「小さな政府」への幻想を捨てきれていない。そのため、社会保障給付を支える税収増大の政策決定が困難である。また、国民が将来に不安を抱いていることが景気対策の消費拡大効果を抑え込んできた面も無視できない。

財政赤字が財政危機という形の政治危機を招く事態が「債務大国」日本に当てはまるか。

第一に、少子高齢化対策や不況期の社会的セーフティー・ネットに関して政府への信頼が高い国では租税による財源調達が可能であるが、日本のように政府への不信感が強い国では増税が困難である。社会保障費が財政に占める重要性を考慮すれば、それは財政収支の大幅な悪化による財政危機のおそれをはらむ。

第二に、政府債務を外国投資家が保有する割合が高ければ、財政収支が悪化したとき国債が売却されて価格下落（＝金利上昇）と通貨値下がりが同時に起こる。これにより資金繰りが困難になれば財政危機が顕在化する。ＩＭＦ等が介入して債務不履行を回避しようとすれば、経済政策に関する国家主権が危うくなり、政治危機につながる。これは経常収支が悪化した、もしくは貯蓄率が低い債務国において起こりやすい事態である。日本の場合、膨大な家計貯蓄を背景として九割以上の公債を国内で消化・保有しているため、対外向け利払い費が少なく、むしろ欧州諸国の財政危機等を契機に円高が進行した。しかし、日本の経常収支悪化と貯蓄率低下が進めば、その条件は失われる。

第三に、地域経済統合の加盟国で債務不履行のおそれが生じれば、他の加盟国も自国への波及を防ごうとする。しかし、日本は地域経済統合の外側にあり、しかも外国投資家が日本の公債を保有する比率が低かったため、財政再建を強く求める「外圧」は弱い。むしろ世界経済の減速に際して、日本に財政出動を伴う景気対策を求める動きもみられた。

第四に、政府総債務が増える場合でも、それが収益性のある政府資産もしくは将来の担税力を醸成する保育・教育・保健医療等の対人社会サービスに充てられれば、均衡はとれる。しかし、それが不要不急の資産・サービスあるいは減税に充てられれば、財政悪化の要素となる。日本の場合、対人社会サービスの充実を回避しつつ租税負担率を低く抑えて、極度の公債累増を続けているため、均衡がとれているとは言い難い。

第五に、金融市場に対する中央銀行及び政府の影響力が強ければ、公債の発行金利を抑えて利払い費を抑えることもある程度可能である。日本の場合、現時点ではそれが相当程度当てはまる。ただし、景気回復が実現して投資需要が拡大すれば、金利は上昇する。それまでに公債発行を減額しなければ、公債費の重圧で財政の硬直化が進行する。

第六に、外交関係や民族・宗教等をめぐる緊張が高まれば、財政支出は増大する。支出規模は国際政治・軍事情勢のみならず、国内対立・世論動向にも左右されるので、財政収支悪化とともに政治システムそのものの危機をもたらしうる。日本もその例外ではない。

近年、アメリカ・ヨーロッパの財政危機が日本に比して急激に進行し、円は相対的に「安全」な通貨とみなされてきた。ただし、それは日本財政の持続可能性を保証するものではない。財政危機は「忍び寄る」のである。経常収支が赤字に転換し、貯蓄不足によって公債の消化を海外投資家に依存するようになれば、投機による混乱と資金繰り窮迫が顕在化する。しかし、「財政再建」自体を目的として社会保障経費削減と消費税増税を掲げれば、将来不安による消費抑制をさらに助長し、緊縮財政とデフレの悪循環をもたらしかねない。

4　福祉財政改革について

制度転換としての財政改革とは、政治的危機及び経済的危機を体現する財政危機として表れる社会危機の局面を、人々の生活を保障する方向で打開することである。しかもそれは、それぞれの国家の歴史に根ざす政治制度、すなわち階級・利益集団、代議制システム、国家構造、イデオロギーといった多くの転換要因が組み合わせられた形で実行される（神野・池上編 2009：第1章―I）。

　家族主義レジームに属し、相対的に「小さな政府」をもつ日本において「福祉財政改革」と称して、社会保障を削減して生活リスクをこれまで以上に個人・家族に委ねる基盤は失われている。しかし、政府への信頼が低く、租税負担の軽い国ほど、増税は困難である。

　そこで重要なのが、全国民を受益者とする普遍主義的な社会サービス、具体的には医療・介護・保育・教育等のサービス現物給付である。また、家族構成や生活実態の多様性を承認したうえで、相互扶助の観点から生活費保障の社会化を進める現金給付、すなわち「賃金代替」としての年金・休業手当が、社会保険料及び租税によって財源保障される。国民は「自分は公共サービスの受益者だ」との認識をもっていれば、租税負担を受けいれやすい。普遍主義的サービスに対する国民の評価が、国民の政府への信頼を高めるキーポイントである。これらの施策により、最後の救済措置としての生活保護制度の負荷は軽くなる。

　さらに、社会保障制度の改善と財政の持続可能性確保との整合性を保つためには、歳入面とくに租税制度の改革が求められる。その鍵は消費税だけでなく、税制の中軸である所得課税及び相続税・贈与税といった資産課税の改革でもある。

参考文献

池上岳彦（2012）「経済・社会・政治の危機と現代財政」『季刊経済理論』第四九巻第一号、経済理論学会、二四～三三頁。

池上岳彦（2013）「日本の社会保障と租税制度」ＳＧＣＩＭＥ編『〔増補新版〕現代経済の解読』御茶の水書房、三一五～三三六頁。

池上岳彦（2015）「社会保障と教育の財政制度」池上岳彦編『現代財政を学ぶ』有斐閣、二二〇～二四二頁。

国立社会保障・人口問題研究所（2015）『平成二五年度社会保障費用統計』。

新川敏光（2011）「福祉国家変容の比較枠組」新川敏光編著『福祉レジームの収斂と分岐』ミネルヴァ書房、一～四九頁。

新川敏光編著（2015）『福祉レジーム』福祉＋α⑧、ミネルヴァ書房。

神野直彦・池上岳彦編（2009）『租税の財政社会学』税務経理協会。

神野直彦・金子勝（2012）『失われた三〇年――逆転への最後の提言』ＮＨＫ出版。

須藤時仁・野村容康（2014）『日本経済の構造変化』岩波書店。

Esping-Andersen, Gøsta, (1999) *Social Foundations of Postindustrial Economies*, New York: Oxford University Press.（G・エスピン－アンデルセン著、渡辺雅男・渡辺景子訳『ポスト工業経済の社会的基礎』桜井書店、二〇〇〇年。）

OECD (2003) *OECD Economic Outlook, No. 74*, Paris: OECD, December.

OECD (2008) *Growing Unequal? Income Distribution and Poverty in OECD Countries*, Paris: OECD.（ＯＥＣＤ編、小島克久・金子能宏訳『格差は拡大しているか――ＯＥＣＤ加盟国における所得分布と貧困』明石書店、二〇一〇年。）

OECD (2015) *OECD Economic Outlook, No. 98*, Paris: OECD, November 2015.

OECD (2016) *Revenue Statistics: 1965-2015*, Paris: OECD.

第2章 日本の福祉財政の歴史

村松　怜

本章では日本の社会保障・福祉財政の歴史について概観する。社会保障・福祉制度は戦前・戦時期から徐々に整備されていったが、戦後の占領期を経た後、一九六〇年前後における国民皆年金・皆保険の実現によって整えられた。その後、福祉元年を経て社会保障・福祉制度はさらに拡充されたが、財政が危機的な状況へ陥る中、八〇年代以降、社会保障の公的負担は抑制されることとなった。九〇年代以降も公的負担の抑制・自己負担の拡大が進められたものの、高齢化の進展・基礎年金国庫負担率の引上げなどによって公的負担の規模は拡大している。

1 社会保障制度の形成期

健康保険法の成立

本章では医療保険・年金保険制度を中心に日本の福祉・社会保障財政の歴史について概観する。

日本の公的な扶助の制度は、少なくとも、貧民救済のために一八七四年に制定された「恤救規則」まで遡ることができる。これは疾病により就業できない単身生活者などに対し米を給付するものであった。一九二九年には恤救規則に代わり救護法が制定され、貧困のため生活することができない高齢者・子供・就業不能な者などに対し、救護費が支給されることとなった。その後、軍事扶助法（三七年）、母子保護法（三八年）、医療保護法（四一年）、戦時災害保護法（四二年）などが制定され、戦時期に扶助の対象が拡大された。

一方、社会保険が制度的に形成されたのは一九二〇年代以降である。第一次世界大戦の勃発以降に労働争議が頻発すると同時に、大戦後の不況において失業者が急増した。このような労働問題に対応する形で、労働者に対する保険として制定されたものが一九二二年の健康保険法（二七年より実施）であった。健康保険法は、常時一〇人以上の労働者を使用する工場・事業所の肉体労働者を強制被保険者とするものであった。保険給付は、被保険者の疾病・負傷の療養、療養のため休業した際の傷病手当金などに対してなされ、療養は現物給付であった。保険者は政府（政府管掌健康保険）および健康保険組合（組合管掌健康保険）の二種類であり、三〇〇人以上の事業所における事業主は組合を設立することができた。保険料は労使折半とされた一方、国も保険給付の一割を負担するものとされたが、二九年の法改正によって、国庫補助額は毎年の予算の定めるところにするものと変更された。

健康保険の拡大

健康保険法が成立したものの、その対象は肉体労働者に限られた。その一方、恐慌、凶作により農村が疲弊しており、医療費負担に耐えられないものも多く出たことから、農村における健康状態の悪化も問題となっていた。その中で一九三八年に制定されたものが、農村における医療費負担を軽減する意味を持った国民健康保険法であった。国民健康保険（以下、国保と略する場合がある）の保険者は任意設立法人の国民健康保険組合であり、市町村の地区内の世帯主を組合員とする保険組合と、同一の業種あるいは同種の業務に従事するものを組合員とするものに分けられた。国保は任意加入のものであったが、当初の計画よりも早くに普及していった。保険組合の事業に要する費用は組合員から保険料として徴収するものとされたと同時に、療養の給付に要する費用の一部も、窓口負担のような形で組合員より徴収することができた。一方、国庫補助に関しては「予算ノ範囲内ニ於テ」補助金を交付すると規定された。実際の配分方法は、その予算上の金額を各組合の被保険者数に比例して人頭割で交付することを基本とした（厚生省五十年史編集委員会 1988：527-528）。

国保が主として、健康保険法の対象外であった農民に健康保険を拡大したものだった一方、三九年には海上労働者を対象とする船員保険法、事務系労働者を対象とする職員健康保険法が導入され、健康保険の対象者が拡大していった。また、健康保険法も適用範囲が広げられ、三四年には常時五人以上の従業員を使用する事業所にも適用されることとなった。さらに、四二年には職員健康保険法との統合が行われると同時に、被保険者による療養給付の一部負担制度が導入された。

年金保険制度の成立

一方、戦時体制のもとで、医療保険だけでなく年金保険制度も導入されていった。年金保険制度は当時の諸外国においてすでに導入されていた制度であった。日本では、戦時期に貯蓄奨励が強く求められている状況もそれを後押しする形で、年金保険制度が導入された。最初に創設された年金制度は、一九三九年に創設された船員保険制度に含まれていた。年金制度を海上労働者だけでなく、陸上労働者にも拡充しようとしたものが、四一年の労働者年金保険法であった。労働者年金保険法の被保険者は、男子の肉体労働者であった。保険給付には、二〇年間以上保険に加入していた者が五五歳から受け取ることができる養老年金の他、疾病年金、遺族年金等が存在した。年金財政は積立方式であり、保険料は労使折半であった一方、給付費の一〇％および事務費の全額が国庫負担となった。その後、戦時下の勤労動員強化による女子の労働者化などに応じて、四四年には職員、女子も被保険者へ含めるなどの改正が加えられると同時に、名称も労働者年金保険法から厚生年金保険法へと変更された。

生活保護制度の成立

敗戦によって日本は壊滅的な打撃を受けた。企業の生産能力は激減し、農産物の生産量も大きく減少した。戦災により家を失った人々も多く存在し、その中でさらに、復員および外地からの引揚げによる急激な人口増加が生じた。それにより、多くの生活困難者あるいは失業者が発生することとなった。しかし、当時の公的扶助は、戦時期に拡充されたとはいっても、制度が個々に分立されていた上、それぞれの対象も限定的なものであったため、それらの人々の保護に十分なものではなかった。これに対し、一九四五年一二月、日本政府は緊急の手段として「生活困窮者緊急生活援護要綱」を閣議決定した。これは、緊急の予算措置によって失業者、戦災者などに対し、施設での保護、生活必需品の供与等を行うものであった。しかし、これは根本的な対策とはならなかった。そこで、占領軍から求められたものが、以下の条件を満たす総合的な救護制度の創設であった。その条件というのは、①生活困窮者に対して無差別・平等に食糧、衣料、住宅、医療措置を与えること、②日本政府自らが財政的援助と実施の責任体制を確立すること、③救護費に制限を設けないこと、の三点であった。これを受けて制定されたものが、四六年一〇月より施行された「生活保護法」である。

生活保護法は次のような内容のものであった。第一に、基本的に全国民を対象に貧困状態の者を保護することとしたものの、勤労能力を持つにもかかわらず、勤労の意思のない者や怠惰な者に関してはその対象から除外された。加えて、人々が自ら保護の受給を申請する権利は認められていなかった。第二に、保護は被保護者の居住地である市町村において実施され、実施機関は市町村長とされた。第三に、費用負担における国の責任を明確化する意味から、費用の八割が国庫負担とされ、残りの二割が地方公共団体の負担となった。

この生活保護法の成立により、それまでの各扶助法、保護法は廃止されることとなった。ただし、この生活保護法はその実施後、保護対象からの除外項目があること、自ら保護を申請する権利が認められていないことなどが批判されることとなり、一九五〇年に新たな生活保護法が制定されるに至った。そこでは、除外項目をなくし、保護申請の権利も認められた上、憲法第二五条との関係、すなわち最低生活の保障という点も明確化されることとなった。

「福祉三法」体制の形成

以上のように生活困窮者の保護のために生活保護法が制定されたものの、それでは解決できない問題が残されていた。その第一が、児童保護の問題である。戦争により保護者のない児童や浮浪児が大量に発生していたことへの対策が求められた。そのために設けられたものが、一九四七年に制定された「児童福祉法」であった。そこでは、国民および地方公共団体の児童育成に対する責任が規定されたが、具体的な措置としては、児童相談所、児童福祉司の設置等が規定された。第二は、傷痍軍人の問題である。当初は、軍事扶助法など、傷痍軍人を保護する制度が存在していたが、占領軍の非軍事化・民主化の原則により、傷痍軍人を特別に保護する制度は廃止されるに至った。したがって、傷痍軍人の保護は生活保護法によらなければならなくなったが、それだけでは十分ではないことが認識されるようになり、傷痍軍人保護の新たな対策が求められた。ただし、占領軍により非軍事化および無差別・平等の原則が強調されたことから、傷痍軍人のためのそれではなく、一般的な身体障害者保護のための制度として制定されたものが、四九年の「身体障害者福祉法」であった。こうして、生活保護法、児童福祉法、身体障害者福祉法の「福祉三法」体制が形成された。

一方、失業が増大する中で、「失業保険法」が制定されたのもこの時期の一九四七年である。当初の制度においては、日雇労働者、季節労働者は失業保険の適用から除外されていたが、四九年の改正において日雇失業保険が新設された。失業保険の保険料は労使折半であったが、保険金の三分の一は国庫負担とされた。

健康保険制度の再建と「国民皆保険」

戦後の混乱の中で健康保険制度は危機的な状態に陥っていた。急速なインフレーションは、保険診療による社会保険収入の目減りを引き起こし、保険診療が避けられるようになった。それは保険料徴収の困難を引き起こし、国民健康保険においては国保組合の休止が続出した。

このような状態からの建て直しを図るために、診療報酬の引き上げが行われた。同時に診療内容の改善も行われる中、保険診療の受診率は一九四八年頃から急激に増大した（厚生省五十年史編集委員会 1988：810）。しかし、それは他方で保険財政における赤字の問題を引き起こした。被用者保険では、その対応として保険料率の引き上げや標準報酬等級の引き上げが繰り返された。一方、国保では保険料収納率の低迷が続き、財政赤字が深刻化した。その中で赤字対策として強く求められたのが医療保険に対する国庫補助であり、一九五三年、国保の療養給付費に対する二割相当額の国庫補助が実現することとなった（同上：824-835）。当初、これは法令に基づかない予算措置によって行われていたが、五五年には二割の国庫負担が法定化された。

もっとも、健康保険制度に加入していない者も当時、多く存在していた。いずれの健康保険にも加入していない国民は、全国民の三分の一に及んでいたとされる（総理府社会保障制度審議会事務局 1961：408）。「国民皆保険」が求められた背景はそこにあった。健康保険制度に加入できない人々が多く存在した原因の第一は、被用者の健康保険において、従業員五人未満の零細企業が強制適用の範囲から除外されていたことである。第二は、国保の設立は市町村の任意であり、国保が実施されていない地域が存在していたことである。

厚生省が皆保険の構想を明確に打ち出したのは、「経済自立」のための長期計画が立案されている時のことであった。経済の長期計画に合わせて、厚生省は社会保障の長期計画を策定し、全国民が対象となるように医療保険制度を拡大させるとした（小山 1985：275-276）。

皆保険を達成するために選択された方法は、国保の設立を市町村に義務化し、医療保険に加入していない人々を国保に加入させるというものであった。零細企業の従業員についても、被用者保険を適用させるのではなく、国保に加入させることとした。被用者保険を零細企業まで拡大させることは実務上難しいと考えられたのである（幸田 2011：17）。

一九五八年における国民健康保険法の全文改正によって、六一年までに国民皆保険が実現されることとなった。新国民健康保険法の内容は以下のようなものであった。第一に、市町村は六一年四月までに国保事業を実施することとなった。第二に、療養費の給付割合は最低でも五〇％とされた。第三に、療養費に対する国庫負担は、五五年に法制化されたとおり、二割の負担とされた。加えて、療養費の五％相当額の「調整交付金」が国から交付されることとなった。これは保険者間の財政力の格差を調整するためのものであった。

このように、他の健康保険制度に加入していない人々に国保を適用させる形で国民皆保険体制が確立された。それは同時に、皆保険とはいっても、分立した種々の保険に各々が加入していることを意味した。その結果、各保険によって自己負担の額や保険財政の状況に大きな違いが生まれ、制度分立に起因する諸問題を今日まで残すこととなった。

「国民皆年金」の達成

健康保険と同様、厚生年金も戦後の急速なインフレによって大きな打撃を受けた。老齢年金の給付は開始されていなかったが、積立方式の厚生年金にとってインフレに伴う貨幣価値の下落は致命的なものであった。さらに、企業利潤と労働者の実質賃金の低下は、保険料の支払いを困難なものにした。そのような状況下で戦後しばらくの間とられた措置は、将来的な給付となる老齢年金の問題を棚上げする一方、直近の給付となる障害年金・遺族年金などの水準を引き上げることであった（厚生省保険局 1958：93-116）。

インフレが収束した後、老齢年金を中心に、厚生年金制度の抜本的な立て直しが必要とされた。その結果行われたのが、一九五四年における新しい「厚生年金保険法」の制定であった。そこでは第一に、支給開始年齢を段階的に五五歳から六〇歳へ引き上げることとした。第二に、老齢年金額は、定額の「基本年金」に、標準報酬月額および加入期間による報酬比例額を加算したものとされた。第三に、給付費に関わる国庫負担割合が従前の一〇％から一五％へと引き上げられた。インフレの中で価値を失った過去の保険料を補填する意味に加え、新たな保険料水準を抑える意味においても、国庫負担の増大が求められた（同上：364-365：厚生団 1988：88）。第四に、財政方式は従前の積立方式から、賦課方式を加味した修正積立方式へと変更された。純粋な積立方式の年金として再建しようとすると、保険料水準が高くなりすぎるという問題があった（厚生省保険局 1958：144-147）。その問題を避けるため、賦課方式を加味する方式が選択されたのである。この修正積立方式の採用は、保険料率の段階的な引上げを当初から予定することを意味した。具体的には、少なくとも五年毎に保険財政の再計算を行うと同時に、保険料率を引き上げることとされた（同上：367-368）。

厚生年金の抜本的改正が行われたものの、多くの人々が年金制度に加入していないという問題があった。厚生年金は五人以上の従業員を持つ事業所に適用されるものであり、零細企業の従業員の他、農業者などは年金制度に加入していなかったためである。年金制度に加入していたのは就業人口のうちの三割強に過ぎなかった（厚生省保険局 1958：426-427）。このような状況を背景に、国民的な年金制度の導入に関する具体的検討が開始され、一九五九年の「国民年金法」制定に結実した。国民年金制度の内容は以下のようなものであった。第一に、他の年金制度の被保険者・年金受給者を除いた二〇～五九歳の国民が被保険者とされた。ただし、学生や他の年金制度の被保険者・受給者の配偶者は適用除外とされ、任意で加入することができた。第二に、年金の給付は、老齢年金を中心とする拠出制の年金、および無拠出制の「福祉年金」の二つに分けられた。当時において既に高齢であるなど、拠出制年金を受給できない者が福祉年金の対象であった。第三に、老齢年金の支給開始は六五歳からであった。第四に、保険料は基本的に定額とされ、給付額も定額とされた。もっとも厚生省では、技術的な問題から定額制として開始する必要があるものの、将来的には報酬比例型にすべきであると考えられていたとされる（日本国民年金協会広報部 1980：30-34）。第五に、保険料額の二分の一に相当する額、福祉年金の給付に要する全費用、および事務費は国庫で負担するものとされた。

こうして国民皆保険の実施決定に続き、国民皆年金も実現されることとなった。ただし、医療保険制度と同様に、年金においても制度が分立した形で皆年金体制が築かれた。

2　社会保障制度の拡充

給付水準の向上と国庫負担の拡大

一九六〇年代から七〇年代の前半は、戦後に整備された社会保障・福祉制度がさらに拡充されていった時期であった。まず、「福祉元年」（一九七三年）以前の時期には、以下のような制度改正が行われた。

第一に、国保の給付水準が大幅に引き上げられた。国保の給付水準は被用者保険の水準と比較して低いものであった。被用者保険では初診・入院に関わる一部負担が存在したものの、被用者本人への療養給付は一〇割、被扶養者への給付は五割であった。被用者保険と国保との格差を縮めるためにも、国保の水準が引き上げられていった。一九六一年、世帯主の結核・精神病に対する療養給付割合が五割から七割に引き上げられたことに始まり、六三年には世帯主に対する給付割合がすべて七割となった。さらに六四年から六八年にかけて、世帯員に対する給付割合も七割へ引き上げることとなった。国保における世帯員への給付割合は、被用者保険における被扶養者への給付（五割）を上回ることとなった。

　もっとも、給付率の引き上げは、保険者の支出額の増加を意味するため国保財政を悪化させる。加えて、六〇年代には度重なる保険医療費の引き上げや「制限診療の撤廃」も行われており、それも保険給付額の増大につながっていた。そのため、多くの市町村で保険料が引き上げられる一方、国庫負担の増大が求められた。実際に、国庫負担割合は六二年に二〇％から二五％へ引き上げられた。さらに、世帯主・世帯員への給付割合が五割から七割へ引き上げられる分については国庫が大部分を負担することとなり、六六年に国庫負担割合が四割へ引き上げられた。

　第二に、厚生年金・国民年金の給付水準が繰り返し引き上げられた。六二年から厚生年金の本格的な受給者が現れ始めることとなるが、年金の給付水準は非常に低いと見られていた。例えば、六〇年代初頭における厚生年金の一人当たり受給額は、生活保護の給付水準の半分に満たなかった（横山・田多 1991：188-189）。そのような背景の下、六五年には「一万円年金」を、六九年には「二万円年金」を導入するため、厚生年金において給付水準の大幅な引き上げが行われた。七一年にも物価上昇に対応するために、厚生年金の給付水準が再び引き上げられた。厚生年金の給付水準引き上げに合わせて、国民年金の給付水準もこの時期に大幅に引き上げられた。一方、六五年には厚生年金の保険給付に対する国庫負担率が一五％から二〇％へと引き上げられた。

　第三に、生活保護の給付水準が引上げられた。五〇年代に生活保護の基準は抑制される基調にあり、その給付水準は十分なものではなかった。事実、六〇年には「朝日訴訟」の第一審判決において、生活保護の基準が憲法第二五条に違反するという判決が出されている。六〇年代には生活保護の給付水準が引き上げられていくこととなった。

　第四に、社会福祉事業が拡大された。第一に、障害者に対するそれまでの福祉が身体障害者に限られていたことから、六〇年、精神薄弱者に対する保護・「更生の援助」のために「精神薄弱者福祉法」が制定された。第二に、六三年には老人福祉の増進のため、老人福祉施設の設置などの規定を含む「老人福祉法」が制定された。第三に、母子家庭に対する福祉のため、母子相談員の設置、母子家庭に対する資金貸付などについて規定した「母子福祉法」が六四年に制定された。これらの新たな法律により、これまでの生活保護法、身体障害者福祉法、児童福祉法と合わせて、「社会福祉六法体制」が確立された。

　さらに、一九七一年には児童手当制度が創設された。児童手当に関する議論は戦後長い間続けられていたが、六〇年代には独自に児童手当の支給を始める地方自治体が現れ、その数も増大していった。こうした動きの中で、全国的なものとして児童手当制度が創設された。児童手当制度は、第三子以降の児童につき現金給付を行うものであったが、一定の所得制限が設けられていた。費用に関しては、被用者については事業主、国庫、および地方自治体で負担し、被用者以外については国庫および地方自治体で負担するものとされた。

「福祉元年」

　一九七三年、田中角栄内閣のもとで大規模な社会保障・福祉拡充政策が実施され、医療・年金を中心として大幅な給付水準の引き上げが行われた。

同年は「福祉元年」とも呼ばれた。

第一に、老人医療費支給制度が創設された。一定の所得制限の下、七〇歳以上の高齢者の医療費負担が無料化された。当時、既に高齢者医療費の無料化を行っている自治体が多く存在していた。とりわけ、六九年、秋田県と東京都において高齢者医療が無料化されたことにより、無料化を進める自治体が増えていた（厚生省五十年史編集委員会 1988：990-991）。その流れを汲む形で老人医療費支給制度が創設された。同制度に必要な費用は、国が三分の二、都道府県・市町村がそれぞれ六分の一負担することとなった。

第二に、被用者保険を中心に、医療保険の給付水準が引き上げられた。従来、被用者保険においては被扶養者への給付割合が五割であり、国保の七割給付よりも低い水準となっていた。この被扶養者への給付水準が七割へと引き上げられた。同時に、被用者保険・国保の両者において高額療養費支給制度も導入された。それにより、医療費の自己負担額が月三万円を超える場合、その超過分が支給されることとなった。さらに、政管健保における保険給付費の一〇％が国庫負担されることとなったのに加え、政管健保の保険料率を引き上げる際には、国庫負担の割合も引き上げることが定められた。政管健保に対する財政措置の背景として、五〇年代以降、政管健保における財政赤字が大きな問題となっていたことが挙げられる。既に述べたように、六〇年代には医療費の引き上げや「制限診療の撤廃」が行われる中で保険者の財政負担が大きく増大しており、政管健保の財政赤字が深刻化していたのである。

第三に、年金の水準が引き上げられると同時に、物価スライド制が導入された。七三年の改正によって厚生年金・国民年金の両者において「五万円年金」を実現できるように給付水準が大幅に引き上げられた。同時に、物価が五％以上変動した際、それに応じて年金額を自動的に調整する物価スライド制が導入された。

社会保障給付の急増

ここでは終戦後から「福祉元年」までの時期における社会保障関係費の量的な動きを確認する（表2-1）。「社会保障給付費」の規模を見ると、一九五〇年代には毎年の変動が大きかった一方、六〇年代以降にはほぼ一貫して増大している。六〇年代における給付費の増大は主として医療給付によるものであった。年金については、皆年金の達成後においても、老齢年金受給者がまだ少なかったことから給付の規模は伸びていなかった。一方、「福祉元年」を機に社会保障給付の水準が急増している。給付水準が引き上げられる中、老齢年金の受給者が増大したことで、特に年金給付の規模が急増した。

社会保障財源を見ると、公費負担の規模は「福祉元年」を機に急増した。これは一般会計における社会保障関係費の規模を見ても明らかである（図2-1）。この公費負担の急増は、社会保険、とりわけ医療および年金によるものである。他方、六〇年代には医療・年金に対する国庫負担割合が繰り返し引き上げられたにもかかわらず、公費負担の規模の伸びは小さかった。その要因は第一に、年金の受給者が少なかったために、年金に対する国庫負担も少なかったことである。第二に、国保に対する国庫負担の規模は増えていたものの、特に恩給関係費における国庫負担の規模が減少したことである。

一方、社会保険料収入の規模は六〇年代以降、増大し続けていた。医療や年金の給付水準の引き上げには国庫負担率の引き上げが大きな役割を果たしていたものの、保険料の水準も同時に引き上げられたためである。これは、毎年の所得税減税によって税負担が抑えられていたこととは対照的である。例えば、六〇年における厚生年金・政管健保の保険料率はそれぞれ、労使負担の合計で三・五％、六・三％であったが、七五年には双方

表２−１　社会保障給付費・財源・税負担の対 GDP 比、高齢化率、合計特殊出生率の推移

（単位：％、出生率）

年度	社会保障給付費					社会保障財源		税負担	65歳以上人口比率	合計特殊出生率
	医療	年金	福祉その他	うち介護対策	合計	うち保険料	うち公費負担			
1950	1.6	1.6		—	3.2	—	—	19.2	4.9	3.65
1955	2.2	2.3		—	4.5	—	—	15.3	5.3	2.37
1960	1.8	2.2		—	3.9	3.2	2.0	15.3	5.7	2.00
1965	2.7	1.0	1.0	—	4.7	4.1	2.3	14.3	6.3	2.14
1970	2.8	1.1	0.8	—	4.7	4.3	2.2	15.3	7.1	2.13
1975	3.7	2.5	1.4	—	7.7	6.2	3.6	14.9	7.9	1.91
1980	4.3	4.2	1.4	—	10.0	7.5	4.4	17.8	9.1	1.75
1985	4.3	5.1	1.4	—	10.8	8.4	4.2	18.9	10.3	1.76
1990	4.1	5.3	1.1	—	10.5	8.7	3.6	21.3	12.1	1.54
1995	4.8	6.6	1.5	—	12.9	10.2	4.1	17.6	14.6	1.42
2000	5.1	8.1	2.2	0.6	15.3	10.8	4.9	17.3	17.4	1.36
2005	5.6	9.3	2.7	1.2	17.6	10.9	5.9	17.2	20.2	1.26
2010	6.9	11.0	4.0	1.6	21.9	12.2	8.5	16.2	23.0	1.39
2015	7.1	10.4	4.2	1.8	21.8	12.7	8.7	18.8	26.6	1.45

注(1)：「公費負担」には地方団体分の負担も含む。

(2)：「税負担」には国税収入の他、印紙収入、特別会計分税収、日本専売納付金、地方税収を含む。

(3)：1950年度は対 GNP 比。

出所：大蔵省財政史室 (1978)、厚生労働省「人口動態調査」、国立社会保障・人口問題研究所『社会保障費用統計』、総務省「地方税に関する参考計数資料」、総務省統計局「国勢調査」、内閣府「国民経済計算」。

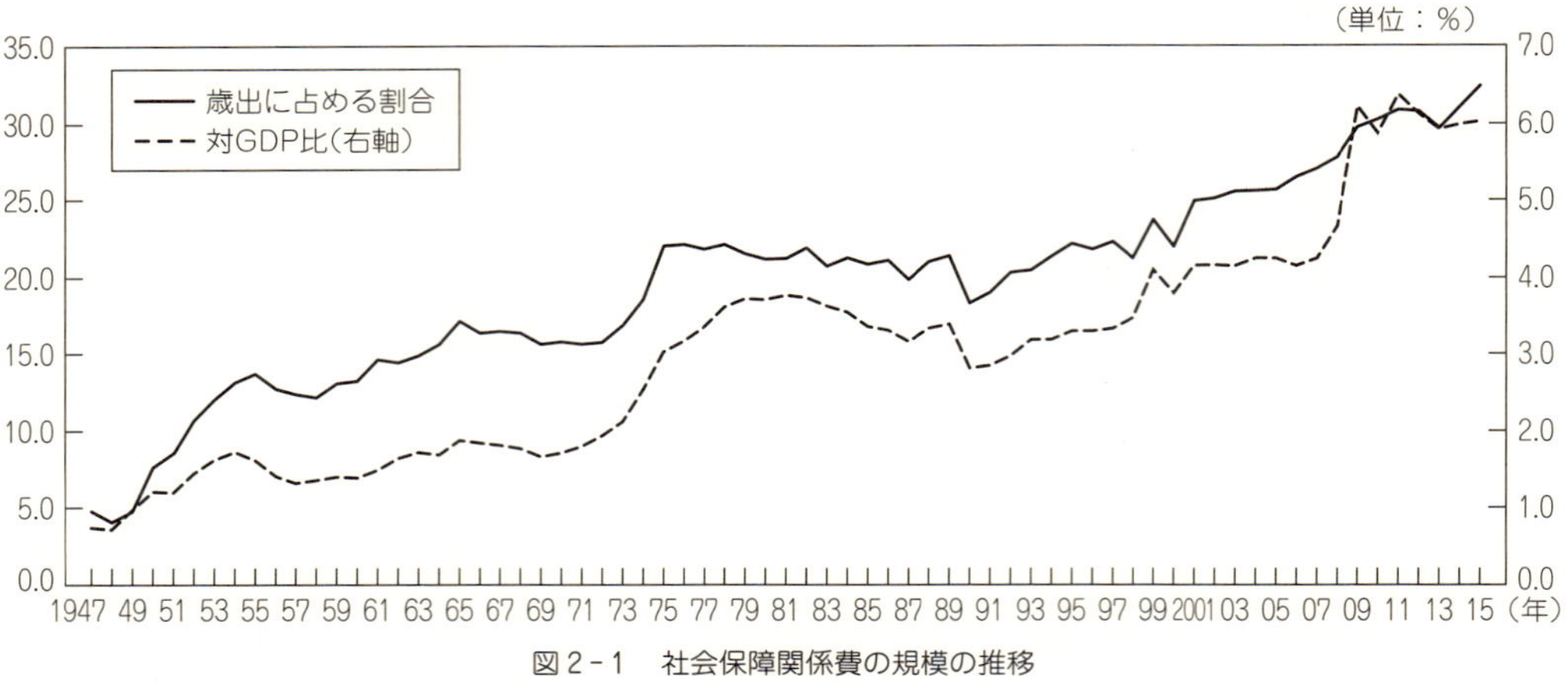

図２−１　社会保障関係費の規模の推移

注：この社会保障関係費には恩給費は含まない。

出所：大蔵省財政史室（1978）、財務省「財政統計」、総務省統計局「日本の長期統計系列」、内閣府「国民経済計算」。

とも七・六％まで引き上げられていた（厚生年金の保険料率については一般男子の数字）。既に述べたように厚生年金の保険料率は、修正積立方式を採用した時から保険料率の段階的な引上げを予定していたものの、給付水準を引き上げる中で保険料率はさらに引き上げられた。給付水準の引き上げは、あくまでも使用者・労働者・国庫の「三者三泣き」によるものだった。

3 財政危機と社会保障関係費の抑制

石油危機以降の財政危機と人口の高齢化

一九七三年の第一次オイル・ショックを機に日本の経済成長率は大きく低下した。成長率の低下は税収の減少を引き起こし、七五年には赤字国債の発行を余儀なくされた。その後、赤字国債の発行は常態化することとなり、国債依存度も高水準で推移した。このような財政難の下で、増税の基調が明確となる。事実、従来毎年のように行われていた所得税減税は停止された。さらに、七八年末に総理大臣となった自由民主党の大平正芳は、財政再建のための新たな財源として「一般消費税」を導入しようとした。しかし、反発が強く、一般消費税導入の構想は撤回されることとなる。その結果、新たな財源は他の間接税および法人関係税に求められることとなった。しかし、法人関係税の増税は一方で財界の反発を引き起こすこととなる。増税ではなく、歳出の削減によって政府は「増税なき財政再建」を行うべきだ、という主張が財界から強くなされるようになった。政府はその要求を受け入れ、八〇年代には歳出の抑制・削減を主とする財政再建路線がとられることとなる（村松 2014）。事実、八二年度にはゼロ・シーリング予算、八三年度にはマイナス・シーリング予算が実施された。

このような状況下で同時に起こっていたことは、急速な人口の高齢化である。六五歳以上人口の割合は、一九五〇年の段階で四・九％であったが、七〇年には七・一％、九〇年には一二・一％まで上昇した。その一方、少子化も進行し始めていた。合計特殊出生率は一九七五年に二・〇を下回り、その後も低下し続けた（表2－1）。

社会保障制度改正の方向性

人口の高齢化は社会保障費の増大を引き起こす。その要因は第一に、一人当たりにかかる医療費が高齢になるほど大きくなることによるものである。例えば、七〇年代初頭の時期において、国保における七〇歳以上の一人当たり医療費は、七〇歳未満のそれの二倍を超えていた。さらに老人医療費支給制度の開始後、その数字は四倍を超える水準にまで上昇した（国民健康保険中央会 1989：237）。第二に、老齢年金の受給者が増加することによるものである。とりわけ、国民年金の受給者の発生は一九七一年から始まっており、老齢年金の受給者が七〇年代から急増することとなった（厚生省五十年史編集委員会 1988：1512-1513）。したがって、高齢者数の伸び率を上回る形で年金受給者数が増大していくこととなる。単に高齢化という要因だけでなく、制度的に受給者が発生してくるという要因も重なることで、年金給付費は著しく増大していった。事実、年金給付費の対ＧＤＰ比は一九七〇年に一・一％であったものの、その後急増し、八〇年には四・二％に達した（表2－1）。八一年には年金給付費の総額が医療給付費を上回り、社会保障給付費の中で最大の項目となった。

以上のように七〇年代後半以降、財政支出の抑制が求められる一方、人口の高齢化に伴い、社会保障関係費は大きく伸び続けることが予想された。したがって、それらのような条件を前提とした場合には、社会保障制度のあり方について大きな見直しが必要であると考えられるようになった。その具体的な方向性は、第一に給付の「適正化」である。それは給付の抑制・削減、ひいては自己負担の増大を意味する。従来、公費に依存する形で社会保障制度の給付水準を引き上げてきた。しかし、公費への依存が難しくなるこれからは、個人の「自助努力」・「自己責任」を社会保障の基本理念としなければならないとされたのである（吉原 1983：序および94-95）。

第二の方向性は、「不公平」の是正、すなわち制度間格差の是正である。これは制度の「一元化」・「一本化」にもつながる。今後給付の抑制・削減が行われていくとなると、人々の間で社会保障制度に対する不満がより生じやすくなる。その不満を減らすためにも、制度間の格差を無くし、「公平」なものにしていく必要があると考えられた（村上・山口 1983：吉原 1983：94-95）。

医療保険制度間の財政調整

七三年に政管健保に対する定率の国庫負担が導入されたものの、七四年以降も政管健保における巨額の赤字が継続していた（厚生労働統計協会『保険と年金の動向』各年度版）。このため、政管健保財政の健全化のために保険料および一部負担金の引き上げが繰り返し行われることとなった。七四年・七六年には政管健保の保険料率が引き上げられ、それに伴って国庫負担率が引き上げられた。七七年には再び保険料率が引き上げられると同時に、初診時・入院時の一部負担金が数倍の金額へ引き上げられた。加えて、賞与に対する特別保険料の徴収も行われることとなった。続いて八一年にも保険料率の引上げ、および一部負担金の引き上げが行われるほか、次のような改正が行われた。第一に、被用者保険において、入院時における家族療養費の給付率が七割から八割へ引き上げられた。第二に、政管健保の保険給付に対する国庫負担率は当分の間一六・四％にするとされた。

一方、老人医療費支給制度は大きな問題を抱えていた。第一の問題は、既に述べたように、同制度の導入後、高齢者向けの医療費が急増したことである。第二は、その影響が制度間で大きく異なっていたことである。国保では特に高齢者の割合が高いため、その影響を最も大きく受けることとなった（吉原 1983：5-6）。

この問題を解決するため、一九八三年、老人医療費支給制度は老人保健制度に取って代えられることとなった。高齢者を従来の各保険制度から切り離し、高齢者のみを対象とした別建ての「老人保健制度」を創設したのである。その財源は公費が三割（国：二割、地方：一割）を負担し、各保険者からの「拠出金」によって残りの7割を負担する。老人保健制度の特徴は、この「共同拠出方式」を通じて、各保険制度間における実質的な財政調整を制度化したところにある。各保険者の拠出金は、高齢者加入率によって生ずる高齢者医療費の格差を是正するように設定された。つまり、高齢者加入率の低い組合健保・政管健保による拠出金負担が相対的に重くなる一方、国保による負担が軽くなる。従来、財政調整は国保の内部、あるいは組合健保の内部におけるものに留まっていた。この老人保険制度により、保険制度間における財政調整が開始されることになった。なお、老人保険制度では患者の一部負担金の徴収も開始された。

自己負担の拡大および制度間財政調整という方向性は、八四年における医療保険制度の「大改正」にも明確に現れている。同年の改正によって、第一に、従来一〇割であった被用者保険本人への療養費給付割合を当分の間九割へ引き下げ、いずれ八割まで引き下げるとされた。同時に、被用者保険の家族および国保被保険者に対する給付割合については八割へと引き上げる措置を今後講ずるものとされた。第二に、会社から定年退職した者などを対象とする退職者医療制度が創設された。高齢者医療の場合と同様に、退職者が国保へ流入することが国保財政悪化の要因となっていた（厚生省保険局企画課 1986：52）。そこで、退職者医療に関わる財源を、被用者保険が拠出金を支払うことで一部負担することとされた。退職者に対する医療給付は八割とされた。そのほか、国保に対する国庫負担割合を実質的に引き下げる改正も行われた。

基礎年金の創設

一方、年金においても各保険制度における加入者層の違いによって生ずる制度間格差が問題となっていた。自営業者・家族従業者が大きく減少し、他方で雇用者が増大したことによって、国民年金の加入者は減少し、厚生年金の加入者は増大した。それは国民年金の成熟を早め、財政基盤を弱体化させることを意味した。そうした産業構造・就業構造の変化に対応するため、制度の「一元化」が必要とされた（吉原 1987：9-14）。

加えて、給付水準の高さも問題となっていた。将来的に出現する保険加入期間の長い人々に対する老齢年金の給付水準が高すぎると見られた。事実、厚生年金に四〇年加入し、その配偶者も国民年金に四〇年加入した人の場合、夫婦で受給できる老齢年金が平均賃金を上回ると見込まれた。これは「福祉元年」において、当時の平均的な加入期間の者に対して、平均賃金の約六〇％を保障するよう、大幅な給付水準の引上げを行ったことに起因していた。「世代間の不公平」を是正するためにも、給付水準の引下げが必要とされた（吉原 1987：78-81）。

以上の問題に対応しようとしたものが、一九八五年における「基礎年金」制度の導入を含む年金制度改正であった。その内容は以下のようなものであった。

第一に、全国民共通の「基礎年金」制度を創設し、国民年金制度がこの基礎年金を担うものとする。それに伴い、厚生年金および共済年金は、基礎年金に上乗せされる報酬比例年金制度へと再編成されることとなった。基礎年金の費用は、老人保健制度のような形で各保険制度からの拠出金によって賄われる。拠出金は、各制度がその被保険者の数に応じて負担する。もっとも、拠出金の財源の三分の一は国庫が負担する。基礎年金部分について、成熟度の高い国民年金と成熟度の低い被用者保険を統合し、各保険制度からの拠出金で財源を賄うこととなったことにより、特に厚生年金の支出が増大し、国民年金の支出が抑えられることとなった（吉原 1987：75）。保険制度間における実質的な財政調整が導入されたのである。第二に、今後、加入期間のより長い老齢年金受給者が発生するが、その場合の給付水準が上昇しないよう、厚生年金・国民年金の双方において水準の引下げが行われた。第三に、厚生年金の支給開始年齢を六〇歳から六五歳へ引き上げることを法律に盛り込んだ。しかし、「当分の間」の規定として六〇～六五歳の間も従来の厚生年金を特別支給することとされ、実質的には支給開始年齢の引上げは行われなかった。

4　一九九〇年代以降の社会保障制度改革

九〇年代以降の不況と財政危機の深刻化

一九八〇年代後半からのバブル経済によって財政状況は一時的に好転した。公債依存度は減少し、九〇年代初頭には赤字国債の発行も無くなった。しかし、バブル経済が崩壊したことで財政状況は再び悪化した。九五年には赤字国債の発行が再開され、その後も公債依存度が急速に上昇していった。さらに、九〇年代末における不況は財政状況を一層悪化させた。二〇％台であった国債依存度は九八年に四〇％台へ急上昇した。この間、税収は減少傾向にあったが、それは経済状況の悪化のみによって生じたわけではなく、減税が繰り返し行われていたことも影響している。八九年に三％という税率で消費税が導入されたが、消費税に対する反発の強さから、所得税・法人税における大規模な減税と同時に行わざるを得なかった。これは全体としては減税であった。九七年における消費税率の引き上げも、所得税を中心とする減税を先行する形で実施された。さらに九八年の景気後退の際には、自民党の小渕恵三内閣において、景気対策としての大規模な減税が行われた。元々、税収の規模が国際的に見て小さかった中、八〇年代末以降に繰り返された減税によって、日本の税制は収入調達の機能を失っていった。

一方で、社会保障給付の規模は一貫して増大していた。もっとも、バブル経済の時期には経済成長率が社会保障給付の伸びを上回ったことにより、社会保障給付費の対GDP比は一時的に減少した。しかし、バブル経済の崩壊以降は社会保障給付費の伸び率が経済成長率をほぼ恒常的に上回るようになり、社会保障給付費の対GDP比は一貫して増大していった。高齢化が依然として進行する中、特に高齢者向けの給付が増大した。

以上のように、バブル崩壊以降、財政状況が急速に悪化する一方で、社会保障給付が増大する状況にあった。その中で社会保障に対する公的負担の抑制、ひいては自己負担・受益者負担の増大という方向性が継続された。

医療保険における自己負担の増大と財政調整の強化

バブル崩壊後、医療保険財政の状況は急速に悪化した。黒字の続いていた政管健保財政は一九九三年から赤字に転じ、その赤字額は増大していった。組合健保も九四年から大きな赤字となり、組合の半数以上が赤字となった（『保険と年金の動向』）。市町村国保においても、基金の取り崩し等を除いた実質的な単年度収支で見て赤字となる団体が増大し、九〇年代半ばにおいておよそ三分の二が赤字となっていた。このような状況は「このまま放置すれば国民皆保険体制が崩壊しかねないという危機的状況に至った」とも認識された（医療保険審議会 1996）。

歳出の削減が求められる中、医療保険財政の健全化を進めるためには、診療報酬の引き下げなどとともに自己負担の増大という方法がとられることとなる。九七年には当面の改正として、被用者保険における被用者本人への療養給付割合が九割から八割へと引き下げられた。八四年の改正によって本則に盛り込まれていた将来的な給付割合の引き下げがここで実現された。さらに二〇〇三年には被用者保険の給付割合が七割へと引き下げられ、国保の給付割合と統一された。老人医療においても同様に自己負担が引き上げられていった。老人医療における定額の一部負担金は徐々に引き上げられていたが、二〇〇一年には老人医療においても定率の一割負担が導入された。

もっとも、公的な負担を減少させたとしても、その分自己負担が増えるのであれば変わりはない、という見方もあり得る。事実、一九九五年の社会保障制度審議会による勧告はそのような見方に立っていた。一方、それに対する論理は「コスト意識」の喚起であった。つまり、自己負担が大きくなると、「コスト意識」の喚起を通じて給付全体の抑制効果が期待できるとされたのである（例えば、社会保障関係審議会会長会議〔1996〕）。

一方、高齢者の医療費が増大する中、老人保健制度に対する批判が強まった。各保険制度からの拠出金が老人保健の大きな財源となっていたが、高齢者の医療費を現役世代・高齢者世代がどの程度負担しているのか明確でない、などの問題点が指摘されていた（栄畑 2007：55-56）。そのような問題に対応しようとしたのが二〇〇六年の医療保険制度改革であった。それによって、七五歳以上の高齢者を対象とする、独立した「後期高齢者医療制度」が二〇〇八年から設けられることとなった。同制度の財源は公費により五割、各保険制度からの「支援金」により四割、後期高齢者自身の納める保険料により一割を負担することとされ、負担関係の明確化が図られた。加えて、六五～七四歳の者を「前期高齢者」として、その医療費負担を各保険者間で調整することとした。具体的には、前期高齢者加入率の低い保険者が「納付金」

を拠出し、それが加入率の高い保険者へ交付される。他方、窓口負担の割合は、後期高齢者の負担を一割とする一方、七〇〜七四歳の負担を二割へと引き上げることとした。ただし、後者の負担引き上げはしばらく延期され、実施されたのは二〇一四年度からである。

以上のような改革により、後期高齢者自身の費用負担が明確化されたと同時に、一部の高齢者における自己負担割合も引き上げられた。その一方で、保険者間の財政調整は強化されたと言える。それ以降も、後期高齢者支援金の算定において二〇一〇年より一部総報酬割が導入され、その後さらに拡大されたことにより、保険者間の財政調整はさらに強化されている。財政調整の強化は、とりわけ高齢者加入率が低く、平均報酬も高い組合健保からの拠出が増大することを意味する。

一方、自己負担割合の引上げにも関わらず、健保財政は依然として苦しい状況が続いている。特に二〇〇八年の金融危機以降に財政状況が悪化し、保険料の引き上げが相次いでいる。二〇〇三年に総報酬制が導入されたことで表面上の保険料率は一時的に低下したが、近年上昇を続けている。二〇〇八年に七・四%であった組合健保の平均保険料率は、二〇一五年には九・〇%まで上昇した（国立社会保障・人口問題研究所「社会保障統計年報データベース」）。同じ時期の政管健保（二〇一〇年から「全国健康保険協会管掌健康保険」）の保険料率も八・二%から一〇・〇%へ上昇した（全国健康保険協会ウェブサイト）。

介護保険制度の導入

他方、高齢化の進展による介護を必要とする高齢者の増大、家族形態の変化等による家族介護の限界といった状況から、高齢者介護が大きな問題となってきた。従来、公的な介護は老人福祉制度と医療制度において存在していたが、それには限界があると認識された。例えば、老人福祉制度における介護は行政機関が行政処分として必要なサービスの内容を決定する「措置制度」によって提供されていたことにより、利用者がサービスを選択できず、対象者も低所得者に限られやすいなどの問題を抱えていた（増田 2003：6）。こうした中で一九九〇年代から介護保険制度の導入に関する議論が開始され、九七年に介護保険法が成立したことで、二〇〇〇年から介護保険制度が導入されることとなった。介護保険制度では四〇歳以上の人々が被保険者となり、保険料を納める。介護サービスに対する利用者負担の割合は一割である。保険給付のうち五〇%が公費で負担され、残りが保険料で負担される。

「保険料水準固定方式」の導入と基礎年金国庫負担率の引上げ

年金制度においては、将来の推計人口に合わせた給付と負担の調整が繰り返された。出生率が年々低下する中、将来推計人口も年金財政にとって厳しいものとなっていった。人口推計が行われるたび、従来の制度を継続させることには無理があり、支給開始年齢の引上げや給付水準の引下げが必要であると認識された。

その際に特に問題とされたのは、保険料負担の限界という点である。例えば、一九九四年の年金制度改正の際には、改正前の制度を前提とすると、将来の最終的な厚生年金の保険料率は三四〜三五%になると見込まれた。その負担は「過重」であり、三〇%を超えない程度に抑える必要があるとされた（与党年金改正プロジェクト 1993）。二〇〇〇年の改正の際も同様に、新たな人口推計の下では厚生年金の最終保険料率が三四・三%まで上昇すると見込まれ、その抑制が必要とされた（矢野 2001：37）。

九四年の改正では六〇歳から特別支給されていた厚生年金の定額部分について、その支給開始年齢を段階的に六五歳まで引き上げることが決定された。二〇〇〇年には将来の厚生年金保険料率を年収の二〇%程度にとどめることを明確にし、そのために給付水準の抑制が行われた（矢野 2001）。第一に、特別支給の厚生年金について、報酬比例部分の支給開始年齢も段階的に六五歳まで引き上げることとした。第二に、報酬比例部分の給付水準を五％引き下げた。

将来の保険料負担を決定し、それを前提に給付を抑えるという方法が明確にされたのが二〇〇四年の改正であった。そこでは第一に「保険料水準固定方式」が導入され、将来の保険料水準を法定化した。保険料は二〇一七年まで毎年引き上げ、それ以降は水準を固定することとされた。最終的に厚生年金の保険料率は一八・三％、国民年金保険料は二〇〇四年度価格で一万六九〇〇円となる。第二に、給付水準の調整方法として、「マクロ経済スライド方式」を導入した。従来、年金額は賃金や物価の伸びに応じて増大することとなっていたが、これは年金を支える現役世代の人数の減少や平均寿命の伸びを年金額の改定に反映させ、年金額の伸びを賃金や物価の伸びよりも抑えるものである。

もっとも、将来の保険料水準の見通しをもとに、給付水準を調整するということは前述のように以前から行われていた。ただし、それは五年毎の財政再計算の際に、将来人口推計に合わせる形で行われていた。一方、二〇〇四年の改正は、将来の保険料率まで法律で定めたことに特徴がある。

同時に、二〇〇四年の改正では二〇〇九年までに基礎年金に対する国庫負担率を三分の一から二分の一へ引き上げることが決定された。国庫負担率を引き上げない限り、将来の保険料率が高くなりすぎると見込まれたためであった。とりわけ、定額である国民年金保険料を大幅に引き上げていくことは不可能であると考えられた（矢野 2001：264-265）。八〇年代以降、公的負担の抑制という基調が続いていたが、基礎年金については保険料負担を抑えるためにこうして大規模な国庫負担の増大が決定された。ただし、そのために必要な財源については、「税制の抜本的な改革」を行うとされたものの、具体的な方法は決定されなかった。その後、自民党による二〇〇八年の税制改正大綱において、基礎年金の国庫負担率引き上げを含む社会保障の財源を賄うものとして消費税が明確に位置づけられた。ただし、そこでも具体的な消費税増税の道筋が決定されたわけではなかった。消費税増税が決定されたのは二〇一二年の「社会保障と税の一体改革」においてであった。同改革によって、消費税率を二〇一四年四月に八％、一五年一〇月に一〇％へ引き上げることが決定された。こうして、基礎年金国庫負担率引き上げの財源は、消費税率が八％へ引き上げられた際の増収分の一部によって賄われることとなった。なお、消費税率の一〇％への引上げは、二度延期された結果、二〇一九年一〇月に実施される予定となっている。

公的負担抑制・自己負担拡大の継続

二〇〇九年八月の総選挙で民主党が大勝したことにより、自民・公明連立政権からの交代が起こった。民主党は、最低保障年金制度や、児童手当に代わって給付範囲を拡大し、給付額を二倍以上に引き上げる新たな「子ども手当」の創設など、社会保障の拡充を公約していた。「コンクリートから人へ」というスローガンにも表れていたように、民主党への政権交代によって、従来の社会保障の給付・公的負担の抑制という方向性は大きく転換するかのようにも思われた。しかし、社会保障の拡充に要する費用は歳出の組み替え、無駄の削減、「埋蔵金」の利用などによって賄うこととされており、負担の増大と合わせて社会保障の拡充を行おうとしたものではなかった。事実、民主党は総選挙の際、消費税の増税は必要ないとしていた。しかし、無駄の削減などの方法のみで、大規模な社会保障の拡充に要する費用を捻出することはできなかった。結局のところ、民主党は当初の公約通りに社会保障制度を拡充することはできず、さらに増税路線へ転換せざるを得なくなった。

二〇一〇年に菅直人政権下で開始された「社会保障と税の一体改革」は消費税増税に関する議論であったと言って良い。既述のように政権交代前の自民・公明党政権において消費税増税の方向性は明確にされていたのであり、この「一体改革」はその方向性を踏襲するものとなった。こうして二〇一四年以降の消費税増税が決定されることとなった。一方、社会保障制度の改革に関する議論は、新たに設置する「社会保障制度改革国民会議」における検討へと棚上げされることとなった。

「国民会議」は二〇一二年一一月に設置された。一二月の自民・公明両党への政権再交代以降も審議が続けられ、一三年八月に報告書を提出した。そこで明確にされているのは、日本の社会保障は「自助」を基本とするものであり、「自助努力を支えることにより、公的制度への依存を減らす」べきだという認識である。その認識は、低所得者へ配慮しつつも、医療や介護の分野において自己負担を増大させるべきだという結論へ繋がることとなる。

この「国民会議」の報告書を踏まえ、二〇一三年末、社会保障改革の「プログラム法」が成立し、同法に従って社会保障制度の改革が進められることとなった。同法では、条文において「自助努力を喚起される仕組み」を導入するとされているように、報告書の認識が明確に反映されている。事実、介護保険においては、一定所得以上の利用者の自己負担が一割から二割へ引き上げられることが決定し、医療保険においても入院時の食事代の自己負担額引き上げなどが決定されている。

消費税の増税が行われたことは、それまでの増税回避の路線とは大きく異なるものであった。ただし増収の大部分は、二〇〇四年に決定された基礎年金国庫負担率の引上げに要する財源など、従来不足していた財源の穴埋めに充てられ、新たな社会保障の拡充に向けられる部分は大きくない。消費税増税が決定された後も、一九八〇年代以降の公的負担抑制・自己負担拡大という方向性は大きく変わっていない。

公費負担規模の増大

一九八〇年代以降の社会保障給付費の推移を見ると（表2-1）、八〇年代から九〇年代初頭にかけては、給付費の対GDP比はほとんど上昇しなかったことがわかる。年金給付費の規模は増大していたが、その他が横ばい、ないしは減少したことで全体の規模は増大しなかった。その後、九〇年代以降には給付費の規模が一貫して増大しており、二〇一三年度の規模は九〇年代初頭のおよそ二倍に達している。その大部分は高齢者関係給付によるものであり、中でも年金給付費の増加が大きい。

一方、社会保障財源について見ると、八〇年代から九〇年代にかけての公費負担の規模はむしろ減少傾向にあった。これは一般会計における社会保障関係費の規模で見ても同様である（表2-1・図2-1）。公費負担抑制の効果があらわれていたと言える。ただし、九〇年代末以降には名目GDPの伸びが無くなる中、公費負担の対GDP比も上昇していった。公的負担の抑制が基調として続く一方で、近年の公費負担の実際の規模は、九〇年代前半と比較して二倍を超えるほどの水準となっていることには注意が必要である。中でも二〇〇九年における基礎年金国庫負担率の引上げが公費負担の規模を大幅に増大させたことがわかる。加えて、医療保険では制度間財政調整を強化すると同時に自己負担割合を繰り返し引き上げていったにも関わらず、医療費財源における公費負担が占める割合はむしろ上昇してきている（厚生労働省『国民医療費』）。後期高齢者医療制度の財源は公費が半分を負担することとなっているため、後期高齢者が増大していくにつれ、全体に占める公費負担の割合が増大していると考えられる。

このように、八〇年代以降、制度間財政調整の強化および公費負担の抑制という方向性は継続しているものの、高齢化の進展や基礎年金国庫負担率の引上げに伴い、公費負担の規模は増大している。

参考文献

医療保険審議会（1996）「今後の医療保険制度のあり方と平成九年改正について（建議書）」（国立社会保障・人口問題研究所［2005］に所収）。

栄畑潤（2007）『医療保険の構造改革——平成一八年改革の軌跡とポイント』法研。

大蔵省財政史室（1978）『昭和財政史——終戦から講和まで——第19巻　統計』東洋経済新報社。

厚生省五十年史編集委員会（1988）『厚生省五十年史（記述篇）』厚生問題研究会。

厚生省保険局編（1958）『厚生年金保険十五年史』厚生団。

厚生省保険局企画課監修（1986）『医療保険制度59年大改正の軌跡と展望 改訂新版』年金研究所。

厚生省保険局国民健康保険課（1969）『国民健康保険三十年史』国民健康保険中央会。

厚生団編（1988）『厚生年金保険制度回顧録』社会保険法規研究会。

厚生労働統計協会『保険と年金の動向』厚生労働統計協会、各年度版。

幸田正孝（2011）「国民皆保険体制の発展と今後のあり方」幸田正孝ほか『日独社会保険政策の回顧と展望』法研。

国民健康保険中央会（1989）『国民健康保険五十年史』ぎょうせい。

国立社会保障・人口問題研究所（2005）『日本社会保障資料Ⅳ（1980～2000）』国立社会保障・人口問題研究所。

小山路男（1985）『戦後医療保障の証言』総合労働研究所。

社会保障関係審議会会長会議（1996）「社会保障構造改革の方向（中間まとめ）」（国立社会保障・人口問題研究所［2005］に所収）。

社会保障研究所（1975）『日本社会保障資料Ⅰ』至誠堂。

総理府社会保障制度審議会事務局編（1961）『社会保障制度審議会十年の歩み』社会保険法規研究会。

日本国民年金協会広報部（1980）『国民年金二十年秘史』日本国民年金協会。

増田雅暢（2003）『介護保険見直しの争点——政策過程からみえる今後の課題』法律文化社。

村上清・山口新一郎（1983）「年金改革は公平を基本に」『週刊社会保障』No. 1209。

村松怜（2014）「『増税なき財政再建』へ至る道」井手英策編『日本財政の現代史Ⅰ』有斐閣。

矢野朝水（2001）『新世紀の年金制度——二〇〇〇年 年金改正の軌跡』社会保険研究所。

吉原健二編（1983）『老人保健法の解説』中央法規。

吉原健二編（1987）『新年金法六一年金改革 解説と資料』全国社会保険協会連合会。

吉原健二・和田勝（2008）『日本医療保険制度史 増補改訂版』東洋経済新報社。

与党年金改正プロジェクト（1993）「年金改正について（報告）」（国立社会保障・人口問題研究所［2005］に所収）。

第3章 税と社会保険料

根岸睦人

持続可能な社会保障政策を考える場合、その財源問題の検討は不可欠である。社会保障財源として重要なのは租税と社会保険料である。本章では、租税の性格や望ましい負担に関する考え方、日本における主要な税目の仕組みと改革の論点を明らかにする。社会保険料については、その仕組みと、租税との性格や負担構造の相違を明らかにする。

1 租税と社会保険料の検討の必要性

はじめに、日本の主な社会保障制度の財源構成を表3－1で確認しておこう。医療保険や介護保険にみられる自己負担金も重要な財源ではあるが、本章では検討の対象から除く。

まず注目したいのは、社会保障制度が租税と社会保険料という二つの主な財源によって運営されているという点である。総計の欄をみると、制度全体では保険料収入が五四・三%と最も大きく、国税や地方税を主な内容とする公費収入は三七・四%となっている。保険料収入の割合が大きいのは、主要な社会保障制度が社会保険の形態で運営されていることによる。しかし、二〇〇〇年度と比較すると、保険料収入が低下する一方で、公費収入は拡大しており、公費収入の重要度が増してきていることが分かる。公費を主な財源とする制度が増えたり、財政悪化に伴い、社会保険に公費が多く投入されるようになったことが原因である。

次に、制度により財源の構成に違いがある点にも注目できる。医療分野では協会管掌健康保険や組合管掌健康保険が、年金分野では厚生年金が保険料収入に大きく依存している（国家公務員共済組合や地方公務員共済組合も同様の傾向）。しかし、国民健康保険や後期高齢者医療制度、そして介護保険や国民年金については公費収入の規模も大きい。このように社会保険形態で運営される制度であっても保険料だけでなく、公費が重要な財源である場合がある。さらに、生活保護や社会福祉は社会

表３－１　主な社会保障制度の財源構成（2015年度）

（単位：％）

制度名		保険料収入			公費収入			資産収入・その他
			被保険者	事業主		国庫負担	地方負担	
医　療	協会管掌健康保険	86.8	43.8	43.0	13.1	13.1	―	0.1
	組合管掌健康保険	93.6	43.0	50.6	0.4	0.4	―	6.0
	国民健康保険	35.2	35.2	―	59.3	38.3	21.1	5.4
	後期高齢者医療制度	11.7	11.7	―	81.6	53.3	28.3	6.6
介　護	介護保険	29.2	29.2	―	68.3	30.2	38.1	2.5
年　金	厚生年金	66.2	33.1	33.1	22.1	22.1	―	11.7
	国民年金	35.9	35.9	―	44.2	44.2	―	19.8
雇　用	雇用保険	93.2	34.5	58.7	5.5	5.5	―	1.3
労　災	労働者災害補償保険	70.9	―	70.9	0.0	0.0	―	29.0
家　族	児童手当	18.0	―	18.0	81.4	50.7	30.7	0.7
公務員	国家公務員共済組合	78.5	34.7	43.7	11.4	11.4	―	10.1
	地方公務員共済組合	71.4	31.9	39.5	9.5	0.0	9.5	19.1
衛　生	公衆衛生	―	―	―	100	82.8	17.2	―
福　祉	生活保護	―	―	―	100	75.0	25.0	―
	社会福祉	―	―	―	100	49.7	50.3	―
総　計		54.3	28.7	25.6	37.4	26.3	11.1	8.3
（参考）2000年度総計		61.7	29.9	31.8	28.2	22.1	6.0	10.1

注⑴：地方負担とは国の制度に基づき地方団体が負担しているもので、地方団体が独自に行っている事業のうち公費負担医療給付分及び公立保育所運営費のみを含み、それ以外は含まない。
⑵：資産収入には、利子、利息、配当金が、その他には積立金より受入れ等を含む。
⑶：財源のうち、他制度からの移転は除いた。
出所：国立社会保障・人口問題研究所編（2017）『平成27年度社会保障費用統計』より作成。

保険料ではなく、専ら公費により維持運営されている。

以上のように、社会保障制度は租税と社会保険料を財源として運営されている。持続可能な社会保障政策を考える場合、両者の検討が必要である。その際には、単に十分な財源調達が可能かという点だけでなく、財源調達による社会・経済への影響を明らかにし、それが、社会保障政策の目的と整合的であるかという点についても検討する必要がある。以下では、租税と社会保険料について順に検討していく。

2　租税についての考え方

租税の本質

政府は、市場から労働力や生産物などを購入し、それらを公共サービスとして家計や企業に供給する。また、政府はサービス（現物給付）ではなく、現金を給付することもある。いずれの場合も財源として貨幣が必要になる。そこで、政府は企業や家計が生み出した富の一部を租税として調達する。

政府は、使用料や手数料や受益者負担金などによっても貨幣を調達しているが、それらは租税とは明確に区別されている。それは、租税が以下のような性格を有するからである。すなわち強制性、無償性、そして政府収入を調達するという意味での収入性である。

租税は貨幣を強制的に政府に移す。政府が必要な貨幣を調達する場合、国民が自発的に任意の額を提供するのをまっていては必要な額を確保できず、結果として必要なサービスも供給できないおそれがあるからである。ただし、強制的に租税を徴収する場合、一方的な国民の財産権の侵害とならないように、政府はあらかじめ必要な支出内容と財源額を示し、その調達方法たる租税についても国民の合意をえる（財政民主主義）。そして、ひとたび国民の合意を得られれば、政府はその方法に従って租税を強制的に徴収することになる。税法に定められた要件を満たしている者が納税を拒否しても、滞納処分の手続きを経て強制的に徴収されることになる。

次に、無償性とは、反対給付への請求権がないことを意味している。国民は租税を納税したからといって何か特定のサービスや現金給付を受ける権利が与えられるわけではない。これは、市場を介して行う取引のように、個別的な支払いと反対給付という関係が租税と公共サービスの間には成立しないということを意味している。使用料や手数料は、支払いを回避しようと思えば可能であるため強制性があるとはいえないし、明らかに反対給付を伴うため無償性も備えてはいない。こうした点から、租税とは明確に区別されるのである。

最後に、政府収入を調達するという意味での収入性であるが、これは租税が公共サービスの財源として調達されることを意味する。交通違反などの反則金は政府の収入調達を目的としていないため、租税とは区別されることになる。租税は原則的にあらゆる公共サービスの財源として調達される。しかし、例外的に収入が特定の公共サービスの財源に充てられる場合があり、これを目的税という。

租税原則

次に、望ましい租税制度や負担のあり方について考えよう。租税の規範は、その時代の社会経済状況、そして政府の役割を反映して租税原則として定式化されてきた（佐藤・伊東 1994）。代表的な原則として、アダム・スミス、ワグナー、マスグレイブの租税原則などがあり、今日において広範な合意があるものは公平、中立、簡素の三原則である。

何をもって公平とするかは、その人の価値観によって左右される。なるべく客観的に公平を定義するためには、二つの概念を区別して説明する必要がある。そのひとつは水平的公平であり、等しい状態にある人々は等しく取り扱うという意味である。この公平の概念に従えば、等しい経済状態にある者は等しい税負担となるような課税のあり方が求められる。例えば所得税において、特定の所得だけ異なる扱いや負担を軽減したり、所得の捕捉率に格差が生じたり、脱税が行われたりすると水平的公平を達成できないことになる。こうした状態での課税は、納税への抵抗を生みだすおそれがあることから、水平的公平は租税制度の維持・安定に不可欠な要素であると考えられている。次に、垂直的公平は、異なる状態にある人々には異なった課税を行うこと意味する。市場経済のもとでの所得分配は平等にはならない。政府は、国民が所得分配の格差をどれだけ受容できるかに応じて、その格差を是正する必要がある。すなわち、累進課税などを通じて、より負担能力の高い者により多くの負担を求めることで、所得分配を変更するのである。垂直的公平は、社会の維持・安定のために必要な要素であるといえよう。

次に、中立とは、税制は経済における資源配分のあり方を、できるだけ変化させないようにすべきであるという考えである。この考えの背後には、市場メカニズムは、市場の失敗が存在しないとき、資源を効率的に配分するという経済学の考えがある。例えば、法人税において特定の産業や投資を優遇する場合、企業の投資の選択に影響を与える恐れがある。同じように、特定の財貨やサービスに対する消費税は、相対価格を変化させ個人の消費行動に影響を与える恐れがある。また、労働所得に対する所得税は勤労と余暇の選択に、利子所得をも課税ベースに含む所得税は現在消費と将来消費の選択に影響を与える可能性がある。こうした企業や個人の選択に影響を与え、市場メカニズムがもたらした資源配分を変化させうる課税は、中立の観点からは望ましくないとされる。

最後に、簡素は、税制を簡素なものとし、運用上のコストをできるだけ小さくすることを求めるものである。運用上のコストには二種類がある。ひとつは税務行政上のコストであり、税の賦課徴収に要する費用である。もうひとつは納税協力費用である。これは納税者が納税に際して負う時間や労力であり、実際に貨幣支出を伴う場合もある。また、納税者の予見可能性を確保するしくみを考える必要もある。

租税原則について注意すべきは、各原則が必ずしも両立するとは限らないという点である。例えば、公平のうち垂直的公平の観点から望ましい所得税は累進課税だが、それは中立を損なう恐れがある。また、垂直的公平の観点から望ましい消費税は、奢侈品に重く、生活必需品に軽く課税することだが、中立の観点からは、特定の財への課税は資源配分を変化させるため望ましくないとされる。これは、公平と中立という二つの原則にトレード・オフの関係が存在することを意味している。

この他にも、公平の観点からは、所得税は各人の負担能力を正確に測定し課税することが望ましい。このため、様々な境遇にある納税義務者の事情をできる限り詳細に把握するような制度が必要であり、必然的に制度は複雑化する。しかし、それは簡素の原則からすると望ましくはない結果となる場合がある。このように、各原則は常に両立する関係にあるとは限らない。どの原則をどの程度重視し、租税制度を設計するのかは国民の選択に委ねられている。

日本の租税制度

租税理論にてらせば、租税制度は上述の規範にもとづいて設計されることが理想である。しかし、実際の租税制度は、財政需要の拡大に伴う収入増加の必要、経済発展に伴う税源の変化と多様化、諸階層の利害を反映した様々な税制改革論とその妥協的な産物としての税制改革といった要因により発展してきた。同時に、その過程で複雑化した。租税制度は歴史的な構成物であり、多種多様な利害を反映して税目が複雑に組み合わさったものとなっていることは現代の租税制度の特徴といえる。

日本の租税制度の全体像を、表3-2によって確認しよう。ここでは、課税する主体と、課税標準により分類している。所得課税は所得・利潤・資本利得を、資産課税等は財産等を、消費課税等は財貨・サービス等を課税標準としている。

国税については、所得税、消費税、そして法人税の税収規模が大きく、これら三税は基幹税と呼ばれる。国税は所得税と法人税などの所得課税が中心であるといえる。こうした構造は、戦時税制改革や終戦直後のシャウプ勧告に基づく税制改革を通して定着し、高度経済成長期に強化されてきた。高度成長期は、両税の大幅な自然増収をもたらし、所得税は財政の健全性を支える一方で、その累進構造により所得分配の改善にも寄与していた。さらに、豊富な税収により毎年のように所得税の減税を実施する余地までもがつくられた。しかし、低成長への移行により税収が不足するようになり、一九七五年度からは赤字国債の発行が常態化した。そこで税収不足の解消を目的に、付加価値税の導入が模索され、大平・中曽根内閣における試みを経て、竹下内閣において消費税が導入された。この結果、消費課税の構成比は高まり、所得税と法人税のあいつぐ減税がその傾向に拍車

表3－2　国税と地方税の種類と内訳（2014年度決算額）

（単位：億円、％）

	国			都道府県			市町村		
	税　目	金　額	構成比	税　目	金　額	構成比	税　目	金　額	構成比
所得課税	所得税	167,902	29.0	個人道府県民税	47,173	30.1	個人市町村民税	71,143	33.7
	法人税	110,316	19.1	個人事業税	1,864	1.2	法人市町村民税	24,451	11.6
	地方法人税（特）	10	0.0	法人道府県民税	9,626	6.1			
	地方法人特別税（特）	23,945	4.1	法人事業税	30,168	19.2			
	復興特別所得税（特）	3492	0.6	道府県民税利子割	1,124	0.7			
	復興特別法人税（特）	4328	0.7	道府県民税配当割	2,431	1.6			
				道府県民税 株式等譲渡所得割	1,421	0.9			
資産課税等	相続税・贈与税	18,829	3.3	固定資産税（特例）	17	0.0	固定資産税	86,752	41.1
	印紙税・登録免許税等	10,350	1.8	不動産取得税	3,717	2.4	特別土地保有税	18	0.0
	地価税	0	0.0				事業所税	3,556	1.7
							都市計画税	12,439	5.9
							国有資産等所在 市町村交付金	934	0.4
消費課税等	消費税	160,290	27.7	地方消費税	31,064	19.8	軽自動車税	1,951	0.9
	酒　税	13,276	2.3	道府県たばこ税	1,553	1.0	市町村たばこ税	9,502	4.5
	たばこ税	9,187	1.6	軽油引取税	9,356	6.0	鉱産税	20	0.0
	揮発油税	24,864	4.3	自動車取得税	863	0.6	入湯税	224	0.1
	石油ガス税	97	0.0	ゴルフ場利用税	479	0.3	法定外普通税	18	0.0
	航空機燃料税	521	0.1	自動車税	15,562	9.9	法定外目的税	12	0.0
	石油石炭税	6,307	1.1	鉱区税	3	0.0			
	電源開発促進税	3,211	0.6	狩猟税	15	0.0			
	自動車重量税	3,728	0.6	法定外普通税	312	0.2			
	関　税	10,731	1.9	法定外目的税	88	0.1			
	とん税	100	0.0						
	特別とん税（特）	125	0.0						
	地方揮発油税（特）	2,660	0.5						
	石油ガス税（譲与分）（特）	97	0.0						
	航空機燃料税（譲与分）（特）	149	0.0						
	自動車重量税（譲与分）（特）	2,558	0.4						
	たばこ特別税（特）	1,421	0.2						
合　計		578,492	100.0		156,835	100.0		211,020	100.0

注(1)：国税の（特）は特別会計分。
(2)：国税の地価税は現在課税停止中。
(3)：都道府県税の固定資産税は大規模償却資産に対する道府県の課税分。
(4)：四捨五入しているため、各税目の合計額と合計欄の金額は一致しない場合がある。
出所：財務総合政策研究所編（2016）『財政金融統計月報』769号より作成。

をかけた。背景には、低成長への移行に伴い生産性の向上が課題となり、企業負担の軽減や、勤労意欲を高めるため所得税のフラット化が求められたという事情があった。また、経済のグローバル化が進展し、資本の自由な移動や企業立地の国際的な選択が行われるようになり、政府への金融所得課税や企業課税の引き下げ圧力が生じた。一連の過程で、租税による所得再分配の機能は弱体化した。

道府県税では、道府県民税と事業税が大きく、地方消費税がこれに次いでいる。道府県税もまた所得課税が中心であり、消費課税がその不足分を補う構造である。一方、市町村税では資産課税たる固定資産税が最大の税収となっており、所得課税である市町村民税がこれに次ぐ。都道府県と市町村の税体系は、いずれも所得課税が重要な位置を占めているが、市町村では資産課税が税収の首位を占めているなどの違いが見られる。

ところで、地方政府は中央政府と異なる特徴を有している。地方政府が境界を管理しない入退自由のオープン・システムの政府であること、財政力格差が存在していること、中央政府と比較して公共サービスの受益の範囲を明らかにし易いこと等である。このため地方税制度とその負担のあり方について、国税とは異なる点も重視される。すなわち税源の移動性の低さ、税収の普遍性や安定性、そして応益性である。応益性とは、政府の公共サービスから受ける便益に応じて負担をすることである。

以下では、主要な国税について、その仕組みと課題を述べていく（池上 2015：121-143）。

3　所得税の仕組みと論点

所得税の仕組み

所得税は、個人の暦年の所得に対して課税される。税額計算の過程はおおよそ次の通りである。まず給料収入、事業収入、土地・株式を譲渡して得た収入など、一年間の収入をその発生形態に応じて一〇種類に分類する。次に、分類ごとに、収入金額から必要経費などを差し引いて所得金額を算出する。ただし、利子所得のように必要経費が無い場合や、給与所得のように必要経費の相当額を実額ではなく概算により求める場合もあり（給与所得控除）、計算方法は一様ではない。次に、所得金額を合算し、そこから基礎控除・扶養控除・配偶者控除などの金額を差し引く所得控除を行う。さらに、控除後の課税所得に超過累進税率を適用して算出税額を求める。税率は、五％～四五％の七段階である。最後に、この算出税額から税額控除額を差し引くことで、納税額が決まる。税額控除には、二重課税の調整を目的とするもの（外国税額控除、配当控除）と、特定の政策手段として活用されるものがある（住宅借入金等特別控除など）。

所得税の主な特徴は、第一に、個人に帰属する所得を総合して課税することである。所得の種類にかかわらず各人の得た所得金額を正確に把握し、個人の総合的な負担能力を測定することができる。第二に、課税に際して個人や世帯の事情を考慮することである。所得額が同じであっても、各人の置かれた状況により負担能力は異なる。所得から各種の所得控除（基礎控除、配偶者控除、扶養控除、社会保険料控除など）を差し引くことにより、各人の最低生活費や負担能力に影響を与える要因を勘案して課税するのである。ただし、所得控除のなかには、寄附金控除、生命保険料控除、地震保険料控除のように、租税が特定の組織や業界への実質的な補助金の役割を果たすという「租税支出」も含まれている。第三に、超過累進税率をとっていることである。これは、所得が増加するにつれて、その増加部分に対してより高い税率を適用するものである。これにより、所得の多い者ほど所得に占める所得税の負担割合も高くなる。以上の特徴により、所得税は負担の水平的・垂直的公平を満たすのである。

所得税の論点

所得税は、課税の公平性をめぐり問題点も指摘されている。第一に、総合課税の原則とは裏腹に、分離課税や申告不要制度が多数存在している点である。特に、利子、配当、株式譲渡益といった金融所得の分離課税は徴税コストを低下させるため長く行われてきた。しかし、金融所得を低率の分離課税という形で優遇する方式は、バブル経済の崩壊後、資本市場の活性化策として進められた面がある。二〇一四年一月より金融所得課税は二〇％という比例税率に揃えられているが、配当と株式譲渡益との損益通算が認められ、少額投資非課税制度（NISA）が導入されるなど、近年も優遇制度が拡充されている。

こうした取扱いは、二元的所得税論に基づいて擁護されることがある。二元的所得税論は、北欧諸国などの個人所得税制を説明する理論で、所得を勤労所得（給与、年金など）と資本所得（金融所得、不動産所得など）に分けて、前者には累進税率、後者には比例税率を適用する。特に後者の資本所得への比例税率を、勤労所得の最低税率及び法人税率と等しくすることにより、資本の国外流出を防止できるとしている。グローバル経済下において、金融所得など国際的に移動性の高い資産からの所得に対して強い引き下げ圧力が生じている。二元的所得税論への注目が高まっているのも、そうした変化が背景にある。しかし、課税の公平性という観点からは問題点が指摘される。所得の種類により負担が異なるため水平的公平が損なわれる。また金融所得に低率の定率課税を行えば、総合課税であれば高い限界税率が適用されるはずの高所得者ほど有利である。金融所得は、高所得者ほど所得に占める割合が高い傾向があるため、課税の垂直的公平が損なわれる。

第二に、社会保障現金給付、とりわけ年金への優遇が大きい点である。年金は雑所得に分類されるが、六五歳以上の年金受給者は最低一二〇万円の公的年金等控除が認められ、その分は課税の対象から除かれる。控除額は逓減的とはいえ年金給付額に応じて増額される仕組みで、上限も無い。社会保障現金給付のうち、老齢年金は拠出に応じて受給権が発生するため、受給者はかならずしも生活困窮者ではない。個人の総合的な負担能力ではなく、年金という収入の種類だけで負担が軽減されており、負担の水平的公平が損なわれる恐れがある。年金課税を適正化することで、公平性を確保するとともに、所得格差が大きいとされる高齢者間の再分配や、世代間の受給と負担バランスの改善にも寄与することが指摘されている。（国立社会保障・人口問題研究所編 2009a：30-31）

第三に、所得の種類による所得捕捉率の格差であり、クロヨン問題とも呼ばれる。つまり捕捉率は、給与所得が九割、事業所得が六割、農業所得が四割とされる。実態は同じ所得額であっても、捕捉率に格差があるために負担税額に差が生じれば、水平的公平が損なわれる。この問題が生じるのは、給与所得と事業所得・農業所得との間で納税方式が違うことにある。一方で、給与所得は、収入金額から給与所得控除という法定の控除が差し引かれ、納税は給与支払者が給与から税額を源泉徴収する制度がとられる。他方で、事業所得は、収入金額から必要経費の実額控除が行われ、納税義務者が申告納税する制度がとられる。その計算の過程で、売上の自家消費が行われたり、必要経費に家事関連経費が混入するおそれがある。近年、この格差は解消に向かっているとの指摘もあるが、根本的解決には至っていない。

所得税の問題点は他の制度にも波及する。たとえば、個人住民税所得割の課税標準は所得税のそれに極めて近い。また、社会保障領域で用いられる所得基準も、個人住民税の所得証明書や非課税証明書を所得確認の資料とすることが多い。所得税の改革はこうした影響も含めて議論されなければならない。

4　法人税の仕組みと論点

法人税の仕組み

法人税は、法人の所得に対して課税される。この法人所得は企業会計上の利益とは異なる。なぜならば、企業会計は企業の経営状況を利害関係者に報告することが目的であり、課税の公平や適正を求める法人税法の目的とは必ずしも一致しないからである。そこで法人所得は、企業会計上の利益を基礎とし、これに一定の調整を加えて算出される。法人税の税率は法人の種類により異なるが、一般的な株式会社については二三・四％の比例税率が適用される。ただし、資本金一億円以下の中小法人について、年八〇〇万円以下の所得に対しては一五（本則一九％）％の軽減税率が適用される。

法人税については、法人本質論のいずれに依拠するかにより、税負担のとらえ方が異なる。法人擬制説は、法人を株主の集合体と考える。従って、法人の利益は、配当や株価の上昇を通じてすべて株主に帰属すると考えられる。そこで、法人税引き後の利益が株主に分配された場合、完全な個人所得税が課されていれば、配当は配当所得として課税されるし、内部留保された場合でも株価の値上がりに反映されてキャピタル・ゲインとして課税される。従って、法人税と所得税は重複課税となるのである。それを調整するため、何らかの仕組みが必要となるが、日本では所得税において配当所得の一部を税額控除する配当控除が行われている。ただし、そもそもキャピタル・ゲインへの所得税の課税は限定的にしか行われておらず（実現時のみ）、配当所得には分離課税や申告不要制度が認められているため、重複課税が実際にどの程度生じているかは明らかではない。

　法人実在説は、法人を独立した経済主体と考えるため、重複課税の問題には直面しない。法人税は、法人の負担能力に着目した課税となる。また、法人が事業活動を行う際、道路・空港・港湾・水道などの公共施設、治安・消防、人材の基礎形成を担う教育、従業者世帯の生活を支える介護・医療・子育て援助など、さまざまな公共サービスの受益者である。そこで、受益に応じた課税という応益課税としての法人課税も行われる。ただし、公共サービスの便益はすべての法人が享受するものの、所得が課税ベースであれば赤字法人は課税されない。そこで、応益課税としての法人課税は、付加価値などの外形標準とするのが適当とされる。なお、応益課税は法人実在説だけでなく擬制説から導き出せる。法人が受ける公共サービスの便益も、結局は株主をはじめとして、債権者、従業者などの利害関係者が享受するとも考えられる。その場合、法人に原産地課税することによりそれらの人々に間接的に負担を求める、との論理が成り立つ。

　これまでの議論は、法人税の負担は法人ないしは株主が負うことを前提としていたが、法人税負担の転嫁と帰着を明らかにする理論的・実証的分析も行われてきた。しかし分析結果は、それが短期か長期か、完全競争か不完全競争か、部分均衡分析か一般均衡分析かなどの分析の枠組みによって異なっている。法人税の負担を法人が負う場合もあれば、価格に転嫁され個別消費税と同じ効果を持つ場合、賃金に転嫁され賃金税となる場合もあるとされる。しかし、現在のところ確固たる結論は出ていない。

法人税の論点

　近年の法人税改革は、グローバル化の進展と国際競争の激化を背景として進められてきた。その中心となるのが税率の引き下げである。一九八九年に四〇・〇％だった法人税の表面税率が、一九九八年には三四・五％に、一九九九年には三〇％に、現在は二三・四％にまで引き下げられた。企業立地の選択がグローバルな視点で展開されるなかで、法人税は立地選択の要因として挙げられ、その引き下げが強く求められてきたためである。税率は先進諸国の水準に近づいたが、なおアジア諸国と比較して高いと指摘され、法人実効税率の引き下げが要望されている。

　しかし、税率を比較するだけでは負担の国際比較は十分とはいえない。法人所得の範囲（その基礎となる益金と損金の範囲）、租税特別措置の効果などの課税ベース、社会保険料の事業主負担分は国によって異なる。さらに、所得課税以外の租税公課（不動産税など）の違いも考慮する必要がある。また、そもそも法人の立地選択に影響する要因は、市場アクセスと情報獲得の利便性、賃金と労働市場、物価・地価、為替相場、教育・技術水準、治安、保健衛生、産業基盤、規制など多様であり、税制はそれらと並ぶ要素の一つに過ぎないことに注意が必要である。

5　消費税の仕組みと論点

消費税の仕組み

　消費税は取引における財・サービスに課税される。納税義務者である事業者は、税額分を価格に上乗せして販売し、最終的には消費者が税を負担すると想定されている。消費税は様々な取引において課税されるが、消費に負担を求めるという税の性格になじまないものや、社会政策的な配慮から一部の取引は非課税とされている。前者の例としては、土地や有価証券の譲渡があり、これらは消費というより所有権の移転であるため非課税取引とされている。後者の例としては、社会保険医療や介護保険法に基づく居宅サービス、社会福祉事業、住宅の貸付け等がある。

　消費税は取引の各段階で課税されるため、消費税額を含む取引価格にさらに消費税がかけられるという負担の累積が生じることになる。そこで、仕入税額控除という仕組みが設けられており、税額計算では売上高にかかる消費税額から仕入高に含まれる消費税額が控除される。これにより重複が排除され、消費税は各事業者が付与した付加価値に対する課税という意味を持つことになる。消費税の税率は、一九八九年の導入時には三％であったが、九七年には五％、二〇一四年には八％（うち地方消費税一・七％）へと引き上げられた。二〇一九年一〇月には一〇％（うち地方消費税二・二％）へと引き上げられる予定である。

　日本の消費税は税収調達力が高い。付加価値税の効率性を図る指標に「C効率性」（C－efficiency）がある。これは実際の付加価値税収入を、一国の最終消費に標準税率を乗じて算出した税収想定額で除した値であり、一〇〇に近いほど税収調達力が高いとされる。欧州諸国ではそれが五〇％台にとどまるのに対し、日本は六七％と高い（二〇〇九年）。それは、欧州諸国は食料品などに対し標準税率よりも低い税率を適用しているのに対し、日本は単一税率を採用していることによる（池上 2015：127）。

消費税の論点

　消費税の課題として以下の点がある。第一に、所得に対する消費税の負担率は高所得者よりも低所得者のほうが高い、という負担の逆進性の問題である。これは負担の垂直的公平を損なうという点で問題となる。負担の逆進性は、低所得者ほど所得に占める消費の割合が高いために生じる。その解決策として、基礎的な消費財やサービスに軽減税率またはゼロ税率を適用する複数税率の導入が考えられる。実際に、日本では消費税率一〇％への引き上げとあわせて、二〇一九年一〇月から食料品と新聞を対象に軽減税率（八％据え置き）の導入が予定されている。

　しかし、軽減税率やゼロ税率の恩恵は高所得者にも及ぶため、逆進性対策としての効果は小さく、一定率の課税よりも税収のロスも大きい（C効率性低下）、対象品目の線引きが難しいといった問題が指摘されている。さらに、現行の請求書等保存方式の下では複数税率を加味した税額計算は難しいという問題もある。日本の消費税は、仕入税額控除を行う際に、原則的に帳簿と請求書に記載された売上高の合計額や仕入高の合計額をもとに税額を算出する。この方式は、単一の税率が適用されている場合は事務負担が小さい。しかし、複数の税率が適用されている場合、売上と仕入を税率毎に区分する必要がある。そのため事務負担は大きくなり、適正な税額計算が困難になるおそれがある。これに対し、インボイス方式の導入が有効だといわれる。インボイス方式では、納税義務者となる事業者は、取引の際に適用税率や税額が明記されたインボイスという文書の発行が義務づけられており、控除される仕入税額はインボイスに記載された税額に限られる。税額が明記されることで、仕入控除税額の正確性、複数税率への対応可能、次の取引段階への税の転嫁の透明性、売り上げの過少申告を防止できる等のメリットがある。しかし、事業者の事務負担は増大する。日本では、二〇二三年一〇月からインボイス方式の導入が予定されている。

　逆進性対策としては、所得税において消費税相当額を税額控除する仕組みを設ける方法もある。

たとえば、カナダの所得税には、付加価値税の逆進性対策という意味をもつ還付型税額控除制度が設けられている。ただし、日本の所得税制度は分離課税を多く含むため、個人の総合的所得を捕捉できていない。また、所得税申告者の激増による税務行政コストの増大など、検討すべき課題が多い。負担の逆進性の問題は、他の税制における累進性の確保や社会保障給付の拡充など、広い視野での検討が必要である。

第二の問題は、社会保障支出の財源としての限界である。消費税は税収が景気に比較的左右されにくく、その負担は所得税と比較して勤労世代などの特定の世代に偏ることなく広く全世代におよぶ特徴がある。そこで、高齢社会において増加する社会保障支出の財源として有力視されている。一九九九年度にはその使途を基礎年金、医療もしくは介護に限定する「福祉目的化」が行われた。二〇一四年からはその使途を年金、医療、介護もしくは子育て支援に拡大している。しかし高齢者世代は、若年世代よりも所得格差や資産格差が大きく、再分配機能をもたない消費税収に依存することには限界がある。高齢者は今後も増加するので、社会保障支出の財源を消費税に過度に依存せず、拡大する所得格差や資産格差を是正できる租税体系を整備する必要性がある。

6　社会保険料をめぐる論点

租税と社会保険料との違い

次に、社会保障政策を支えるもう一つの財源である社会保険料について検討したい。そもそも社会保険の主な役割は、「保険」と名がつくことからも明らかなように、リスクを分散し、人々の生活を安定させるという点にある。このため、民間保険との類似性が強調されることがある。しかし民間保険と社会保険では、後者は所得再分配の役割をも担っているため根本的に異なる。両者の具体的な差異は、第一に、民間保険は自由契約に基づく任意保険であるのに対して、社会保険は入脱退を認めない一律の強制保険だという点である。これにより逆選択を排除し、拠出と給付面で再分配がなされる。第二に、民間保険では加入者の保険料と給付額との間に保険数理的な関係があるが、社会保険は両者に一定の関係があるものの、基本的に拠出額は被保険者の負担能力をもとにして決定され、給付額は社会的必要に応じて決定される。

次に、社会保険料と租税との相違について整理しよう。両者を区別する明らかな点は対価性の有無である。上述のように、租税は無償性という性格を有しているが、社会保険は保険料の納入により、保険給付を受給することができるという、受給権が個々の納入者に与えられることになる。逆に、社会保険料の不払いがあるときは受給権が取得できなかったり、社会保険料の納入実績が給付に反映されたりすることがある。社会保険料の拠出と給付との間に一定の対価関係（牽連関係）が存在しているといえるのである。

両者を対比させることで、社会保険料を財源とする社会保障制度の特徴が明確になる。すなわち第一に、給付の対象として想定される者（加入者）に保険料を負担する能力があるとみなされていること。第二に、保険料を納入する加入者間の相互扶助のしくみであること。第三に、納入の見返りに受給権が付与されるので、受給に当たりその資格を定めたり、受給資格を調査したりする必要はない。一方、租税（公費）を財源とする場合、その無償性という性格から負担と受益が切り離され、負担した事実やその能力が受益を左右することはない。給付は、普遍的もしくは選別的に行うことができる。選別的給付の場合は、資力調査などにより受給資格を有するか調査する必要がある。このように、財源調達と給付とが一体となり、各々の社会保障制度の財源調達のあり方によっても規定されている。租税か社会保険料かといった財源の選択は、いかなる性格の社会保障制度を構築するかという政策目的と整合的になされる必要がある。

しかし現実には、両者の区別は曖昧なまま財源が調達されている。そもそも両者に次のような類似点がある。第一に、社会保険料の納入は法律上義務づけられており、強制的な徴収が予定されているという点である。社会保険料は一定の要件を満たしていれば自らの意思に関わりなく徴収されるものであり、強制性を特徴とする租税と類似している。また、社会保険料の滞納が生じた場合に行われる徴収処分は国税の例に従う。第二に、政府の政策を実現するための財源調達手段として機能している点である。社会保険料は医療、年金、介護等の特定目的の財源であり、あらゆる歳出に充てられる租税とは異なる。しかし租税には、特定目的の財源対策として徴収される目的税もあり、社会保険料はこの目的税に近いものとされる。

さらに表3－1で確認したように、現実には租税と社会保険料の両者が社会保険を支えている。社会保険に公費が投入される根拠として、第一に、強制加入させる見返り、第二に、制度内の低所得者の負担能力の補完、第三に、制度ごとの財政力格差の是正、第四に、国民の生活保障に対する公的責任の遂行といった理由が挙げられる（堀 2004：54-55）。しかし、財源不足に対処するために租税の投入を拡大させている面もあり、両者が明確に区別されているとはいい難い。

社会保険料の仕組み

次に、表3－3を参照しつつ現行の社会保険料の仕組みを概観する。現行の被用者（一般企業）を対象とする社会保険には、医療保険、介護保険、年金保険、雇用保険、労働者災害補償保険（以下、労災保険という）がある。

被用者が加入する医療保険は、中小企業を中心とした全国健康保険協会によるものと、大企業中心の健康保険組合によるものに分けられる。保険料は、標準報酬月額や標準賞与額に定率の保険料率を乗じて算出される。標準報酬月額は、被用者の給与をベースに決定された金額である。標準賞与額は一定期間ごとに支払われる賞与をベースに決定される。表で示したように、それぞれの金額に上限が定められており、上限額を超える給与や賞与があっても保険料算定のベースには反映されない。これは受益と負担の関連において、被保険者の納付意欲に与える影響などを考慮したものであるとされている。全国健康保険協会の保険料は都道府県別に定められており、表では全国平均値を示している。ただし、保険料は原則として事業主と折半されるため、被用者が負担する保険料率はこの半分である。健康保険組合の保険料制度もおおよそ同じ仕組みだが、保険料率は組合ごとに異なる。二〇一四年三月末の平均保険料率は八・八六四％（被用者は四・〇三三％、事業主は四・八三一％）である（国立社会保障・人口問題研究所 2016：24）。

介護保険は四〇歳以上の者が被保険者となり保険料が課される（四〇～六四歳は第二号被保険者、六五歳以上は第一号被保険者）。介護保険の保険者は市町村だが、第二号被保険者の保険料は、医療保険の保険者により保険料に含めて徴収される。このため、医療保険と同じく給与と賞与をベースに保険料が算出される。全国健康保険協会の保険料率は全国一律であり、医療保険と同じく労使折半で負担される。二〇一五年度の健康保険組合の平均保険料率は一・四一％（予算ベース）である。（第六七回社会保障審議会〔二〇一六年一〇月一九日〕資料）なお、第一号被保険者の保険料は、まず、市町村ごとに三年間の事業運営期間における歳出と歳入予測に基づいて保険料基準額が設定され、これをもとに、被保険者世帯の市町村民税の課税状況に応じて保険料が決定される。

次に年金は、一般の被用者が加入する厚生年金についてみると、保険料は賃金に基づいて決定される標準報酬月額と標準賞与額に定率の保険料率

表３-３　主な社会保険料の仕組み（2017年７月末現在）

制度の種類	賦課のあり方及び対象	保険料・率	事業主負担
健康保険[(1)]	標準報酬月額（月額139万円を上限） 標準賞与額（年額573万円を上限）	10.00％	有（折半）
介護保険[(2)]	同　上	1.65％	有（折半）
厚生年金[(3)]	標準報酬月額（月額62万円を上限） 標準賞与額（月額150万円を上限）	18.182％	有（折半）
雇用保険[(4)]	賃金（上限なし）	0.9％（0.3％）	有（失業給付分のみ折半）
国民年金	定　額	月額16,490円	無
国民健康保険	所得割・資産割 均等割・平等割	医療基礎分上限　年54万円 後期高齢者支援分上限　年19万円 介護保険分上限　年16万円	無

注(1)：全国健康保険協会の制度。一般の被保険者を対象とする場合で、保険料率は都道府県平均値。
(2)：介護保険第２号被保険者に該当し、全国健康保険協会の健康保険とともに納付する場合の保険料率。
(3)：一般の被保険者を対象とする場合で、標準賞与額は年３回以下で支給されるもの。
(4)：農林水産業、清酒製造業、建設業を除く業種で、一般雇用者を対象とする場合。括弧内の％は被用者が負担する保険料率。
出所：国立社会保障・人口問題研究所編（2017）『平成29年版　社会保障統計年報』。全国健康保険協会 web サイト（https://www.kyoukaikenpo.or.jp）（2017年８月19日参照）。年金機構 web サイト（http://www.nenkin.go.jp/）（2017年８月19日参照）。

を乗じて算出される。医療保険と同じく事業主と折半で負担される。なお年金にも上限額が設定されており、高所得者や事業主の負担への配慮や、給付額の格差が大きくなることを防ぐためといわれる。保険料率は全国一律で一八・一八二％であるが、二〇〇四年の年金制度改革により最終的に一八・三％まで引き上げられることが決まっている。

次に雇用保険は、被用者に支払われた賃金額に保険料率を乗じて算出される。ここでいう賃金とは、雇用保険制度における用語であり、給与と賞与の両方が含まれる。雇用保険には失業給付にかかるものと、雇用保険二事業（雇用安定事業・能力開発事業）にかかるものが含まれており、被用者は失業給付にかかる保険料のみを事業主と折半する。なお、雇用保険については限度額の規定はない。

なお、労災保険は、業務上の傷病や障害、死亡に対して必要な医療給付や金銭給付を行う制度である。その保険料は事業主が全額負担することになっており、事業の種類ごとに保険料率は異なる。

上記の様に、社会保険のなかには被用者と事業主の双方が保険料を負担するものもある。事業主が保険料負担義務を負う根拠としては、①保険事故の発生が事業主の責任に帰せられるべき側面がある（原因者負担）、②社会保険の存在が事業主に利益をもたらす（受益者負担）、③被保険者の負担能力の不足を補うためといった点が挙げられる（加藤他 2015：32）。事業主負担が最終的に誰のものとなるのかを分析した研究は複数存在するが、完全に賃金に転嫁されるとするものから、部分的に転嫁される、全く転嫁されないとするものなど幅広い結果が得られている。また、転嫁は賃金以外に、商品価格、正規雇用から非正規雇用への切り替え、福利厚生を通じて調整される可能性も指摘されている。しかし、評価はまだ定まっていない（国立社会保障・人口問題研究所 2009b）。

以上は被用者の社会保険だが、その他の自営業者等を対象とするものに、国民健康保険と国民年金がある。国民健康保険は市町村が保険者であり（国民健康保険組合が保険者となる場合もある）、市町村ごとに保険料の算出の仕組みが異なる（平成三〇年より都道府県単位化される予定）。一般的には、保険料は応能負担と応益負担の両負担を組み合わせて決定される。応能負担は、被保険者の所得に応じた負担を求める所得割と、保有する資産に応じた負担を求める資産割からなり、応益負担は被保険者の各人に平等負担を求める均等割と、世帯の人数に応じて負担を求める平等割からなる。これらの要素をどのように組み合わせるかは市町村により異なる。以上が医療給付費分だが、これに、後期高齢者医療制度を維持するための後期高齢者支援金分が加わり、さらに介護保険の第二号被保険者は介護納付金分が加わる。いずれも医療給付費分と同じ仕組みで保険料が算出される。二〇一五年度における全国の一世帯当たりの平均保険料調定額は、一六万五六八七円であり、保険料の内訳をみると（医療給付費分と後期高齢者支援金分のみ）、所得割五五・七％、資産割二・〇％、均等割二九・六、平等割一二・七％であり、応能負担と応益負担がおよそ六対四の割合となっている（厚生労働省保健局 2017：31, 36）。国民健康保険にも上限として賦課限度額が定められている。労使折半の仕組みは存在しない。

最後に国民年金であるが、保険料は定額であり二〇一七年度は月額一万六四九〇円である。国民年金についても、上述した年金制度改革により最終的に月額一万六九〇〇円に引き上げられることが決まっている。

以上のように、社会保険は制度が分立しており、制度間で保険料の計算構造や負担額に大きな違いが生じている。このため制度間で負担が不公平なものとなっているといわざるをえない。

社会保険料の論点

次に、租税と社会保険料の負担あり方の相違を明らかにしよう。ここでは特に、所得税と被用者の社会保険料との相違に注目したい。

まず、具体的な制度の相違を整理すると次のようになる。第一に、賦課ベースと課税ベースの違いである。被用者保険の賦課ベースは被用者の給与に限定されているため、それ以外は賦課の対象とはならない。一方、所得税は、給与所得だけでなく、事業・不動産等の所得があればそれも合算し総合的に課税される。また、被用者保険における給与は収入金額であるのに対し、所得税では給与所得控除を差し引いた後（もしくは特定支出控除後）の金額だという点である（給与に加算して支払われる通勤手当は、社会保険料では賦課ベースに含めるが、所得税については月一〇万円以下を非課税として含めないという違いもある）。さらに、所得税の計算過程では、人的控除（各種の所得控除）も行われる。以上のように両者の賦課・課税ベースは大きく異なっている。

第二に、保険料率と税率の構造の違いである。被用者保険の保険料率は、給与の多寡にかかわらず一定率である。所得税の税率は所得が増加するにつれて逓増する超過累進税率である。

第三に、被用者保険の保険料は、給与が一定額を超えると、その超過した部分について保険料の賦課対象とはならない。しかし所得税には、課税所得の上限は設けられていない。

以上の相違によって、両者の負担のあり方には次のような相違が生じる。すなわち被用者保険料は、保険料率が一定であり、賦課ベースに限度額が設けられていることにより、一定額を超える給与に対して逆進的なものとなる。この他、所得税における社会保険料控除は、保険料の支払いに応じて負担を軽減する仕組みであるが、限界税率が高い高所得者の税負担を大きく軽減することになる点にも注意する必要がある（池上 2017：66-69）。

最後に、表３－４で世帯等価当初所得階級別にみた等価総所得（当初所得＋現金給付）に対する租税及び社会保険料の負担率を確認しよう。まず、租税の負担率は所得階級が上がるにしたがって上昇する累進的な構造になっている。一方、社会保険料の負担率を見ると、低い所得階級から上昇し、所得四〇〇万円から六五〇万円の階級で負担率が高まり、その後は低下していく。社会保険料はやや逆進的構造になっていることが確認できる。なお、六五〇万円未満の所得階級では租税より社会保険料の負担率の方が高く、社会保険料は相対的

表３－４　世帯当初所得階級別の租税・社会保険料負担率（2014年度）

（単位：万円、％）

	等価総所得額	租税		社会保険料		合計	
		金額	負担率	金額	負担率	金額	負担率
50万円未満	165.3	7.5	4.5	10.4	6.3	17.9	10.8
50～100	177.8	8.3	4.7	13.8	7.8	22.1	12.4
100～150	210.2	13.1	6.2	18.2	8.7	31.3	14.9
200～250	281.2	17.7	6.3	29.0	10.3	46.7	16.6
300～350	373.2	28.8	7.7	42.5	11.4	71.3	19.1
400～450	464.7	38.7	8.3	54.4	11.7	93.1	20.0
500～550	561.3	58.4	10.4	63.2	11.3	121.6	21.7
600～650	646.6	65.6	10.1	76.9	11.9	142.5	22.0
700～750	740.5	88.8	12.0	81.8	11.0	170.6	23.0
800万円以上	1,233.3	252.1	20.4	100.3	8.1	352.4	28.6

注(1)：等価総所得額は、世帯の等価当初所得に現金給付額を加えた額。
(2)：租税には、所得税、住民税、固定資産税（事業上のものを除く）及び自動車税・軽自動車税（事業上のものを除く）が含まれる。
(3)：社会保険料には、医療保険、年金保険、介護保険及び雇用保険制度による保険料（事業主負担を除く）が含まれる。
出所：厚生労働省政策統括官（2016）『平成26年度所得再分配調査報告書』より作成。

に低中所得層に重い負担となっていることもわかる。合計の負担率をみると、租税の累進性が、社会保険料の逆進的構造によって弱められていることが分かる。

以上、本章では社会保障政策の財源問題として、日本の租税と社会保険料について検討してきた。主要国税については特に負担の公平の点で課題を抱えていること、一方、社会保険料も制度間での負担の不公平や、逆進的負担となっている点で課題を抱えていることを指摘した。持続可能な社会保障制度を構築するためには、給付面だけでなく財源面の改革もあわせて行う必要がある。その際、安定的な財源を調達するだけでなく、租税・社会保険料全体を通じて負担を公平化し、政策への国民の信頼や同意を調達することも重要である。また本章では、租税と社会保険料それぞれの財源調達のあり方が社会保障制度の特徴を規定することも指摘した。財源として両者のいずれを選択するかは、目指すべき社会保障制度の性格を明らかにし、それとの整合性をふまえて検討する必要がある。

参考文献

池上岳彦（2017）「社会保障の財源問題——租税と社会保険料をめぐる論点」『社会政策』第九巻第一号、六三～七六頁。

——編（2015）『現代財政を学ぶ』有斐閣ブックス。

石弘光（2008）『現代税制改革史——終戦からバブル崩壊まで』東洋経済新報社。

大野太郎・中澤正彦・松田和也・菊田和晃・増田知子（2014）「家計の税・社会保険料負担——『全国消費実態調査』を用いた計測」『フィナンシャル・レビュー』第一一八号、七七～九四頁。

加藤智章・菊池馨実・倉田聡・前田雅子（2015）『社会保障法（第6版）』有斐閣アルマ。

厚生労働省保険局（2017）『平成27年度　国民健康保険事業年報』。

国立社会保障・人口問題研究所編（2009a）『社会保障財源の制度分析』東京大学出版会。

——編（2009b）『社会保障財源の効果分析』東京大学出版会。

——編（2016）『社会保障統計年報　平成28年度版』。

佐藤滋・古市将人（2014）『租税抵抗の財政学』岩波書店。

佐藤進・伊東弘文（1994）『入門租税論（改訂版）』三嶺書房。

須藤時仁・野村容康（2014）『日本経済の構造変化』岩波書店。

関口智（2016）「日本の消費税制度における軽減税率」『税研』第一八七号、七二～八四頁。

田中聡一郎・四方理人・駒村康平「高齢者の税・社会保障負担の分析——『全国消費実態調査』の個票データを用いて」『フィナンシャル・レビュー』第一一五号、一一七～一三三頁。

田原芳幸編著（2016）『図説日本の税制（平成二十八年度版）』財経詳報社。

堀勝洋（2004）『社会保障総論（第2版）』東京大学出版

会。
三木義一（2012）『日本の税金（新版）』岩波新書。
諸富徹（2013）『私たちはなぜ税金を納めるのか——租税の経済思想史』新潮社。

第4章 福祉を支える政府間財政関係

天羽正継

日本では財政において地方の果たす役割が大きく、このことは福祉すなわち社会保障の分野においても例外ではない。本章ではまず、財政の収入および支出の両面における地方の位置を確認した上で、国家財政と地方財政の関係、すなわち政府間財政関係を支える役割を果たしている地方交付税および国庫支出金の基本的な制度と機能について説明する。そして最後に、国の財政健全化と政府間財政関係をめぐる問題点や今後の課題などについて概観する。

1 日本の政府間財政関係と福祉

国・地方間における事務配分と福祉

よく知られているように、日本では政府支出に占める地方の割合が高い。表4－1は、二〇一五年度における国と地方の歳出規模を示している。ただし、地方は普通会計分（一般会計と、公共交通や病院、保険等の公営事業会計を除いた特別会計の合計。以下同じ）である。明らかなように、外交費や貨幣製造費、防衛費などについては国がすべてを支出しているが、それら以外のすべての費目については地方も支出している。特に、災害復旧費、衛生費および住宅費では、国・地方を通じる歳出総額に占める地方の割合は九割を超えているのである。

国・地方間における具体的な事務配分を表4－2で確認すると、国が主として担っているのは、外交や防衛、通貨などの一国全体にかかわる機能や、一級河川や高速自動車道など、影響が地域を超えて広範囲に及ぶため、地方自治体が担うのが困難な事業である。それに対して地方は、より住民に身近なサービスの提供を担っており、警察や消防、上下水道、小・中学校などがその典型である。特に福祉関係では、国が一部の社会保険と許認可を担うのに過ぎないのに対して、地方は生活保護や児童福祉、健康保険や介護保険などの

表４－１　2015年度における国・地方の目的別歳出の状況

（単位：億円、％）

区分	歳出合計 国 一般会計	歳出合計 国 特別会計	歳出合計 国 合計	歳出合計 国 うち重複額	歳出合計 国 差引純計 (A)	歳出合計 地方 (B)	国から地方に対する支出 (C)	地方から国に対する支出 (D)	国・地方を通じる歳出純計額 国 (A)－(C) (E)	国・地方を通じる歳出純計額 国 構成比	国・地方を通じる歳出純計額 地方 (B)－(D) (F)	国・地方を通じる歳出純計額 地方 構成比	国・地方を通じる歳出純計額 総額 (E)＋(F) (G)	国・地方を通じる歳出純計額 総額 構成比	総額中地方の占める割合 (F)/(G)	国の純計に占める地方に対する支出の割合 (C)/(A)
機関費	50,619	—	50,619	—	50,619	155,467	8,013	—	42,606	6.0	155,467	15.9	198,073	11.8	78.5	15.8
一般行政費	18,502	—	18,502	—	18,502	92,787	6,789	—	11,713	1.7	92,787	9.5	104,500	6.2	88.8	36.7
司法警察消防費	15,148	—	15,148	—	15,148	53,256	1,150	—	13,998	2.0	53,256	5.5	67,254	4.0	79.2	7.6
外交費	9,065	—	9,065	—	9,065	—	—	—	9,065	1.3	—	—	9,065	0.5	—	—
徴税費	7,754	—	7,754	—	7,754	9,425	74	—	7,680	1.1	9,425	1.0	17,105	1.0	55.1	1.0
貨幣製造費	149	—	149	—	149	—	—	—	149	0.0	—	—	149	0.0	—	—
地方財政費	168,883	538,397	707,281	501,212	206,068	—	201,888	—	4,181	0.6	—	—	4,181	0.2	—	98.0
防衛費	51,411	335	51,746	141	51,605	—	345	—	51,259	7.3	—	—	51,259	3.0	—	0.7
国土保全及び開発費	63,880	16,317	80,197	7,449	72,748	130,398	28,730	7,220	44,017	6.2	123,178	12.6	167,195	9.9	73.7	39.5
国土保全費	10,057	4,772	14,829	2,017	12,812	17,758	5,013	1,647	7,798	1.1	16,111	1.6	23,909	1.4	67.4	39.1
国土開発費	50,052	11,545	61,597	5,432	56,165	105,343	22,209	5,524	33,957	4.8	99,818	10.2	133,775	7.9	74.6	39.5
災害復旧費	1,857	—	1,857	—	1,857	7,297	1,508	48	349	0.0	7,249	0.8	7,598	0.5	95.4	81.2
その他	1,914	—	1,914	—	1,914	—	—	1	1,913	0.3	—	—	1,913	0.1	—	—
産業経済費	33,681	23,731	57,412	6,213	51,199	68,458	3,772	—	47,426	6.7	68,458	7.0	115,884	6.9	59.1	7.4
農林水産業費	20,556	—	20,556	—	20,556	13,356	2,841	—	17,715	2.5	13,356	1.4	31,071	1.8	43.0	13.8
商工費	13,125	23,731	36,855	6,213	30,642	55,103	931	—	29,711	4.2	55,103	5.6	84,814	5.0	65.0	3.0
教育費	52,989	1,786	54,775	755	54,020	167,875	25,284	—	28,736	4.1	167,875	17.2	196,612	11.7	85.4	46.8
学校教育費	40,109	21	40,131	9	40,122	131,447	21,908	—	18,213	2.6	131,447	13.5	149,660	8.9	87.8	54.6
社会教育費	1,447	1,765	3,211	746	2,465	12,498	625	—	1,841	0.3	12,498	1.3	14,339	0.9	87.2	25.4
その他	11,433	—	11,433	—	11,433	23,930	2,751	—	8,682	1.2	23,930	2.4	32,613	1.9	73.4	24.1
社会保障関係費	319,277	15,154	334,431	12,880	321,550	332,418	86,606	—	234,944	33.3	332,418	34.0	567,363	33.7	58.6	26.9
民生費	297,276	14,957	312,233	12,797	299,436	256,100	78,816	—	220,619	31.2	256,100	26.2	476,720	28.3	53.7	26.3
衛生費	6,233	196	6,430	83	6,347	63,018	5,730	—	617	0.1	63,018	6.5	63,635	3.8	99.0	90.3
住宅費	1,494	—	1,494	—	1,494	12,855	1,207	—	287	0.0	12,855	1.3	13,143	0.8	97.8	80.8
その他	14,274	1	14,274	—	14,273	445	853	—	13,421	2.0	445	0.0	13,865	0.8	3.2	6.0
恩給費	3,862	—	3,862	—	3,862	137	—	—	3,862	0.5	137	0.0	3,999	0.2	3.4	—
公債費	224,635	8,095	232,731	3,422	229,308	129,296	70	—	229,238	32.4	129,296	13.2	358,535	21.3	36.1	0.0
前年度繰上充用金	—	—	—	—	—	2	—	—	—	—	2	0.0	2	0.0	100.0	—
その他	13,066	12,555	25,620	5,310	20,313	1	1	—	20,314	2.9	2	0.1	20,312	1.3	0.0	0.0
合　計	982,303	616,370	1,598,674	537,382	1,061,292	984,052	354,709	7,220	706,583	100.0	976,833	100.0	1,683,415	100.0	58.0	33.4

注(1)：国の歳出総額は、一般会計と交付税及び譲与税配付金特別会計、エネルギー対策特別会計、年金特別会計（子どものための金銭の給付勘定のみ）、食料安定供給特別会計（国営土地改良事業勘定のみ）、自動車安全特別会計（空港整備勘定のみ）、東日本大震災復興特別会計の６特別会計との純計決算額である。

(2)：「国から地方に対する支出」は、地方交付税、地方特例交付金、地方譲与税及び国庫支出金（交通安全対策特別交付金及び国有提供施設等所在市町村助成交付金を含む）の合計額であり、地方の歳入決算額によっている。

(3)：「地方から国に対する支出」は、地方財政法第17条の２の規定による地方公共団体の負担金（地方の歳出決算額中、国直轄事業負担金に係る国への現金納付額）で、地方の歳出決算額によっている。

出所：総務省『地方財政白書』（平成29年版）資料編、第32表。

表4－2　国・地方間における事務配分

分野		安全・国の基本等	社会資本	教　育	福祉・衛生	その他
国		司法、刑罰 外交、防衛 登　記	国道（指定区間） 一級河川 高速自動車道	大　学 私学助成	社会保険 医師免許 医薬品許可免許	通　貨 通商、運輸（許認可） 労働監督 通信、郵便 経済政策 国有林
地方	都道府県	警　察	国道（その他） 都道府県道 一級河川（指定区間） 二級河川 港　湾 公営住宅 市街化区域、調整区決定	高等学校、特殊教育学校 小・中学校教員の給与・人事 私学助成（幼～高） 公立大学（特定の県）	生活保護（町村の区域） 児童福祉 保健所	地域経済振興 職業安定、職業訓練 中小企業診断指導
地方	市町村	消　防 戸　籍 住民基本台帳	都市計画等 （用途地域、都市施設） 市町村道 準用河川 港　湾 公営住宅 下水道	小・中学校 幼稚園	生活保護（市の区域） 児童福祉（保育所） 国民健康保険 介護保険 上水道 ごみ、し尿処理 保健所（特定の市）	地域経済振興 農地利用調整

出所：本庄・岩元・辻・関口（2012）37頁。

様々なサービスを提供しているのである。

ちなみに、年金や失業給付、生活保護などのように、現金を直接提供する形態の福祉は現金給付と呼ばれ、医療や介護などのように、サービスを直接提供する形態の福祉は現物給付と呼ばれる。年金がすべて国によって提供されているのは、現金給付は国が担うのがふさわしいという考えによる。これに対して現物給付は、地域住民のニーズを把握することが容易な地方自治体が担うのがふさわしいとされる（神野 2007：292）。しかし、日本では現金給付についても地方自治体が大きな役割を担っているのである。

日本の財政における垂直的財政不均衡

右に、日本では政府支出に占める地方の割合が高いことを見た。しかし、歳出面で地方が高い割合を占めていることは、税収がそれと同水準の高い割合であることを必ずしも意味しない。表4－3は、国・地方を通じる税収と歳出の金額および割合の推移を示したものである。これによれば、二〇〇四～〇六年度に実施された「三位一体の改革」の成果もあり、税収に占める地方の割合が高まった時期があるものの、歳出面での割合には達していない。すなわち、歳出における国と地方の比率がおよそ四対六であるのに対して、税収における比率はおよそ六対四と、ちょうど逆転しているのである。

このように、日本では国・地方間において税収と歳出の間のギャップが存在しているのであり、このギャップは垂直的財政不均衡と呼ばれる。そして、こうした不均衡を埋めているのが、国から地方への財政移転である地方交付税と国庫支出金等であり、それによって結び付けられている国と地方の財政関係が政府間財政関係と呼ばれるのである。

表4－4は、地方税、地方交付税、国庫支出金を含めた地方の歳入決算額の推移である。近年、景気の回復により地方税の割合が上昇し、地方交付税や国庫支出金の割合がやや低下していることが見て取れるが、二つを合わせると依然として三

表4－3　国・地方を通じる税収・歳出規模

（単位：億円、％）

	税収				歳出			
	国		地方		国		地方	
2005年度	522,905	60.0	348,044	40.0	612,202	40.6	894,242	59.4
2006年度	541,169	59.7	365,062	40.3	598,763	40.5	879,357	59.5
2007年度	526,558	56.7	402,668	43.3	613,556	41.1	878,820	58.9
2008年度	458,309	53.7	395,585	46.3	619,729	41.2	885,061	58.8
2009年度	402,433	53.4	351,830	46.6	712,801	42.9	948,228	57.1
2010年度	437,074	56.0	343,163	44.0	661,596	41.3	939,243	58.7
2011年度	451,754	56.9	341,714	43.1	685,164	41.6	962,329	58.4
2012年度	470,492	57.7	344,608	42.3	682,810	41.7	954,877	58.3
2013年度	512,274	59.2	353,743	40.8	691,064	41.7	966,444	58.3
2014年度	578,492	61.1	367,855	38.9	700,304	41.7	978,174	58.3
2015年度	599,694	60.5	390,986	39.5	706,583	42.0	976,833	58.0

注：歳出の定義は表4－1の「国・地方を通じる歳出純計額」に同じ。
出所：総務省『地方財政白書』（平成29年版）資料編、第17表、第31表より作成。

表4－4　地方の歳入決算額の推移

（単位：億円、％）

	2010年度		2011年度		2012年度		2013年度		2014年度		2015年度	
地方税	343,163	35.2	341,714	34.1	344,608	34.5	353,743	35.0	367,855	36.0	390,986	38.4
地方譲与税	20,692	2.1	21,699	2.2	22,715	2.3	25,588	2.5	29,369	2.9	26,792	2.6
地方特例交付金等	3,832	0.4	3,640	0.4	1,275	0.1	1,255	0.1	1,192	0.1	1,189	0.1
地方交付税	171,936	17.6	187,523	18.7	182,898	18.3	175,955	17.4	174,314	17.1	173,906	17.1
小計（一般財源）	539,622	55.3	554,576	55.4	551,495	55.2	556,541	55.0	572,729	56.1	592,873	58.2
分担金・負担金	5,327	0.5	5,774	0.6	5,978	0.6	6,087	0.6	5,907	0.6	6,030	0.6
使用料・手数料	20,358	2.1	20,088	2.0	20,155	2.0	20,157	2.0	21,038	2.1	21,762	2.1
国庫支出金	143,052	14.7	160,304	16.0	155,271	15.6	165,118	16.3	155,189	15.2	152,822	15.0
繰入金	33,284	3.4	34,208	3.4	36,725	3.7	35,314	3.5	42,278	4.1	34,724	3.4
繰越金	20,674	2.1	24,977	2.5	28,096	2.8	31,904	3.2	34,292	3.4	33,165	3.3
地方債	129,695	13.3	117,603	11.8	123,379	12.4	122,849	12.2	115,185	11.3	106,880	10.5
その他	83,104	8.6	83,167	8.3	77,329	7.7	73,029	7.2	74,216	7.2	70,919	6.9
合計	975,115	100.0	1,000,696	100.0	998,429	100.0	1,010,998	100.0	1,020,835	100.0	1,019,175	100.0

出所：総務省『地方財政白書』（平成29年版）資料編、第10表より作成。

割以上を占めている。なお、同表で地方税から地方交付税までが、使途が制限されず、地方自治体が自由に使うことのできる一般財源である。これに対して、この後見ていくように、国庫支出金は使途が制限されており、こうした財源は特定財源と呼ばれる。

それでは次に、政府間財政関係を成り立たせている財源である地方交付税と国庫支出金に着目し、その機能と役割について見ていくこととしたい。

2　地方交付税

地方交付税の二つの機能

地方交付税には、地方自治体間の税収の格差を是正する財政調整機能と、すべての地方自治体が一定の行政サービスを提供できるように財源を保障する財源保障機能という、二つの機能がある。

たとえすべての地方自治体に同じ税目が配分されていたとしても、産業の集積度等、経済力の格差によって税収面での格差が必然的にもたらされる。表4－5は二〇一五年度における、都道府県の地方税、地方交付税、一般財源の一人当たり額、全国平均に対する

表4－5　都道府県の人口1人当たり地方税、地方交付税、一般財源額（2015年度）

（単位：円）

	地方税			地方交付税			一般財源		
	1人当たり額	指数	順位	1人当たり額	指数	順位	1人当たり額	指数	順位
東京都	195,462	186	1	—	—	47	216,087	91	29
愛知県	141,572	134	2	10,607	9	46	170,384	72	43
福井県	128,709	122	3	164,407	140	10	312,877	131	5
栃木県	120,861	115	4	61,376	52	38	200,662	84	35
静岡県	119,781	114	5	40,186	34	41	177,864	75	40
大阪府	118,510	113	6	31,872	27	42	168,770	71	44
山梨県	117,341	111	7	156,736	134	14	292,781	123	8
福島県	117,198	111	8	136,222	116	18	272,690	114	12
群馬県	116,676	111	9	61,647	53	37	196,692	83	37
石川県	116,304	110	10	109,804	94	27	245,595	103	19
宮城県	115,467	110	11	99,571	85	28	232,855	98	25
富山県	114,407	109	12	119,068	102	22	253,207	106	18
神奈川県	114,049	108	13	11,044	9	45	140,732	59	47
三重県	113,224	108	14	73,082	62	33	204,683	86	34
茨城県	112,672	107	15	69,763	60	34	200,135	84	36
香川県	111,283	106	16	110,762	95	25	240,463	101	21
滋賀県	109,018	104	17	80,244	69	32	207,268	87	32
広島県	108,343	103	18	64,250	55	36	190,832	80	38
岐阜県	106,788	101	19	83,778	72	31	208,965	88	31
長野県	106,267	101	20	98,498	84	29	223,625	94	28
京都府	105,655	100	21	66,628	57	35	190,036	80	39
兵庫県	104,334	99	22	53,927	46	39	174,954	73	41
新潟県	104,223	99	23	116,182	99	24	239,604	101	23
千葉県	103,505	98	24	28,688	25	43	147,543	62	45
青森県	103,241	98	25	167,355	143	9	289,116	121	9
山口県	101,507	96	26	120,333	103	19	240,696	101	20
岡山県	101,281	96	27	86,378	74	30	205,741	86	33
福岡県	100,929	96	28	52,852	45	40	171,005	72	42
北海道	100,418	95	29	120,100	103	21	239,668	101	22
岩手県	99,222	94	30	231,660	198	4	350,505	147	2
徳島県	99,144	94	31	189,578	162	5	307,512	129	6
埼玉県	98,994	94	32	27,839	24	44	142,338	60	46
佐賀県	97,724	93	33	170,917	146	7	287,018	120	10
愛媛県	94,701	90	34	118,106	101	23	231,306	97	26
島根県	94,644	90	35	263,283	225	1	378,705	159	1
山形県	92,812	88	36	159,126	136	13	271,767	114	13
大分県	90,446	86	37	145,449	124	16	254,805	107	17
鳥取県	89,720	85	38	239,551	205	2	349,076	147	3
秋田県	87,923	84	39	185,810	159	6	293,399	123	7
和歌山県	87,059	83	40	168,599	144	8	273,661	115	11
熊本県	86,597	82	41	120,192	103	20	224,307	94	27
高知県	86,343	82	42	236,548	202	3	342,342	144	4
宮崎県	86,323	82	43	162,662	139	11	267,490	112	14
奈良県	85,872	82	44	110,322	94	26	212,152	89	30
鹿児島県	84,192	80	45	160,606	137	12	263,277	111	15
長崎県	80,718	77	46	156,601	134	15	254,916	107	16
沖縄県	75,951	72	47	143,976	123	17	235,397	99	24
全国平均	105,264	100		117,091	100		238,202	100	

注：東京都の地方税には、都が徴収した市町村税相当額を含まない。
出所：総務省『地方財政白書』（平成29年版）資料編、第24表より作成。

指数および順位を示したものである。まず地方税について見ると、東京都の一人当たり額が約二〇万円、指数が一八六であり、二位の愛知県に大きな差をつけて一位となっている。また、最下位の沖縄県の指数が七二であるから、東京都はその二倍以上の一人当たり地方税収を得ていることとなり、日本の地域間における地方税収の格差がいかに大きいかが明らかである。

次に地方交付税について見ると、最も多く受け取っているのは、地方税では三五位と低位であった島根県で、全国平均の二倍を上回る額を受け取っている。また、最下位であった沖縄県も、全国平均を上回る額を受け取っている。一方、圧倒的な額の地方税収を得ていた東京都は、地方交付税を全く受け取っていない。

最後に一般財源であるが、これは地方自治体が使途を特定されずに自由に使用することのできる財源であり、地方税に地方交付税、さらに地方譲与税や地方特例交付金等を合計したものである。その一人当たり額で一位は地方交付税でトップの島根県であり、最下位は地方税収で一三位であった神奈川県である。このように地方交付税は、地方税収の多い地方自治体には少なく、少ない地方自治体には多く配分されることによって税収の格差を是正しているのであり、これが財政調整機能である。

しかし、地方交付税の機能はこれだけではない。国は地方自治体に対して多くの事務を義務付けている。また、ナショナル・スタンダードの見地から、どの地域においても一定水準以上の行政サービスが住民に提供されることが求められる。地方交付税は、そのために必要な財源を地方自治体に保障するという機能を担っているのであり、これが財源保障機能である。

この財源保障機能には、地方自治体の財源を全国的な総額として保障するマクロの財源保障と、個々の地方自治体において必要な財源を保障するミクロの財源保障の二つの側面があり（高端 2017：126）、前者は国が策定する地方財政計画と結び付いている。また、財源保障機能および財政調整機能は、基準財政需要額と基準財政収入額の算定を通じて達成されている。そこで次に、こうした機能がどのようにして達成されているのかについて見ていく。

地方交付税と地方財政計画

地方交付税の制度を定めた地方交付税法第六条は、国税である所得税および法人税収入額のそれぞれ三三・一％、酒税収入額の五〇％、消費税収入額の二二・三％（以上の国税の一定割合は法定率あるいは交付税率と呼ばれる）および地方法人税収入額をもって交付税とするとしている。しかし実際には、これに様々な加算がなされたものが最終的な地方交付税の総額となり、その規模を決定しているのが、翌年度の地方全体の歳入・歳出見込額を示した地方財政計画である。

図４－１は、二〇一七年度当初予算における国の一般会計と地方財政計画（通常収支分）の関係を示したものである。一般会計における国税収入額に交付税率を掛け合わせた法定率分一四・一兆円に既往法定加算と臨財加算が行われたのが地方交付税である。さらにこれに、国の制度変更に伴って生じた財政需要の追加や財源不足に対応して地方財政の一般財源を補填する地方特例交付金を加えた一五・六兆円が、「地方交付税等」として交付税及び譲与税配付金特別会計（以下、交付税特会）へ繰り入れられている。交付税特会にはさらに、地方法人税の収入や特会剰余金が繰り入れられるとともに、財政投融資特別会計からの繰り入れも行われている。そして以上は、交付税特会の歳入であることから「入口ベース」と呼ばれる。

一方、交付税特会の歳出は「出口ベース」と呼ばれるが、そこでの地方交付税は、入口ベースでの一五・六兆円に対して一六・九兆円となってい

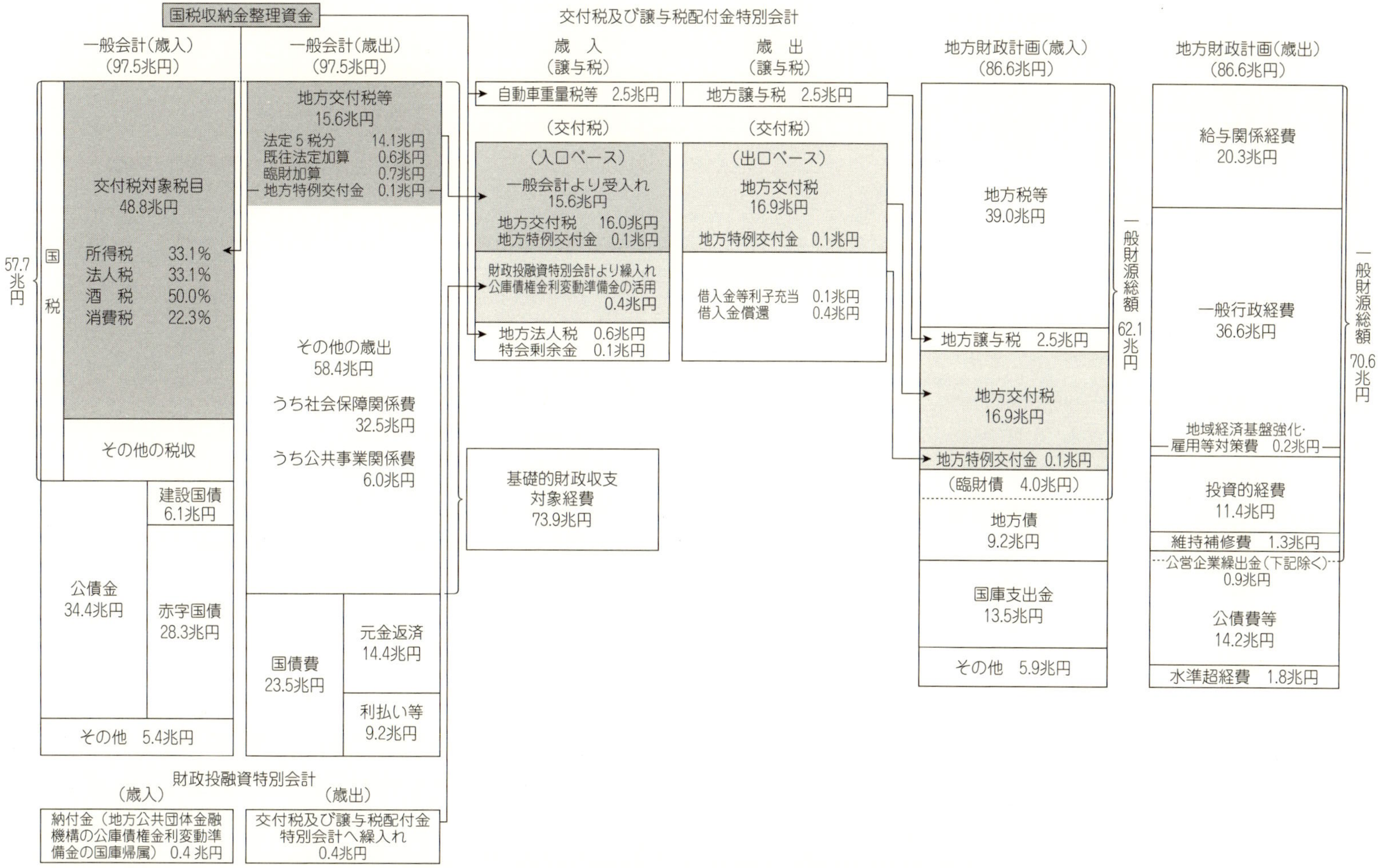

図4－1　国の予算と地方財政計画（通常収支分）との関係（2017年度当初）

注：表示未満四捨五入の関係で、合計が一致しない箇所がある。
出所：総務省資料。

る。これは、右に見たように、入口ベースにおける繰り入れ等の結果である。そして、この出口ベースにおける地方交付税と地方特例交付金の額が、地方財政計画の歳入におけるそれらの額に一致しているのである。

地方財政計画は地方交付税法第七条に基づいて作成され、国会に提出されるものであるが、地方交付税の総額は同計画における歳入と歳出の関係から決定される。すなわち、地方財政計画に基づいて決定される地方交付税の総額は財源所要額と呼ばれるが、これが地方交付税の財源である国税収入の法定率分を上回っている場合、財源不足が生じていると呼ばれる。そして、この財源不足を補填するために、右に見たような加算措置が一般会計において行われるのである。

地方交付税法では、財源不足が生じている場合、地方財政もしくは地方行政に係る制度の改正、または交付税率の引き上げによって対処すると定められている。前者には地方の財政需要の見直しのみならず、財源不足に対応する臨時的な財政措置が含まれると解釈されており、財源不足は最終的には後者によって対応されると想定されている（神野・小西 2014：85）。しかし実際には、先に見た加算措置のように、専ら後者よりも前者による対応がなされてきたのである。

かつては財源不足への対応策として、交付税特会による借入れが行われていた。しかし、その借入金残高が膨大なものとなり、「隠れ借金」として批判されることとなったため、国は二〇〇一年度から交付税特会の借入れを段階的に取り止め、財源不足額の半分を国の一般会計で負担し（図4-1の一般会計（歳出）における臨財加算）、残りの半分を地方が臨時財政対策債（以下、臨財債）を発行することで賄うという、「折半ルール」に移行することとなった。

臨財債は、地方財政法第5条に基づく建設地方債ではなく、その特例として発行される赤字地方債であり、後年度における元利償還金相当額の全額が基準財政需要額に算入されることとなっている。ちなみに、図4-1の地方財政計画（歳入）における臨財債の額が四・〇兆円と、同図の臨財加算の額〇・七兆円に等しくないのは、過去に発行される臨財債の元利償還等のために発行される臨財債があるからである。

いずれにしてもここまで見てきたように、一般会計における加算措置や臨財債の発行等によって財源不足の補填が行われることで地方交付税の総額が確保されているのであり、このような補填措置は地方財政対策と呼ばれる。図4-1の地方財政計画（歳入）において、臨財債が地方交付税と同じ一般財源に含まれているのはそのためである。そして、この地方財政対策を通じて、地方財政全体の財源保障がなされているのである。

基準財政需要額と基準財政収入額

地方交付税の総額の確保がどのように行われているのかを理解した上で、次に、その地方交付税が個々の地方自治体にどのように配分されるのかを見ていくこととしよう。

地方交付税法第六条の二は、地方交付税総額の九六％を普通交付税、四％を特別交付税とするとしている。後述するように、普通交付税は客観的な基準に基づいて配分されるため、個々の地方自治体の特別な財政需要は反映されにくく、さらに、交付額の算定は毎年八月までになされることとなっているため、それ以降に生じた災害等による臨時の財政需要に対応できない。こうした弾力性や機動性の欠如を補完するために、特別交付税が設けられているのである。

地方交付税の大部分を構成する普通交付税は、基準財政需要額が基準財政収入額を超過する地方自治体に交付される。逆に、財政力が高い等の理由で前者が後者を下回る地方自治体には交付されない。普通交付税が交付される地方自治体は交付団体、交付されない地方自治体は不交付団体と呼ばれ、二〇一七年度は、都道府県では東京都のみ、市町村では七五の地方自治体が不交付団体となっている。

ここで重要なのは、地方自治体の財政需要額と財政収入額を「基準」という概念に基づいて算定している点である。この基準という概念は、「標準」という概念で置き換えることも可能である。すなわち、各地方自治体における実際の歳出額と歳入額から算定されるのではなく、国が求める標準的な公共サービスを提供するために必要な額と、標準的な地方税収額との差額として算定されるのである。そのため、例えば地方自治体が独自に減税を行ったり、サービスの拡充を行ったりしたために財源が不足した場合には、その不足額を国が地方交付税で補填する必要はないのである。

基準財政収入額は各地方自治体の課税力を合理的に測定するために、標準的な状態において徴収が見込まれる税収入を一定の方法によって算定するものであり、次の式によって求められる。

基準財政収入額＝
各地方自治体の標準的な地方税収入×
七五％＋地方譲与税等

標準的な地方税収入とは、法定普通税と法定目的税の一部について、地方税法に示された標準税率に基づいて算出される税収である。この税収に七五％という一定の比率（基準税率）がかけられるのは、全額を基準財政収入額に算入することで地方自治体の税源涵養に対する意欲を失わせてしまうことを防ぐためとされている。なお、基準財政収入額に算入されない残り二五％分の地方税収は留保財源と呼ばれる。

次に、基準財政需要額の算定方法について見てみる。基準財政需要額は行政項目ごとに次の式によって求められる。

基準財政需要額＝
単位費用×測定単位×補正係数

単位費用とは、「標準団体」が「合理的かつ妥当な水準において」地方行政を行う場合の一般財源所要額を、測定単位一単位当たりで示したものである。単位費用は都道府県と市町村で異なるが、例えば二〇一七年度の都道府県の場合、警察費は八三六万六〇〇〇円、河川費は一八万一〇〇〇円、小学校費は六二六万二〇〇〇円となっている。

ちなみに標準団体とは、単位費用を算出するために設定される仮想的な地方自治体であり、人口、面積、行政規模が道府県や市町村の中で平均的で、自然的・地理的条件などが特異でない（積雪地帯や離島ではなく、都市化も平均的な）ものが想定される。具体的には、都道府県では人口一七〇万人、面積六五〇〇平方キロメートル、世帯数六九万世帯、道路延長三九〇〇キロメートル、市町村では人口一〇万人、面積一六〇平方キロメートル、世帯数四万一〇〇〇世帯、道路延長五〇〇キロメートルの地方自治体である。

次に測定単位であるが、これは各地方自治体の行政項目の量を測定する単位である。例えば、警察費であれば警察職員数、道路橋りょう費であれば道路の面積・延長、小学校費であれば教職員数である。

最後に補正係数である。右に見たように、すべての地方自治体で費目ごとに同一の単位費用が用いられるが、実際には地方自治体間で自然的、地理的および社会的条件の違いによって財政需要に大きな差がある。こうした財政需要の差を反映させるため、その差が生じる理由ごとに測定単位の数値の割り増しあるいは割り落としを行っている。これが測定単位の数値の補正であり、この補正に用いるのが補正係数である。現在、種別補正、段階補正、密度補正、態容補正、寒冷補正、数値急増・急減補正、合併補正、財政力補正が行われている。

3 国庫支出金

国庫支出金とは何か

地方交付税と並び、国から地方自治体に交付される財源が国庫支出金である。しかし、地方交付税が使途の自由な一般補助金であるのに対して、国庫支出金は使途があらかじめ決められている特定補助金である。国庫支出金には大きく分けて、国庫負担金、国庫補助金、国庫委託金の三つがあり、特に最初の二つをまとめて国庫補助負担金と呼ぶこともある。

国庫負担金とは、地方自治体が法令の定めるところにより実施しなければならないとされている事務事業のうち、全国的に一定の水準を維持し、あわせて地方自治体の財政負担を軽減するために、国と地方自治体の間の経費負担区分に基づいて国が支出するものである。次に国庫補助金とは、国がその行政上の必要から地方自治体に対して交付するものであり、特定の事務事業の実施を奨励し、または助長するために交付するものと、地方自治体の財政を援助するために交付するものがある。最後に国庫委託金とは、本来的に国が直接実施すべき事務事業を、執行の便宜上地方自治体に委託するなど、専ら国の利害に関係がある事務事業の必要経費を委託の都度交付するものである。

国庫支出金の現状

図4－2は二〇一七年度予算における地方自治体向けの補助金等、すなわち国庫支出金の全体像を示したものである。全体の約七割を社会保障関係が占めており、その中でも高齢者医療関係が五・七兆円と最も多くを占めていることが分かる。

さて、こうした国庫支出金は、地方自治体の福祉サービスをどの程度補助しているのだろうか。表4－6はやや古い資料であるが、地方自治体が実施する社会保障サービスを、補助事業と地方単独事業に分けて示したものである。補助事業とは国が国庫支出金により補助を行う事業であり、地方単独事業とはそうした補助がなされず、地方自治体が自身の財源で実施する事業である。これによれば、国が二分の一を補助する事業が多いことが分かる。しかし、生活保護については、四分の三と高率の補助になっている。

4 日本の地方財政と福祉

増大する地方自治体の福祉サービスと財源

高齢化の進行は、現在の日本社会において最も深刻な問題の一つである。高齢化率（六五歳以上

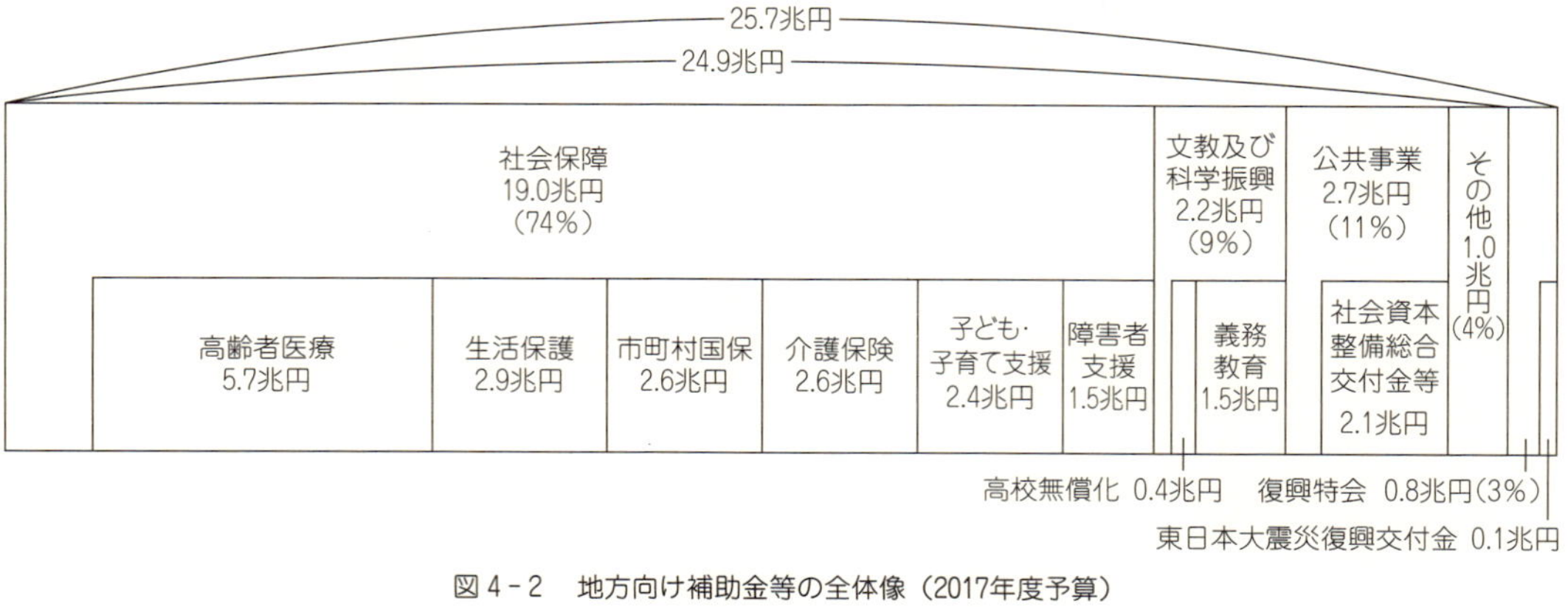

図4－2　地方向け補助金等の全体像（2017年度予算）

出所：財務省資料。

表4－6　社会保障サービスにおける補助事業と地方単独事業の例

	補助事業	地方単独事業
予防接種	予防接種による健康被害（国1／2）	予防接種自体（インフルエンザ等）【1,110億円】
がん検診	子宮頸がん、乳がん（国1／2）	胃がん、肺がん、大腸がん等【970億円】
保健所経費	肝炎検査、HIV 検査等特定業務（国1／2）	一般的保健所経費【2,630億円】
母子・乳幼児	母子手帳・乳幼児家庭全戸訪問、妊婦健診（9回分）（国1／2）	妊婦健診（5回分）・乳幼児健診【850億円】
児童福祉	子ども手当（国定率負担）、児童扶養手当（国1／3）	児童相談所【350億円】、乳幼児医療費※【2,400億円】
保育所経費	私立認可保育所（国1／2）	公立認可保育所、認可外保育所、保育料軽減【9,700億円】
老人福祉施設	特養、老人保健施設の入居費用（介護保険施設）（保険料50%、国20%）	養護老人ホーム、軽費老人ホーム等【800億円】
障害者医療	自立支援医療費（特定の医療費を自己負担1割水準まで軽減）（国1／2）	その他障害者医療費※【2,150億円】
生活保護	生活保護扶助（国3／4）	福祉事務所（ケースワーカー等）【750億円】
国民健康保険	国・地方の定率負担（保険料50%と国43%）	保険料軽減【3,670億円】

注(1)：地方単独事業の金額は、総務省調査による2008年度決算値。
(2)：下線部の地方単独事業は、過去、全部または一部が国庫補助事業だったが、一般財源化され、地方単独事業に移行したもの。
(3)：※は、地方単独事業として乳幼児や障害者を対象に医療費助成を行った場合、医療費が増えるという理由で市町村国保に対する国庫負担金が減額される。
出所：総務省資料「国民の視点に立った社会保障制度改革の成案に向けて」（2011年5月23日）。

の高齢者が総人口に占める割合）は一九五〇年には五％、七〇年には七％を超えるに過ぎなかったが、九四年には一四％を超え、二〇一六年には二七・三％となり、二〇六五年には三八・四％に達すると推計されている（内閣府『平成29年版高齢社会白書』：2-3）。

　また、少子化も同様に深刻な問題である。合計特殊出生率は一九七五年に二・〇を下回って以降、低下傾向をたどり、八九年にはそれまでの最低数値である一・五八を下回り、二〇〇五年には過去最低である一・二六にまで落ち込んだ（内閣府『平成29年版少子化社会対策白書』：3）。

　少子高齢化の進行は当然のことながら、福祉サービスに対する需要を増加させる。また、長引く不況により、生活保護等に対する需要も伸びている。先に見たように、日本では財政の支出面において地方の果たす役割が大きく、特に福祉サービスにおいてそうした傾向がある。その結果、地方財政において福祉関係の支出の占める割合が近年ますます大きなものとなっているのである。

　表4－7は地方財政のうち、普通会計の目的別歳出決算額の推移を示している。この中で福祉サービスを示すのは民生費であるが、実額・割合ともに年々上昇しており、二〇一五年度には全体の四分の一以上を占めるに至っていることが分かる。

　表4－8は民生費の内訳の推移を示したものであるが、ほぼ一貫して最も大きな割合を占めているのは児童福祉費で、二〇一〇年度には三三・五％に達した。これは、同年度に実施された子ども手当の影響によるものと思われる。そして、児童福祉費に次いで大きな割合を占めているのが社会福祉費と老人福祉費であり、以上の三つの経費で民生費の約八割を占めているのである。

　こうした民生費はどのような財源によって構成されているのだろうか。表4－9は民生費の財源構成比の推移を示したものである。三位一体の改革により、一般財源等の割合は二〇〇六年度に七割台に達した。しかし〇八年度以降は、国庫支出金の割合が高まっている。これは、同年に発生

表４－７　普通会計目的別歳出決算額の推移

（単位：億円、％）

	2010年度		2011年度		2012年度		2013年度		2014年度		2015年度	
議会費	4,019	0.4	5,003	0.5	4,501	0.5	4,344	0.4	4,401	0.4	4,511	0.5
総務費	99,998	10.6	93,460	9.6	99,618	10.3	100,006	10.3	98,700	10.0	96,088	9.8
民生費	213,163	22.5	231,825	23.9	231,523	24.0	234,633	24.1	244,509	24.8	252,548	25.7
衛生費	58,124	6.1	67,432	7.0	59,932	6.2	59,885	6.1	61,434	6.2	63,018	6.4
労働費	8,082	0.9	9,938	1.0	7,687	0.8	6,209	0.6	4,244	0.4	3,997	0.4
農林水産業費	32,458	3.4	32,076	3.3	31,813	3.3	35,009	3.6	33,486	3.4	32,182	3.3
商工費	63,984	6.8	65,478	6.8	62,069	6.4	59,157	6.1	55,095	5.6	55,161	5.6
土木費	119,592	12.6	112,849	11.6	112,423	11.7	121,252	12.4	120,505	12.2	117,072	11.9
消防費	17,792	1.9	18,388	1.9	19,068	2.0	19,931	2.0	21,273	2.2	20,969	2.1
警察費	32,164	3.4	32,170	3.3	31,881	3.3	30,964	3.2	31,970	3.2	32,311	3.3
教育費	164,467	17.4	161,768	16.7	161,479	16.7	160,878	16.5	166,581	16.9	167,955	17.1
その他	133,908	14.0	139,639	14.4	142,191	14.8	141,853	14.7	143,029	14.7	138,240	13.9
合　計	947,750	100.0	970,026	100.0	964,186	100.0	974,120	100.0	985,228	100.0	984,052	100.0

出所：総務省『地方財政白書』（平成29年版）資料編、第34表より作成。

表４－８　民生費目的別歳出決算額の推移

（単位：億円、％）

	2006年度		2007年度		2008年度		2009年度		2010年度	
社会福祉費	44,260	27.2	47,621	28.1	47,625	26.7	52,509	26.6	50,637	23.8
老人福祉費	40,695	25.0	42,506	25.0	48,111	27.0	57,068	28.9	54,823	25.7
児童福祉費	48,881	30.1	50,845	30.0	53,043	29.8	55,497	28.1	71,388	33.5
生活保護費	28,683	17.6	28,589	16.8	29,365	16.5	32,501	16.4	35,967	16.9
災害救助費	66	0.0	199	0.1	67	0.0	103	0.1	348	0.2
合　計	162,585	100.0	169,761	100.0	178,211	100.0	197,679	100.0	213,163	100.0
	2011年度		2012年度		2013年度		2014年度		2015年度	
社会福祉費	52,826	22.8	55,673	24.0	56,453	24.1	62,312	25.5	65,916	26.1
老人福祉費	57,072	24.6	57,252	24.7	56,622	24.1	59,033	24.1	61,393	24.3
児童福祉費	74,225	32.0	72,536	31.3	71,835	30.6	77,451	31.7	78,850	31.2
生活保護費	37,652	16.2	39,051	16.9	39,640	16.9	40,158	16.4	40,283	16.0
災害救助費	10,051	4.3	7,011	3.0	10,083	4.3	5,555	2.3	6,106	2.4
合　計	231,825	100.0	231,523	100.0	234,633	100.0	244,509	100.0	252,548	100.0

出所：総務省『地方財政白書』（平成29年版）第34図より作成。

したリーマンショック以降の景気後退による生活保護費の増加や、子ども手当の実施に伴う国の財源措置によるものと考えられる。

また、以上の他に、国民健康保険、後期高齢者医療制度、介護保険という社会保険の領域においても、地方自治体は一定の財源を負担している。それぞれの領域の詳細については本書の各章に譲ることとしたい。

地方分権の推進と福祉サービス

近年の福祉サービスにおける地方自治体の役割の増大は、日本の社会経済状況の変化を反映したものである。すなわち、経済のグローバル化、社会の成熟化、少子高齢化の進行等の変化を背景に、従来の中央集権的な行財政システムの見直しが迫られることとなったのである。特に少子高齢化の進行は、医療、介護、保育といった領域を中心として、福祉サービスの供給主体としての地方自治体の役割を大きく変化させている。

このような中で、福祉サービスの普遍化、利用者の選択の幅の拡大、市町村の

表4－9　民生費の財源構成比の推移

（単位：億円、％）

	2006年度		2007年度		2008年度		2009年度		2010年度	
一般財源等	113,958	70.1	119,618	70.5	124,155	69.7	126,672	64.1	135,358	63.5
その他	10,686	6.6	11,207	6.6	11,018	6.1	12,738	6.4	15,922	7.5
国庫支出金	37,941	23.3	38,936	22.9	43,038	24.2	58,269	29.5	61,883	29.0
合　計	162,585	100.0	169,761	100.0	178,211	100.0	197,679	100.0	213,163	100.0
	2011年度		2012年度		2013年度		2014年度		2015年度	
一般財源等	139,919	60.4	144,434	62.4	146,840	62.6	152,844	62.5	160,459	63.5
その他	18,448	7.9	17,760	7.7	18,321	7.8	18,639	7.6	17,036	6.8
国庫支出金	73,458	31.7	69,330	29.9	69,472	29.6	73,026	29.9	75,053	29.7
合　計	231,825	100.0	231,523	100.0	234,633	100.0	244,509	100.0	252,548	100.0

出所：総務省『地方財政白書』（平成29年版）第37図より作成。

役割の重視、在宅福祉の充実、福祉サービス供給主体の多元化などを目指す福祉制度の抜本改革が進んだ。まず、一九九〇年の福祉八法（老人福祉法、身体障害者福祉法、知的障害者福祉法、児童福祉法、母子及び寡婦福祉法、社会福祉事業法、老人保健法、社会福祉・医療事業団法）の改正により、在宅福祉サービスが社会福祉事業として位置付けられた。それと同時に、老人福祉・身体障害者福祉に関する実施権限の市町村への移譲、市町村での老人保健福祉計画の策定義務化など、福祉行政において市町村の役割が重視されるようになった。

そして、一九八九年には「高齢者保健福祉推進一〇カ年戦略（ゴールドプラン）」が策定された。これは、国の示した目標値を参考にして市町村が老人保健福祉計画を策定し、各地域で高齢者保健福祉施策を整備するというものである。九七年には介護保険法が成立して高齢者福祉の仕組みが措置から契約へと大きく変化し、市町村は介護保険の保険者とされた。さらに、二〇〇六年度から導入された障害者自立支援制度でも、福祉サービスの実施主体は市町村に一元化された（西岡 2012：155-156）。

このように、地方分権の進展とともに、福祉サービスにおける地方自治体、特に市町村の役割が高まってきた。こうした地方自治体の役割の増大に対応するように、一九九〇年以降、地方分権改革の動きが本格化する。九九年の地方分権一括法の制定以前は、地方自治体が処理する事務は機関委任事務と自治事務に大別されていた。機関委任事務は、国の事務ではあるが地方自治体の長に委任される事務であり、地方自治体が処理する事務全体の中でかなりのウェイトを占めていたため、その整理・合理化ないし廃止が重要なテーマとなっていた。

一九九九年の地方分権一括法の制定により機関委任事務は廃止され、地方自治体が担う事務は自治事務と法定受託事務に再編された。自治事務は「地方公共団体が処理する事務のうち、法定受託事務以外のもの」（地方自治法第二条）とされている。一方、法定受託事務は、地方自治体が処理する事務のうち「国（都道府県）が本来果たすべき役割に係るものであつて、国（都道府県）においてその適正な処理を特に確保する必要がある」（同右）事務とされ、機関委任事務の約四割が分類された（藤巻 2012：49）。福祉関係では、社会福祉法人の認可や生活保護に関する事務が法定受託事務となったが、大部分は自治事務として扱われることとなった（西岡 2012：154）。

地方自治体への権限委譲に加えて、財源面での分権化も実施されることとなった。二〇〇四～〇

表 4 - 10　歳入決算額の対前年度増減に対する各財源の寄与率

（単位：%）

	2002年度	2003年度	2004年度	2005年度	2006年度	2007年度	2008年度
地方税	△ 76.6	△ 31.2	60.4	250.2	120.9	1,084.0	△ 68.6
地方譲与税	0.4	2.6	32.5	135.4	133.5	△ 868.8	△ 3.5
地方特例交付金	0.1	4.5	6.8	81.7	△ 49.9	△ 145.3	22.0
地方交付税	△ 28.4	△ 64.6	△ 72.6	△ 12.1	△ 68.4	△ 228.5	19.7
分担金・負担金	0.2	△ 1.2	△ 2.2	△ 0.1	△ 1.2	△ 2.1	1.6
使用料・手数料	△ 0.5	0.3	△ 0.0	△ 3.4	△ 5.6	△ 6.6	△ 3.3
国庫支出金	△ 48.5	△ 1.4	△ 47.2	△ 112.9	△ 96.5	△ 56.0	131.0
繰入金	27.3	△ 4.9	18.6	△ 155.9	△ 29.4	133.5	△ 45.3
繰越金	△ 2.7	△ 10.2	△ 3.0	△ 17.4	△ 0.2	34.3	△ 27.5
地方債	53.0	20.6	△ 97.9	△ 395.2	△ 53.6	△ 10.9	32.7
その他	△ 24.2	△ 14.5	4.6	129.7	△ 49.6	△ 33.8	41.1
歳入合計	△ 100.0	△ 100.0	△ 100.0	△ 100.0	△ 100.0	△ 100.0	100.0
	2009年度	2010年度	2011年度	2012年度	2013年度	2014年度	2015年度
地方税	△ 71.1	△ 101.5	△ 5.7	127.6	72.7	143.5	1,393.7
地方譲与税	10.0	90.5	3.9	44.8	22.9	38.4	△ 155.2
地方特例交付金	△ 1.3	△ 9.2	△ 0.7	△ 104.3	△ 0.2	△ 0.6	△ 0.2
地方交付税	6.7	160.8	60.9	△ 203.9	△ 55.2	△ 16.7	△ 24.6
分担金・負担金	0.4	△ 2.2	1.7	9.0	0.9	△ 1.8	7.4
使用料・手数料	△ 0.5	△ 31.7	△ 1.1	3.0	0.0	9.0	43.6
国庫支出金	83.7	△ 296.6	67.4	△ 221.9	78.3	△ 100.9	△ 142.7
繰入金	12.5	65.0	3.6	111.0	△ 11.2	70.8	△ 455.1
繰越金	7.7	△ 38.8	16.8	137.6	30.3	24.3	△ 67.9
地方債	40.2	67.1	△ 47.3	254.7	△ 4.2	△ 77.9	△ 500.4
その他	11.5	△ 3.4	0.3	△ 257.5	△ 34.2	12.1	△ 198.6
歳入合計	100.0	△ 100.0	100.0	△ 100.0	100.0	100.0	△ 100.0

出所：総務省『地方財政白書』各年版より作成。

六年度にかけて実施された三位一体の改革は、地方分権の推進と国・地方を通じた財政再建のために、四・七兆円の国庫支出金改革、国から地方への三兆円の税源移譲、五・一兆円の地方交付税改革からなるものであった。

まず国庫支出金の改革であるが、これは税源移譲に結び付く改革三兆一一七六億円、スリム化の改革九八八六億円、交付金化の改革七九四三億円の三つから大きく構成されていた。税源移譲に結び付く改革とは、国庫支出金が廃止・縮小されても引き続き地方自治体が主体となって実施する必要がある事業について、税源移譲の対象とするというものである。次にスリム化の改革とは、国庫支出金が対象とする事務事業そのものを廃止・縮小するものである。最後に交付金化の改革とは、国の関与を縮減し、地方の自主性を拡大する観点からの見直しであり、各省からの交付金の形で地方自治体への関与は残るものの、何らかの形で国庫支出金よりも地方自治体の裁量を拡大する見直しが図られた。以上の結果、義務教育費国庫負担金は二分の一から三分の一へ、児童扶養手当は四分の三から三分の一へ、児童手当は三分の二から三分の一へと、それぞれ補助率の引き下げが行われた。

国から地方への税源移譲は、所得税から個人住民税へという形で行われた。具体的には，それまでは個人住民税所得割の税率が，都道府県民税は二％，三％の二段階，市町村民税は三％，八％，一〇％の三段階であったのが，都道府県民税四％，市町村民税六％の合計一〇％の比例税率とした上で，所得税から三兆円の移譲が行われた。

地方交付税改革では，地方交付税と臨時財政対策債が二〇〇三年度の二三・九兆円から三年間で五・一兆円削減された。特に二〇〇四年度には二・九兆円も削減されたことから，「交付税削減三兆円ショック」として地方自治体の財政運営に大きな影響を与えた。

表4－10は，普通会計の歳入決算総額の対前年度増減に対する各財源の寄与率の推移を示している。これによると，地方税の寄与率は二〇〇四年度から〇七年度までプラスとなっている。これは言うまでもなく，三位一体の改革における税源移譲の成果である。しかし，地方交付税は〇二年度から〇七年度まで，国庫支出金は〇二年度から〇七年度まで，地方債は〇四年度から〇七年度まででマイナスとなっている。これらもやはり三位一体の改革によるものであり，その結果，歳入合計額は二〇〇七年度まで一貫して対前年度比マイナスとなっているのである。

国の財政健全化と政府間財政関係

ここまで，三位一体の改革によって税源移譲が実現したにもかかわらず，地方交付税や国庫支出金が削減されたことを見てきたが，このような地方への財政移転削減の背後にあるのが，巨額の政府債務残高を抱える国によって進められてきた財政再建路線である。

地方分権一括法が施行されて以降，国の財政制度等審議会や地方分権改革推進会議，財務省などから「地方の自立論」が提起され，地方交付税などの財源移転を本格的に削減すべきことが強調された（金澤 2010：310）。例えば，財政制度等審議会が二〇〇二年一一月に発表した「平成一五年度予算の編成等に関する建議」は，「多くの分野でナショナル・ミニマムが達成されたと考えられる今日，地方歳出に対する国の関与や国庫支出金とともに，地方交付税の仕組みは，地方歳出の財源保障を通じ，地方のコスト感覚を弱め，歳出を増加させるとともに，国に財政的に依存する状況を作り出すという問題を生んできた」ので，「地方の財政運営にモラルハザードをもたらしている地方交付税の財源保障機能を廃止し，税収の偏在に伴う財政格差を是正する機能に限る仕組みとすることにより，地方財政における受益と負担の関係を明確化していくことが必要である」と述べ，予算編成において地方交付税の総額を抑制することを求めている。このように，地方交付税の削減が国の財政健全化方針に組み込まれたのである。

国の財政健全化のために地方交付税を削減しようという流れは，現在さらに強まっている。二〇一〇年六月に国は「財政運営戦略」を閣議決定したが，これは具体的な取り組みとして，財政健全化目標，財政運営の基本ルール，中期財政収支フレームの三つを挙げ，国・地方の基礎的財政収支（プライマリー・バランス）を遅くとも二〇年度までに黒字化することなどを目標として掲げた。さらに，中期財政フレームには「基礎的財政収支対象経費」を抑制することが目標として掲げられた。基礎的財政収支対象経費とは，一般会計歳出から国債費と決算不足補てん繰戻しを除いたもので，地方交付税交付金等も含まれている。

従来，一般会計歳出は国債費，地方交付税交付金，これら以外の一般歳出の三つに区分され，各省庁の概算要求の際には一般歳出についてのみ，要求基準となる「シーリング」が適用されていた（天羽 2013：163）。すなわち，地方の「固有財源」である地方交付税交付金は，国債費とともに国が任意に削減することのできない経費とされてきたにもかかわらず，基礎的財政収支対象経費とされたことにより，財政健全化のために削減が可能とされたのである。

その一方で、二〇一二年二月に「社会保障・税一体改革大綱」が閣議決定された。これは、少子高齢化や雇用環境の変化、経済成長の停滞といった近年における社会・経済の変化を受け、社会保障の充実・安定化と財政健全化を達成するために、消費税率の引き上げをはじめとする税制の抜本改革を実施するというものである。

大綱の閣議決定を受けて、同年三月に「社会保障の安定財源の確保等を図る税制の抜本的な改革を行うための消費税法等の一部を改正する等の法律案」が国会に提出され、八月に可決・成立し、消費税率をそれまでの五%から二〇一四年四月に八%、二〇一五年一〇月に一〇%に引き上げることとなった。さらに、地方分を除く消費税収については使途を明確にし、全額を社会保障のための財源に充てることとした。

こうして、二〇一四年四月に消費税率は八%に引き上げられた。五%時には、そのうち一%が地方消費税分であったが、八%に引き上げられたことにより、地方消費税分は一・七%となった。さらに、残りの国税分の六・三%のうち、一・四%は地方交付税の財源となるため、計三・一%が地方分となった。そして、一〇%引き上げ時には、地方消費税分二・二%、地方交付税分一・五二%の計三・七二%が地方分となる予定である。

しかし、右の法律では、消費税率引き上げのために、二〇一一年度から二〇年度までの名目経済成長率の平均が三%程度、実質経済成長率の平均が二%程度になることを目指した経済政策を行うとともに、実際の引き上げに際しては、その時の経済成長率や物価動向等を総合的に勘案した上で行うという「景気弾力条項」が設けられた。そして二〇一四年四月、安倍晋三内閣はこの条項に基づき、一〇%への引き上げを二〇一七年四月まで延期するという判断を下し、さらに二〇一六年四月には、二〇一九年一〇月まで再度延期するという判断を下した。

このように、地方自治体の財源の充実が図られると同時に財政健全化に向けた動きも進められていった。例えば「社会保障・税一体改革大綱」は、「保険者間の公平を確保する観点から、所得水準の高い国民健康保険組合に対する国庫補助を見直す」と述べている。しかしそれまでも、国保に対する定率国庫負担は引き下げられてきており、一九八四年には医療費の四五%であったものが、その後給付費の四〇%（医療費の三八・五%）へと変更され、「小泉構造改革」ではさらに三四%へと引き下げられるとともに、国の調整交付金も一〇%から九%に引き下げられた。

この引き下げに対応して、保険者である各市町村の財政力格差を調整することを目的とする調整交付金が都道府県に新たに設けられたが、この交付金は保険料収納率の低い市町村に対して削減されてきた経緯があり、さらにその交付基準や交付方法等を都道府県が規定できるため、給付水準の低下をもたらす可能性が考えられる（高山 2013：167-168）。

以上のように、地方自治体が提供する福祉サービスに対するニーズは今後さらに高まると考えられるにもかかわらず、それを支える財源は必ずしも十分なものではなく、今後さらに厳しくなることも予想される。こうした厳しい財政状況の中、事務を外部委託する市町村の割合が増えてきており、在宅配食サービスやホームヘルパー派遣といった福祉サービスでも極めて高い比率となっている（田中 2010：12-13）。もっとも、事務の外部委託のすべてが問題というわけではないが、サービスの量や質を十分に確保できるかどうかという問題は残るであろう。いずれにせよ、さらなる地方財源の充実が求められているのである。

参考文献

天羽正継（2013）「日本の予算制度におけるシーリングの意義――財政赤字と政官関係」井手英策編著『危機と再建の比較財政史』ミネルヴァ書房。
金澤史男（2010）『福祉国家と政府間関係』日本経済評

論社。

神野直彦（2007）『財政学　改訂版』有斐閣。

神野直彦・小西砂千夫（2014）『日本の地方財政』有斐閣。

高端正幸（2017）「地方交付税」沼尾波子・池上岳彦・木村佳弘・高端正幸著『地方財政を学ぶ』有斐閣。

高山一夫（2013）「福祉国家における社会保険制度」二宮厚美・福祉国家構想研究会編『福祉国家型財政への転換——危機を打開する真の道筋』大月書店。

田中啓（2010）「日本の自治体の行政改革」財団法人自治体国際化協会、政策研究大学院大学比較地方自治研究センター『分野別自治制度及びその運用に関する説明資料』第一八号。

西岡晋（2012）「福祉国家の発展・変容と自治行政」藤巻秀夫編著『地方自治の法と行財政』八千代出版。

藤巻秀夫（2012）「自治体の事務」藤巻秀夫編著『地方自治の法と行財政』八千代出版。

本庄資・岩元浩一・辻富久・関口博久（2012）『現代地方財政論（三訂版）』大蔵財務協会。

第Ⅱ部

福祉財政を掘り下げる

第5章　年金財政

高端正幸

高齢期の所得保障という重要な機能を担う公的年金財政は、少子高齢化の進展により、世界的に揺らぎをみせている。日本では特に深刻な少子高齢化のもと、年金制度の財政的な持続可能性の確保が重要課題となると同時に、既存制度が抱える問題が、高齢期の所得保障を危機に陥れている。その現状を正しく理解し、年金制度とその財政の今後を冷静に考えるために必要な手がかりを、本章は提供する。

1　年金財政の基本問題

知ることの重要性

公的年金制度による高齢期の所得保障は、福祉財政の諸分野の中でも財政規模が大きい。それは、公的年金制度が長い歴史を有するからであるとともに、高齢期所得保障の重要性の反映でもある。

しかし近年は、公的年金制度の信頼性が揺らいでいる。さらなる人口構成の高齢化が迫るなか、給付の抑制と保険料水準の引き上げが進められてきたうえに、国民年金の未納者の増加などが重ねて報じられる昨今、われわれの抱く「年金不信」は高まるばかりである。

公的年金制度に対する不信や不安は、その実態から直接に生じているだけでなく、その財政の現状や将来的な見通しが、一部の政策担当者や専門家以外にはきわめて理解しにくいことにも起因している。そのため、分からないから信じられない、あるいは、信じてよいかどうかが分からないこととなる。こうした難解さは、年金制度についての国民的な議論の深まりを阻んでもいる。ゆえに、これまで進められた制度改革の意味も評価も一般に共有されづらく、制度への信認が高まらないままとなる。

この章では、日本の公的年金制度そのものの詳細については他のテキストにゆずり、年金財政の現状と将来を考えるための基礎的な材料を提供することに目的を絞って論を進めていく。なお、公的年金制度は遺族年金と障害年金も含むものであるが、ここでは高齢期の所得保障という観点に絞ることをお許しいただきたい。

高齢期の所得保障

公的年金制度の最大の目的は、高齢期の所得保障である。それは「加齢に伴い稼得能力を喪失・減退させた高齢者に対して、金銭を給付することによって、彼らが老後の生活を営めるようにすること」であるが（百瀬 2015）、具体的には二つの側面をあわせ持っている。

一つは、現役期から高齢期への移行に起因する所得の激減を防止し、高齢期の所得を安定させることであり、個人の現役期の所得水準をベースにその個人の高齢期の所得保障が行われる。言い換えれば、現役期の所得（すなわち生活水準）の（一定程度の）保全という意味での所得保障である。制度上は、現役期に所得の一定割合の保険料拠出を行い、拠出額や拠出期間に応じた額の給付を高齢期に受けるものとなる。

もう一つは、高齢期の基礎所得の保障、すなわち貧困の防止という目的である。この観点からは、個人の現役期の所得水準にかかわりなく、一定の必要最低限の所得の保障が図られる。所得に応じた保険料拠出をその財源とすべき合理的な理由はないため、定額の保険料拠出や租税が財源とされる場合が多い。

世界における公的年金制度の歴史をみれば、それはまさにこれら二つの目的の追求をめぐる歴史であった。

拠出に基づく受給権の獲得という権利性をともなう、社会保険制度としての初の公的年金制度は、ドイツの帝国宰相ビスマルクの下で一八九一年に施行された。この制度は、賃金に応じた段階的な保険料設定と保険料の労使折半制がとられ、保険料拠出期間に応じて給付額が決定されるもので、所得比例型年金の歴史的原型となった。ゆえに、現役期の所得の保全を図る所得比例型の年金制度は、一般にビスマルク型と呼ばれる。なお、職域単位の分立制をとる点もビスマルク型の特徴であった。

これに対し、高齢期の貧困の防止を主眼とする無拠出型の年金制度も、同じ一八九一年のデンマークを嚆矢としていくつかの国でみられるようになる。一九〇八年にはイギリスにおいても無拠出年金が導入され、それは「ベヴァリッジ報告」に基づく第二次世界大戦後の年金制度の確立へとつながっていった。ゆえに、高齢期の貧困防止を主眼とする無拠出または定額負担による均一給付型の年金制度は、一般にベヴァリッジ型と呼ばれる。

エスピン‐アンデルセンによれば、第二次世界大戦直後の時点で、西ドイツ、フランス、イタリア、オランダ、スペイン等がビスマルク型、イギリスおよび北欧諸国がベヴァリッジ型の年金制度をとっていた（Esping-Andersen 1990）。しかし、その後は二類型間の差異が縮小する方向で、各国の年金制度が発展していった。ビスマルク型をとる多くの国では、所得比例型の年金制度を最低保障給付が補完するようになった一方、ベヴァレッジ型をとる多くの国では、所得比例給付の発達や、追加的な私的年金への加入の義務付けが進み、現役期所得の保全という意味での所得保障が拡充された。

なお、日本の公的年金制度は、職域ベースの所得比例年金と定額負担・定額給付の国民年金（基礎年金）との組み合わせである点に着目すれば、2類型の混合型だとみなせる。ただし、日本の制度においては所得比例年金の給付水準がドイツ、フランス等欧州のビスマルク型諸国と比べて低いことから、それを「準ビスマルク型」に区分する見方もある（ボノーリ・新川 2004）。また、後に述べるように、国民年金（基礎年金）については、一九八五年の基礎年金化を経てもなお、基礎所得の保障が目的として明確化された制度ではないという点には留意したい。

長寿命化、少子高齢化と公的年金制度のジレンマ

二〇世紀の百年間で、高齢期の所得保障をめぐる状況は激変し、年金財政のひっ迫は各国共通の問題と化したが、とりわけ日本の状況は深刻なものとなった。

第一の変化は、医療・衛生・栄養状況の大幅な改善による長寿命化である。一九世紀末にドイツで年金制度が成立したやや後の一九一〇年において、ドイツにおける平均寿命は男性四五歳、女性四八歳であった（森 2014）。一九五〇年時点でも、平均寿命はアメリカ六五・六歳、フランス六三・六歳、イギリス六六・五歳で、日本にいたっては男性五八・〇歳、女性六一・五歳という水準であった。これが今日では各国において八〇歳に迫り、日本では男女ともに八〇歳を超えている。長寿命化は、二〇世紀前半に進んだ定年制もしくは老齢による退職の一般化とあいまって、非就業状態の高齢者の増加による高齢期所得保障ニーズの大幅な拡大を招いた。ちなみに日本において、六五歳時点の平均余命は、一九五〇年の男性一一・五歳、女性一三・九歳から二〇一四年では男性一九・三歳、女性二四・二歳へと伸長している。高齢期の所得保障は、一部の長寿を全うする人々に対する短期間の保障から、大多数の人々の長期にわたる高齢期を支えるものへと普遍化が進み、それにともない財政需要が劇的に増加したのである。

第二に、長寿命化と並行して少子化が進んだ。結果として、老年従属人口指数、すなわち保険料負担層である生産年齢人口に対する受給層である高齢人口の比が高まっていった（図5－1）。このとき、年金の給付水準や支給開始年齢を一定とすれば、現役世代の保険料負担水準が高まらざるを得ない。反対に、現役世代の保険料負担を一定水準にとどめるならば、給付水準の切り下げや支給開始年齢の引き上げが不可避となる。図5－1にみるように、老年従属人口指数の高まりは先進諸国に共通する傾向で、一九五〇年から二〇一五年にかけて経済発展地域の平均で約二倍となったが、特に日本においてその高まりは著しく、二〇一五年時点で二〇～六四歳人口二人に対して六五歳以上人口一人という水準に迫っている。今後も、寿命の伸長や出生率の仮定次第で予測は異なるものの、当分は各国

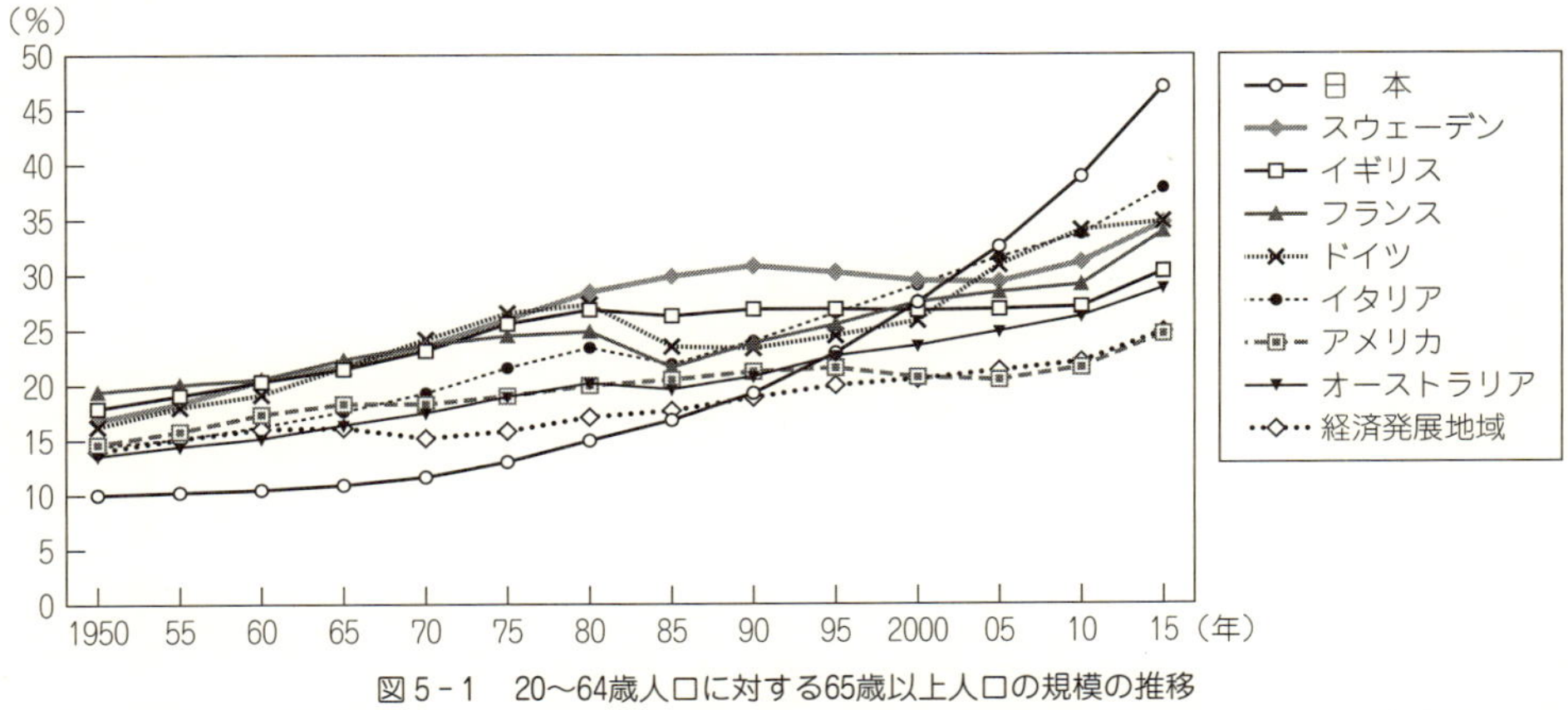

図5－1　20～64歳人口に対する65歳以上人口の規模の推移

注(1)：一般的な「生産年齢人口」は15歳から64歳までを指すため、この図の年齢層のとり方（20歳～64歳）と異なることに留意されたい。

(2)：「経済発展地域」は、欧州、北米、オーストラリア、ニュージーランド、日本。

出所：United Nations Population Division, *World Population Prospects: The 2015 Revision* により作成。

例外なくこの傾向が続いていく。

こうした人口学的変化は、高齢期所得保障としての年金制度を、制度設計の如何によらず困難とさせてきた。年金制度の財政方式は賦課方式と積立方式の二つに大別される。現役世代から徴収した保険料をその時点の高齢者への給付にあてるのが賦課方式であり、現役世代から徴収した保険料を積み立てて、将来の彼らへの給付にあてるのが積立方式である。そして、長寿命化・少子化による人口構成の変化（高齢化）が進行する場合における、賦課方式の脆弱性と積立方式の優位性がしばしば主張されている。

というのも、賦課方式では、長寿命化による給付総額の増大は、もっぱら同時期の現役世代が負担する保険料によりまかなわれる。しかも、少子高齢化にともなう老年従属人口指数の高まりによっても、現役世代の一人当たり保険料負担は否応なく高まる。このように、賦課方式においては、人口学的変化が現役世代の保険料負担増に直結する。これに対し、積立方式をとれば、年金給付の財源は受給する世代が現役時に負担した保険料である。したがって、将来必要となる給付財源額の的確な予測に基づいて保険料水準が設定されれば、高齢世代への給付のための保険料負担増をその時点の現役世代に負わせる必要がない。

しかし、現実には、多くの国の公的年金制度は賦課方式、もしくは積立方式の要素を加味した賦課方式をとっている。その理由は主に二つある。第一に、いま述べた高齢化のもとでの積立方式の優位性は、あくまで理論上の話であり、積立方式も高齢化のインパクトを逃れるわけではない。まず、将来の給付財源を十分に確保するためには、物価変動や平均寿命の伸びについての、数十年後にまで及ぶ長期の予測がある程度正確になされる必要がある。また、積立金の運用益も給付財源として重視するならば、長期的な金利動向をはじめ運用益を左右する諸条件についても、一定の正確な見通しが必要となる。これらは当然、容易なことではない。実際に、各国の公的年金制度の歴史においても、インフレの亢進や経済成長の鈍化、最近ではリーマン・ショック時の積立金の巨額の運用損の発生などが、積立方式の維持を困難に陥れ、賦課方式への移行や、賦課方式の加味による積立方式の修正、租税収入による給付財源の補てん（すなわち、国庫負担）などが行われてきた。

第二に、制度導入初期（未成熟期）の事情がある。積立方式における年金給付の財源は、受給する世代が現役時に負担した保険料である。そのため、制度導入時にすでに四〇歳あるいは五〇歳の加入者が保険料の納付を始めても、保険料の納付期間や積立額が不足し、将来の年金受給額が限られてしまう。この問題は、加入期間が四〇年であれば、四〇年間は多かれ少なかれ残る。これに対し、導入された公的年金制度に高齢期の所得保障制度としての機能をいち早く発揮させ、加入者すなわち市民からの信認を高めようとすれば、本来は積み立てるべき現役世代の保険料により同時期の給付の一部をまかなう（＝賦課方式の加味）か、国庫負担を導入する必要が生じる。そして、いったんそれらを行えば、純然な積立方式に戻すことは、世代間の負担と給付の均衡の観点から難しくなる。

このように、理論上は高齢化の影響を受けにくいとされる積立方式の維持が現実には困難であるため、現役世代が高齢世代を支える賦課方式の要素が多かれ少なかれ採り入れられているのが、一般的な公的年金制度の姿である。ゆえに、公的年金財政は総じて、高齢化による給付財源のひっ迫、すなわち持続可能性の低下に直面することとなる。

2　日本における公的年金財政の展開

皆年金体制の成立

民間の労働者に対する公的年金制度の導入は、一九三九年に船員保険法、一九四一年に労働者年金保険法が制定されたように、労働政策が戦時的色彩を深めた時期であった。なお、そのうち後者は一九四四年に厚生年金保険法と改称され、戦後の厚生年金へとつながっていく。

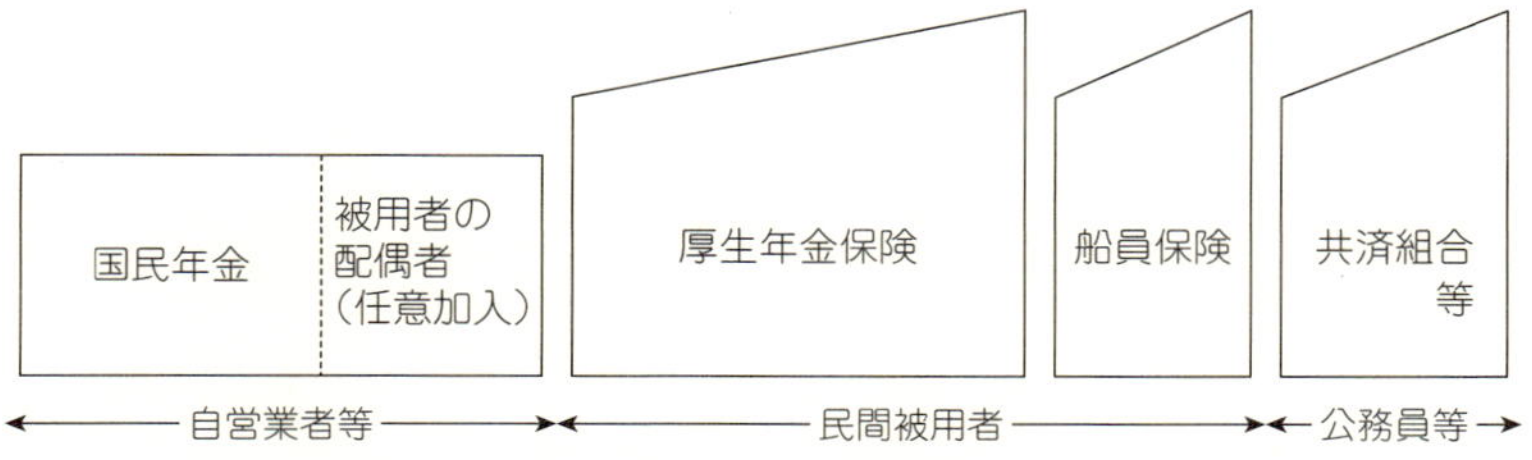

図5－2　公的年金制度の基本体系（1961年～1984年）
出所：厚生統計協会編（2004）『保険と年金の動向』により作成。

戦後、日本国憲法第二五条に生存権保障の理念が掲げられ、社会保障政策の中核に社会保険が位置付けられた。そして「国民皆年金・皆保険」は一九六一年に達成される。年金については、図5－2のように、民間被用者を対象とする厚生年金と船員保険という戦前・戦中に沿革を持つ二つの制度と、戦後まもなく整備された公務員等を対象とする各種共済組合年金にくわえ、自営業者・農業従事者等および被用者の配偶者を対象とする国民年金を新設することによって（一九六一年）、国民全体を公的年金の対象におさめた（ただし、当初の国民年金における被用者の配偶者は任意加入であった）。このうち、被用者を対象とする厚生年金・共済年金などでは、基本的に、保険料は雇用主と本人で折半されるとともに、本人の給与額（＝標準報酬月額）の一定比率で決定される。給付額も、現役時の給与額が算定の基礎となる。一方、新設された国民年金は定額保険料で加入期間に応じた給付がなされる。国民年金の加入者は被用者ではないため、雇用主負担はない。また、当初、これらの年金制度は積立方式がとられることとされていた。

こうして「皆年金」を達成した日本の公的年金制度においては、給付充実への社会的要請に応えるため、積極的に国庫負担が拡大されていった。一九七〇年代まで続くこの流れを象徴する年が、「福祉元年」と言われた一九七三年である。この年には、医療保険の給付の充実や老人医療の無料化が実施されたが、年金においても、物価の上昇に応じて自動的に厚生年金・国民年金の給付水準を引き上げる「物価スライド制」が導入された。これは年金給付額の実質価値の維持・向上を図る仕組みであった。

「増税なき財政再建」からバブル崩壊後の行き詰まりへ

ところが、一九七三年のオイルショックをへて日本経済が低成長期に突入するとともに、一九七五年から国債の大量発行が開始され、七〇年代末には財政再建が重要課題となる。その結果、「福祉元年」は、早速「福祉見直し」への転換を余儀なくされた。一九八〇年代に入ると「増税なき財政再建」を掲げる臨調路線において、国庫負担の膨張に歯止めをかけるべく、社会保障制度の見直しが目指された。それでも、国の一般会計の社会保険費（年金・医療保険等の特別会計に移転される国庫負担）が一般歳出（公債費を除く一般会計歳出）に占める割合は、一九六〇年度の二・九%から一九七〇年度に九・六%、さらに一九八〇年度には一六・四%と上昇していった。ただし、こうした国庫負担が社会保険財政を十分に支えたわけではない。公的年金制度（特に国民年金・厚生年金）については、それまで保険料水準を抑えつつ急速に給付の充実を図ってきたため、将来予想される給付総額に対して、必要な積立金の積み増しが不足した。そこで、毎年の給付に国庫負担による公費をあてる、あるいは積立・運用に向けるべき保険料収入を給付に向けるといった財源対策が恒常化していく。つまり、国庫負担に補完された賦課方式への緩やかな移行が進んだわけである。

一方、制度間の財政状況の格差が深刻化したのもこの時期である。高齢化に産業構造の変化が加わって、特に自営業者や農業従事者等を対象とする国民年金では、加入者の年齢構成の高齢化が急速に進行した。国民年金では、定額で保険料を取るうえに給付は他の年金制度と比べて低水準であるため、保険料の大幅な引上げや給付水準の引下げは考えにくい。ところが、財政再建下では、国庫負担の増額も困難であったため、財政再建の一環としての国庫負担抑制・削減方針に沿う形で対策がとられることとなった。

それが、一九八五年に決定された、国民年金の基礎年金化である。これは図５－３のように、国民年金を全ての人々が共通して加入する基礎年金とし、従来の被用者年金（厚生年金・共済組合等）を基礎年金の「二階」部分に位置づけるものである（図５－２と比較されたい）。これにより、被用者年金加入者を含めたすべての人々が基礎年金給付を受けると同時に、被用者年金の保険料から基礎年金保険料相当の財源が国民年金の会計に繰り入れられることとなった。つまり、制度横断的に全ての年金加入者に国民年金（基礎年金）の給付財源を負担させることで、産業構造の変化による国民年金財政の悪化への対応がとられたわけである。なお、国民年金のみの加入者のために、後に国民年金基金（任意加入）も創設された。

ただし、財政的側面からみるかぎり、国民年金の基礎年金化は、財政安定化に向けた抜本的改革と言うより、むしろ制度間の財政調整を通じて、公的年金制度の危機を当面回避しようとする試みであった。それは少子高齢化と低成長という条件下でいかなる高齢期所得保障の枠組みが求められるのか、という課題に対して、正面から応えるものではなかった。後述するように、こうした限界が露呈するのに、さほどの時間はかからなかった。

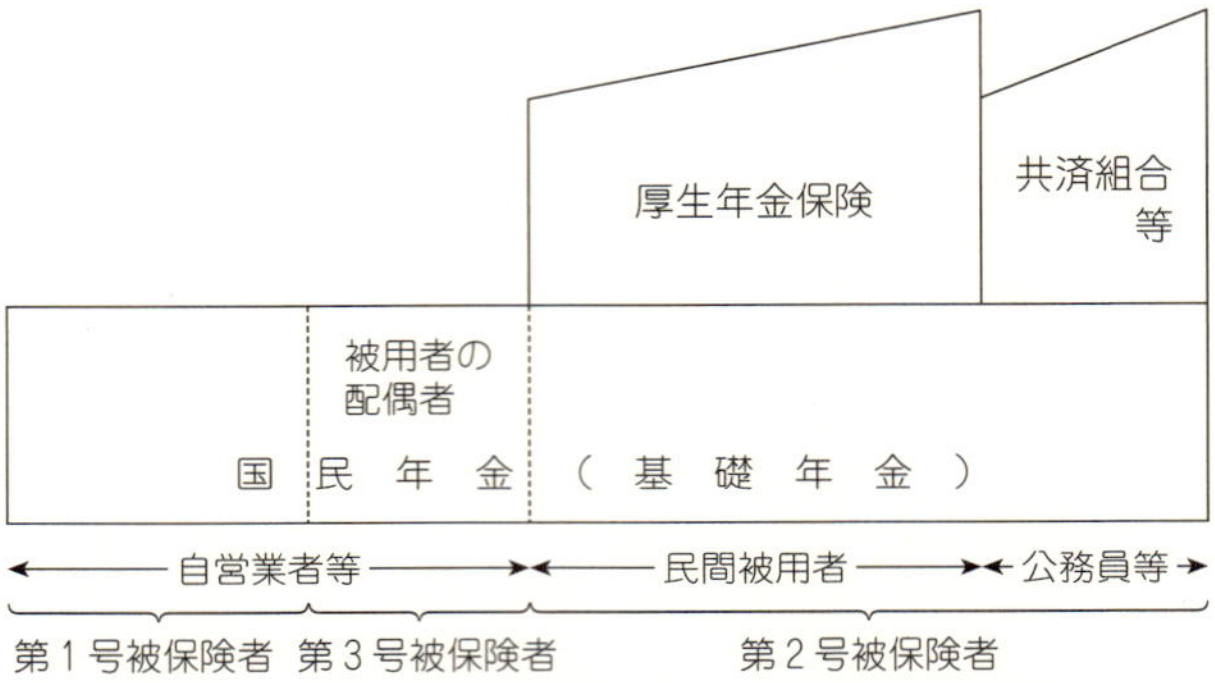

図５－３　公的年金制度の基本体系（1986年～2015年、強制加入の制度のみ図示）
注：厚生年金と共済組合年金は、2015年10月に厚生年金に一元化された。
出所：図５－２に同じ。

一九八〇年代の後半は、引き続き財政再建の必要性が叫ばれ、社会保険については国民年金と国民健康保険を中心に引き続き厳しい国庫負担の抑制をみた。他方、プラザ合意を受けた内需拡大方針に沿って、金融緩和と公共事業の拡大が進み、バブル景気に突入すると、将来的な経済動向の予測も楽観的になっていった。一九八九年には国の一般会計において赤字国債の発行がいったんなくなり、一応の財政再建が達成されもした。こうした状況をうけ、一九八〇年代の末期から九〇年代初めにかけては、公的年金制度の財政問題については限定的な対応しかとられず、むしろ物価スライド制の効果によって給付額が着実に上昇した。とりわけ、一九八九年の財政再計算に基づく制度改正では、物価上昇率の低下に対応した完全自動物価スライド制の実施、国民年金基金制度の創設などの、積極的な給付充実策がとられた。また、一九八六年の国民年金の基礎年金化とあわせて、制度間の財政調整が本格化したが、さらに一九八九年には将来の被用者年金（＝二階部分）の一元化をにらんで、厚生年金保険特別会計に制度間調整勘定が設けられ、被用者年金制度間の調整が開始された。その結果、一九九〇年には、被用者年

表5－1　公的年金制度別収入の内訳

（単位：10億円、括弧内は総額に占める割合〔%〕）

		1978年							1982年						
		被保険者拠出	事業主拠出	国庫負担	地方負担	制度間移転	資産収入等	総額	被保険者拠出	事業主拠出	国庫負担	地方負担	制度間移転	資産収入等	総額
被用者年金		2,707 (28.7)	3,890 (41.3)	546 (5.8)	119 (1.3)	0 (0.0)	2,164 (23.0)	9,426 (100)	4,193 (27.4)	6,115 (39.9)	783 (5.1)	173 (1.1)	0 (0.0)	4,059 (26.5)	15,325 (100)
	民間	2,168 (32.6)	2,367 (35.6)	488 (7.3)	4 (0.1)	0 (0.0)	1,625 (24.4)	6,653 (100)	3,459 (31.1)	3,830 (34.4)	707 (6.4)	5 (0.0)	0 (0.0)	3,128 (28.1)	11,130 (100)
	公務員	540 (19.5)	1,523 (54.9)	58 (2.1)	115 (4.1)	0 (0.0)	537 (19.4)	2,773 (100)	733 (17.5)	2,285 (54.5)	77 (1.8)	168 (4.0)	0 (0.0)	930 (22.2)	4,193 (100)
国民年金		832 (33.5)	—	1,352 (54.4)	—	—	301 (12.1)	2,485 (100)	1,376 (37.6)	—	1,907 (52.1)	—	—	375 (10.3)	3,658 (100)
		1986年							1990年						
		被保険者拠出	事業主拠出	国庫負担	地方負担	制度間移転	資産収入等	総額	被保険者拠出	事業主拠出	国庫負担	地方負担	制度間移転	資産収入等	総額
被用者年金		5,887 (23.5)	8,877 (35.5)	1,895 (7.6)	133 (0.5)	1,847 (7.4)	6,397 (25.6)	25,037 (100)	8,812 (22.0)	12,309 (30.8)	2,489 (6.2)	174 (0.4)	8,607 (21.5)	7,625 (19.1)	40,016 (100)
	民間	4,783 (25.8)	5,422 (29.2)	1,762 (9.5)	6 (0.0)	1,512 (8.1)	5,070 (27.3)	18,555 (100)	7,289 (23.8)	8,149 (26.6)	2,346 (7.7)	7 (0.0)	6,850 (22.4)	5,960 (19.5)	30,601 (100)
	公務員	1,104 (17.0)	3,455 (53.3)	133 (2.1)	127 (2.0)	335 (5.2)	1,327 (20.5)	6,482 (100)	1,523 (16.2)	4,160 (44.2)	143 (1.5)	166 (1.8)	1,756 (18.7)	1,665 (17.7)	9,415 (100)
国民年金		1,213 (18.0)	—	1,442 (21.4)	—	3,602 (53.3)	496 (7.3)	6,752 (100)	1,305 (14.2)	—	1,427 (15.6)	—	5,136 (56.0)	1,296 (14.1)	9,164 (100)
		1994年							1998年						
		被保険者拠出	事業主拠出	国庫負担	地方負担	制度間移転	資産収入等	総額	被保険者拠出	事業主拠出	国庫負担	地方負担	制度間移転	資産収入等	総額
被用者年金		11,230 (21.9)	15,071 (29.4)	3,391 (6.6)	245 (0.5)	12,969 (25.3)	8,294 (16.2)	51,200 (100)	13,807 (28.7)	18,344 (38.1)	3,170 (6.6)	301 (0.6)	4,370 (9.1)	8,192 (17.0)	48,184 (100)
	民間	9,415 (23.5)	10,532 (26.3)	3,212 (8.0)	9 (0.0)	10,286 (25.6)	6,653 (16.6)	40,108 (100)	11,799 (30.5)	13,425 (34.8)	3,034 (7.9)	9 (0.0)	3,620 (9.4)	6,740 (17.4)	38,627 (100)
	公務員	1,814 (16.4)	4,539 (40.9)	179 (1.6)	236 (2.1)	2,682 (24.2)	1,641 (14.8)	11,091 (100)	2,007 (21.0)	4,919 (51.5)	136 (1.4)	292 (3.1)	751 (7.9)	1,452 (15.2)	9,557 (100)
国民年金		1,730 (14.0)	—	1,437 (11.6)	—	7,498 (60.8)	1,675 (13.6)	12,339 (100)	1,972 (13.4)	—	1,545 (10.5)	—	9,688 (65.7)	1,548 (10.5)	14,753 (100)

注(1)：単位以下は四捨五入したため、総額と各項目の合計は必ずしも一致しない。
　(2)：推計方法、年度間統一の方法等については、原資料を参照のこと。
出所：国立社会保障・人口問題研究所（2001）『社会保障費用統計資料集——時系列整備』により作成。

金全体で収入総額の二一・五%が制度間移転によるものとなった（表5－1）。

ところが、いわゆるバブルが崩壊したのちの一九九三年、九四年あたりから、状況は一変した。一九九四年は再度の財政再計算の年であったが、すでに不況の長期化が懸念され、国民年金（基礎年金）の将来的な給付開始年齢の引き上げ（二〇〇一年度から段階的に六〇歳→六五歳へ）が決定された。また、厚生年金の報酬比例部分（二階部分）の給付額を現役世代の可処分所得にリンクさせることで（可処分所得スライド）、給付水準を抑制することになった。これらの措置は、高齢化が本格化する二一世紀をにらみ、「高齢者雇用の促進」や「年金受給世代の給付と現役世代の負担の均衡」を図るものとされた。

その後も同様の根拠付けのもとで、保険料負担の過度の上昇を避けるために、給付抑制が追求されていく。周知のとおり、一九九〇年代も後半を迎えるころには、日本経済は出口の見えない長期不況にあえぎ、失業率の上昇、現役世代の賃金低下が顕著となっていた。しかも、バブル崩壊後の景気対策としての巨額の公共事業が中央・地方をつうじて公債残高を累増させた。こうした諸事情が少子高齢化の加速と重なるなかで、一九九七年には厚生年金保険特別会計の制度間調整勘定が廃止され、公的年金の二階部分の一元化方針は棚上げされた。さらに、一九九九年には既定の方針が修正され、国民年金（基礎年金）のみならず厚生年金の報酬比例部分についても、給付開始年齢の将来的な六五歳への引き上げが決定されると同時に、給付水準抑制の仕組みも組み込まれた。この時期に、公的年金制度は、支給開始年齢の引き上げと給付水準の抑制を繰り返すという、袋小路に陥っていったのである。

3　二〇〇四年改革の年金財政フレーム

二〇〇四年改革

二〇〇一年四月に成立した小泉自民党政権は、社会保障を中心とする歳出抑制に重点をおく財政構造改革を強力に推進した。その政策基調の最大の特徴は市場原理の重視にあり、毎年、経済財政諮問会議で作成され閣議決定を経て発表された「骨太の方針」においても、個人の「自己責任」の重要性や、社会保障が引き起こすモラルハザード問題などが強調された。こうしたなかで、二〇〇四年春に、橋本内閣の財政構造改革から積み残された懸案の公的年金制度改革が実現した。これは、およそ一〇〇年の長期的なスパンで年金財政の持続可能性を確保しようとする、重要な改革であった。

二〇〇四年改革の柱はつぎの五点である。すなわち、本格的高齢社会の到来をにらみ、①現役世代の保険料負担が際限なく上昇しないよう上限を定めたうえで、②国庫負担の拡大や③年金積立金の取り崩しを強化して給付財源を補完しつつ、④給付財源の枠内に今後の年金給付の伸びを抑制する手法を導入したうえで、⑤所得代替率五〇％という給付水準の下限は確保する。これが、改革後の公的年金財政の大枠となった。

① 保険料水準固定方式

年金制度の成熟と高齢化のさらなる進行により、保険料水準の上昇は厚生年金、国民年金ともに避けがたい。これに歯止めをかけるため、厚生年金（報酬比例部分）の保険料は毎年〇・三五四％、国民年金（基礎年金）の保険料は毎年二八〇円（二〇〇四年度価格基準）引き上げてゆき、二〇一七年までに厚生年金一八・三％、国民年金一万六九〇〇円（二〇〇四年度価格基準）の上限に固定することとされた。

② 基礎年金国庫負担の拡充

基礎年金の財源として租税財源を一般会計から繰り入れる国庫負担の割合の引き上げを二〇〇四年度から開始し、二〇〇九年度までに従前の三分の一から二分の一へと引き上げることとされた。ちなみに、一般会計から年金特別会計への繰り入れは、平成二七年度（二〇一五年度）決算で一一兆四六九億円（ただし、児童手当等に充当される一兆二七〇五億円等を含む）となっており、これは一般会計における歳出総額の一〇・七％、国債費と地方交付税交付金を除く一般歳出の一七・四％、社会保障関係費の三四・三％に相当する。

③ 積立金の活用（有限均衡方式の採用）

原則としてその年の税収がその年の支出に充てられる一般的な財政システムとは異なり、年金制度は、長期にわたる収支の均衡を念頭においた制度運営が求められる。そのために、従前は限りのない将来にわたる人口変動や経済変動を見通し、財政均衡の条件をチェックすることが求められてきた（永久均衡方式）。これを、二〇〇四年改革では、人の一生におおむね相当する約一〇〇年間で期間を区切り、その間の財政均衡を目指す形に切り替えた（有限均衡方式）。五年ごとの財政検証において、その時点から約一〇〇年後までの財政均衡期間における年金財政の持続条件がチェックされる。これにより、財政均衡期間を超えた積立金運用収益の確保を考慮する必要がなくなり、財政均衡期間内での積立金の給付への活用が可能とされた。その結果、二〇〇四年当時に給付費三～五年分、二〇一四年度末でも三年分に相当する積立金を、財政均衡期間の終了時には支払準備金程度、すなわち給付費一年分程度まで取り崩し、将来の保険料収入や国庫負担を補完していくことが可能とされた。

④ 給付水準の調整（マクロ経済スライド）

　上限が固定された保険料水準を前提として、給付が十分にまかなえるようになるまでの間、受給者が受け取る年金額を以前と比べて抑制していくこととなった。具体的には、従前のように賃金（新規受給時）や物価（受給開始後）の伸びをそのまま使うのではなく、③の財政均衡期間における被保険者数の減少率や平均余命の伸びなどの、負担と給付の均衡を左右する諸条件を反映した「スライド調整率」を適用することにより、給付水準の伸びを抑制する。ただし、スライド調整を行うと年金額が名目で従前を下回る（＝年金改定率がマイナスとなる）場合には、名目額を下限として確保する。また、賃金・物価が下落した場合には、それを反映して年金額はマイナス改定となるが、スライド調整は行わないこととされた。

⑤ 給付水準（所得代替率）の下限の設定

　六五歳となり年金を受け取りはじめる時点において、標準世帯（夫が平均的収入で四〇年間就業し、妻がその期間全て専業主婦であった世帯）の年金（報酬比例部分＋夫婦二人分の基礎年金）の受給額（＝モデル年金）について、現役世代の平均賃金の五〇％を上回る水準を確保するものとされた（ただし、受給開始後の受給額は物価上昇率に応じて調整され、賃金上昇率は考慮されないため、時々の所得代替率は五〇％を切る可能性が高い）。

　この仕組みは、一九九〇年代に入って強調されてきた世代間公平の論理に基づき、現役世代の保険料負担の上昇に限度をあらかじめ設定し、それにあわせて給付水準を抑制するという図式を制度的に確立したものである。それが年金財政の持続可能性を高めることの意義は大きい。ただし、実質的な給付水準の低下が進んでいくことも明確となった。

二〇一四年財政検証が示す問題

二〇〇四年改革が整えた年金財政フレームは、自動的に公的年金財政の将来にわたる安定を保証するものではない。五年に一度の財政検証において、向こう約一〇〇年間にわたる賃金・物価や人口構成などの変動など関連指標の予測を改定し、財政的安定性や給付の将来水準が検証される。そして、約一〇〇年後に一年分の給付財源に相当する積立金残高が残り、かつ五〇％超の所得代替率が確保されていくという二つの条件が満たされないと判断されれば、何らかの制度改革が必要となる。

　二〇〇九年に実施された財政検証では、上記の条件をクリアしているとされ、制度改革は見送られたが、将来的な給付水準にかんする重大な懸念も明らかにされた。というのも、マクロ経済スライドによる給付水準の抑制が、厚生年金の報酬比例部分については約一〇年間で終了するのに対し、基礎年金については約三〇年間の長期におよぶことが見通され、その分、給付水準の抑制幅も大きくなるとされたのである。なお、デフレが続いたため、二〇一四年までスライド調整率の適用が実施されなかったことも、今後の調整期間の長期化を招く一因となった。

　この問題について、直近の二〇一四年の財政検証の結果に基づきみておこう（具体的には駒村〔二〇一四〕を参照されたい）。二〇一四年の財政検証では、女性や高齢者の労働力率の上昇の度合い、全要素生産性（経済成長のうち、労働と資本の増加では説明できない部分。技術革新や経営効率化などの効果）、賃金・物価上昇率などの将来予測の違いに応じて、八つのモデルケース（ケースA～H）が示された。そのうち、所得代替率が五〇％を切るケースや、過大な全要素生産性を想定したケースを除いた、最も妥当と思われるケース（ケースE）において、二〇一四年度から二〇四三年度までに生じる報酬比例部分の給付水準の低下幅は五％にとどまるのに対し、基礎年金のそれは二九％にのぼると試算された（二〇四三年度以降は不変）。しかも、この間、所得代替率は六二・七％から五〇・六％へと低下していくのである。

なぜそうなるのか。保険料の上限固定を前提とすると、厚生年金（報酬比例部分）と比べて国民年金（基礎年金）の財政状況がより厳しくなるため、財政収支の均衡を図るためのマクロ経済スライドの適用が長引くためである（ケースEにおけるマクロ経済スライドの終了時期は、厚生年金が二〇二〇年度、国民年金が二〇四三年度）。

国民年金（基礎年金）給付の低下は、報酬比例部分の給付がない国民年金加入者（第一号被保険者）の高齢期所得保障を直撃する。しかも、それは報酬比例部分と基礎年金部分を合わせた給付を受ける者（第二号・第三号被保険者）にも影響を及ぼす。すなわち、現役期の所得が低いほど、将来の報酬比例部分の給付額が少なくなるため、給付受け取り額に占める基礎年金部分の割合は高まる。よって、基礎年金の給付水準の低下は、厚生年金加入者のうち、現役期の所得が低い人々の年金給付の低下をより大きなものとする。つまり、現行の財政フレームで公的年金財政の長期的収支均衡を図ってゆけば、全般的に所得代替率が低下するだけでは済まず、公的年金給付の所得再分配機能が確実に低下していくのである。この点は、今後の制度改革を検討するうえで大きな焦点とならざるを得ない。

4　機能する年金制度とその財政的条件

高齢期基礎所得保障の綻び

冒頭で述べたように、公的年金制度が担う高齢期所得保障には、二つの側面がある。一つは高齢期の所得の安定化（退職等にともなう所得水準の激変の防止）であり、それは主に報酬比例給付をとる厚生年金に対応する。もう一つは高齢期の基礎所得の保障（貧困の防止）であり、それは主に国民年金（基礎年金）が担っている。

前節では、未曽有の高齢化と年金財政のひっ迫に対応すべく整えられた現行の年金財政フレームのもとで、高齢期所得の安定化機能が今後しばらく切り下げられていく（所得代替率の低下）だけでなく、基礎年金の給付水準の低下による基礎所得の保障機能の弱体化が不可避となっていることを述べた。

それにくわえて、国民年金制度の空洞化、すなわち保険料未納率の上昇と無年金・低年金者の増大という問題が、日本における高齢期基礎所得保障を機能不全に陥れている。

まず前提となるのは、国民年金第一号被保険者の変容である。先述のとおり、国民年金第一号被保険者は、被用者でないか、厚生年金を実施していない事業所（主に零細事業所）の被用者であり、要するに、厚生年金の適用を受けないすべての人々がこれに該当する。彼らは主に自営業主や自営業に従事する家族従業者であることが、国民年金創設当時は想定されていた。しかし、自営業主・家族従業者が長期的に減少傾向をたどったうえに、近年では雇用の非正規化が進んできた結果、非正規労働者と無職者が第一号被保険者の三分の二程度を占めるようになった（図5-4）。

問題は、このように事実上、所得が不安定で経済的自立が容易でない人々をカバーする国民年金の保険料が逆進的で、かつ給付水準が低いことで

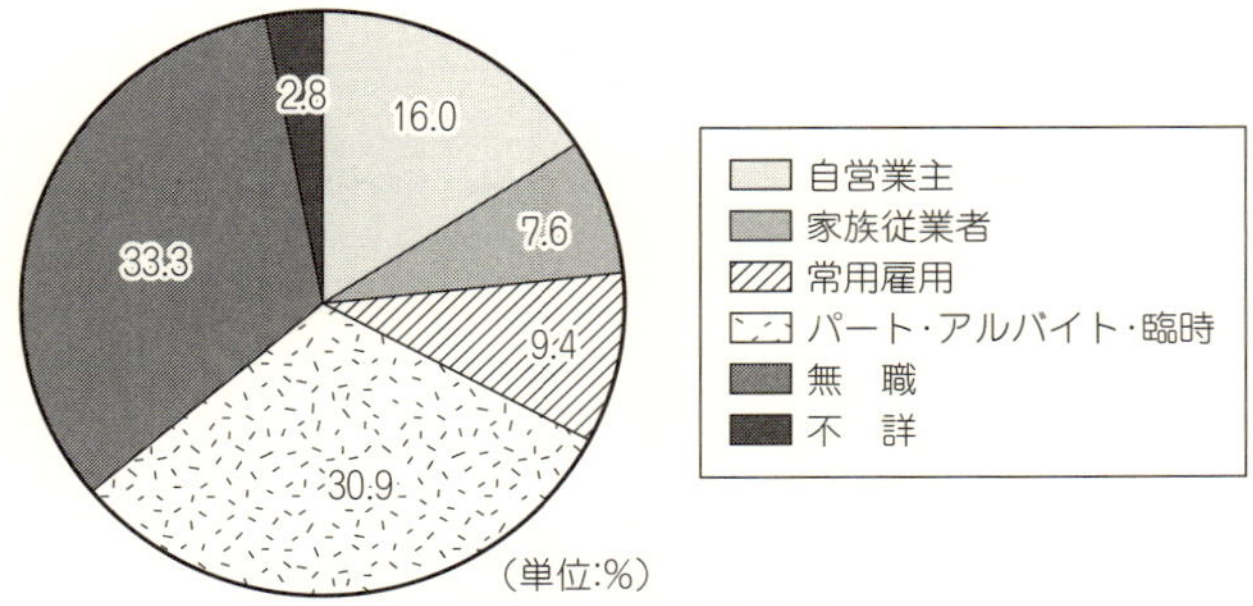

図5－4　国民年金第1号被保険者の就業状況（2014年3月末時点）
注：福島県の避難指示区域を除く。
出所：厚生労働省年金局『平成26年国民年金被保険者実態調査結果の概要』（平成27年12月）により作成。

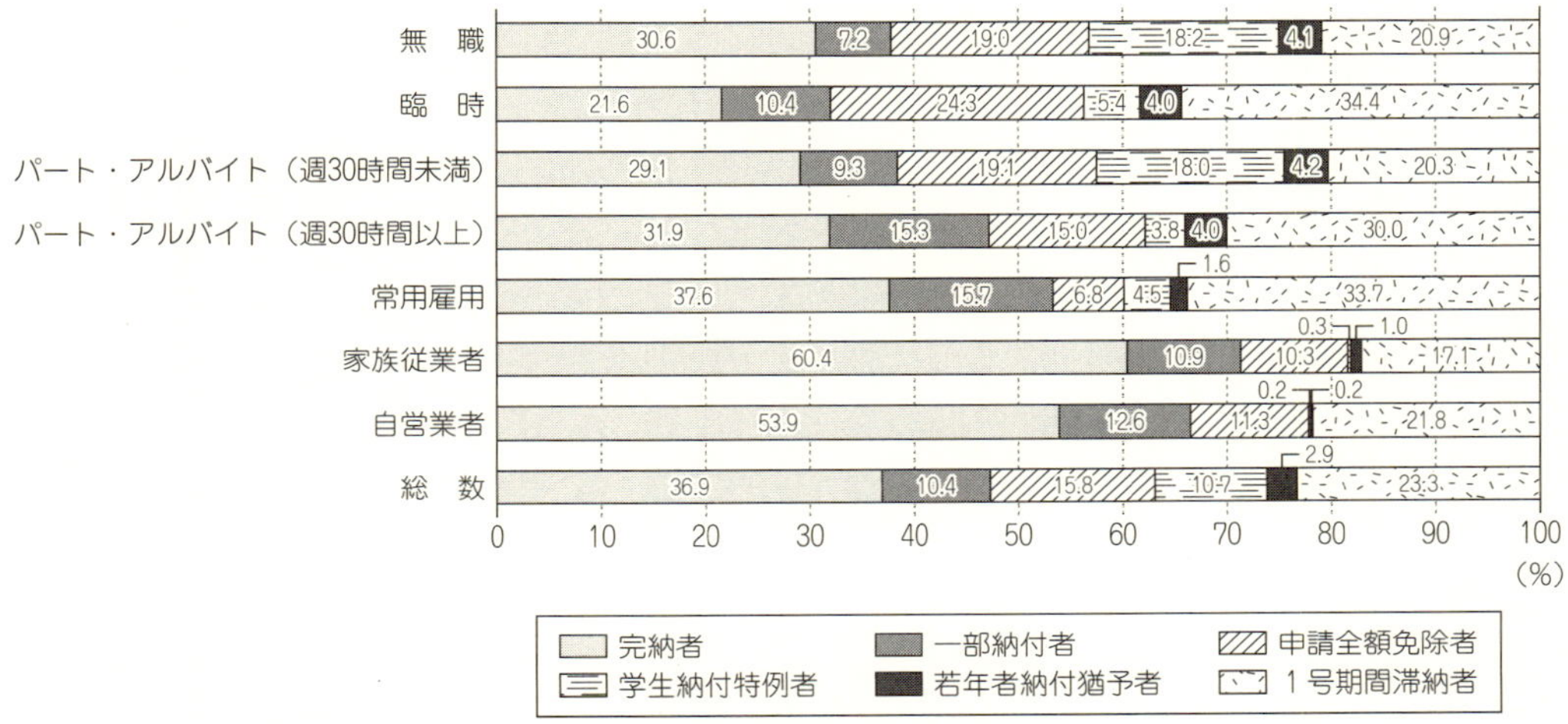

図5－5　国民年金第1号被保険者　就業状況別保険料納付状況（2014年3月末時点）
注(1)：「総数」には、就業状況不詳の者を含む。
(2)：福島県の避難指示区域を除く。
出所：厚生労働省年金局『平成26年国民年金被保険者実態調査結果の概要』（平成27年12月）により作成。

ある。国民年金第一号被保険者の保険料は、所得に関わらず定額（二〇一七年度現在、月額一万六四九〇円）であるため逆進的で、低所得者ほど負担が過重となる。また、給付は、四〇年間保険料を納付済みの場合の満額でも年額七七万九三〇〇円（二〇一七年度現在）で、未納期間があればその分減額される（たとえば、保険料納付済期間が三〇年間であれば給付額は満額の四分の三となる）。低所得者向けの保険料全額・一部免除、猶予などの制度もあるが、その場合も給付が削減される（四〇年間全額免除で給付額は満額の二分の一）。さらに、納付済・免除・猶予期間を合わせた受給資格期間が二五年（二〇一七年八月からは一〇年）に達しなければ、給付を受けることができない。

また、負担の逆進性が、保険料の未納を拡大させてきた。図5－5において、「完納者」は二〇一二年度・一三年度の保険料をすべて納付した者、「一部納付者」は二〇一二年度・一三年度の一部について保険料を納付していない者、「一号期間滞納者」は二〇一二年度・一三年度の保険料をまったく納付していない者をさす。明らかに、「無職」「臨時」「パート・アルバイト」で完納率が低く、一号期間滞納者や申請全額免除者が多い。

さらに図5－6では、納付者（完納者および一部納付者）と一号期間滞納者に分けて、世帯総所得

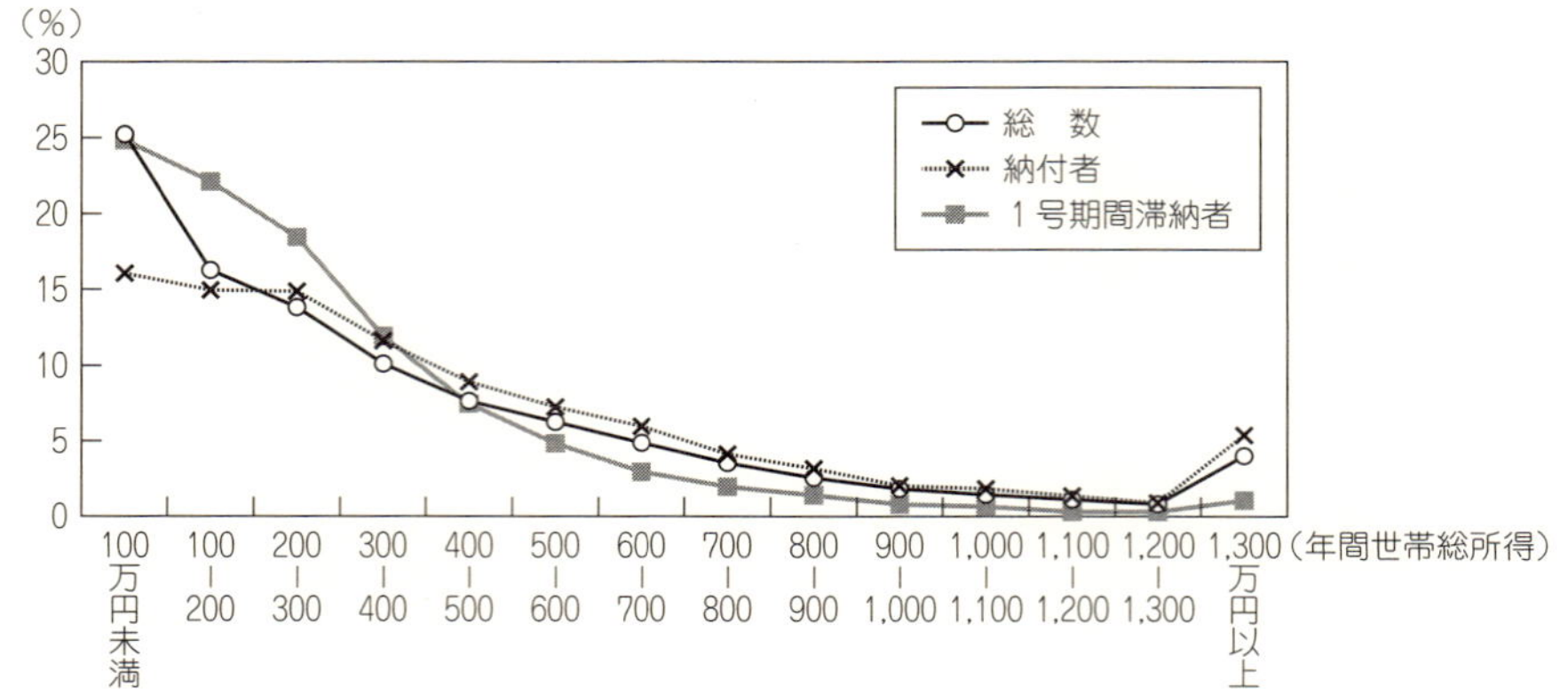

図5-6　国民年金第1号被保険者　保険料納付状況別の年間世帯総所得の分布（2014年3月末時点）

注(1)：世帯の総所得金額が不詳の者を除く。

(2)：福島県の避難指示区域を除く。

出所：厚生労働省年金局『平成26年国民年金被保険者実態調査結果の概要』（平成27年12月）により作成。

の分布を示している。全体的に低所得世帯が多いが、とりわけ一号期間滞納者には所得三〇〇万円未満の世帯が多い。このように、無職者あるいは不安定就業者を中心とする低所得世帯において、保険料の未納がとりわけ広がっており、それは将来受け取る年金額が小さくなる、または受給資格期間を満たせず無年金状態となる危険を意味している。

国民年金第一号被保険者の保険料が未納であれば、保険料収入が減少するが、その分将来の受給額も減少するため、未納問題が年金財政の収支におよぼす影響はあまりない。むしろ、未納問題のポイントは、高齢期の所得が十分に保障されない高齢者が将来的に増大することにある。現在すでに、日本における高齢者の貧困はOECD諸国の中でも深刻で、最後のセーフティネットである生活保護の受給者の約半数が高齢者となっているが、これに拍車がかかることが懸念される。高齢期には、誰もが所得の減少・喪失に見舞われるからこそ、公的年金制度が用意されているはずである。にもかかわらず、年金が所得を保障しえず、厳しい資力調査をともない生活の自由が大幅に制限される生活保護制度に多くの高齢者が頼らざるをえなくなる事態は、避けなければならない。

「社会保障・税一体改革」の年金制度改革

こうした日本の公的年金制度の現状に対して、二〇一二年に決定された社会保障・税一体改革の中で、いくつかの対策が打ち出された。これらはいずれも、限定的なものとはいえ、公的年金制度が現在抱える問題点に対応するものであった。

最も重要なのは、社会保障・税一体改革の一環としての、短時間労働者に対する厚生年金の適用拡大である（二〇一六年一〇月に実施）。従来、厚生年金の適用対象は、週の所定労働時間が三〇時間以上の被用者であったが、この適用条件を緩和することにより、国民年金第一号被保険者に多い短時間労働者を厚生年金に包摂し、未納問題さらには将来的な無年金・低年金問題に対処することに、その意義がある。

しかし、この改革では、厚生年金適用拡大の範囲が著しく限定された。具体的には、

①週の所定労働時間が二〇時間以上あること
②賃金の月額が八・八万円（年収一〇六万円）以上であること
③勤務期間が一年以上見込まれること
④学生を適用除外とすること
⑤従業員数五〇一人以上の企業を強制適用対象とすること

の五点が、新たに厚生年金の適用対象となる要件とされた。厚生労働省の試算によると、この要件を満たすのは、週二〇時間以上三〇時間未満の短時間労働者約四〇〇万人のうち、わずか二五万人程度に過ぎない。そうなった原因は主に、短時間労働者を多く雇っている外食・流通産業と、新たに保険料負担が発生する第三号被保険者（厚生年金適用者の配偶者）からの反発であった。しかし、より多くの被用者が、所得比例の保険料負担により所得比例の年金給付を受けられるようにするという厚生年金の適用拡大が、雇用の非正規化を進めることで保険料の雇用主負担の軽減を図る企業の利害に阻まれるべきではないし、第三号被保険者制度の是非についても、（主に）女性の社会参加の観点から見直しが求められる時代になっている。たとえば、上記五要件のうち、⑤の従業員数要件を外せば適用拡大対象は約七五万人となり、くわえて②の年収要件も外せば約二四五万人となる（厚生労働省推計）。もちろん、①の労働時間要件をさらに引き下げることも考えられよう。今後のさらなる適用拡大が強く望まれる。

もう一つ、社会保障・税一体改革で決定したのが、低所得高齢者に対する年金生活者支援給付金の創設である（消費税率の一〇％への引上げ延期により、恒久的制度は未導入）。これは、住民税が家族全員非課税で、前年の年金収入とその他所得の合計額が老齢基礎年金満額（二〇一五年度で七七万円）以下である人を対象に、保険料納付済み期間に応じて満額月額五〇〇〇円と、免除期間に応じて老齢基礎年金満額の六分の一が支給されるものであり、五〇〇万人程度が対象となると推計されている。低所得高齢者に対する所得支援としてこの給付金に意義はあるが、あくまで保険料納付済み期間や免除期間（未納ではない）とリンクさせた給付であり、かつ給付額が少額であることに留意しなくてはならない。現役期の経済的困窮が理由で納付済み期間が不十分となり低年金・無年金状態に陥る人々の多さは、定額すなわち逆進的な保険料負担で第一号被保険者の高齢期所得保障を機能させようとする制度枠組み自体の限界を表している。この機能不全に陥った制度枠組みと整合するよう、支援給付金も給付額が納付済み期間とリンクされたわけであるが、まさにその点にこの給付金の限界があるといえる。

高齢期所得保障の再建と財源選択

以上のような政策に限界があるとするならば、追い求めるべき高齢期所得保障制度の姿はいかなるものか。それを、高齢期の所得の安定化（主に報酬比例給付をとる厚生年金に対応）と、高齢期の基礎所得の保障（主に国民年金［基礎年金］が対応）という二つの基本目的を念頭におきつつ考えてみよう。

いうまでもなく、高齢期の所得安定化の観点から、報酬比例の厚生年金の機能は重要である。原則論としては、被用者であるか否かに関わらず、自身の現役期の所得に比例して保険料負担も高齢期に受ける給付額も決まるという形が、高齢期の所得の急減を防止するために適している。であれば、現行制度では厚生年金が適用されない自営業者や短時間労働者などにも報酬比例年金を拡大し、働き方の別によらずすべての人々を同一の所得比例年金でカバーすることが望ましい。二〇一五年一〇月に厚生年金と（公務員等の）共済年金との一元化は果たされた（積立金運用や運営組織は引き続き分立している）が、それを被用者以外にも拡大することは、自営業主の所得をいかに捕捉するかなどの大きな課題があるため、容易ではない（ただし、自営業主を含めた所得比例年金は多くの国々に存在するため、非現実的なものではない）。当面は、短時間労働者への適用拡大をさらに進めつつ、理想形としての、すべての年金加入者をカバーする所得比例年金の実現可能性を探ってゆくこととなろう。

国民年金（第一号被保険者）の問題はより深刻で

あり、本格的な対応が急がれる。高齢期の基礎所得保障という目的にてらせば、逆進的な負担を強いつつ「負担なくして給付なし」の社会保険の原則を貫く現行制度を堅持すべき理由は、それがすでに定着してしまっているということ以外にほとんど見当たらないといってよい。高齢期の所得喪失リスクは誰もが負う可能性のある普遍的なリスクであるから、最後のセーフティネットである生活保護制度とは別に、高齢期の最低所得を保障する制度を設けることには十分な正当性がある。また、その場合には、負担と給付をリンクさせる社会保険方式ではなく、租税を財源として社会全体で制度を支える必要がある。民主党政権（二〇〇九年～一二年）が提起した月額七万円の最低保障年金案はその一例であり、同様の税財源による最低保障年金制度はスウェーデンやフィンランドにみられる。ただし、そのような抜本改革の検討・実施を待つだけの時間的余裕がないと考えるならば、先述の低所得高齢者向け支援給付金の導入と拡充を図りつつ、その発展形として、国民年金とは別建てで、租税を財源とする高齢者向けの基礎所得保障給付を創設する道も考えられる。

いずれにせよ、高齢期の所得安定化については、所得比例負担・所得比例給付の社会保険方式で被用者のみならずすべての人々をカバーし、基礎所得保障については、租税を財源として必要な保障を負担と切り離して確実なものとする。これが、目指すべき公的年金制度の基本線であろう（松本・高端 2006；駒村・稲垣 2009）。この基本線に沿って、いかなる具体的な制度設計を描くべきか、そして、いかに地道に改革を重ねてゆけるかが、現在のわれわれに突きつけられた課題である（駒村 2011, 2014）。

社会保障財政全般との関係

最後に、公的年金財政の問題を、社会保障財政全般のそれと関連付ける視点から、少々論点を提起しておきたい。

第一章で論じられているように、日本の社会保障支出は年金と医療に偏っている。裏返せば、現役世代向けの現金給付（失業給付、家族手当など）や医療以外の現物給付が少ないが、現物給付のうち高齢者介護に限っては、二〇〇〇年の公的介護保険制度の導入以来、急速に増加している。結果として、「高齢者に手厚く、現役世代や子どもに手薄な」社会保障支出のパターンが一段と際立つ現状にある。

この点をとらえて、現役世代を支える社会保障の充実を求めることは正しい。ただし、社会保障支出を高齢世代から現役世代に「シフト」させるべきという主張は、限られた財源を世代間で奪い合う考え方であり、無用な世代間対立を煽りかねないと同時に、高齢期所得保障が機能不全に陥っている現実を軽視するものと言わざるを得ない。

年金給付の受益者は高齢者だけではない。高齢者の生活を支える現役世代も受益者である。高齢者の老後の経済的安定を、社会全体で負担を分かち合って支えるのか、それとも自分の親の老後は自分で支えるという「自助・自立」を求めるのか。後者を選ぶなら、高齢期の公的所得保障は切り下げられてよいが、高齢者の貧困が世代を超えて現役世代に連鎖することとなる。それを不公正だとみるならば、機能する年金制度を求めるべきであり、それは現役世代にとっても重要なことであろう。したがって、上記の二〇〇四年改革の年金財政フレームによる、現役世代の過重な負担や逆進的な国民年金保険料の上昇を抑止するための保険料上限設定や、そのための給付のある程度の抑制はやむを得なかったとしても、今後、高齢期所得保障の再建に十分な財源を費やすことに世代間対立論で反対することは、適切ではない。

とはいえ、本書の各章が示すとおり、子ども・子育て、障害者福祉、生活保護等々の分野において、セーフティネット拡充のための財源の確保が求められる。しかも、高齢期の生活保障に絞ってみても、所得保障のみを多少充実させたところで、医療・介護の自己負担の引上げが進むようでは、さほどの改善は望めない。そこで必要となるのが、増税による財源確保である。二〇一六年現在では、社会保障財源の確保は消費税の増税にひも付けられているが、その他の税目を含めた税体系全般を見直すなかで、公正な負担増を期すべきである（高端 2016, 2017）。

　なお、先に示したような公的年金制度の将来改革は、膨大な税・保険料負担増を招くものではない。最低保障年金などで基礎所得保障を再建すれば、現在高齢者が約半数を占める生活保護受給者や給付額は確実に減少する。また、現行の基礎年金国庫負担は、厚生年金給付の基礎年金分にも充てられているが、そのうち高所得高齢者への給付にあたる部分を廃止して、最低保障年金の財源として活用することも考えられる（社会保障・税一体改革の当初案には盛り込まれていたが、後に取り下げられた）。財政再建や社会保障経費抑制の主張に過度にとらわれることなく、社会的公正の観点から、あるべき公的年金制度の姿と必要財源の確保についての国民的議論が深まっていくことが、切に望まれる。

参考文献

駒村康平（2011）「年金制度改革――先進国の経験と民主党案の評価」齋藤純一・宮本太郎・近藤康史編『社会保障と福祉国家のゆくえ』ナカニシヤ出版。

――（2014）『日本の年金』岩波書店。

――・稲垣誠一（2009）「年金制度改革モデル」駒村康平編著『年金を選択する――参加インセンティブから考える』慶應義塾大学出版会。

高端正幸（2016）「増税不可避の日本財政――社会を支え、社会によって支えられる財政システムへ」駒村康平編『2025年の日本　破綻か復活か』勁草書房。

――（2017）「支え合いへの財政戦略――ニーズを満たし、財源制約を克服する」宮本太郎編『転げ落ちない社会――困窮と孤立を防ぐ制度戦略』勁草書房。

ジュリアーノ・ボノーリ、新川敏光（2004）「西ヨーロッパ、北米、東アジアにおける高齢化と年金改革の論理」新川敏光、ジュリアーノ・ボノーリ編著（新川敏光監訳）『年金改革の比較政治学――経路依存性と非難回避』ミネルヴァ書房。

松本淳・高端正幸（2006）「体系的な社会保障改革――年金・医療改革で社会の絆を強化する」神野直彦・井手英策編『希望の構想――分権・社会保障・財政改革のトータルプラン』岩波書店。

百瀬優（2015）「公的年金」土田武史編著『社会保障論』成文堂。

森周子（2014）「ドイツ――社会国家における社会保障制度の確立」田多英範編著『世界はなぜ社会保障制度を創ったのか――主要9カ国の比較研究』ミネルヴァ書房。

Esping-Andersen (1990) *The Three Worlds of Welfare Capitalism*, Princeton University Press.

第6章 医療保障の財政

福田直人

本章では、日本における社会保険制度による医療保障について概説する。日本の公的医療保険制度の最大の特徴は、就業形態と年齢によって分立しつつ、国民皆保険を形成しているという点である。公的医療保険の分立構造の形成過程を振り返った上で、国際比較を交えることにより日本の医療保障の本質的な論点を明らかにする。析出された論点を踏まえ、今後の医療保障の展望について幾つかの可能性を提示する。

1 日本の医療保障の機能と特徴

社会保障による医療サービス

社会保障制度における年金と並ぶ重要な柱が医療保障である。日本では社会保障給付費（ＩＬＯ基準）に占める医療費の割合が二〇一五年時点で三二・四％に達しており、年金の四八・四％に次いでその規模は大きい（国立社会保障・人口問題研究所 2017：10）。日本のみならずいわゆる先進諸国では、国民の医療に対するアクセスを保障するために何らかの形で医療の社会化が行われている。

医療サービスが各国で公的に保障され得る対象となる理由について、最初に触れておく。医療は人間の生命に関わる極めて重要なニーズであるため、市場で取引される通常の財・サービスとは異なる性質を持つと考えられている。医療が市場における取引にそぐわない財であるとされる根拠は、主に以下の三点である。*

第一に、疾病による医療サービスのニーズの発生・期間・所要経費が不確実であるという点である。これらのリスクを分散するために保険が存在している。だが、民間保険では逆選択（リスクの高いものだけが保険を求め、リスク分散が成り立たない）の問題が懸念される。加えて、疾病リスクに応じて高い保険料を支払わなければならないため、必然的にリスクの増す高齢者や持病をもつもの、更には低所得者が加入できないという問題が生じる。

　第二に医療サービスに関する知識、情報はその専門性の著しい高さのために、患者の選択能力が不十分となる可能性が大きい点である。専門性の高い情報に対して患者の知識が及ばず選択能力の低下を招いた場合、医師が一方的に治療行為を増やすことや需要を操作すること、価格を吊り上げることも可能となる。

　第三に、生命に関わる財であるため、価格が高くなることに応じて需要が減退する訳ではない（価格弾力性が低い）点である。価格が高止まりすれば疾病率の高いものや低所得者は、必要な医療サービスを需要できない状況が生じる。

　このような性質を持つ医療サービスに関して、いわゆる先進国では税や社会保険料等の公的な財源を通しての供給や、供給に対する規制を設けている。だが、その形態は国々によって極めて多様である。本章では日本の医療制度の特徴を諸外国との比較を交えて概説するとともに、その理念と実態、そして今後の展望について歴史的経緯を踏まえつつ論じる。

「国民皆保険」の理念と特徴

　日本の医療保障の主な特色の一つとして、まず社会保険制度による国民皆保険であることが挙げられる。このことは、公的な医療保障を提供している国々すべてに共通するものではない。

　例えば、日本と同じく社会保険方式が中心であるドイツでは、公的医療保険は全居住者に適用されておらず、民間もしくは公的医療保険のいずれに加入するかを国民が選択できる。公的保険による国民皆保険とは異なっているがいずれかの医療保険に加入することは義務づけられており、公的医療保険は国民のおよそ九〇％をカバーしている（府川 2008：27）。

　一方で、イギリス、スウェーデン、デンマーク、アイスランド、アイルランド、ノルウェー、ポルトガル等のEU諸国では、社会保険ではなく税財源によって全居住者を対象に医療保障を提供している（松本 2011：269）。社会保険による国民皆保険と比較すると、比較的多くの国々において税財源による疾病現物給付が採用されていることがわかる。

　これに対して、アメリカのように民間医療保険がまずベースに有り、それに対する加入助成や高齢者や障害者（メディケア）、低所得者（メディケイド）に対象を限定して医療保障を行うという形態もある。[**] 日本と同様に社会保険を通して国民皆保険を実施している国々は、EUではフランス、スイス、オランダ、リヒテンシュタインに限られている（松本 2011：269）。

　社会保険の歴史を遡れば、世界で最初に社会保険制度が誕生したドイツでは、労働力の提供によってしか生計を維持し得ない労働者を加入義務の対象にすることから始まった（松本 2011：276）。この考え方はドイツにおいて現在でも基本的には維持されているのに対し、日本における国民皆保険は被用者だけでなくすべての居住者を疾病のリスクから保護すべきとの考え方に立っていると言える。

　この皆保険の背景、理念については様々に語られているが、武川は普遍性と権利性、そして連帯性の三つに整理している（武川 1997：262-264）。ここで言う普遍性とは、所得や年齢、従業上の地位といった区別なく、すべての居住者が医療にアクセスできることを保障されることである。次に権利性とは、社会保険の形式をとることにより扶助ではなく権利として医療を享受できることを指している。日本の場合、医療保険に被保険者が支払う保険料だけでなく税財源も投入されているため、厳密な意味での「拠出に応じた給付」という対応関係は失われている。だが、少なくとも医療へのアクセスに対し生活保護制度においてみられるようなスティグマが働く訳ではない。最後に連帯性について、武川は再分配の理念的表現を指すとしている。もともと社会保険は相互扶助組織による基金から発展しており、そこでは連帯に基づく再分配が行われてきた。皆保険はこうした連帯の範囲を国民全体に拡張したものと言える。

分立する公的医療保険制度による国民皆保険

日本の医療保障の金看板としての国民皆保険がある一方で、より際立った特殊性はこの皆保険の内面、つまり公的保険制度の構造に内包されている。日本における国民皆保険成立は一九六一年であるが、この成立までの経緯が日本の公的医療保険制度の構造を今日においても規定している。この点については次節にて述べる。

まず重要な構造的特徴を挙げると、日本では大きく分けて「被用者」と「自営業者」、そして「高齢者」との間で公的医療保険制度が分割されている。

図6－1はわが国の医療保険制度の大まかな体系である。すべての日本国民は就業形態もしくは年齢に応じて、図中にある医療保険制度のいずれかに加入しなければならない。

まず、被用者を対象とした三つの健康保険制度（図中の右下）がある。具体的には中小企業（常時一人以上の従業員のいる法人企業及び、常時五人以上の従業員のいる事業所）の被用者にて構成されている協会けんぽ（旧政管健保）、大企業（従業員七〇〇人以上の規模の企業）の被用者を中心とする健康保険組合（組合管掌健康保険：略称、組合健保）、公務員を対象とした共済組合が存在する。

次に、主に自営業者を対象として設けられたものが、国民健康保険制度（略称、国保：図中の左下）である。唯一、就業形態ではなく年齢を加入基準としている制度が、七五歳以上の高齢者で構成される後期高齢者医療制度（図中の上）である。同制度は二〇〇八年にそれまでの老人保健制度に代わって導入された。

このように日本の公的医療保険制度は被用者のものだけでも三つに分かれおり、一言で皆保険と言ってもその中身は極めて複雑である。それぞれの保険制度の性質について、表6－1を参考に確認していこう。

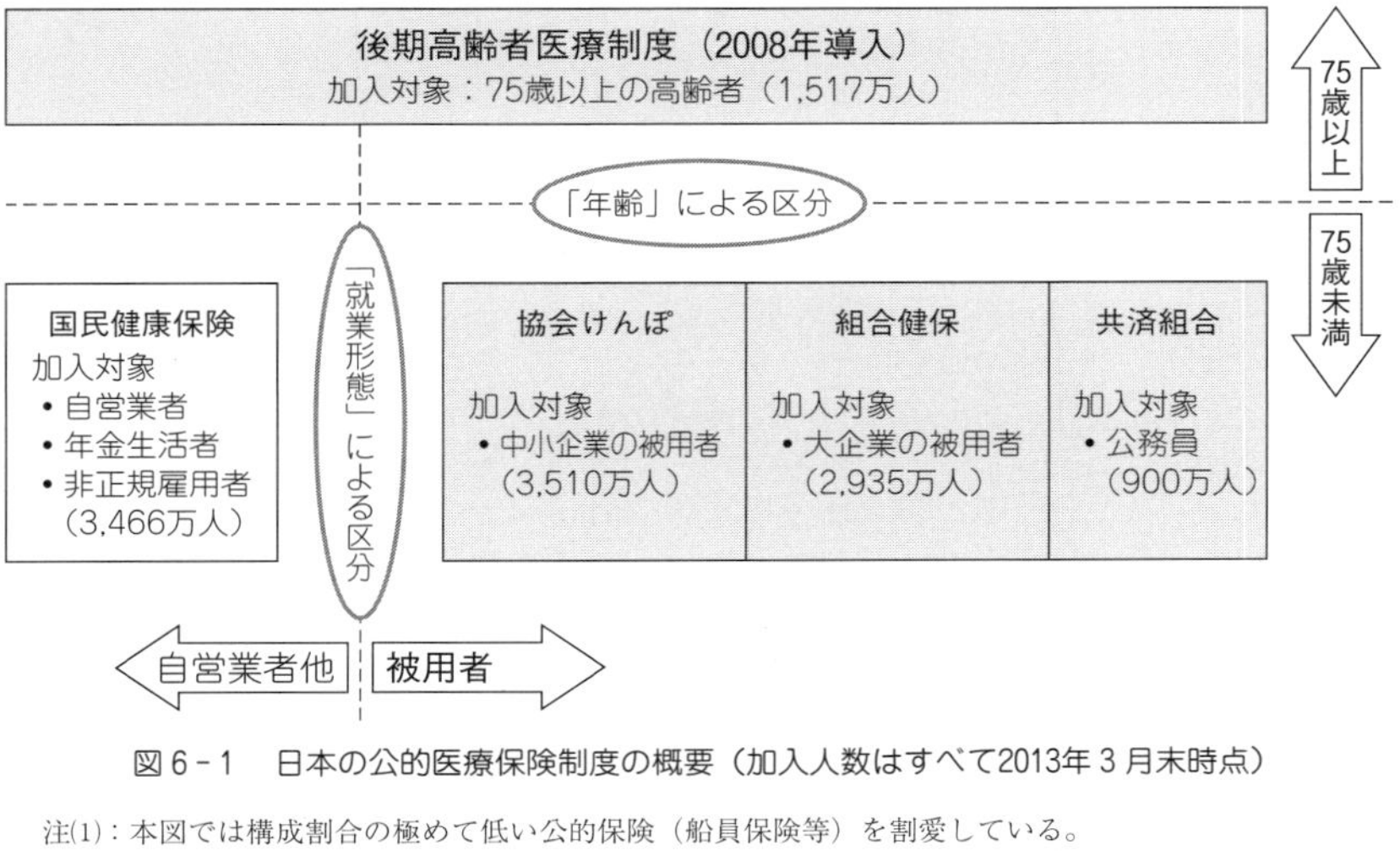

図6－1　日本の公的医療保険制度の概要（加入人数はすべて2013年3月末時点）

注(1)：本図では構成割合の極めて低い公的保険（船員保険等）を割愛している。
(2)：前期高齢者医療制度は独立した保険者ではなく、制度間財政調整の仕組みであるため本図では割愛している。
出所：厚生労働省資料より筆者作成。

表6－1　日本における公的医療保険制度の比較

被保険者の属性	自営業者、非正規労働者、失業者等対象	被用者対象			75歳以上の高齢者対象
		中小企業被用者	大企業被用者	公務員	
	国民健康保険（市町村国保）	協会けんぽ	組合健保	共済組合	後期高齢者医療制度
保険者数（2013年３月末）	1,717	1	1,431	85	47
加入者数（2013年３月末）	3,466万人（2,025万世帯）	3,510万人（被保険者1,987万人）（被扶養者1,523万人）	2,935万人（被保険者1,554万人）（被扶養者1,382万人）	900万人（被保険者450万人）（被扶養者450万人）	1,517万人
加入者平均年齢（2012年度）	50.4歳	36.4歳	34.3歳	33.3歳	82.0歳
医療費（加入者１人当たり）（2012年度）	31.6万円	16.1万円	14.4万円	14.8万円	91.9万円
平均所得（加入者１人当たり）（2012年度）	83万円（１世帯当たり142万円）	137万円（１世帯当たり242万円）	200万円（１世帯当たり376万円）	230万円（１世帯当たり460万円）	80万円
平均保険料（加入者１人当たり）（2012年度）〈　〉内は事業主負担込み	8.3万円（１世帯当たり14.2万円）	10.5万円〈20.9万円〉（被保険者１人当たり18.4万円〈36.8万円〉）	10.6万円〈23.4万円〉（被保険者１人当たり19.9万円〈43.9万円〉）	12.6万円〈25.3万円〉（被保険者１人当たり25.3万円〈50.6万円〉）	6.7万円
所得に占める保険料負担率	9.9%	7.6%	5.3%	5.5%	8.4%
公費負担	給付費等の50%	給付費等の16.4%	後期高齢者支援金等の負担が重い保険者等への補助	なし	給付費等の約50%
公費負担額（2014年度予算ベース）	３兆5,006億円	１兆2,405円	274億円	なし	６兆8,229億円

注(1)：国保組合が運営する国民健康保険に関しては、加入者数が国民健康保険全体の１割以下という点と、開業医師や弁護士、理髪業、土木建築業等の同業者間組合のため、大多数を占める市町村国保とは著しく性質が異なることからこれを割愛する。

(2)：平均所得は標準報酬総額から「給与所得控除に相当する額」を除いたものを、年度平均加入者で除した額になっている。そのため標準報酬月額の上限（121万円）以上の所得は算入されておらず、厳密な意味での平均所得とは言えない点を付記しておく。

(3)：保険料負担率は、加入者１人当たり平均保険料を加入者１人当たり平均所得で除した額。所得に占める割合のため、保険料の事業主負担分もしくは公費負担分（どちらも50%）は含まない。

出所：厚生労働省資料より筆者作成。

それぞれの公的保険制度の性質について、表6－1から注目すべき点を挙げていく。まず、被用者対象の各健康保険制度（協会けんぽ、組合健保、共済組合）と国民健康保険とでは、加入者の年齢構成が著しく異なる。国民健康保険加入者は被用者対象の健康保険加入者と比べて平均年齢が一〇歳以上も高く、加入者一人当たりの医療費も同様に高くなっている。

国民健康保険は加入者の平均所得も被用者対象の健康保険と比べてかなり低い。しかもこの平均所得は標準報酬総額から「給与所得控除に相当する額」を除いたものを、年度平均加入者で除した額になっている。そのため標準報酬月額の上限（一二一万円）以上の所得が算入されておらず、国民健康保険と被用者保険加入者との平均所得の差は実際には更に開いているであろう。

この所得の違いを踏まえて加入者一人当たりの所得に占める保険料負担率を比較すると、その差は歴然としている。国民健康保険の保険料負担率は被用者対象の保険と比べて大きく、大企業被用者を対象とする組合健保と比較した場合、国民健康保険の保険料負担率は二倍弱に達する。各制度間で著しい保険料格差が生じていることがわかる。

被用者対象の健康保険は三つとも平均年齢が三〇代と若く、一人当たりの医療費も少ない。大企業で構成される組合健保は、保険料率も中小企業中心の協会けんぽと比べて更に低くなっている。これは健康保険組合に加入している大企業は中小企業と比較して給与（標準月額報酬）が高いため、保険料率を低く設定できるというメリットを持つためである。なお、同じ組合健保内であっても組合によって保険料率に差があり、最大で三倍以上の開きがある（池上他 2011：50）。

　年齢を基準に制度が分割されている後期高齢者医療制度については、当然ながら医療費が際立って高い。国民健康保険制度と並んで、保険料の他に租税による公費が五〇％投入されている。

　このように日本における国民皆保険は、複数の公的医療保険制度によって国民全体をカバーすることを前提としている。それぞれの公的医療保険制度は加入する被保険者の属性が異なることから、保険料負担といった主要な要素においても差異が生じている。

　諸外国でも同一の公的保険制度の中で運営組織（保険者）が地域や職域ごとに分かれている例は珍しくない。例えばスイスやオランダでは、居住者は単一の公的医療保険制度に加入するが、運営管理は複数の保険者に分かれている（松本 2011：270-272）。だが、公的医療保険制度自体がこのように年齢や就業形態によって分割されているという構造は他に例を見ず、日本特有の制度と言える。

医療保障の供給体制における主な特徴

日本では公的医療保険制度が複数に分かれているものの、被保険者の受けられる医療サービスは各保険制度によって基本的には異ならない。日本の医療保険の機能及び、その供給体制について、幾つかの主な特徴を述べる。

　日本の医療サービスの重要な特徴の一つが、医療機関に対する患者の「フリーアクセス」を保証しているという点である。患者が本人の判断で自由に希望の医療機関を選ぶことができるというのは、国際的には必ずしも一般的な制度ではない。イギリス、フランス、オランダなどのヨーロッパ諸国や民間医療保険を中心とするアメリカでは、家庭医、かかりつけ医によるゲートキーパー制がとられている。これらの国々では、患者はかかりつけ医の紹介状がなければ病院（専門医）にかかることができない。

　次に、医療サービスの生産主体に関して、日本では公営病院と民間開業医による公私混合の方式が取られている。諸外国の病院運営は一般的に公営病院が担っていることが多いのに対し、日本では多くの民間病院（又は、民間病院が担う病床）が存在している。

　最後に、医療機関への報酬が「出来高払い方式」によって決定されることに触れておく。「出来高払い方式」とは患者に対する診療行為に対し、それを行った分だけの診療報酬に基づいた医療費が医療機関に支払われるという仕組みである。つまり、出来高払い方式では診療行為の対価である診療報酬がどのように決定されるかが、極めて重要となる。

　診療報酬については、保険者と被保険者（被保険者の代表としての労働組合、事業主の代表としての経済界）と医療者（医師・歯科医師・薬剤師）のそれぞれの代表と学識経験者から構成される中央社会保険医療協議会（略称：中医協）によって審議される方式がとられている。

＊　医療の公的保障の必要性に関しては西村（2007）に依拠しつつ、筆者が加筆した。

＊＊　アメリカではオバマ政権による医療制度改革（改革の主要な部分は二〇一四年より施行）を実施したが、二〇一四年時点でアメリカ市民の一五％に近い四二〇〇万人が無保険者になっていた（山村 2014：110-111）。

2　分立構造の形成と制度間財政調整の進展

「国民皆保険」実現過程における分立構造の生成

本節では分立する公的保険制度による国民皆保

険という日本の医療保障の形成過程を振り返り、今日における医療保障体制への影響について考察する。

日本において医療保険に関する制度が初めて成立したのは一九二二年の健康保険法である。これはわが国にとって最初の社会保険であった。当初は現場の労働者（いわゆるブルーカラー労働者）のみを対象とし、本社職員（いわゆるホワイトカラー労働者）や自営業者は含まれていなかった（厚生省保険局 1974：35）。一九三九年には職員健康保険が創設（実施は翌年）され、一九四二年に健康保険に統合される。これによりブルーカラーを対象として始まった制度が、ホワイトカラーまで包摂することとなった。

上述した雇用労働者以外に、一般住民を対象とした国民健康保険が成立したのは一九三八年である。戦争の深刻化のために当時の人口の過半数を占めた農村部が人的資本の労働供給源として重視されたことにより、この制度を通じて農山漁村への医療の普及が目指された。だが、当時の国民健康保険において市町村単位の保険組合の設立は任意であったため、後の国民皆保険とは主旨が異なっていた。

世帯主及び世帯員に加入義務を設けたのは、被保険者が減少し続けた戦後の一九四八年である。同時に、国保事業の運営は国保組合から原則として市町村公営に移管された。五三年には国保団体等の要請に応えて、国民健康保険の療養給付費に対する二割（及び、事務費等）の国庫補助が実施された。この国民健康保険の市町村公営化と国庫負担の導入が、国保再建の転機となるとともに国民皆保険に向け国保が大きな役割を果たすきっかけとなった（土田 2011：4）。

この結果、皆保険への障壁も次第に低くなり同時に政治的圧力も高まった。いわゆる五五年体制によって保守・革新がそれぞれ合同し、自社両党がともに「皆保険」を政策目標として掲げることとなった（池上・キャンベル 1996：168）。

その後、一九五六年に厚生省により任命された医療保障委員が国民健康保険を中心とする疾病保険を普及強化し、国民皆保険の実現へ向けて法律改正に着手すべきことを中間報告として公表した（厚生省保険局 1974：122）。同年に発行された厚生白書においても、現行の医療保険制度を全国民に広げるべきであるとの方針が示される（厚生白書 1956：168-198）。

ただし、この国民皆保険の中身は戦前から存在した国民健康保険と各職域保険の二本立ての適応範囲を広げるということで「従来各方面の大半の意見が一致している」とされた（厚生省 1957：58）。皆保険にあたって全国民を包括する統一された公的保険制度を創設するといった方針は示されなかった。*

最終的には一九六一年四月に最後の自治体が国民健康保険を導入し、すべての市町村で「国民健康保険法」が実施されることとなった。既存の制度の対象範囲を広げることによって、それまで医療保険制度が適用されていなかった層をカバーし、就業形態別の保険構造を維持しつつ国民皆保険を実現したのである。

このように日本の公的医療保険は、戦前からの「各保険制度の分立」というその根本構造を維持したまま国民皆保険として整備された。戦後の公的医療保険制度の再建に向けて、税財源による国庫補助が重視された点も日本の医療保障の重要な特徴である。

各制度間の財政調整の進展

社会保険の基本的な役割の一つはリスクを強制的に分散することである。任意加入の制度であればリスクの低い人々は加入しないか、リスクに応じて保険料を設定することになる。社会保険はリスクによってではなく収入に応じた保険料負担に基づいて加入を強制するのであり、高リスクの人々を加入者全員で支える仕組みである。その社会保険が分立している場合、高リスク者の多く加入する保険制度の財政基盤が必然的に脆弱となる。

国民健康保険の対象が拡大されたことにより皆保険を達成した直後から、各保険制度間の財政調整の必要性は政府によって認識されていた。このことは、首相の諮問機関である社会保障制度審議会が皆保険実施の翌年に発表した「六二年勧告」に記されている。

「六二年勧告」では各保険制度間の財政力格差に触れ「保険者間においてプール制による財政の調整を図ること」の必要性を訴えている（玉井 1999：38）。つまり、その後の少子高齢化による各保険間の著しい財政力格差が顕在化していない皆保険の樹立当初ですら、各保険制度（特に国民健康保険制度）が財政的に自立して運営できる見通しは危ぶまれていたのである。

だが、その後の高度成長が医療保険財政の原資を確保する役割を果たしたことによって、この問題はしばらく表面化しなかった（玉井 1999：38-39）。このために各保険を一元化するといった抜本的な改革は見送られることとなる。この問題が再び浮上するのは七〇年代から八〇年代かけて高齢化が進むことによって、老人医療費が膨張してからである（西村 2007：135-137）。

もともと各公的保険制度の年齢構成が大きく異なっていたために、高齢化の進展とともに老人医療費が国民健康保険制度に重くのしかかる仕組みとなっていた。そのため、国民健康保険制度を支える形での財政調整が、年を追うごとに各保険者間で増大していった。

年齢による公的医療保険制度の更なる分化

このように、被用者と自営業者との間で制度が分立して形成され定着してきた日本の医療保険制度であるが、年齢を基準として更に制度が分割されたのは少子高齢化によって老人医療費が膨張したためであった。後期高齢者医療制度は、それまでの老人保健制度に代わって二〇〇八年に導入された。

高齢者に限定した医療保障施策は、福祉元年とされた一九七三年に七〇歳以上の高齢者に対する医療費の患者負担を無料化（公費による肩代わり）したことから始まっている。その後高齢化が進展する中で、高齢者の加入比率の高い国民健康保険制度の財政悪化が問題となった。

このため、一九八三年には国民健康保険の財政負担の緩和を目的とした老人保健制度が創設される。その内容は七〇歳以上の高齢者にかかる医療費に、被用者保険からの拠出金と国及び都道府県、市町村の一般会計からの繰り入れを充てるという財政調整を主眼とした制度の創設であった。この制度は後に年齢を基準に公的保険制度を分割する後期高齢者医療制度の発端ともなった。

この他にも国民健康保険の財政悪化の対応策としては、翌八四年に導入された退職者医療制度の導入がその一環である。退職により被用者保険を脱退し国民健康保険に加入した者にかかる医療費を、被用者保険から国民健康保険に充当するという制度である。これは前述の老人保健制度と同じく独立した医療保険制度ではなく、新たな財政調整の仕組みであった。

老人保健制度の発足とともに、高齢者にも患者負担が導入された。制度の発足当初は僅かであった高齢者の患者負担も、二〇〇八年の後期高齢者医療制度導入までに繰り返し引き上げられている（表6－2参照）。特に二〇〇〇年代に入ってからは患者負担だけでなく、対象年齢も七〇歳から七五歳まで段階的に引き上げられた。

だが、財政調整による各医療保険者の老人保健制度への繰り入れが増大していく中で、老人保健制度の問題点も指摘されるようになる。主な問題点として厚生労働省（以下、厚労省）が述べているのは、①高齢者と現役世代の費用負担関係の不明確さ、②保険料の徴収（健保、共済組合等）と運営主体（市町村）が分離しており、財政・運営責

表6-2　高齢者医療制度と患者負担　概要と変遷

実　施	制度内容	患者負担
1973年	老人医療費の無料化 ・老人医療費支給制度の創設：70歳以上の医療費患者負担無料化	無　料
1983年	老人保健制度の導入 ・70歳以上の高齢者が対象 ・高齢者の患者負担の導入と、不足分は各保険制度から財政調整が受けられる仕組み ・財源は導入された患者負担及び、各医療保険（健保、共済、国保）からの拠出金と税財源 ・高齢者は各医療保険制度に加入したまま老人保健制度を適応 ・運営は市町村	入院　300円／日 外来　400円／月
1997年	患者負担の見直し	入院　1000円／日 外来　500円／月 （月４回まで）＋薬剤費一部負担
2001年	患者負担の見直し	定率１割負担（月額上限付き）
2002年	老人保健制度の対象年齢を段階的に引き上げ（70歳から75歳へ）	定率１割負担（月額上限付き）
2006年	医療制度改革法案成立 ・後期高齢者医療制度の実施が決定	定率１割負担（月額上限付き）
2008年	後期高齢者医療制度の導入 ・75歳以上の高齢者が対象 ・老人医療費の負担は、患者負担部分及び、現役世代の保険料４割、高齢者の保険料１割、税財源が５割	１割負担（現役並みの所得者は３割）

出所：厚生労働省（2010）及びみずほ総合研究所（2011：４）に筆者加筆。

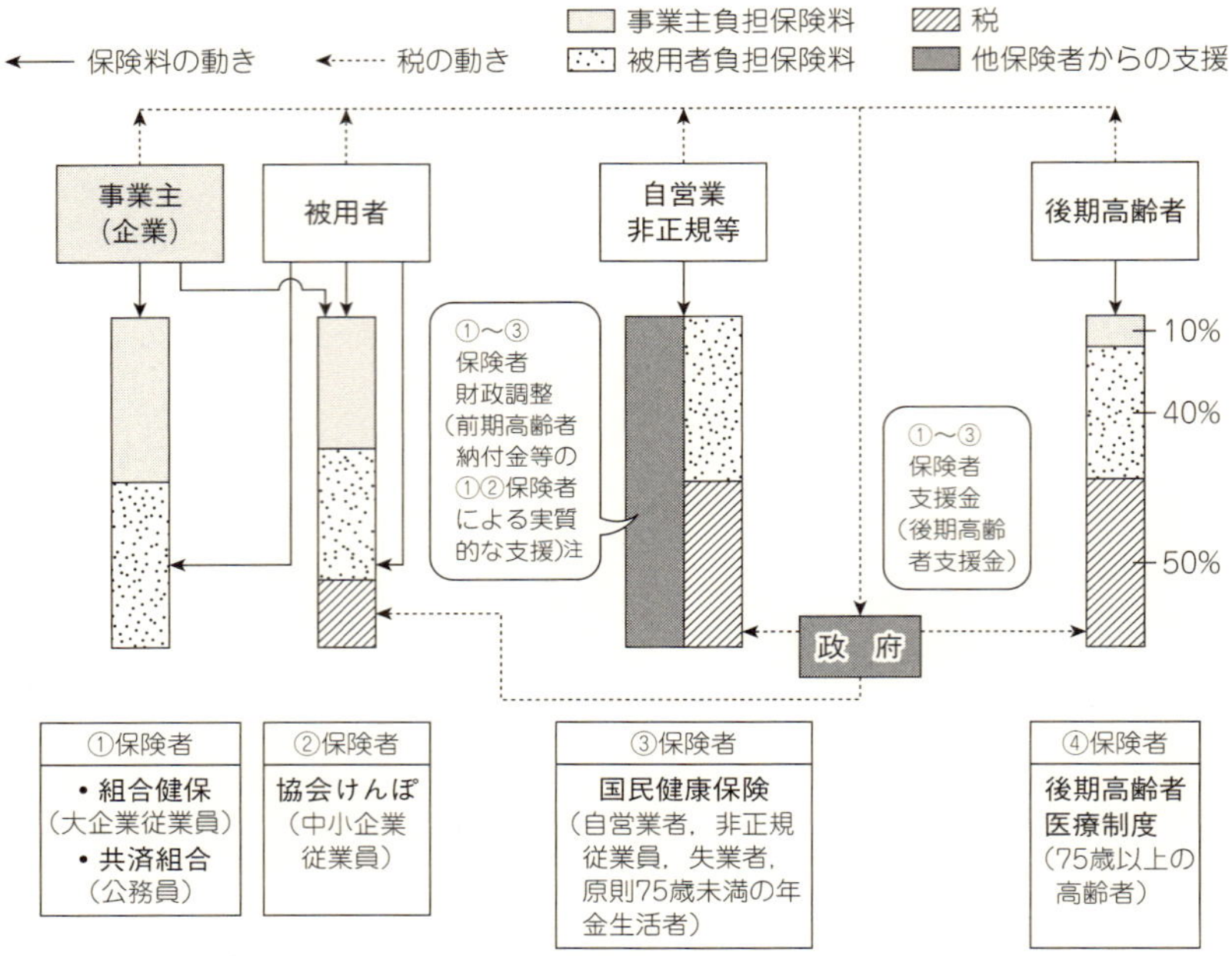

図6-2　公的医療保険における財政調整の概要

注：2014年度までの経過措置である退職者医療制度も含まれる。
出所：池上（2011：49）に筆者加筆。

任が不明確であること、③加入する制度や市町村により保険料格差がある等の問題が指摘されるようになったとしている（厚生労働省保健局 2010）。つまり、老人保健制度に対する財政調整（実質的な支援）において費用を拠出している各保険者と運営主体が分離しているため、財政効率化の誘因が働かないことを問題としたのである。

こうした問題に対処するため、二〇〇八年に老人保健制度に代わって七五歳以上の高齢者を対象とした後期高齢者医療制度が導入された。後期高齢者医療制度は老人保健制度のような純粋な財政調整制度ではなく、財政調整の機能を持った独立の保険制度である。制度維持のために健康リスクと強くリンクする「年齢」によって、公的保険制度は更に分割されることになった。加えて、六五歳以上七四歳以下の前期高齢者についても、その世代の高齢者が偏在している国民健康保険と他の被用者保険との負担の公平化を図る財政調整の仕組み（前期高齢者医療制度）が導入された。

制度導入に伴い、厚労省の述べる導入目的に沿って都道府県単位の広域連合を運営主体とした点や現役世代と高齢者の負担割合を明確化したこと、そして財政の安定化、費用負担の明確化や公平性の確保が図られたとして、一定の評価ができるという声もある（みずほ総研 2011：5-6）。

だが、この後期高齢者医療制度は導入前後に厳しい批判にさらされた。指摘された主な問題点として、①高齢者の医療費増加に比例して、高齢者の保険料が増加する仕組みが導入された点、②被用者保険に加入していた者やその被扶養者は、事業主負担分が無くなったことにより負担が増加した点、③個人単位化により被扶養者にも保険料納付義務が生じ、世帯当たりの負担が増加した点、④高額医療費の自己負担限度額が適用された点、⑤健康診査の実施義務が努力義務とされた点、⑥年金給付から保険料が天引きされた点等が挙げられる（厚生労働省保健局 2010）。

つまり、この制度導入は単に費用負担の明確化のみを目指したものではなかった。本来、特定の属性を持つ集団に偏りがちなリスクを社会の構成員全体で支える仕組が社会保険である。しかし、結果からみると特定の保険制度にリスクを集中させ、徐々にリスク分の負担（あるいはサービスの低下）を求めることによって制度の財政的維持を図るといった方向性があったことは否めない。

このように日本の医療保険は制度発足時の分立構造を維持しつつ、更に年齢によっても分化しリスクの異なる集団ごとに管理する方向での制度改正が進んできた。その結果、図6-2のように日本の公的医療保険間の財政調整はもはや難解極まるものとなっている。

リスクの集中した保険制度は財政上の自立がかなわず、財政調整が制度維持の要として年々複雑化している。このため、保険料を納める被保険者にとって制度の実態把握が極めて困難な状況に陥っている。次節ではこのような特徴と歴史的経緯をもつ日本の医療保障が抱えるいくつかの論点について概説する。

＊　保険の統合に関する当時の厚生省以外の見解としては、医療費の増加による財政赤字対策のために政府によって一九五五年に発足された七人委員会が同年にまとめた報告書に記載がある。七人委員会の報告書では各種医療保険の統合が望ましいとしながらも当面の現実がこれを許さないであろうとし、将来的には被用者の健康保険と一般国民の国民健康保険の二つに統合する構想にたっていた（佐口 1995：91-92）。

3　日本における公的医療保険の論点

問われる公的医療保険分立と財政調整の意義

日本固有の歴史的背景において形成されてきた公的医療保険制度の分立構造と、それに伴う複雑な財政調整について、どのような意義が認められるのであろうか。日本のように年齢や就業形態によって公的医療保険制度が分立している国は例を見ないが、同一の社会保険制度内において運営主体が分かれている国々は存在する。

　例えば日本と同様に社会保険制度が医療保障の中心であるドイツでは、同一の公的医療保険制度であっても、運営主体は主に職種によって異なっている。公法上の法人格が付与されている「疾病金庫（Krankenkasse）」が職域ごとに存在し、その運営は労使同数の管理委員会による自治に基づいている。つまり、被保険者の保険運営への参加という観点から言えば、ドイツのように「生産の現場」による当事者自治が強い国では、保険の運営主体が多数存在することに関して一定の意義が認められるであろう。

　だが、日本においては渋谷他（2011）も指摘するとおり、国民の保健医療制度に対する最も大きな不満は「政策決定への国民参加」の欠如と、それに次いで「政策決定における公平性」が無いことである。日本の保健医療政策は中央政府によって一律に決定され、地方自治体には裁量権がほぼない（渋谷他 2011：106-107）。ここで浮上してくるのは、社会保険制度の当事者自治が相対的に弱い日本において、運営主体のみならず保険制度自体が分立していることの意義は何に見いだせるのかという問いである。

　既にみたように日本の健康保険制度は所得の把握しやすい被用者から始まり、その後に自営業者を対象とした国民健康保険制度が発足した。国民皆保険達成時においては、既存の制度の対象拡大という方法が採用されたが、その際、各制度の分立について積極的な意義づけが為されていた訳ではなかった。そのため、戦前の制度の拡張によって形成された皆保険の実現は特に目新しいものではなく、注目に値するものではなかったとの評価もある（玉井 1999：33）。

　加えて、二〇〇八年には老人保健制度に代わって新たに後期高齢者医療制度が導入された。前節で触れたが、この制度の利点について厚生労働省は、「高齢者と若年者の費用負担の明確化」としていた。世代間の費用負担が明確でないため、被保険者の納得が得られないというのが厚生労働省の説明である。

　だが、社会保険という枠内において世代間の費用負担を敢えて明示することにより若年世代の不満が高まることは予想できても、納得を得られるという根拠は明確でない。リスクが偏在するのを承知の上でそれを社会全体で支えるという社会保険の理念に照らして、この制度改正の問題意識である「費用負担関係の明確化」にどれほどの有用性があるのかは不明である。

　仮に制度間の負担関係の不明確さを問題とした場合、それは老人保健制度単体の問題というより、そもそも公的保険制度が分立し財政調整が複雑化していることに起因している。分立を前提としたままで財政調整により制度を維持しようという対応に問題があるのだが、制度の単一化ではなく、更に分割を進めるという方向での改革が実施された。社会保険におけるこのような改革が被保険者にとって有用だと主張するならば、より積極的な根拠が必要であるように思われる。

　逆に民間保険の場合、リスクの異なる集団ごとに管理する制度は保険料の設定等の上で利点はある。リスクの低い集団に対する保険は、保険料を安く設定できるからである（無論、高リスク集団は高負担となる）。これに対し日本の医療保険は被保険者に対して均等な医療サービスを提供する社会保険であるにもかかわらず、制度、地域ごとに保険料格差が生じているという問題がある。

　更に、制度の分立は保険料格差の問題に留まらず、各制度間の「隙間」に陥る人々も生じさせている。制度発足時は自営業者を対象としていた国民健康保険に、今日では多数の非正規社員や失業者が流入しているのが現状である。二〇〇七年度には六〇歳未満の国保被保険者世帯主に占める被用者と無職者の割合は、合計で七割を超えた。同年におけるその内訳は、被用者五〇・六％、無職二〇・三％である。自営業者の割合は一三・七％、農林水産業者は三・五％に過ぎず、年々低下している（中川 2009：2）。

被用者を対象としている組合健保や協会けんぽであれば、保険料は雇用主との折半である。だが、事業主負担の無い国民健康保険の保険料は相対的に重く、被保険者の所得に占める保険料の割合は大きい。その結果、収入の低い非正規社員や失業者は保険料の負担に耐え切れず、無保険に陥ってしまうというリスクを抱えている。国民健康保険料や住民税は当年度負担ではないため、失業者は職と収入を失った後に就業時の収入よって算定された保険料、税を支払わなければならないという問題も大きい（福田 2012）。

このように国民健康保険は低所得者、無職者を引き受け、保険料負担の難しさから収納率は年々低下し、二〇一〇年時点で八八・六％である。市町村国保加入世帯の内、保険料を滞納している世帯は二〇％に上る（厚生労働省保険局国民健康保険課 2012）。

保険料を滞納した場合、被保険者には有効期限が六カ月以下に限定された「短期被保険者証」が交付される。更に滞納が一年を超えた場合は、保険証を返還し代わりに「被保険者資格証明書」を交付される。これは診療にあたり窓口で一〇割負担が求められるものである。その後、市町村国保の窓口で滞納している保険料を納めた場合に七割の医療費が返還される。窓口での全額負担が求められることと、医療費の還付も滞納保険料支払との相殺であることから実質的には無保険者に極めて近い扱いとなる。

こうした資格証明書の交付世帯は、厚労省の二〇〇八年に行った調査では市町村国保の加入者の内一・六％に達した。その中でも中学生以下の子供がいる世帯は一八、二四〇世帯であり、約三三、〇〇〇人の子供が実質的な無保険となっていることが明らかになった。加えて、池上他（2011）が二〇〇七年の国民生活基礎調査を分析したところ、所得が課税対象となるほど高いにも関わらず社会保険料を支払っていない人口は一・三％に上り、この値から推計される無保険者は約一六〇万人であるという（池上他 2011：51）。

このように日本においては、分立する各公的保険制度が発足当初対象としていた被保険者層からの乖離が生じており、公的保険制度の「隙間」に陥ってしまう人々が増えている。日本の国民皆保険は、有名無実となりつつある。

医療費の膨張と高齢化に関する論点

我が国において昨今、国民医療費の高騰問題が指摘されている。医療費増加を抑えつついかに良質な医療を提供していくかという課題は、八〇年代以降どの先進国にも共通したものである。中でもトップクラスの少子高齢化と巨額の累積債務を抱える日本において、医療費の膨張が盛んに議論されるようになった。

図6-3は日本における医療費の変遷である。特に二〇〇〇年代に入ってから国民医療費は三〇兆円を超え、その高騰がより喧伝されるようになった。[*]

この医療費の高まりについて、高齢化の進展が主要因として説明されることが多い。だが、医療の高度化の影響も大きいことを指摘しておかねばならない。

厚生労働省が公表している「医療費の伸び率の要因分解」では、平成一三年度（二〇〇一年）から平成二五年度（二〇一三年）までの医療費の伸び率の内、平均で一・四八％が高齢化の影響としている。一方で、「患者負担の見直しのない年度については、医療の高度化が大部分を占めていると考えられている」と記載されたその他の項目は、一・三二％である。尚、同期間において患者負担の見直しがあった年（平成一四、一五、一八、二〇年度）を除外し、より精緻化して比較すると高齢化の影響は一・四八％、医療の高度化の影響は一・四七％となる。[**]

つまり、世界で最も急速に進む日本の高齢化の

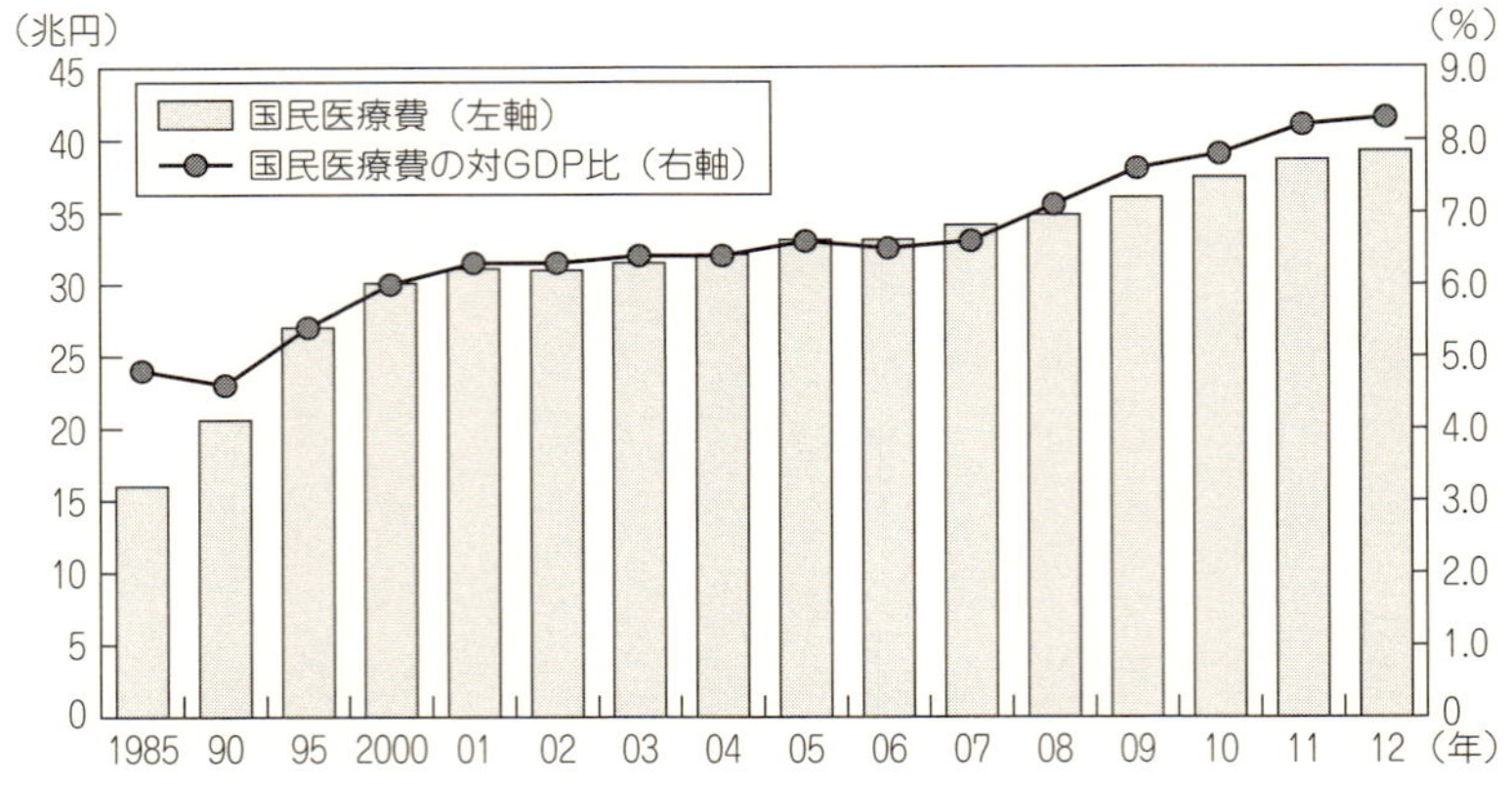

図6－3　日本における医療費の変遷

出所：厚生労働省資料より筆者作成。

影響と並ぶほど、医療の高度化は日本における医療費を膨張させている。一方で、医療費と関わりの深い主要な保健及び医療指標を他の先進国と比較すると、日本の医療保障の異なる側面が見えてくる。表6－3は医療費の対GDP比及び主要な保健、医療指標の国際比較である。

七カ国の中で日本の高齢化が最も進んでいる反面、医療費（対GDP比）はかなり低い部類に入る。国民一〇〇〇人当たりの医師の数が少ないのに対し、一人当たりの診療回数と病床数は多く、平均在院日数が長いのも日本の医療の特徴である。

病院が担うとされる業務の範囲や病床の定義も各国によって異なるため、単純な比較は難しい。だが、これら指標の背景の一つとして、日本の医療の質が医療現場の過重労働によっても支えられているという点を指摘しておく。***

加えて、一人当たりの年間利用数（診療回数の多さ）に関してより注意深く分析する必要がある。日本の受診率を年齢別にみると、七〇歳未満の平均は六・五回から八・四回程度である。全体の受診率が一三を超えるのは、七〇歳以上の高齢者の受診率が高く、人口に占める高齢者の比率が多いためである（厚生労働省保健局調査課 2012：25）。

以上の事実を総括すれば、日本の医療費は徐々に上昇しつつあるものの、世界最高の高齢化率（六五歳以上の人口割合）に対して、医療費は相対的に抑制されていると言える。

だが、医療費の相対的な抑制に成功していることは、患者の自己負担の低さに直結している訳ではない。日本では患者の自己負担率の引き上げも繰り返し行われている。特に二〇〇三年に医療費の窓口負担が二割から原則三割に引き上げられて以降、保健医療支出に占める自己負担の割合は先進国の中でも大きくなりつつある（図6－4参照）。

医療における患者負担の国際比較は、各国とも制度がかなり異なるため容易ではない。より包括的な患者自己負担の国際比較を行った遠藤（2007）は、医療費自己負担の累進性、逆進性を計測した結果、日本の家計における医療費支出（自己負担）の逆進性は、八〇、九〇年代を通してアメリカに近づきつつあることを明らかにしている（遠藤 2007：57-65）。所得に対して逆進性のある自己負担割合が繰り返し引き上げられるのは、日本において医療費の膨張が問題視された結果である。

実質的な無保険者の増加や社会保険料の所得に対する逆進性（この点については後述する）を考慮すると、今以上の患者自己負担の引き上げは困難と言える。だが、既に相対的に抑制されている日本の医療費の更なる削減も、これまで繰り返され

表6－3　医療費の対GDP比及び主要な保健、医療指標の国際比較

	日　本	ドイツ	フランス	イタリア	スウェーデン	イギリス	アメリカ
医療費の対 GDP 比（%）	10.3	11.3	11.6	9.2	9.6	9.3	16.9
高齢化率(65歳以上の人口の割合，%)	24.1	21.1	17.5	20.7	19.0	17.0	13.7
合計特殊出生率	1.41	1.38	2.0	1.42	1.91	1.92	1.88
平均寿命	83.2	81.0	82.1	82.3	81.8	81.0	78.7
医療従事者数							
医　者　（1000人当たり）	2.3	4.0	3.3	3.9	3.9	2.8	2.5
看護師（同上）	10.5	11.3	9.1	6.4	11.1	8.2	11.1
病床数　（1000人当たり）	13.4	8.3	6.3	3.4	2.6	2.8	3.1
平均在院日数	17.5	9.2	5.6	7.7	6.0	7.0	4.8
１人当たり年間利用数	13.0	9.7	6.7	7.2	—	5.0	4.0

注(1)：データは現時点（2015年４月）で最新のもの（基本的に2012年）で構成されているが、国及び指標によっては2012年以前のものも含む。出生率のみはすべて2010年時点。
(2)：日本の平均在院日数は療養病床を除いた急性期の入院患者のみの数値である。
出所：*OECD Health Data 2014*より筆者作成。

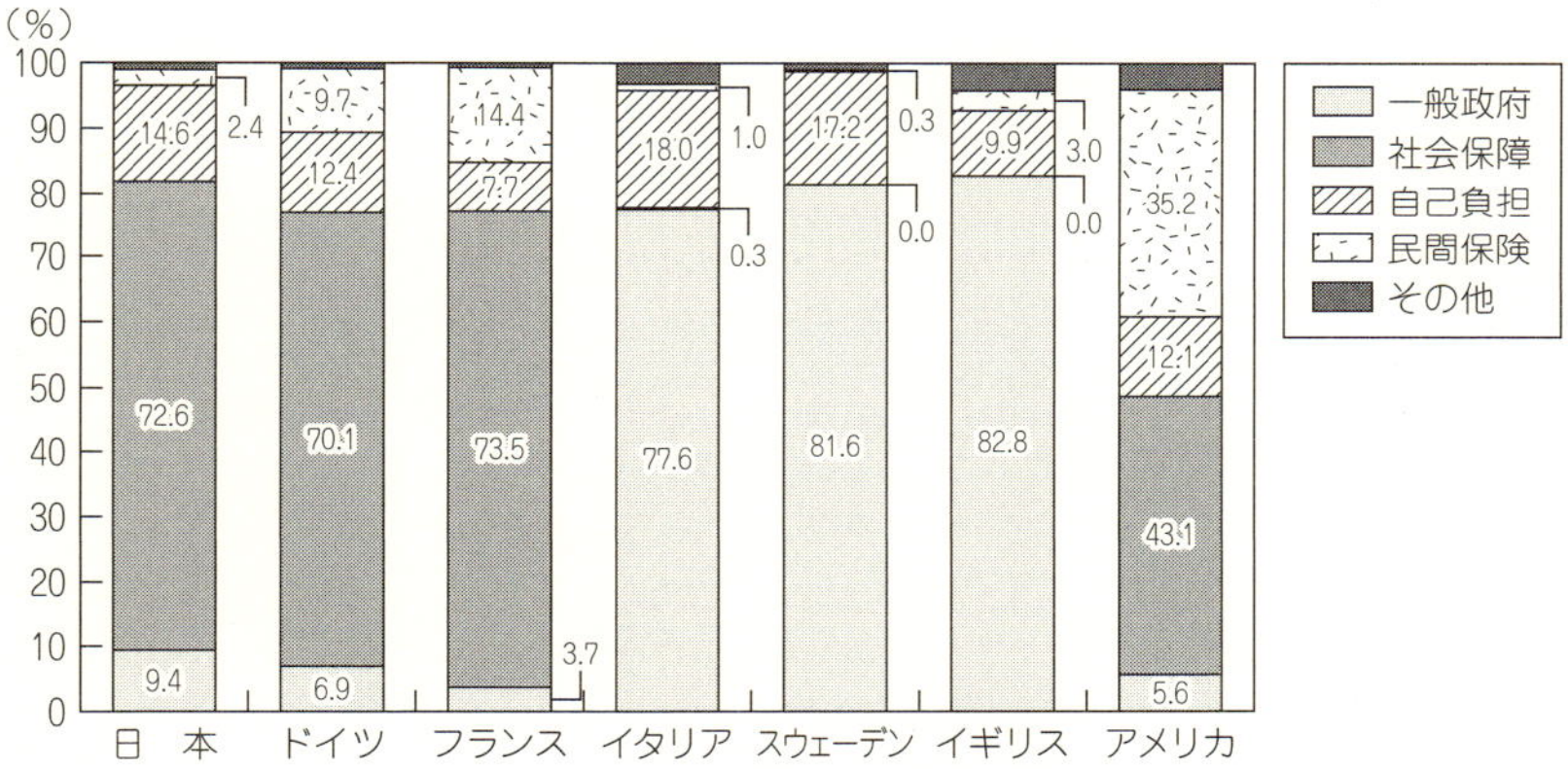

図6－4　保健医療支出に占める各財源の割合の国際比較　(2011年)
注：「その他」のデータラベルのみ、図中に表示していない。
出所：OECD, *Health at a Glance*, 各年版 より筆者作成。

てきたように一時凌ぎにしかならない。むしろ長期的な視点で日本に求められているのは、少子高齢化の進展を緩和する施策であると思われる。

「モラル・ハザード」論と供給体制問題

我が国における医療費の膨張に関して、その原因について様々な見解がある。主要な論点の一つは、被保険者、つまり患者の「モラル・ハザード」論である。

前出の表6－3で示したとおり、日本における一人当たりの医療サービス年間利用数は、他の先進国と比較して高くなっている。この点について、日本では医療サービスが安価に手に入るため、患者が必要以上の医療サービスを受けているのではないかという指摘がある。その原因として我が国の医療保障が、自由に医療機関を選んで受診できる「フリーアクセス」制であるため、という議論である（坂本 2005：256）。つまり、風邪や腹痛と言った比較的軽度の疾病であっても大学病院などの大規模医療施設を受診することを指している。

だが一方で、医療費の膨張は需要側（患者）の受診行動のみによるものではなく、むしろ日本の医療体制の構造的問題だと指摘する立場も存在する。「出来高払い方式」による医療サービスの供給過剰問題である。

「出来高払い方式」は、初診、投薬、検査等の医師が行った診療行為を一つ一つ積み上げて報酬を請求するため、価格の高い診療行為を頻繁に行う場合、医療費の高騰を招くことになる。*** つまり、供給側にも過剰な診療や過剰な投薬を招く誘因が存在している（坂本 2005：258）。

このことは、日本では諸外国と異なり民間の医療機関が多いという事情とも関連している。病院の開設者別でみると医療法人・個人と合せて民間病院が七割を超えており、公的病院が中心のヨーロッパ各国とは異なる**** （椋野・田中 2013：62-63）。医療機関は非営利の法人（医療法人）であることを前提としているものの、民間病院において経営を重視するインセンティブが強いこともまた事実である。*****

高い高齢化率を鑑みると今日の日本は諸外国と比較して相対的に医療費が抑制されており、患者の窓口負担も先進国の中では高い部類に入る（前掲の図6－4参照）。医療費の膨張を抑制するべきだとしても、需要側への施策（患者の医療へのアクセスを制限）のみで可能かどうかは、慎重に吟味する必要がある。

＊　国民医療費が三〇兆を超えて以来、医療費高騰の問題は学会だけでなく、マスメディアも巻き込んで国民に喧伝されるようになった（例えば毎日新聞　二〇〇二年九月一七日朝刊）。

＊＊　欧州主要国（ドイツ・フランス・イギリス）の医師（病院医師、常勤、非常勤を含む）の労働時間は週四〇時間から五〇時間程度に収まっているのに対し、日本では五九歳以下の医師の労働時間は平均で週六〇時間を超える。六〇歳を超えたとしても労働時間は他国の中堅層と大差がない（中央社会保険医療協議会 2011：55）。

＊＊＊　厚生労働省『医療保険に関する基礎資料』（各年版）より筆者試算。医療費の伸び率に関して、高齢化の影響と並んで大きい医療の高度化の影響が「その他」の項目に入っている根拠は不明である。

＊＊＊＊　この批判を受け、二〇〇三年からは検査や投薬の量ではなく、傷病によって一日または月単位で医療費が定額となる「包括払い方式」も一部で導入されている。

＊＊＊＊＊　公立、民間の病院数、または病床数別の国際比較に関しては、松山（2009：14）、や広井（1994：240）を参照。

＊＊＊＊＊＊　非営利とは、株式会社のように利潤を出資者に配当できないことを意味する。だが、非営利であっても病院が設備投資を行うには利潤を出す必要があり、利潤は配当金としては受け取れないが手当としては受け取ることができる。営利・非営利の間に言葉通りの明確な線引きが可能な訳ではない（池上・キャンベル 1996：71）。

4　公的医療保険財政の展望

理解しやすく公平な「一元化」という方向性

既述のように日本の公的医療保険制度において、各保険制度が分立することによって財政構造を複雑にし、かつ制度の「隙間」に陥る無保険者が発生している。日本における医療保障の「金看板」であった国民皆保険が有名無実となりつつあるが、これらの問題に対応する施策として何が適切であろうか。

制度を分立させたままで特定の保険制度にリスクを集中させ、財政調整によって維持を図るというこれまでも繰り返されてきた政策は、もはや限界にきていると言える。平均年齢が高く低所得者が集中する国民健康保険制度は、他の被用者保険と比較して保険料率が高く、そのために無保険かそれに近い状態の国民を少なからず生み出している。国民健康保険や後期高齢者医療制度を支えるために財政調整を行っている他の被用者保険も、既に赤字化している。

さらに高齢というリスクを切り分けて管理することになった後期高齢者医療制度は、患者負担を高める方向での制度改正を既に繰り返してきた。日本は高齢者のジニ係数もOECD諸国において高い方に属しているだけでなく、現役世帯よりも高齢世帯のジニ係数が高いという先進国の中では例外的な国である（山田 2012：147-149）。リスクの集中する保険制度における負担率を高めるようになれば、事実上の無保険者は更に増加するであろう。

分立した公的保険制度の維持を前提とした場合、保険料負担の格差を解消するためには一層の公費投入（租税による保険料の肩代わり）が必要となるが、それでは社会保険の体をなさなくなる。公費の投入を避け特定の保険制度に負担を求める場合、それが被用者保険であっても、リスクの高い保険制度（国民健康保険、後期高齢者医療制度）であっても、異なる観点からの被保険者の「不公平感」が生じるという悪循環に陥る。

つまり、所得に対して割高である保険料ないしは窓口負担増加を求められる高リスクの保険制度（国民健康保険、後期高齢者医療制度）被保険者の不満と、他の保険制度に巨額の拠出を迫られる被用者保険制度の不満の増大という負のスパイラルを惹起する。加えて、被保険者にとって容易に理解し難い財政調整は維持されていく。制度の分立は、ともすれば社会の分裂に繋がる。

これらの諸問題について考えられる解決方法の一つは、保険制度の分立を前提としない方法、つまり全国民を対象とした単一の医療制度の構築である。就業形態及び年齢ごとに分立した制度による皆保険という世界的にも稀な制度を見直し、社会によって普遍的な医療サービスを支えていく意味をもう一度見直す時にきているのではないか。被保険者の理解を得るためには、一元化した医療保障による透明性の高い財政構造も重要となる。

社会保険方式と税方式

公的医療保険制度の一元化によって保険料格差の解消と財政構造の透明化を企図したとしても、財源をどう手当てするかという問題が残る。

一元化した上で社会保険方式を維持した場合、加入する制度によって保険料が異なるということはなくなるものの、少子高齢化がこのまま進展すれば今後も大幅な保険料引き上げが予想される。社会保険料負担には上限があるため、所得に対して逆進性を持つことは既に知られている（阿部 2000）。社会保険料収入が政府の税収を上回っている現状において、社会保険方式が妥当かどうかは一つの論点であろう。

現状でも医療保険財政に巨額の租税が投入されているが、社会保険料率の更なる引き上げが困難な場合、税からの投入を更に拡大することになる。これは本来の意味での社会保険ではなく、国の経済・財政状況の影響を受けにくいという社会保険方式のメリットが生かされない。例え逆進的であっても「拠出に対応した給付」により権利として医療サービスを受けられる社会保険のメリットは、国の財政状況に左右されにくい財政方式を前提としている。

代案としては、完全な税方式に移行することも考えられる。本章でも簡単に触れておくが、松本・高端（2006）は、現行の医療保険は既に租税の投入が進み社会保険方式にこだわり続ける理由がないことを挙げ、地方政府（都道府県）を運営主体とした税方式による医療サービスを提案している。

地方政府による税方式を採用する理由として、①医療に限らず現物給付による対人社会サービスでは地方政府の方が住民のニーズを把握しやすい点、②医療保障に関する決定権をより住民に引き付けるべきとの考え方、③医療サービスは住民にとって普遍的なニーズであり、税方式に適している点等を挙げている。

その際、中央政府から地方政府への税源の移譲と、地方共有税による地方政府への財源保障（全国的な医療保障ミニマムの設定）が重要な前提となっている。*つまり、同じ税方式でも中央政府によって一括で管理される場合、既存の社会保険と比較して医療保障に関する決定権が住民に引き付けられることにはならない。かえって医療費に対する中央省庁のコントロールが高まり、抑制への圧力が増す可能性すら有りうる。

税方式の場合、自営業者に対する所得把握の問題が残るため不公平が解消される訳ではないとの指摘もあろう。この提案は年金の一元化の提案とリンクしており、所得把握を年金とリンクさせることによって、過少申告を防ぐインセンティブ（過少申告の場合、年金も減額となる）を持たせる点も重要である。この点、包括的な改革案と言える。これは社会保険方式を維持する場合においても、自営業者の所得把握の面で有効である。

税方式に移行するならば、社会保険料の事業主負担分が無くなるため巨額の租税支出を余儀なくされるという懸念もあるだろう。これには、国の一般会計を介さない地方共有税の原資として応分の法人税を外形標準化して徴収するといった対応策が有り得る。尚、日本における企業の公的負担（法人税と社会保険料事業主負担の合計）は、主要国と比較すれば低い方に属している（井手 2013：188）。

最後に別の観点からの改革案として、公的医療保険を民営化することによって、危機的な状況である国家財政から医療費支出を切り離すという議論もある。高リスクを抱えるものや高齢者は民間保険に多額の保険料を支払うことになり危機的状況に陥らざるを得ないが、少なくとも国の医療支出は削減できるとの考え方である。しかし、低所得者以外の現役世代には民間医療保険の選択肢しかないアメリカが、先進国において最も高額な医療支出を行っている点（既出の表6-3参照）、高齢者だけでなく若年層の医療保障も危機にさらされているという点で、医療保障の観点からも財政再建の観点からも民営化の有効性は疑わしい。

日本の医療保障の展望に関してそれぞれの改革案に触れてきた。いずれにしても日本の医療保障は制度発足以来、抜本的な改革を経験しないまま相当の年月を経て現状に陥っており、その綻びを繕うことは容易ではない。被保険者にとって透明性の高い制度改革と、少子高齢化の進展を緩和するという長期的視点を組み合わせた政策が、今日求められている。

＊　地方共有税の提案は各方面からなされているが、本章では神野・井手（2006）における地方共有税案に基づいている。

参考文献

阿部彩（2000）「社会保険料の逆進性が世代内所得不平等度にもたらす影響」『季刊社会保障研究』Vol.三六、№一、国立社会保障・人口問題研究所、六七〜八〇頁。

池上直己・J・C・キャンベル（1999）『日本の医療　統制とバランス感覚』中公新書。

池上直己・兪炳匡・橋本英樹・松本正俊・尾形裕也・馬場園明・渡邊亮・渋谷健司・梁奉・マイケル・R・ライシュ・小林廉毅（2011）「日本の国民皆保険の変遷、成果と課題」『ランセット』日本特集号プロジェクト研究チーム『ランセット　日本特集号　国民皆保険達成から50年』日本国際交流センター、四四〜五六頁。

遠藤久夫（2007）「患者負担の国際比較――自己負担と医療アクセスの公平性」田中滋・二木立編『医療制度改革の国際比較』勁草書房、四七〜七〇頁。

大沢真理（2013）「コメント：雇用崩壊と貧困拡大は、制度政策による部分が大きい」『学術の動向』二〇一三年五月号、四七〜五二頁。

椋野美智子・田中耕太郎（2013）『はじめての社会保障』有斐閣アルマ。

厚生省大臣官房企画室（1956）『厚生白書　昭和三十一年度版』東洋経済新報社。

――（1957）『厚生白書　昭和三十二年度版』東洋経済新報社。

厚生省保険局（1974）『医療保険半世紀の記録』社会保険法規研究会。

厚生労働省（2012）『国民健康保険事業年報　平成22年度版』厚生労働省保健局調査課。

国立社会保障・人口問題研究所（2017）『平成24年度社会保障費用統計』国立社会保障・人口問題研究所。

国民健康保険中央会（2012）『国民健康保険の安定を求めて』国民健康保険中央会。

坂本圭（2005）「日本の医療財政の現状と課題」『川崎医療福祉学会誌』Vol.一四、№二、川崎医療福祉学会、二四九〜二五九頁。

佐口卓（1995）『国民健康保険　形成と展開』光生館。

渋谷健司・橋本英樹・池上直己・西晃弘・谷本哲也・宮田裕章・武見敬三・マイケル・R・ライシュ（2011）「優れた健康水準を低コストで公平に実現する日本型保健制度の将来――国民皆保険を超えて」『ランセット』日本特集号プロジェクト研究チーム『ランセット　日本特集号：国民皆保険達成から50年』日本国際交流センター、一〇〇〜一一二頁。

島崎謙治（2011）『日本の医療　制度と政策』東京大学出版会。

神野直彦・金子勝編（2002）『住民による介護・医療のセーフティネット』東洋経済新報社。

武川正吾（1997）「一社会学者のみた皆保険・皆年金」『季刊社会保障研究』Vol.三三、№三、国立社会保障・人口問題研究所、二六〇〜二七一頁。

玉井金吾（1999）「20世紀後半期の日本社会保障改革――国民皆保険・皆年金体制の意味」『経済学雑誌』一〇〇号第一巻、大阪市立大学経済学会、二九〜四七頁。

土田武史（2011）「戦後の日独医療保険政策の比較」『生

活福祉研究』七九号、一〜二五頁。

中川秀空（2009）「国民健康保険をめぐる最近の動向」『調査と情報 ISSUE BRIEF』№六四九、国立国会図書館調査及び立法考査局。

西村万理子（2007）「医療」玉井金五・大森真紀編『社会政策を学ぶ人のために』世界思想社、一二六〜一五三頁。

府川哲夫（2006）「少子高齢化と医療費をめぐる論点と実証研究」西村周三・田中滋・遠藤久夫編著『医療経済学の基礎理論と論点』勁草書房、一八一〜二〇二頁。

――（2008）「医療システムのマクロ評価」土田武史・田中耕太郎・府川哲夫編『社会保障改革――日本とドイツの挑戦』ミネルヴァ書房、二六〜五二頁。

福田直人（2012）「失業時所得保障の比較研究――離職一年目における離職前賃金代替率の日独比較」『社会政策学会誌　社会政策』第四巻第一号、ミネルヴァ書房、一二三〜一三四頁。

松本勝明（2011）「国際比較の視点からみた皆保険、皆年金」『季刊社会保障研究』Vol.四七 №三、国立社会保障・人口問題研究所、二六八〜二七六頁。

松本淳・高端正幸（2006）「体系的な社会保障制度改革――年金・医療改革で社会の絆を強化する」神野直彦・井手英策編『希望の構想―分権・社会保障・財政改革のトータルプラン』岩波書店、九五〜一四六頁。

松山幸弘（2009）「地域医療経営のガバナンスの国際比較」『Monthly IHEP』七月号№一七七、医療経済研究機構、一四〜一八頁。

みずほ総合研究所（2011）「高齢者医療制度の現状と行方」『みずほ政策インサイト』二〇一一年一月七日発行、みずほ総合研究所株式会社。

山田篤裕（2012）「高齢期における所得格差と貧困――脆弱なセーフティネットと勤労所得への依存」『格差社会』福祉＋α①、ミネルヴァ書房、一四七〜一六四頁。

山村耕造（2014）『資本主義活性化の道　アベノミクスの愚策との決別』時潮社。

吉原健二・和田勝（2008）『日本医療保険制度史』東洋経済新報社。

OECD, *Health at a Glance 2011*, OECD Indicators.（鐘ヶ江葉子訳『図表で見る世界の保健医療 2011』明石書店、二〇一二年。）

OECD, *Economic Surveys*: JAPAN 2009.（大来洋一監訳『OECD 対日経済審査報告書』明石書店、二〇一〇年。）

参考ホームページ

厚生労働省ホームページ「我が国の医療保険について」（http://www.mhlw.go.jp/seisakunitsuite/bunya/kenkou_iryou/iryouhoken/iryouhoken01/index.html）最終アクセス：二〇一三年七月二〇日。

厚生労働省保健局「第2回高齢者医療制度改革会議」、二〇一〇年（http://www.mhlw.go.jp/shingi/2010/01/s0112-4.html）最終アクセス：二〇一三年七月二〇日。

厚生労働省保険局国民健康保険課、二〇一二年「平成22年度 国民健康保険（市町村）の財政状況等について」（http://www.mhlw.go.jp/stf/houdou/2r98520000021uv8-att/2r98520000021uwp.pdf）最終アクセス：二〇一三年七月二〇日。

厚生労働省保健局調査課「医療保険に関する基礎資料」、二〇一二年（http://www.mhlw.go.jp/bunya/iryouhoken/database/zenpan/dl/kiso22.pdf）最終アクセス：二〇一三年七月二〇日。

中央社会保険医療協議会「わが国の医療についての基本資料」、二〇一一年（http://www.mhlw.go.jp/stf/shingi/2r98520000001evdx-att/2r98520000001exa3.pdf）最終アクセス：二〇一三年七月二〇日。

OECD Health Data（http://stats.oecd.org/index.aspx?DataSetCode=HEALTH_STAT）最終アクセス：二〇一三年七月二〇日。

第7章 介護保障の財政

吉弘憲介

現在、日本における財政を通じての公的介護サービスは「介護保険制度」が中心となっている。このため、本章では日本の介護保険制度について、制度成立までの略史と、他国制度との比較を述べるとともに、現行制度の概要についてまとめる。また、実際の介護保険制度の負担構造やその財源を確認していく。最後に、高齢社会に突入した日本において今後の介護保険制度の問題点・課題点を確認することとする。

1 介護保険の成立

現在、日本の公的な介護サービスは、主に介護保険制度によって提供されている。日本で介護保険制度がスタートしたのは、二〇〇〇年度からである。国民健康保険や年金制度など他の社会保障制度や社会保険制度が一九六〇年代末までに整備されていたのと比較すれば、介護保険制度の歴史は一五年程度と比較的短い。介護保険制度が「若い社会保障・保険」と呼ばれるのはこのためである（櫻井 2009：91）。しかし、介護保険が若い制度であるからと言って、（高齢者）介護そのものが新しい問題であるわけではない。

森（2007）は、日本の介護保険制度の成立以前の制度史を高度経済成長期、オイルショック後一九八〇年中頃まで、一九八〇年以降の介護保険制度の準備期間の三期間に整理している。高度経済成長期における介護支出の位置づけは、生活保護制度を補完する意味合いが強く、同時に高齢者の身体能力の低下への対応というよりは、救貧制度の一形態とされていた。それが、経済成長を通じての都市化、核家族化などの社会環境の変化により、高齢者介護そのものへの社会的ニーズが重視されるようになっていった。このため、すでに一九六三年には老人福祉法が制定され、市町村を中心に税財政資金による措置制度という形で高齢者介護サービスが供給されるようになったのである。

しかし、一九七三年のオイルショックを契機に、高齢者介護費用の見直しが行われるようになる。具体的には、介護の提供に対して地域内の共助や、家族内介護といった自助の必要性が、厚生省の介護関連の委員会などで登場するようになっていく。同時に、措置制度である介護サービスから、健康保険を通じた「介護」医療サービスへの移行が制度的に促されるようになっていく。こうした動きは、医療的知識を必要とした介護サービスへの対応を進める効果があった一方、それ以外の家族介護の担い手のいない高齢者の多くを病院の長期入院に追いやる結果となった。これは、後に高齢者の社会的入院の名で健康保険財政の圧迫要因となり、介護保険制度成立の原動力となっていく。

一九八〇年代を通じて高齢者介護に対する公的サービス提供は、措置制度（税財源）と健康保険（社会保険）によって行われつつ二つの制度のねじれが、さらなる問題を生んでいった。ここに至って、一九八〇年代後半には、厚生省内部で早くもドイツなどを参考としつつ、社会保険制度として税財政資金五〇％、社会保険料五〇％負担による、現在の介護保険制度とほぼ同じ制度が検討されることとなった。その後、一九九〇年代には介護保険制度が早々に準備、法案化されていく。具体的には、一九九〇年代の新ゴールドプランなど高齢者福祉に対する政府対応の拡充が打ち出され、一九九六年には、連立与党三党の政策合意から介護保険実施が決まり、翌年九七年には介護保険法が成立する運びとなったのである。

介護保険の整備が急がれた背景には、一般に言われるような、それまでの措置制度としての介護サービスの問題点、自治体間でのサービス水準や負担の格差、社会的入院、などの解消が挙げられる。一方で、社会保険方式の採用により、税財政資金の投入を削減し、行政改革、財政改革に資するモデルが目指された。さらに、多様な財源から確保を行い、「与えられる福祉から選択する福祉へ」のかけ声のもと、社会保険として整備されたはずの介護保険は、施行二〇年を迎えた現在、様々な問題に直面している。

その中では、かつての自助、共助といったキーワードが財政支出削減の目的から再びよみがえりもしている。さらに、選択できる福祉、という概念そのものが年を追うごとに後退していく等、介護保険制度は現在、多くの問題にさらされている。

本章では、まず、各国の介護財政において介護保険を採用している他国とわが国の違いについて解説した後、日本の介護保険制度の仕組みについて述べる。また、その際、介護保険財政がどのように構成され、それが財政政策上いかなる意味を持つのかについても解説する。最後に、介護保険財政の近年の問題点を述べ、高齢社会であるわが国のセーフティーネットの問題点を指摘していく。

2　日本の介護保険制度の国際比較上の特徴

公的部門に対しての身体介護サービスのニーズ自体には、日本のみならず他の国でもまんべんなく発生するといえる。では、わが国のような高齢者向け介護サービスを供給する社会保険は、他の先進諸国ではどのような姿をしているのか。端的な事実のみ言えば、日本と同じく介護サービスに対して社会保険方式を採用しているのはドイツおよび韓国の二か国である。他の先進諸国の多くでは、かつての日本の様に社会扶助サービスの一つとして介護サービスを提供したり、健康保険制度の中で介護サービスを供給するなど、そのシステムは多様である。また、介護の幅も日本の様に加齢による身体能力の低下に限定するのでなく、ドイツのように介護保険内で加齢以外の身体障害によるものについても扱うなど、サービスの提供の幅も一様でない。

このように、日本の公的な介護サービスの提供について、国際比較の面からその特徴を述べれば、

①財源は社会保険料による社会保険方式であり、②介護の種類としては居宅・施設の両方を提供し、③高齢者を主な対象とし、④給付形態は現物給付が中心であり、⑤提供主体としては公益団体と民間部門がおり、⑥定率の自己負担が存在する（増田 2008）。また、このほか保険者が市町村レベルとなっている点なども我が国の介護保険制度の特徴と言えるだろう。

国際的にみると、提供される公的な介護サービスが原則として現物給付のみに限定されていることは多くない。むしろ、ドイツなどでは現物給付のみでなく、介護受給者に対してサービスの選択権を与えるため現金給付を組み合わせて支給している。また、介護サービスを提供する家族や友人に対して、現金給付の補助を支給するシステムを持つ場合もある。

わが国の介護保険の成り立ちを見れば、家族介護の限界や公的扶助サービスとしての「与えられる介護」の問題に対し、保険料を支払い「権利としての介護サービス」に移行すべきとの議論の中で介護保険制度が整備されたこともあり、家族による介護サービスを現金給付で支えるという視点はあまり一般的ではなかった（増田 2008）。ただし、「権利としての介護」の背景には、一九八〇年代以降強調される行政改革による一般会計歳出抑制の論理が影響していることには注意が必要だろう。

3　介護保険制度の仕組みと財政

介護保険制度の全体像

ここで、具体的な日本の介護保険制度の仕組みについて解説しておく。図7-1は介護保険制度によるサービスと資金の流れを図解したものである。これを元に介護保険制度の負担とサービス受給の流れを確認していく。まず、介護保険サービスの主な受給者は六五歳以上の高齢者である。六五歳以上の仮にAさんがC市という自治体に住んでいるとして、その具体的なサービス受給を念頭に解説を行おう。

まず、Aさんは六五歳以上であるため被保険者としては第一号被保険者に分類される。被保険者には他に第二号被保険者と呼ばれる四〇歳以上六五歳未満の層が存在するが、彼らは特別な場合を除いて介護保険のサービスを受給することができない。Aさんは保険者であるC市に介護保険料を納めるが、介護保険料は自治体ごとに異なる。仮にC市の介護保険料は月額四九三〇円とする。ここで、介護保険の保険者について解説しておけば、地域保険制度である介護保険では各保険者は市町村および特別区といった基礎的自治体が担っている。一部、自治体同士で広域での連合介護保険を整備しているものもあるが、二〇一七年度の時点で我が国の介護保険者の総数は一五七九に上る。

保険料を支払うことでAさんには介護保険サービスを受給する権利が生じるが、それだけでは介護保険サービスを受けることはできない。サービスを受けるには、AさんはC市に対して要介護認定の申請を行う必要がある。要介護認定とは、A

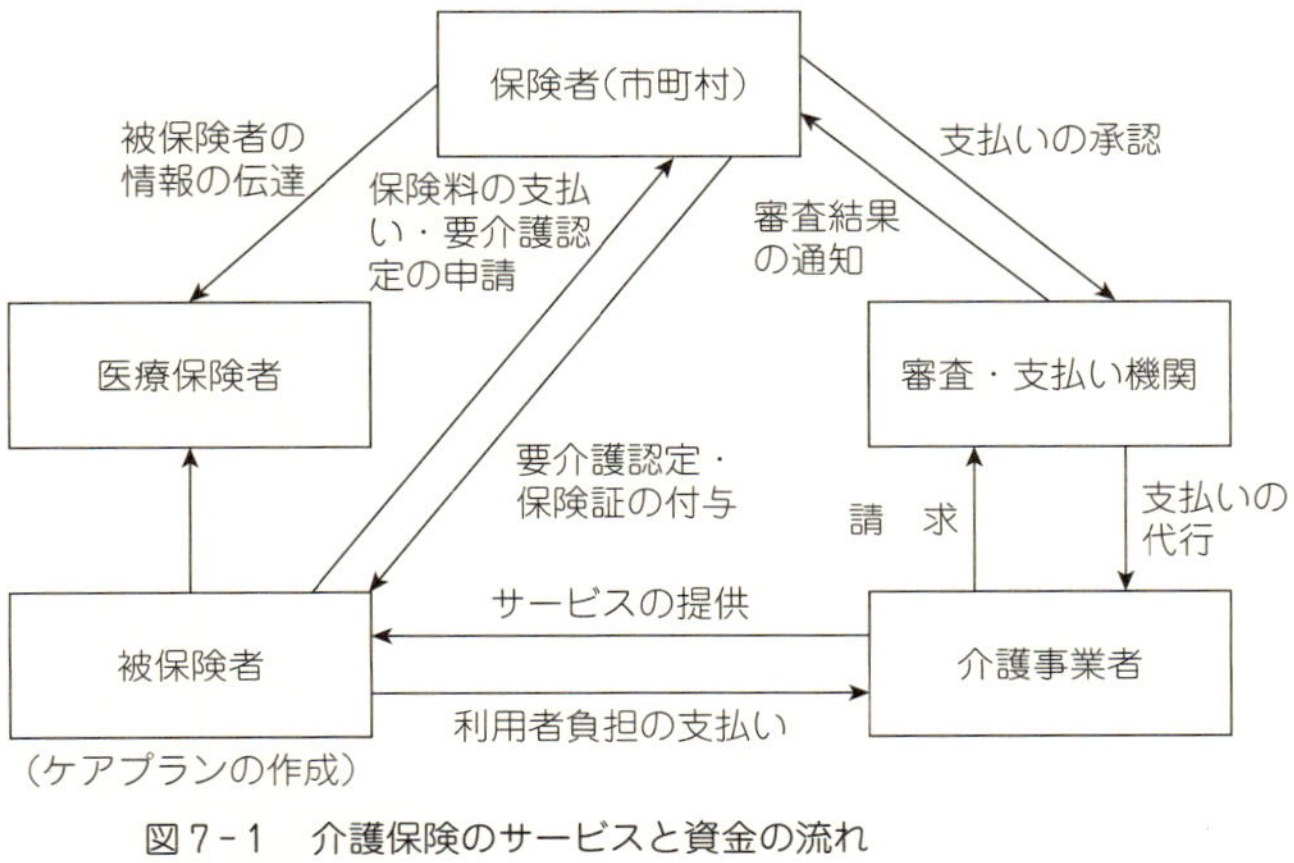

図7-1　介護保険のサービスと資金の流れ
出所：櫻井（2009、p. 94）より。

さんが日常生活を送る上でどの程度の不自由さがあるかを判断し、どの程度の介護サービスの提供が必要かを測るための指標を決める制度である。要介護度は日常生活に支障が無いと判断される非該当から、要支援一、二、要介護一から五までの七段階での基準が存在する。

介護認定制度は、まず、被保険者またはこれに代わる者の申し出により市町村は認定調査員を派遣し、全国一律の調査票に基づいて被保険者の行動を判定する。次に調査票に基づき、コンピュータにより要介護度の一次判定が下される。また、認定調査と並行して被保険者の主治医あるいは市町村の認定医師に対して、被保険者の生活状況に対する意見書の作成が求められる。

これら、要介護度一次判定の結果と医師の意見書を介護認定審査会が最終的な審査結果である二次判定を出す。二次判定の結果は、市町村を通じて被保険者に通知される。

Aさんが介護を要しない健康状態であり非該当との認定を受けると保険料を納める義務はあるが、介護保険サービスの受給に対して公的な支援を受けることは一切できない。仮に、友人に付き合ってショートステイなどの一時的な介護保険が利用できる施設の介護サービスを受けるとすれば、非該当の場合、Aさんは受給にかかるサービス費用の全額を支払わなければならない。次にAさんが日常生活に若干の不便を感じる要支援一の介護認定を受けた場合を、Aさんは予防給付サービスを要支援一の支給限度額（月額五万五七〇〇円）までは一割の自己負担で受給することができる。支給限度額は表7-1のように要介護度が高くなるに従って引き上げられる。

表7-1　大阪市における居宅サービス等の限度額

	1カ月あたりの利用限度単位数	1カ月あたりの利用限度額(注)
要支援1	5,003単位	55,700円程度
要支援2	10,473単位	116,500円程度
要介護1	16,692単位	185,700円程度
要介護2	19,616単位	218,200円程度
要介護3	26,931単位	299,500円程度
要介護4	30,806単位	342,600円程度
要介護5	36,065単位	401,100円程度

注：1単位11.12円で計算した場合。
出所：大阪市ホームページ（2017）より。

仮に、予防給付である介護要望リハビリテーションのサービス費用が一回八〇〇〇円だと仮定すると、Aさんは一回につき八〇〇〇円の自己負担で月六回までリハビリサービスを受けることができる。残りの七二〇〇円は保険者であるC市から、介護サービスを提供している民間事業者や社会福祉協議会などの公益団体に支払われることになる。仮に、それ以上の回数のサービスを受けようとするとAさんは一回分のリハビリ費用である八〇〇〇円全額を負担しなくてはならない。

以上が、典型的な介護保険サービスの負担と受給の流れである。典型的事例と語ったのは、例えばAさんが受け取る年間所得に応じて保険料の額が異なったり、要介護度の度合いに応じて受けられるサービスの種類と上限額、サービス単価などが細かく変化するからである。例えば、要介護度三では、Aさんが受けるサービスは介護給付になり、予防給付では受けられない施設サービスを受けることができるようになる。さらに、支給限度額も引き上げられることになる。ただし、要支援一と要介護度三では受けるサービスの単価が異なってくる。同じ運動能力の回復を狙ったリハビリでも要支援一の方が要介護度三と比較して単価は安くなる。このため、上限額の上昇により、受けられる介護サービスの量が額面通り増加するとは言えないのである。

続いて、こうした介護保険制度のサービス給付を支える介護保険財政の仕組みを概観するとともに、それが財政調整の視点からいかなる意味を持つのかについてみていくこととしよう。

介護保険財政の仕組み

先述したように、介護保険制度は介護認定を受けた一号被保険者の高齢者に対し、予防給付や介護給付に係る費用の九割を保険給付で賄うシステムである。この九割を給付するための財源がどのように構成されているのかを、図7-2を用いて説明していく。

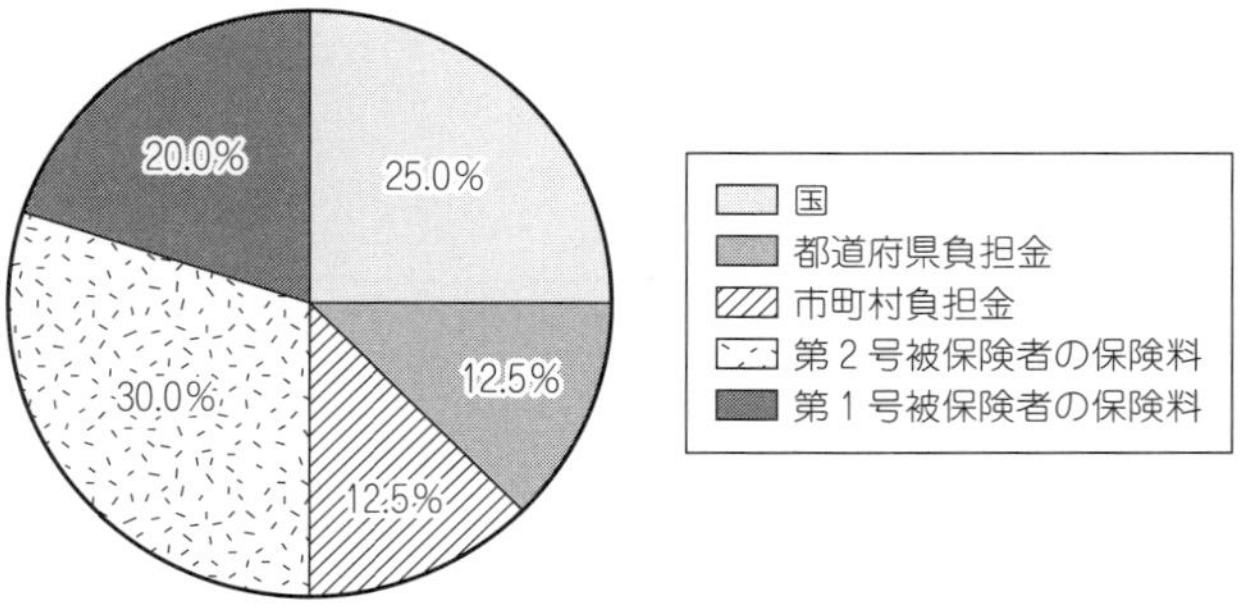

図７-２　介護保険財源の構成比
出所：厚生労働省ホームページ（2012）より。

まず、保険財政の五〇％は被保険者から集められる保険料で賄われる。このうち、第一号被保険者からの徴収規模は保険財政全体の二〇％、第二号被保険者からの徴収規模は全体の三〇％に当たる。第一号被保険者の保険料は、各自治体で異なる保険料に対して年間所得の規模などに応じて一定の増減額措置を取りながら負担が決められる累進的負担構造となっている（表7-2参照）。

また、保険料が各自治体で異なるのは、必要となる保険料が各自治体によって異なるからである。自治体は保険料全体額を概算し、その二〇％相当分を集められるように保険料を逆算してもとめている。

次に、第二号被保険者の保険料であるが、これは四〇歳以上六五歳未満の層から各健康保険料の徴収に上乗せする形で集められる。集められた保険料は、一旦各健康保険の保険者から「社会保険診療報酬支払基金」へ集約される。この基金から、各自治体が持つ介護保険特別会計に保険料の三〇％相当分が繰り入れられるのである。

被保険者からの保険料で五〇％を賄うとして残り五〇％はどのように担保されるのであろうか。社会保険は通常の民間の保険原理と異なり、国民が受けるリスクを広く保障する仕組みである。この点から、保険料以外に政府が財政を通じてこれを支えることがしばしば行われる。介護保険財政についてもこの原則が適用されており、保険料以外の五〇％は国・都道府県・市町村がそれぞれの法定割合分の支出義務を負っている。

居宅サービスに対しての支払いの場合は、都道府県・市町村がともに一二・五％を負担し残り二五％を国が負担する。施設サービスの支払いの場合には、市町村一二・五％、都道府県一七・五％、国二〇％の割合となり都道府県の負担割合が上昇する。

国が負担する居宅サービスの二五％、施設サービスの二〇％のうち、それぞれ五％は各地域の第一号被保険者の負担に対する調整弁としての役割を果たす「調整交付金」と呼ばれる部分である。図7-3の例示からも解る通り、高齢者の割合が少なく被保険者の所得水準が高い自治体では、第一号被保険者の負担割合は平均の二〇％を超えている。一方、後期高齢者の比率が高く所得水準の低い市町村の介護保険に対しては第一号被保険者の負担を引き下げ、調整交付金の算入割合を引き上げている。

以上、見てきたとおり、介護保険財政は二種類の保険料、国および地方自治体の政府資金など多様な形で財源を確保している。さらに、第一号被保険者の保険料は基本的に年金から天引きの形で

表７－２　所得階層別介護保険料一覧（大阪市　2017年度）

所得段階	該当者	割　合	年額保険料
第１段階	市民税非課税世帯かつ老齢福祉年金受給者又は生活保護受給者	0.35	28,384円
第２段階	市民税非課税世帯かつ前年の課税年金収入金額と合計所得金額の合計が80万円以下の方等	0.35	28,384円
第３段階	市民税世帯非課税かつ前年の課税年金収入金額と合計所得金額の合計が120万円以下の方等	0.5	40,548円
第４段階	第２段階・第３段階以外の方	0.7	56,768円
第５段階	世帯内に市町村民税課税者がおり、本人が市民税非課税で課税年金収入金額と合計所得金額の合計が80万円以下の方	0.85	68,932円
第６段階	第５段階以外の方	1.0	81,096円
第７段階	本人の合計所得金額が125万円以下の方	1.1	89,206円
第８段階	本人の合計所得金額が125万円を超え200万円未満の方	1.25	101,370円
第９段階	本人の合計所得金額が200万円以上400万円未満の方	1.5	121,644円
第10段階	本人の合計所得金額が400万円以上700万円未満の方	1.75	141,918円
第11段階	合計所得金額が700万円以上の方	2.0	162,192円

出所：大阪市ホームページ（2017）より。

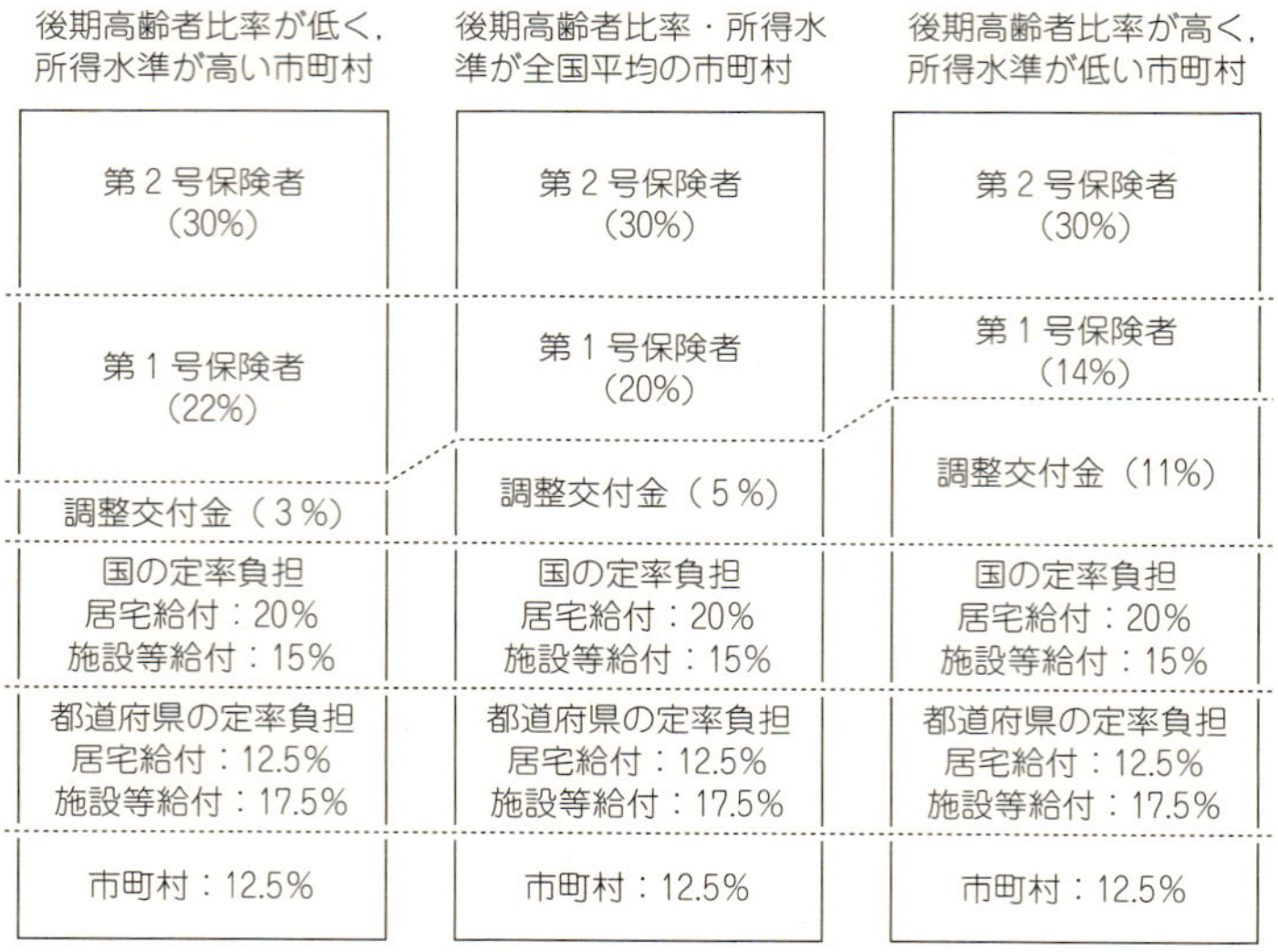

図７－３　調整交付金の仕組み

出所：横田（2011）。

徴収され、第二号被保険者の保険料も健康保険による代理徴収が行われる。このように介護保険が多様かつ、確実性の高い徴収制度を敷いているのは、制度の開設当初から財源の確実性の確保が主たる政策課題として認識されてきたからでもある。

介護保険料の決定の仕組み

各市町村が運営する介護保険会計において個別に設定されている介護保険料は、各自治体の総額の介護保険費用が決定した後、第一号被保険者の負担割合を乗じて決定されることになる。そのため、介護保険費用総額が増加していくと、介護保険料の引き上げが生じる。また、各自治体で保険費用総額にばらつきがあるため、保険者毎に保険料も異なってくる。

図7－4は介護保険費用の全国総額の推移であるが、制度開始当初は三・六兆円であった額は早くも四年後の二〇〇四年には六兆円と倍近くにまで膨らんでいる。以後、二〇〇六年までは抑制基調であったものの、二〇〇九年には七兆円、二〇一五年には九兆円を超え、十兆円の大台に達した。

介護保険料は各保険者で三年毎に見直しが行われる。その全国平均の推移を表したのが図7－5であるが、第三期から第四期での引き上げこそ

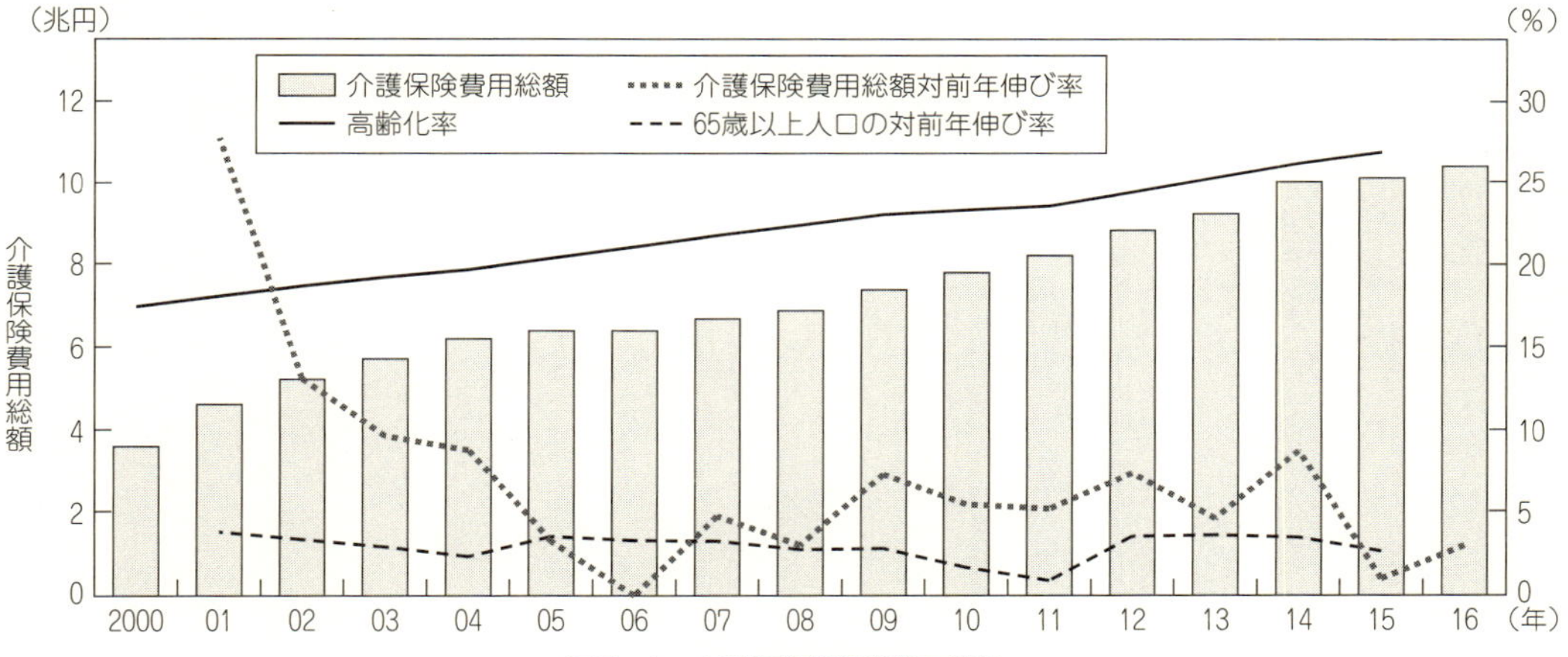

図7－4　介護保険費用総額の推移

出所：厚生労働省ホームページ（2017）より作成。

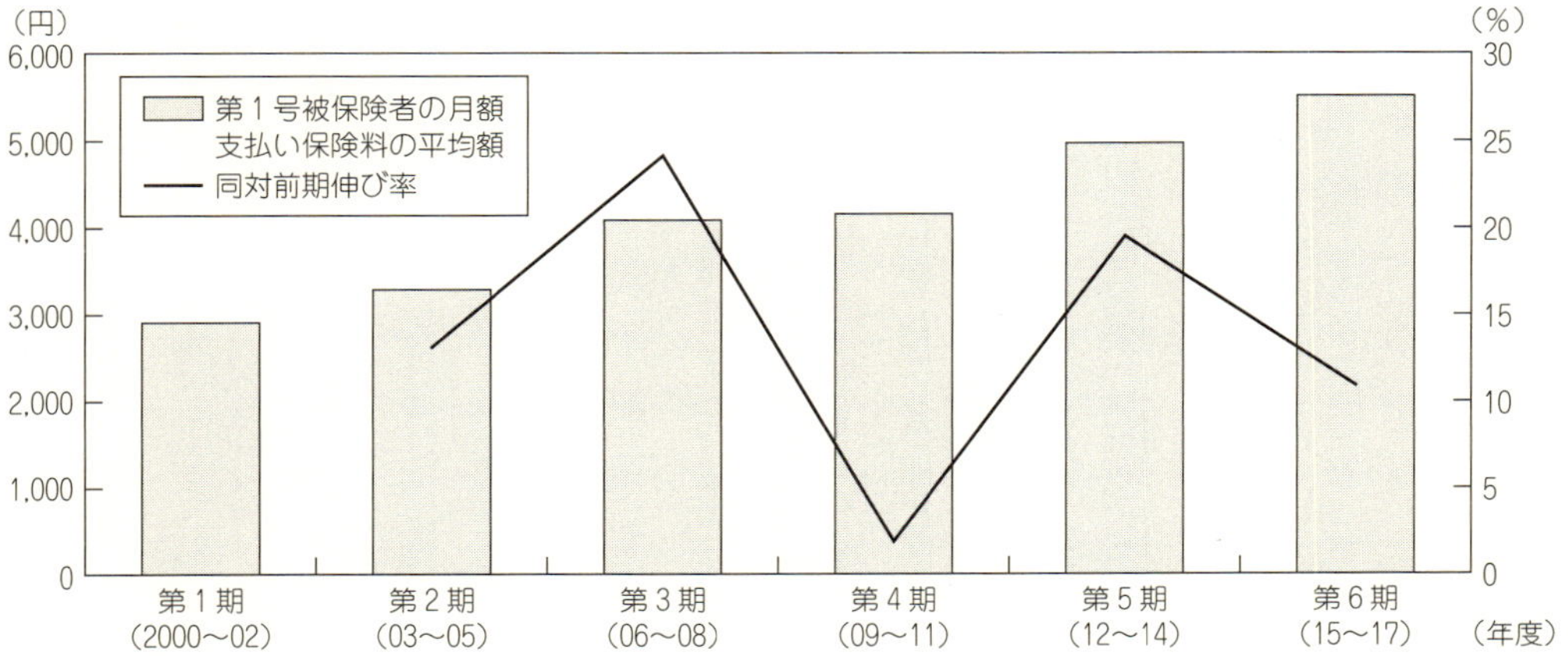

図7－5　介護保険料平均額の推移

出所：厚生労働省ホームページ（2017）より作成。

軽微であったものの、それ以外では毎回一割から二割近くの引き上げが実施されている。個別の団体では、例えば第五期から第六期への保険料基準額の見直しの際、保険料を据え置いた団体が六四、また、引き下げた団体も二七存在する。残り一四八八の保険者は全て引き上げを行っており、マクロ的傾向と同時に個別の保険者においても、引き上げが大勢を占めていることがわかる。

ここで、保険料の格差についても触れておけば、全国平均での基準額は第六期（二〇一五～一七年度）で五五一四円、最も額が低いのは鹿児島県三島村の二八〇〇円、一方、最も額が高いのは奈良県天川村の八六八六円である。最低額と最高額で実に三倍の差がついていることになる。なお、第五期における事業者間での標準偏差は六一二円、第六期ではこれが六四一円となった。では、なぜこれほどまでに保険者毎で介護保険料が異なるのであろうか。先にも述べたように、介護保険料は個別の保険者である地方自治体の介護給付費の見積もりによって逆算される形をとっている。また、介護保険料を支払う第一号保険者の負担割合は全体額の二〇％に設定されている（図7‐2参照）。

このとき、個別自治体の介護保険費用が仮に一億円であり、第一号保険者が一〇〇〇人であったとしよう。介護保険費用総額の一億円の二〇％である二〇〇〇万円を第一号保険者の一〇〇〇人で案分すると、一人当たりの保険料年額は二万円、月一五〇〇円程度の負担となる。保険料が二億円なら、月三〇〇〇円、三億円なら、月四五〇〇円程度の額と、総額の上昇に応じて各保険料は上昇していく。これが、総額の増加が保険料の増加に影響を与える仕組みである。しかし、それでは、なぜ最大三倍超の格差が生じるほど各自治体において保険料の総額が異なってくるのか。横田（2011）が、関西の自治体において行った実証研究によれば、各自治体の保険料決定に大きな影響を与えているのは人口に占める七五歳以上人口の比率である。つまり、高齢化の進行により、高い要介護度認定者が増えると、単価の高い保険サービスの提供が必要となり保険料の総額が増加するのである。同様に、単価の高い介護施設の設置が多い自治体ほど、保険料が高くなる傾向にある。実際、天川村は第五期の四八五八円から六期には倍近く保険料が引き上げられたが、その背景には高齢者介護施設の新設があるとされる。一方、地域経済や財政力等については、保険料に与える影響は少ないとされる。

自治体全体での介護費用の上昇は、見直し時の保険料の引き上げにつながってくるため、国全体としては介護費用の抑制に向けての施策がとられることも少なくない。確かに、現状で月五〇〇〇円の負担があり、六〇〇〇円を超えると納付が難しくなる世帯も増加するとの見通しがある中、保険料の上昇を放置しておくことはできない。しかしながら、介護費用の抑制を目的とした結果、介護保険が目指したはずの理念が置き去りにされるような問題も発生しつつある。

4　介護保険制度の問題点

介護保険の成立は、建前においては措置型の介護サービスを権利としての介護サービスにかえていくことでサービス利用におけるスティグマ（低所得者向け社会サービスの受給により受給者が心理的な負担を負わされること）の発生を抑えられるとされた。しかし、既にその成立過程の議論で指摘したように、介護保険は高齢者人口の増加とそれに伴い膨張が予測される介護財政の安定化という、財政面での持続性や効率性も成立における重要な要素となっていた。このことから、介護保険制度はそもそも成立時から財政的に効率化、あるいは膨張抑制に向けての議論がビルトインされていたとも言える。実際、介護保険成立時には、措置制度との比較から地方財政負担への影響がどの程度軽減されたかについて議論が行われてきた（佐々木 2004；難波 2006など）。

しかし、進展する高齢化により介護保険費用の全体額は、先の図7－4でも見たように一六年間で三倍超までに膨張してきている。こうした膨張は一方で介護保険料の上昇という形で被保険者に跳ね返る一方、半分を公費によりまかなう介護保険財政の制度上、税財政資金の投入増にもつながってくる。このため、介護費用の効率化、また その背景となる政府支出の効率化、行革の流れから言えば、この膨張を抑制しようとする政策動機が自然と醸成される。この結果生じる介護保険制度の問題を、沖藤（2010）は多くのホームヘルパーや介護保険利用者へ行った調査から、介護保険利用における「適正化」の言葉で論じている。

この「適正化」で特に焦点とされたのが、訪問介護サービスの「生活援助」の制限強化である。生活援助とは、日常生活において調理や掃除といった生活に欠かせない活動への補助や代行サービスのことである。これが、介護保険第三期（二〇〇六～〇八年度）から同居家族がいる場合、介護認定が受けられないように変更された。この結果、仮に同居家族が昼間、就労等で出払っており、夜間も遅くにしか帰宅できないような状況でも、介護サービスにおいて掃除や調理に対するヘルパーの補助を受けることができなくなった。この結果、コンビニエンスストアの弁当などで食事を済ませる高齢者が、介護保険を受けながら栄養失調に陥った事例が紹介されている。また、生活援助への依存により運動機能が低下する「廃用症候群」を防ぐために、生活援助においてヘルパーが業務を代行するのではなく、被保険者による家事の補助、介添えが中心となっているが、九〇歳を超えた高齢者の震える手をヘルパーが握り、包丁を使って調理するという厳しい現実も浮かび上がっている。

同時に、生活援助については第四期（二〇〇九～一一年度）から第五期（二〇一二～一四年度）では介護報酬が引き下げられ、実施時間の短縮化が勧告される等更なる「適正化」が押し進められている。この結果、在宅での介護保険サービスを受ける被保険者にとって非常に重要な日常生活支援である生活援助が、ケアプランに盛り込まれにくくなっているとされる（沖藤 2010：60-61）。

介護保険の財政上の軽減を狙った改革は、介護認定についても行われている。二〇〇六年の第三期では、それまで区分のなかった要支援を要支援一、二に分割した。これは、要支援に存在していた人々の棲み分けというよりも、要介護度一に属していた被保険者のうち、比較的軽度と考えられた人々を保険給付上限の低い要支援段階へと振り分けることで、財政的な負担を軽減しようとしたものであった。また、二〇〇九年にも介護認定の基準の見直しの際、要介護度判定に関して大幅な改定が行われた。この結果、認定において明らかに以前の基準から軽度への振り分けが生じた（沖藤 2008）。特に在宅者を中心に、非該当、すなわち介護保険認定を受けられない自立認定の割合が倍近くに（四・四％から九・三％へ）上昇しており、介護費用抑制への入り口からの制約が行われる結果となった。

また、二〇一五年の経済財政諮問会議では民間議員の一部から、さらなる介護保険の自己負担引き上げの議論が提言された。現在、年収二八〇万円以上の世帯（単身）については二割となっている介護保険の自己負担部分を、基準額の引き下げにより、対象者を広げることが議論されている。このほか、所得に応じて設定されている負担限度額についても引き上げが提案されている。これらの提案が即座に成立するわけではないが、第六期の介護保険料の平均額が再び引き上げられたことを鑑みても、今後の介護保険財政において上記のような自己負担の引き上げが議論の主軸となることは間違いないといえる。しかし、先にも述べたように介護保険料の負担感は多くの家計ですでに極めて深刻な状況となってきている。

こうした中で、自己負担の増加のみを議論することが真に制度の持続可能性を高めることに繋がるかは慎重な議論が必要と考えられる。財政赤字等の制約が高まる中、税財政資源の投入を増やす議論を再構築することは極めて難しいといえる。しかし、人々の生活を安定させるための社会保険システムが逆に、その生活を不安定化させるとすれば、それは制度そのものの存在理由を根本から揺るがすものにも繋がろう。社会保険料、自己負担額、税の三つの主財源を、介護保険財政というように高齢期のセーフティーネットを維持するためにどのようにバランスを考えつつ配置するか、高齢社会から超高齢社会に突入しようとする今だからこそ十分に議論を尽くすことが必要といえる。

5　今後の介護財政を巡って

ここまで、日本の介護財政制度について、現在主にその役割を担っている介護保険制度を中心に見てきた。介護保険制度は、それまで地方政府の税財政資源による措置制度として水準が不十分とされてきた介護サービスの質的向上、高齢化に伴い上昇が懸念される介護費用の財政的裏付けなど複数の思惑が絡み合う中で成立した。その結果、社会保険部分と税財政資金が半々で財源を確保する、社会保険と措置制度の折衷の形で世に送り出されることとなった。しかしながら、その制度運用は前節でも見たように財政負担の軽減や膨張の抑制を目的に、高齢者が自らの家で気兼ねなく介護サービスを受給し自活できるという当初の理念から逆行を見せている。

本章では触れなかったが、こうした介護費用の抑制は、同時に介護サービスを供給する側の立場も脅かしている。介護労働者の離職率、平均給与、昇級額などはいずれも他の産業に従事している労働者よりもポイントが低く、その背景には効率化が求められる介護保険制度の運用が隠れている（詳しくは沖藤［2010］第3章、金子・高端［2008］などを参照）。また、こうした問題がある中で、介護保険サービスの料金である介護報酬が二〇一五年四月から二・二七％引き下げられた。社会保障論の専門家である鈴木亘氏は、この引き下げが、介護保険労働者の雇用条件を一層悪化させ、さらなる介護の労働力不足を招く恐れがあると警告している（鈴木 2015）。

日本の高齢者人口は、今後、二〇四二年をピークに年々増加していく。こうした高齢社会や超高齢社会を守るはずの介護保険制度が財源論のみ先行し、さらなる混乱を招くようなことになれば人々が必ず陥る「老い」というリスクに既に社会が対応できないことが露呈されることになる。こうした社会が、人々の信頼を獲得するとは到底考えられない。介護保険制度は社会保険制度として構築されているが、その実、四〇歳以上の多くの健康保険制度被保険者（第二号被保険者）、六五歳以上の被保険者から保険料を受け取っており、さらに五〇％の負担については国民の広範な負担である税財政資金が投じられている。保険者と被保険者間の受給に関する単純な契約関係にとどまらず、広く国民の負担によって支えられている制度であるからこそ、国民の信頼を欠くような制度運営は制度自身の首を絞めることにもなりかねない。老後の生活、特に、自らが望んだ場所での生活を守るために介護保険制度の運用を生活防衛の視点から再度問い直すことが求められていると言えよう。

参考文献

岡本祐三（2009）『介護保険の歩み　自立をめざす介護への挑戦』ミネルヴァ書房。

沖藤典子（2010）『介護保険は老いを守るか』岩波新書。

金子勝・高端正幸（2008）『地域切り捨て　生きていけない現実』岩波書店。

櫻井潤（2009）「介護保険制度と地域」『福祉国家と地域と高齢化』所収、学文社。

佐々木伯朗（2004）「介護保険の導入と地方財政」『グローバル化と福祉国家財政の再編』所収、東京大学出版会。

鈴木亘「社会保障改革の視点（上）「混合介護」で労働力確保を　特養の統治改革急げ高齢者の地方移住を促

進」『日本経済新聞』（二〇一五年四月六日刊）。

難波利光（2006）「介護保険導入による基礎自治体福祉関連費の経済と財政」『介護保険の経済と財政——新時代の介護保険のあり方』所収、勁草書房。

増田雅暢編著（2008）『世界の介護保障』法律文化社。

森詩恵（2008）『現代日本の介護保険改革』法律文化社。

横田朝行（2011）「市町村財政のリスク要因となる介護保険」『Business & Economic Review』二〇一一年六月号。

参考ホームページ

厚生労働省ホームページ
大阪市ホームページ

第8章 児童福祉財政

高端正幸

児童福祉の財政支出は、旧来から社会保障制度の中核をなしてきた年金、医療、あるいは高齢者介護といった分野と比べれば非常に小さいが、少子化対策が政策課題とされた一九九〇年代以降の伸びは大きい。近年では、施策内容の多様化や再編も進んでいる。この章では、児童福祉財政の現状と背景、重要課題について考えていく。

1 家族・社会の変容と児童福祉

児童福祉とは

児童福祉という概念は、一九四八年の児童福祉法施行とともに法的な基礎づけを得た。児童福祉法は、その総則において、児童の福祉を保障するための原理を次のようにうたっている。

第一条　すべて国民は、児童が心身ともに健やかに生まれ、且つ、育成されるよう努めなければならない。

2　すべて児童は、ひとしくその生活を保障され、愛護されなければならない。

第二条　国及び地方公共団体は、児童の保護者とともに、児童を心身ともに健やかに育成する責任を負う。

つまり、児童福祉法によれば、児童福祉は、すべての児童が健やかに生まれ育成されるための生活の保障や愛護の確保を目的とし、国民の努力と相まって国および地方公共団体が責任を果たすための制度・政策である。

児童福祉という概念は、具体的には児童福祉法のみならず、児童福祉六法に基づく施策を指す。児童福祉六法は、児童福祉法と、

・児童扶養手当法（一九六二年施行）
・特別児童扶養手当等の支給に関する法律（一九六四年施行）

・母子及び父子並びに寡婦福祉法（旧母子福祉法、改正・名称変更により一九八二年施行）
・母子保健法（一九六六年施行）
・児童手当法（一九七二年施行）

の計六つの法律により構成される。今日では、次世代育成支援対策推進法（二〇〇五年施行）に基づく施策の一部も含めて児童福祉を構成するものとみなす場合も多い。その場合には、児童手当、児童扶養手当など子を有する世帯の所得保障、保育・学童保育サービス、地域子育て支援センター事業、ひとり親世帯の自立支援、児童養護施設や児童自立支援施設、乳児院といった施設サービスなどが児童福祉分野を構成することとなる。さらに、近年では「子ども・子育て支援」という看板のもと、保育のみならず幼稚園を含めた就学前教育（幼保一元化への志向）という形で、福祉と教育の領域をまたいだ制度発展がみられている。この章では、こうした政策分野の広がりを含めて児童福祉財政をとらえていく。

児童福祉財政の全体像

以上の諸施策のための財源調達と経費の支出とが、児童福祉財政である。後述するように、国と地方公共団体（都道府県、市町村および特別区）のいずれもが児童福祉財政にかかわっており、国と地方の具体的な役割分担や経費負担割合は個々の施策により様々である。まずはその全体像を概観しておこう。

はじめに、国の一般会計における児童福祉関連経費の位置づけを確認する。経費分類上の社会保障関係費のなかに、社会福祉費という項目がある。そのうち、児童福祉六法に基づく事業、子ども・子育て関連三法（子ども・子育て支援法、認定こども園法改正法、関係整備法。いずれも略称）に基づく事業などの経費が、国の一般会計における児童福祉関連経費にあたる。社会保障関係費の約八割を年金・医療・介護の社会保険制度に対する国庫負担が占めており、国の一般会計における社会保障関係費のなかでの児童福祉関連経費の規模は相対的に限られているが、少子化対策や子育て世帯へのサポートが重要性を増すなかで、絶対額は拡大傾向にある。

国の一般会計における児童福祉関連経費の大部分は、都道府県や市町村に対して国庫支出金（国庫負担金、国庫補助金および国庫委託金。なお、以下で国庫負担金と国庫補助金の二つを指す場合には、「国庫補助負担金」と表現する）の形で交付される（ただし、児童手当の給付および事務に係る経費は、国の年金特別会計に設置された子ども・子育て支援勘定から市区町村へ交付される）。高齢者・障害者福祉や生活保護などと同様に、児童福祉の分野においても、主たる施策の担い手は地方公共団体であり、国は地方公共団体への国庫支出金の交付によって財源責任を果たす。

しかし、実質的に児童福祉分野に充てられる財政支出は、国の一般会計において児童福祉費として明示されるものに限らない。まず、国の財政支出のなかでも、交付税特別会計を通じ、地方自治体に対して使途を限定せずに交付する地方交付税交付金が、自治体の財源を支えている。児童福祉の諸施策にかかる経費は、国から交付される負担金・補助金（特定財源）にくわえ、実施主体である自治体が使途を決定できる財源（一般財源＝地方税、地方交付税など）によりまかなわれる。したがって、各地方公共団体が必要な一般財源を十分に確保できるか否かは、児童福祉施策（を含めた地方公共サービス）の円滑な実施にとって大きなカギとなる。地方交付税は、自治体の一般財源を保障することを通じて、児童福祉財政を支えているのである。

また、児童手当の給付のうち、被用者の児童（〇～三歳未満）に対する給付は、財源の一五分の七が加入する厚生年金からの拠出による。国は厚生年金・共済組合からの事業主拠出金を年金特別会計の「子ども・子育て支援勘定」に繰り入れ、一般会計からの繰入と合わせて、児童手当に係る財源を地方自治体に交付する。このように、租税を財源とする国や地方自治体の支出のみならず、社会保険制度からの拠出も児童福祉財政の一部を担っている。

児童福祉の伝統的／現代的位置づけ

伝統的に、児童福祉の主眼は、家族（とりわけ親）による保育を受けることのできない子どもの養護や、多子困窮世帯への福祉的支援におかれていた。つまり、子ども、および子育て世帯のなかでも、特に子どもの生育条件が確保されないケースに対象をしぼり、福祉的支援を提供するというのが、かつての児童福祉のあり方であった。

しかし、社会状況や子ども・子育てをめぐる認識の変化にともない、現代の児童福祉に期待される役割は様変わりした。

二〇世紀のある程度の時期まで、男性稼ぎ主モデル（male-breadwinner model）が支配的な家族像であったのは、日本に限ったことではない。男性優位の社会制度・慣習のもと、労働市場に参加し所得を得るのは男性（父）、家に残り家事・育児といった家庭内無償労働に従事するのは女性（母）という性別役割分業が、かつては一般的に鮮明であった。また、高齢者や子ども、障害者に対するケア提供責任を生活の基礎単位としての家族に見出す家族主義的価値観も、国により程度の差こそあれ、ある時期まで支配的な社会通念として通用していた。

しかし、二〇世紀の後半に、欧米諸国においては、女性の教育水準の高まり、経済発展にともなう労働力供給の不足傾向などを背景に、ジェンダー平等の推進を求める世論の高まりや女性の社会進出を妨げる制度・慣習の見直しとともに、保育サービスの充実など子どものケアの社会化が進んでいった。それは各国特有の条件のもとで進展したが、日本においては、やや独特な展開がみられた。

というのも、高度成長期の日本においては、都市部への人口移動にともなう核家族化が急速に進むと同時に、終身雇用と年功賃金を特色とする日本型雇用の拡大に支えられて、男性稼得者の雇用の安定化と所得の向上が進んだ。また、それと対をなす形で、女性が核家族における家事・育児の担い手となるパターンが典型化していった。つまり、男性稼ぎ主モデルの定着が進んだのである。

さらに、高度成長が終焉する一九七〇年代以降に、日本では、財政再建の一環として福祉支出の抑制が目指され、それを正当化するために「日本型福祉社会論」を典型とする家族主義的言説が活用された。結果として、一九八〇年代には、所得税制における配偶者控除の強化や年金制度における第三号被保険者制度の導入など、専業主婦の優遇、男性稼ぎ主モデルの温存を図る政策が重ねられた。ここに、家族像としての男性稼ぎ主モデル、およびその構成要素としての性別役割分業と家族主義が、家族のあり方のみならず、日本の社会制度全般を特徴づける要素として埋め込まれた、男性稼ぎ主モデルの福祉国家と呼びうる制度・政策体系が鮮明となった（大沢 2009）。そうした全体状況のもと、児童福祉は選別的な福祉的支援、つまり、家族（とりわけ女性）が子どものケアに従事することを自明の前提におきつつ、その例外となるケースに対して用意される選別的な福祉給付としての性格を拭いきれずにいた。

しかし、ケア提供主体としての家族の役割を強調し、家族に生活保障責任を押し付けることは、日本においてもすでに無理な状況となっていた。長期的な世帯構造の変化は核家族化にとどまらず、一九九〇年代には一人親世帯が全世帯の五％を超えた。女性の社会進出と雇用・賃金の不安定化とがあいまって、夫婦の共働き化が急速に進み、一九九〇年代初頭には共働き世帯が男性雇用者と無業の妻からなる世帯を数において上回った。

このように家族主義を支える社会的実態が瓦解すると、児童福祉に対して二つの大きな変化が要請されてくる。第一に、子どもの健全な育ちを保障するための児童福祉は、選別的な福祉的支援にとどまることを止め、幅広い世帯の子どもを対象としていく必要がでてくる。経済的理由から共働きが普通となり、かつ性別に関係なく社会参加の機会が保障されるためには、家族内無償労働とみなされていた子育てケアは、財政を通じた共同負担によって社会化すべきものとなる。第二に、児童福祉分野の諸施策は、親のワーク・ライフ・バランス改善を目指す取組（育児休業の充実、短時間勤務制度の普及など）と一体となって、子育て支援、あるいは欧米で一般的な表現をとれば、家族政策の一環として位置付けられるようになる。

しかし、政府が家族政策の重要性を意識した契機が一九九〇年の「一・五七ショック」（一九八九年の合計特殊出生率が、「ひのえうま」にあたった一九六六年の一・五八を下回った）であったことからもわかるように、日本における児童福祉とりわけ子育て支援は、「少子化対策」という観点に偏っていくこととなる。

家族向け給付の国際比較

ここで、日本における家族政策の財政支出や給付の現状を、国際比較を通じて確認しておこう。児童福祉という範疇を用いた国際比較統計は整備されていないが、家族政策というくくりでは、ＯＥＣＤ（経済協力開発機構）が加盟国を対象とする比較データを整備している。

家族政策に属する様々な制度の給付形態に着目すれば、それらを現金給付、現物給付、税（主に個人所得課税）における控除（給付ではないが擬似的な給付とみなしうる）の三つに分類することができる。現金給付には、児童手当、出産・育児休業給付、出産一時金などが含まれる。現物給付としては保育・就学前教育サービス、児童養護サービス、訪問型ケアや育児相談サービスなどがある。税控除には、日本における所得税の扶養控除のような所得控除による課税所得の軽減措置にくわえて、税額そのものを軽減する税額控除の方法もある。いずれの国でも、これらの政策手段を組み合わせることによって、一定の政策目標の達成を目指しているが、家族向け給付の総額も、政策ミックスのあり方も、国ごとに多様である。

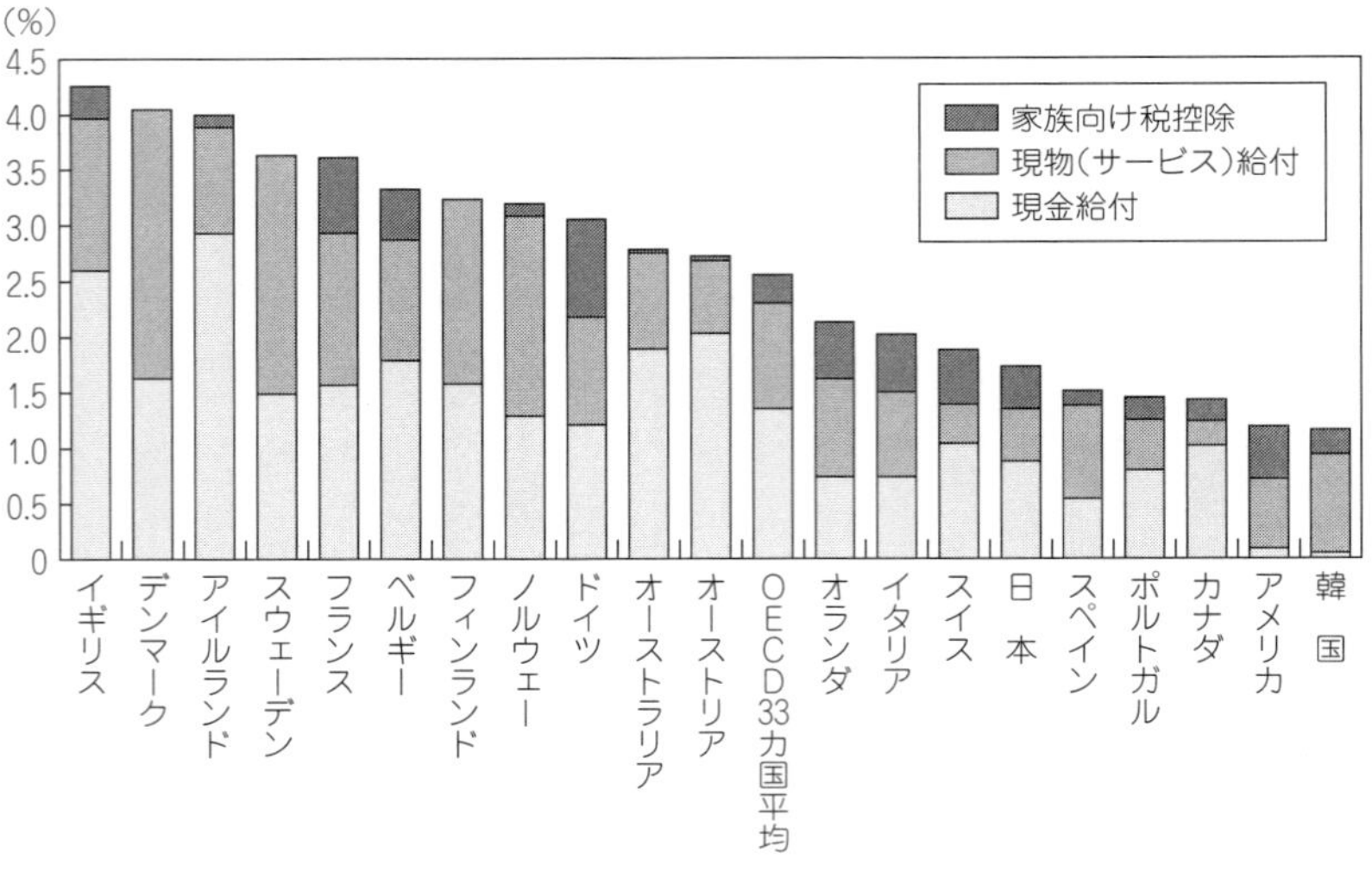

図８−１　家族向け給付のGDP比（2011）

出所：OECD, *Family Database* (http://www.oecd.org/els/family/database.htm).

各国における家族向け給付の規模をＧＤＰ比でとらえたのが、図８−１である。家族向け給付の規模は、大きい国でＧＤＰ比四％程度、小さい国で一％台前半となっている。そのうち、日本のそれは一・七三％で、図の三三カ国で下位六番目に位置している。日本の家族向け給付は近年、増加傾向にあるものの、ＯＥＣＤ諸国全般もリーマン・ショック後の緊縮財政期に入る以前は増加基調をたどっていた（OECD諸国平均は、二〇〇五年二・三％→二〇〇九年二・九％→二〇一一年二・六％）。給付規模からみて、日本はいわば「周回遅れのランナー」であるといってよい。

また、その内訳を比較すると、日本では家族向け税控除が相対的に大きく、現物給付がとりわけ小さい。イギリスは、一九九〇年代末以来、家族向け給付の充実に力を入れ、二〇一一年時点でOECD諸国中で最大規模に達しているが、現金給付の比重が高いことに特徴がある。これは、かねてより家族向け給付の規模が大きかったフランスおよび北欧のデンマーク、スウェーデンが保育サービスを中心とする現物給付に重点をおいていることとは対照的である。なお、南欧のイタリア、スペインは、家族向け給付総額は小さいが、その内訳では現物給付の比重が高い。

ただし、OECDの家族向け給付データを用いるさいに、留意すべき統計上の制約がある。まず、イギリスとアイルランドのデータにおいては、低所得の一人親世帯に対する所得保障のための現金給付が家族向け給付に含まれている。しかし、他の国々において、それは社会扶助給付（日本の生活保護制度のような最低生活保障の給付）に分類され、ここでの家族向け給付から除外されている。その分だけ、上記三カ国の家族向け給付総額、およびその内訳中の現金給付は大きくなっている。

また、国別データは各国中央政府の責任においてまとめられ、OECDに報告されているため、中央政府が把握していない地方政府の支出は、データから漏れている。オーストラリア、カナダ、アメリカなどの連邦制諸国のみならず、日本の場合にも、都道府県・市区町村が国庫支出金を受けずに実施している独自の事業（＝地方単独事業）による給付が、OECD統計には含まれていない。ただし、地方単独事業は重要ではあるが、規模としては後にみるようにさほど大きくはないため、国際比較の結論を大きく左右するものではない。とはいえ、二〇〇四年に公立保育所運営費補助金が廃止されたこともあり（後述）、現物給付（保育サービス）の規模がOECD統計上では小さめに出ていることには留意すべきであろう。

以上を念頭におき、つぎに日本の児童福祉財政について具体的にみていくこととしたい。

2　児童福祉財政のあゆみ

戦後児童福祉の基本的枠組みと財政

一九四七年に制定された児童福祉法により、児童福祉は戦前・戦中までの救護法、母子保護法、社会事業法等による貧困児童、非行児童、貧困母子世帯を対象とする選別的な保護施策から、すべての児童の健全育成と福祉増進へとその理念・目的を変えた。しかし、戦後の混乱のもと、当初は孤児、浮浪児や少年非行が深刻化しており、施策の実態は児童福祉法の理念とはほど遠いものであった。なお、制定当初の児童福祉法に施設整備と運営に関する基本的事項が規定された児童福祉施設は、助産施設、乳児院、母子寮（現在の母子生活支援施設）、保育所、児童厚生施設、養護施設（現在の児童養護施設）、精神薄弱児施設（現在の知的障害児施設）、療育施設（一九五〇年に改編・廃止）、教護院（現在の児童自立支援施設）の九種である。また、翌四八年には児童福祉施設最低基準が制定され、施設が満たすべき設備・人員等の要件が全国統一的に示されることとなった。

その後、徐々に児童福祉施策はその範囲と対象を広げていく。一九六〇年代には、児童扶養手当法（一九六一年）、母子福祉法（現在の母子及び父子並びに寡婦福祉法、一九六四年）、特別児童扶養手当等の支給に関する法律（一九六四年）、母子保健法（一九六五年）が制定され、母子世帯等への経済的支援や周産期・小児保健等の基礎法制が整っていく。そして一九七一年には児童手当法が制定され、今日につながる児童福祉六法がそろうこととなる。

児童福祉施設のなかでも性質上最も広範なニーズを有し、ゆえに施設数も圧倒的に多いのが保育サービスである。高度成長期には、共働き世帯や母子・父子世帯が増加し、保育ニーズが高まりをみせはじめた。しかし、当時は男性稼ぎ主モデルが前提とされ、女性の社会進出が政策上の課題に位置付けられることはなく、母親による育児の重要性が過度に強調された。結果として、延長保育、夜間保育、休日保育の必要性は顧みられず、通常の平日日中保育でさえ低所得世帯や母子・父子世帯に対する選別的な福祉的支援の域を出なかった。こうした状況がようやく多少なりとも変わりはじめたのは、延長保育等の事業化やゼロ歳児保育の所得制限の緩和がみられた一九八〇年代のことである。

財政問題としてとくに言及しておくべきは、一九八〇年代のいわゆる「臨調・行革路線」・「増税なき財政再建」の一環として進められた高率補助金の見直しにおいて、児童福祉関連の国庫補助負担金の補助率が引き下げられたことである。具体的には、児童保護費等補助金（児童保護措置費補助金、精神薄弱者援護措置費補助金等）や母子保健衛生費補助金（未熟児養育費等補助金、妊婦乳児健康診査費等補助金）など、従来は国庫補助率が十分の八であったものが、一九八六年には二分の一に引き下げられた。そのさい、都道府県における児童福祉施設への入所措置や里親等への委託措置、市町村における保育所への入所措置等が機関委任事務から団体委任事務へと切り替えられ、自治体の裁量に委ねられる範囲が若干拡大された。しかし、許認可や規制・監督の権限が自治体に委ねられたわけではないうえに、法令や補助金の交付要綱によるしばりが実質的に緩和されたわけではなかったため、この時期の改革は、国の費用負担の軽減という意図が色濃いものとなった。

「一・五七ショック」以後の政策展開

一九九〇年代以降の児童福祉政策は、「一・五七ショック」に象徴されるように、先進諸国中で最低水準に落ち込んだ出生率の回復、すなわち少子化対策という政策意図に強く規定されて展開していく。それは、児童福祉政策の発展・変容を促す積極的な影響をもたらした反面、今日に至るまで払しょくされない日本の児童福祉、あるいは子どもの福祉（welfare）の保障に係る政策の限界を生み出すこととなった。

まず、一九九四年一二月に「今後の子育て支援のための施策の基本的方向について」（通称「エンゼルプラン」）が厚生・文部・労働・建設四大臣合意により策定された。しかし、「緊急保育対策等五か年事業」によりゼロ歳児保育、延長・一時保育、放課後児童クラブ等の整備に数値目標と事業費規模が別途示された保育サービス分野を除けば、具体的な施策推進目標に欠け、実効性を伴う計画とはならなかった。

歯止めの効かない少子化傾向に促迫され、一九九九年には「少子化対策推進基本方針」に基づく「重点的に推進すべき少子化対策の具体的実施計画」（通称「新エンゼルプラン」）が策定された。新エンゼルプランでは、保育サービスのみならず、雇用や母子保健、相談等の事業分野についても具体的な数値目標が設定された。二〇〇四年度までの計画期間において、施策の内実はさておき、数値目標については多くの分野で達成された。

さらに、二〇〇三年には少子化社会対策基本法が制定され、少子化社会対策を着実かつ省庁横断的に進めるための体制として、総理大臣を会長としてすべての閣僚が構成員となる少子化社会対策会議が設置された。また、同法に基づく「少子化社会対策大綱」、およびその実施計画である「少子化社会対策大綱に基づく具体的実施計画」（通称「子ども・子育て応援プラン」）が二〇〇四年に策定された。子ども・子育て応援プランでは、次世代育成支援対策推進法（二〇〇三年制定）によって個々の都道府県・市町村が定めることとなった次世代育成支援行動計画に掲げられた子育て支援関連施策の全国集計値が、全国的な数値目標とされた。

少子化対策が児童福祉分野を超えて労働・雇用、教育を含めた分野横断的な取組みとして位置づけられていく一方、他の児童福祉の分野における政策展開もみられた。背景には、子どもの権利条約の批准（一九九四年）、および要保護児童の人権侵害への着目、児童虐待・育児放棄等の増加・顕在化等があった。

児童福祉法の主な改正に則してみれば、まず一九九七年の改正によって、保育所の措置制度が廃止された（ただし保育所と利用者との直接契約は導入されず）。また、児童養護施設・児童自立支援施設・母子生活支援施設の事業目的に「退院・退所した者に対する相談その他の援助を行うこと」が追加され、自立支援機能の強化が図られた。また、子どもの虐待や夫婦間の暴力などＤＶ（ドメスティック・バイオレンス）問題への公的対応が要請されるなか、児童委員を介した児童相談所・福祉事務所への虐待等の通告制度の導入（二〇〇〇年）や、児童相談や児童福祉施設の機能の見直しと支援強化（主に二〇〇四年、二〇〇八年）が進められた。

このように、要保護児童のための施策の改善、母子支援の充実などが図られ、児童福祉法の本来の趣旨を具現化する方向性がある程度みられた。

さらに、二〇一三年には「子どもの貧困対策の推進に関する法律」が成立し、子どもの教育・生活の支援、保護者に対する就労支援、経済的支援を総合的に、国と地方をつうじて推進することとなった。子どもの権利の保障、貧困の世代間連鎖の防止などの観点から、今後の政策発展が望まれる。

ただし、総じて近年は、少子化が社会問題のみならず経済・財政問題（将来的な労働力の減少、現役世代の一人当たり社会保障負担の増大さらには社会保障制度の持続可能性の低下）として前面に押し出され、「少子化対策としての子育て支援」という政策の枠付け方が強まったといってよい。

地方分権、「三位一体改革」と児童福祉財政

以上のような趨勢の下、児童福祉財政は拡大基調をたどったが、二〇〇〇年代には地方分権改革との絡みで大きな動きもあった。

まず、二〇〇〇年四月の地方分権一括法の施行により、機関委任事務が廃止され、自治体の事務が法定受託事務と自治事務の二つに再編された。児童福祉分野についても、旧来は機関委任事務として厳格な国の関与の下におかれていた許認可および規制・監督権限を中心とする多くの事務が自治事務に転換するとともに、施設・組織・人員配置に係る必置規制が見直され、自治体の自主性、裁量の範囲が拡大した。

しかし、財政面での地方分権を目的として二〇〇〇年代に進められた「三位一体改革」では、二〇〇四年度に公立保育所運営費補助金が廃止され、二〇〇六年度には児童手当国庫負担金および児童扶養手当給付費負担金の国庫負担率の引下げ（前者は三分の二→三分の一、後者は四分の三→三分の一）が実施されるなど、論議を呼ぶ改革がなされた。

いずれの場合も、補助金廃止および国庫負担率引下げにより生じる地方負担分が地方交付税における基準財政需要の算定に確実に反映されたとはいえ、地方交付税の総額削減が続くさなかであったことも踏まえれば、これら児童福祉の基幹的事務に対する国の財源責任が後退したことは事実である。とくに児童手当・児童扶養手当の国庫負担率の引下げは、「三位一体改革」における国庫補助負担金改革の最終年度に、生活保護費国庫負担金の国庫負担率の堅持と引き換えに、いわば駆け込みで決まったため、十分な検討を経たうえでの決定とは到底言えないものであった。

3　児童福祉財政の現状

国の財政と児童福祉

第一節で触れたように、児童福祉の諸施策を直接に担うのは主に都道府県と市町村であり、国は根拠法令の制定や通知の発出等をつうじて各種事務事業の目的・内容等の枠組みを定めたり、計画の策定を義務付けたりしている。また、財政面では主に国庫補助負担金の交付により児童福祉関連経費の応分の負担を行うとともに、地方交付税制度の運用をつうじて地方一般財源を保障している。

ここではその姿を、後述する「子ども・子育て支援新制度」導入前の時点で確認しておこう。まず、国の一般会計歳出予算における児童福祉関連経費の状況は、表8－1のとおりである。二〇一四年度決算においては、年金特別会計の子どものための金銭の給付勘定への繰出しが一兆二二二七億円にのぼり、これに保育所運営費がつづく。前者はさらに年金特別会計から自治体に対して、児童手当や児童扶養手当の給付などに係る国庫負担金として交付される。後者の保育所運営費は、私立保育所の経常的な運営費に対する補助であり、これも市町村への財源の移転である。他の項目も同様に、歳出額のほとんどを国から地方自治体への負担金・補助金・交付金の形をとった財源移転が占めている。

二〇一四年度の児童福祉関連経費の合計は約二兆六五三億円で、社会保障関係費に占める割合は六・八五％となっている。子ども・子育て関連施策の充実が叫ばれる昨今、児童福祉関連経費は着実に増加しているものの、規模としては依然として年金・医療・介護の三大経費に遠く及ばない。しかも、高齢人口の増加により、年金・医療・介護の三大経費は急速な自然増を続け、社会保障財政を圧迫していく。ただし、年金・医療・介護分野に比べれば、児童福祉分野においては、歳出の増加を経費の自然増への対応ではなく、制度の充実にあてる余地が大きいということもできる。なぜなら、今後、出生率が多少改善しても、出産・育児世代の人口が当分は減少していくので、出生数が増加基調に転じることは考えにくいからである。もちろん、その余地を生かして児童福祉制度・政策の実質的な充実が図られるか否かは、今後の政治動向にかかっている。

表８－１　国の一般会計における児童福祉関連経費
（2014年度決算、かっこ内は社会保障関係費に占める割合）　（単位：千円）

事　項	歳出額
保育所運営費	428,595,912（1.42％）
子どものための金銭の給付勘定(注)（年金特別会計）へ繰入	1,222,697,389（4.05％）
児童虐待等防止対策費	98,315,562（0.33％）
母子保健衛生対策費	6,724,054（0.02％）
母子家庭等対策費	175,763,731（0.58％）
子ども・子育て支援対策費	130,082,857（0.43％）
児童福祉施設整備費	3,162,511（0.01％）
合　計	2,065,342,016（6.85％）

注：2016年度現在の名称は、子ども・子育て支援勘定。
出所：財務省『平成26年度決算の説明』。

地方財政と児童福祉

つぎに、地方における児童福祉財政の状況をみるが、以下にみる地方財政統計はすべて普通会計決算であり、公営企業会計は含まれないことにあらかじめ留意しておきたい。したがって、市町村の国民健康保険事業や介護保険事業、都道府県・市町村の病院事業等の特別会計はここでのデータに含まれていない。ただし、都道府県・市町村の一般会計からこれら特別会計への繰出金は、普通会計の支出としてデータに反映されている。なお、ここでも「子ども・子育て支援新制度」施行以前の状況を押さえることとしたい。

さて、地方財政統計において、社会保障関連の経費は民生費に分類される。この民生費の目的別内訳を都道府県、市町村およびそれらの合計（補助金等による自治体間の財源移転を除外した純計）について示したのが表8-2である。児童福祉費が民生費のうち相当の割合を占めており、都道府県・市町村を通じた地方財政における児童福祉費の規模的重要性が確認できる。さらに、都道府県と市町村の別に着目すると、民生費の総額で市町村が都道府県を上回り、児童福祉費の規模では市町村が都道府県の約五倍に達している。

児童福祉分野においては保育・子育て支援サービスや児童養護など、対人的な現物給付が中心で、その実施主体はほぼ全面的に地方自治体である。また、児童手当、児童扶養手当等の現金給付についても、その給付事務は地方自治体が担っている。そして、なかでも基礎自治体である市町村の果たす役割が大きい。それらが、ここでの統計から読み取れる事実である。

都道府県と市町村との役割の違いがより明確に表れるのは、児童福祉費の性質別内訳においてである。図8-2にみるように、扶助費が市町村における児童福祉費の七割にのぼるのに対し、都道府県では三割弱にとどまっており、児童福祉費の半分近くが補助費等で占められることがわかる。都道府県の補助費等の大部分は、市町村に対して交付する補助金・負担金など（都道府県支出金）である。こうした性質別内訳から、児童福祉の諸施策に直接携わるのは主に市町村であり、都道府県の主な役割は、市町村に対する補助金・負担金の交付であることがわかる。

つぎに、地方財政において、児童福祉費がどのようにまかなわれているのかを整理したのが、図8-3である。児童福祉費のうち、市町村で四三%、都道府県で六七%が、地方税・地方譲与

表8-2　民生費の目的別規模と割合（2010年度決算）

（単位：百万円、%）

費目	都道府県		市町村		純計額	
社会福祉費	2,006,523	31.3	3,963,439	23.3	5,063,743	23.8
老人福祉費	2,753,668	42.9	3,176,285	18.7	5,482,322	25.7
児童福祉費	1,369,453	21.3	6,461,406	38.0	7,138,815	33.5
生活保護費	266,454	4.2	3,384,067	19.9	3,596,662	16.9
災害救助費	19,998	0.3	17,501	0.1	34,795	0.2
合計	6,416,097	100.0	17,002,698	100.0	21,316,337	100.0

出所：総務省『地方財政白書　平成24年版』。

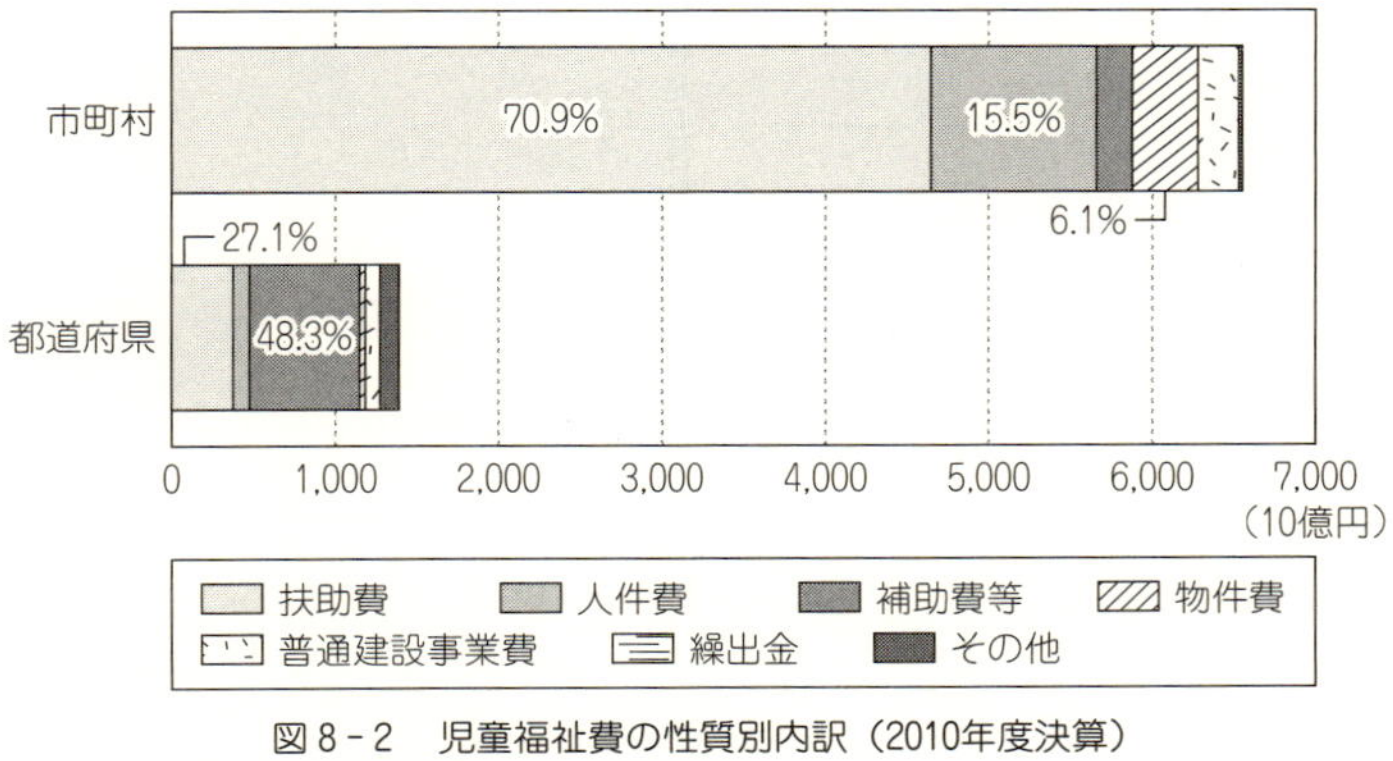

図8-2　児童福祉費の性質別内訳（2010年度決算）

出所：総務省『地方財政統計年報　平成22年度』。

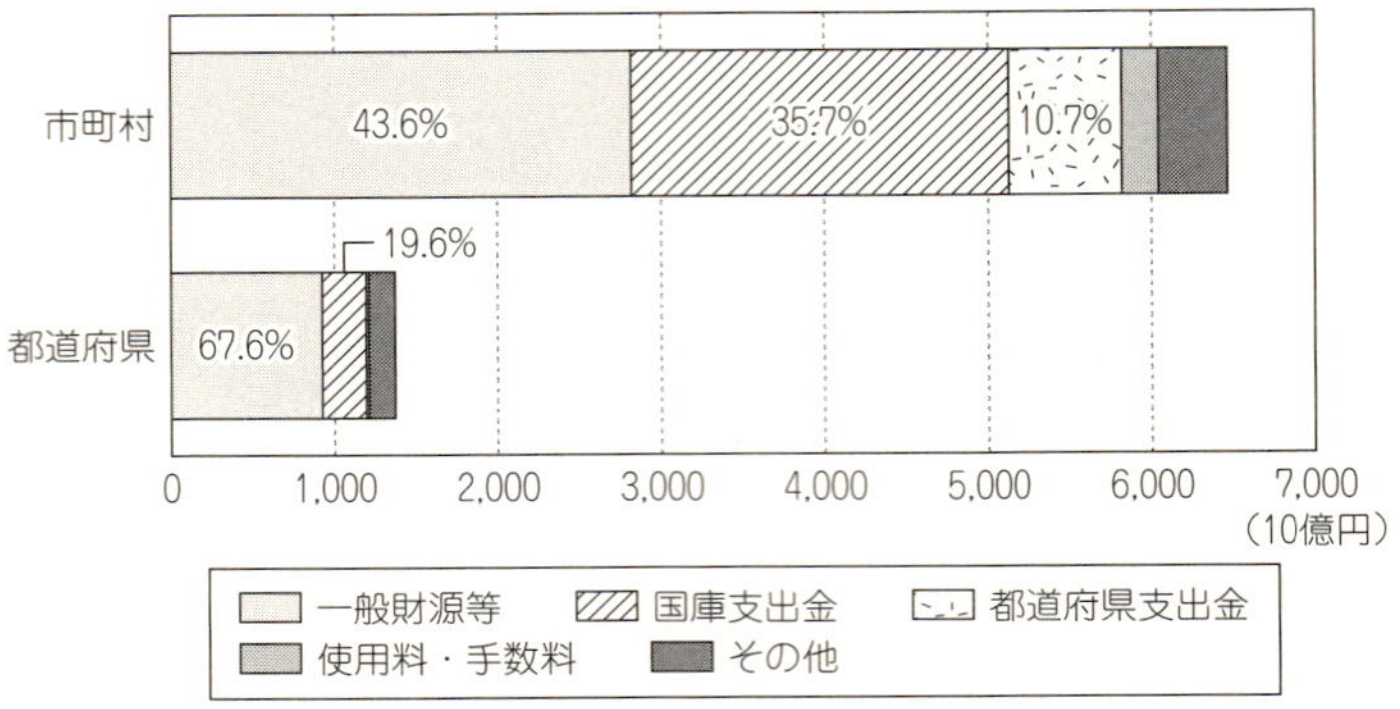

図８−３　児童福祉費の財源充当状況（2010年度決算）

出所：総務省『地方財政統計年報　平成22年度』。

税・地方交付税など使途の限定されない一般財源でまかなわれている。市町村で一般財源の割合が低いのは、国庫支出金および都道府県支出金の財源としての比重が大きいからである。つまり、市町村の一般財源、および国と都道府県それぞれの支出金の市町村への交付という形で、三層の政府が児童福祉諸施策の主な実施主体である市町村の経費を分担しているわけである。なお、使用料・手数料、すなわち施設・サービス利用者の自己負担も児童福祉の財源を構成しているが、その児童福祉充当財源に占める割合は市町村で三・四％、都道府県で一・三％と、財源規模としては小さい。

さらに、二〇一二年度時点での、国と地方の経費負担割合を費目別に整理したのが表８−３である。国・都道府県・市町村の垂直的な政府間関係の中での、費目ごとの経費負担割合が法令、とりわけ児童福祉法で定められている（児童手当、児童扶養手当等については児童手当法、児童扶養手当法等）。市町村の中でも、政令指定都市や中核市は一般市より幅広い事務・権限を有している。また、児童相談所設置市は、児童福祉分野の様々な事務を都道府県に代わって担う。それに伴い、政令指定都市、中核市、および児童相談所設置市が、都道府県に代わって経費負担を行う費目がある（児童委員、児童相談所、療育の給付など）。

このように、国庫支出金、都道府県支出金の活用による重層的な経費分担をともなう児童福祉財政ではあるが、国庫支出金によらない都道府県独自の事業や、国庫支出金・都道府県支出金によらない市町村独自の事業も実施されており、それらを都道府県や市町村の単独事業という。そこで、民生費の扶助費における補助事業と単独事業の歳出規模をみたのが図８−４である。児童福祉費の扶助費における単独事業の割合は市町村で一七・八％、都道府県で二八・一％と、補助事業に比べて限られるものの、一定の規模を有している。単独事業として実施されている事業内容は、公立保育所の運営、（三位一体改革以降）乳幼児医療助成、認可保育所の職員加配、認可外保育施設への補助、学童保育への追加的補助などを典型として、個々の自治体により様々である。児童福祉における政策体系の根幹をなすような事業の多くは補助

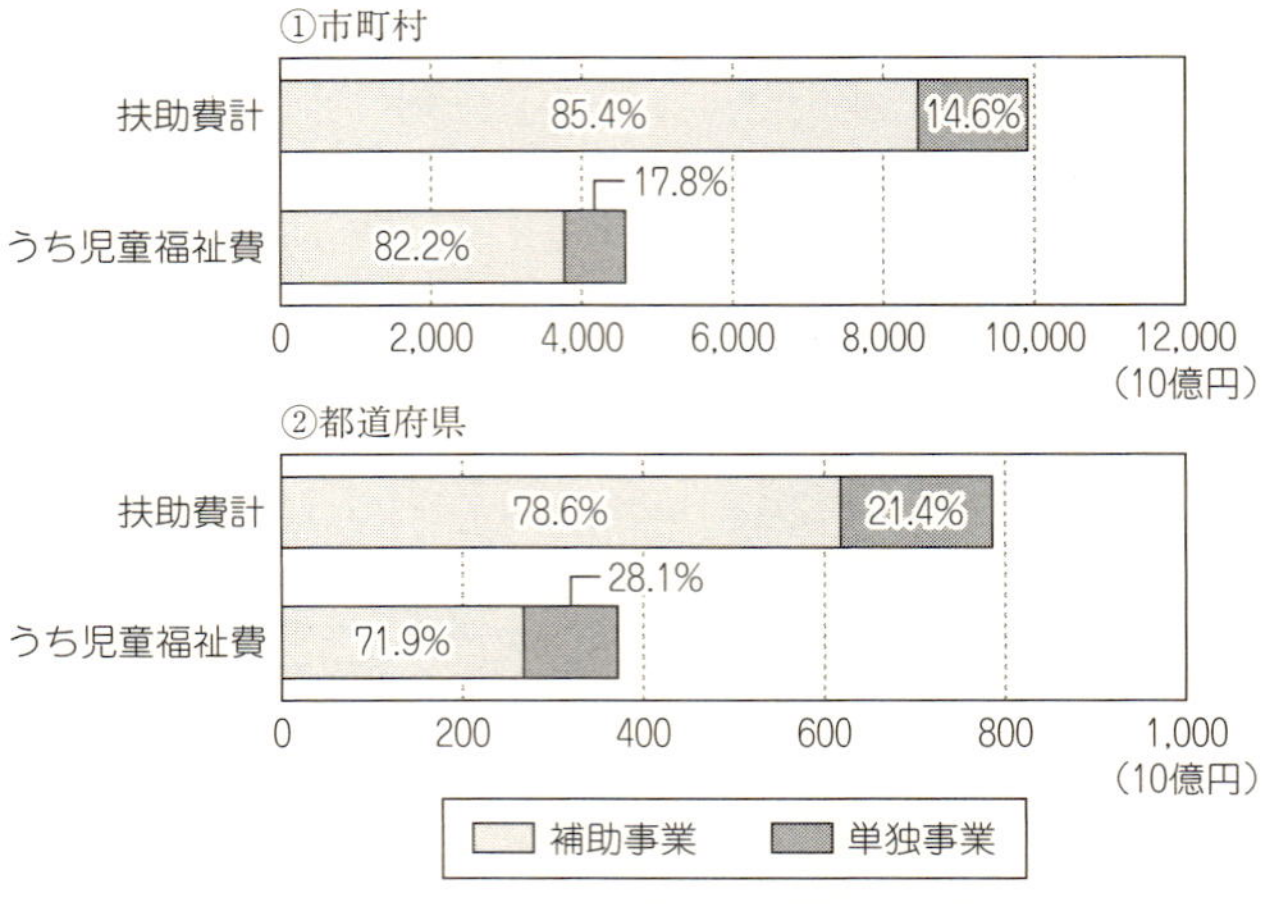

図８−４　民生費中の扶助費における補助・単独別事業規模（2012年度決算）

出所：総務省『地方財政白書　平成24年版』。

表8－3　主な児童福祉関連諸経費の負担割合（2012年度）

経費の項目			経費負担割合 国	都道府県	市町村	指定都市	児童相談所設置市	中核市
児童福祉審議会	都道府県設置			10/10				
児童福祉審議会	市町村設置				10/10	10/10	10/10	10/10
児童福祉司				10/10		10/10	10/10	
児童委員				10/10		10/10	10/10	10/10
児童相談所（設備を除く）				10/10		10/10	10/10	
療育の給付			1/2	1/2		1/2	1/2	1/2
小児慢性特定疾患治療研究事業			1/2	1/2		1/2	1/2	1/2
障害福祉サービスに係るやむを得ない事由による措置費			1/2	1/4	1/4	1/2	1/2	1/2
子育て短期支援事業[1]					10/10	10/10	10/10	10/10
乳児家庭全戸訪問事業[1]					10/10	10/10	10/10	10/10
養育支援訪問事業[1]					10/10	10/10	10/10	10/10
家庭的保育事業[1]					10/10	10/10	10/10	10/10
保育所運営費	都道府県立施設			10/10				
保育所運営費	市町村立施設				10/10	10/10	10/10	10/10
保育所運営費	私立施設		1/2	1/4	1/4	1/2	1/2	1/2
助産施設、母子生活支援施設の運営費	市及び福祉事務所を管理する町村の実施	都道府県立施設	1/2	1/2		1/2	1/2	1/2
助産施設、母子生活支援施設の運営費	市及び福祉事務所を管理する町村の実施	市町村立・私立施設	1/2	1/4	1/4	1/2	1/2	1/2
助産施設、母子生活支援施設の運営費	都道府県の実施		1/2	1/2				
障害児施設給付費等			1/2	1/2		1/2	1/2	
その他の児童福祉施設の措置費			1/2	1/2		1/2	1/2	
里　親			1/2	1/2		1/2	1/2	
国立児童福祉施設入所者の措置費			10/10					
児童自立生活援助			1/2	1/2		1/2	1/2	1/2
一時保護			1/2	1/2		1/2	1/2	
児童相談所の設備費				10/10		10/10	10/10	
児童福祉施設の設備費	都道府県立			10/10				
児童福祉施設の設備費	市町村立				10/10	10/10	10/10	10/10
児童福祉施設の職員の養成施設	都道府県立			10/10				
児童福祉施設の職員の養成施設	市町村立				10/10	10/10	10/10	10/10
私立児童福祉施設の設備費[2]				3/4		3/4	3/4	3/4
児童手当の給付費[3]			2/3	1/6	1/6	1/6	1/6	1/6
児童扶養手当の給付費			1/3	2/3				
特別児童扶養手当の給付費			10/10					

注(1)：国が次世代育成支援対策交付金により、1/2相当を負担。

(2)：本項の費用は施設設置者（社会福祉法人等）に対して交付される補助金であり、補助の割合は補助の最高限度を示す（児童福祉法第56条の2を参照のこと）。また、国が次世代育成支援対策交付金により、都道府県・市町村の負担分の1/2相当を負担。

(3)：受給者が被用者である場合には、事業主拠出金による7/15の負担があり、残る8/15を表中の割合で国・都道府県・市町村が負担。受給者が非被用者である場合には、表中の割合で国・都道府県・市町村が負担する。受給者が公務員である場合には、所属庁の全額負担。

出所：『児童福祉六法　平成24年版』中央法規出版。

事業とされ確実な実施が図られているが、昨今の子どもや子育て世帯をめぐる状況の変化は、自治体の単独事業による地域ニーズへの柔軟な対応をも不可欠のものとしている。

地方交付税と児童福祉

国庫支出金・都道府県支出金が一定の役割を果たしているとはいえ、自治体における一般財源の確保が児童福祉財政において重要であることは間違いない。このとき、一般財源を構成し、自治体ごとの財政需要と課税力とを勘案して財源保障を図るのが、地方交付税制度である。その制度の詳細については第四章にゆずるとして、ここでは児童福祉関連の基準財政需要の算定について、二〇一一年度を例としてみておこう。

基準財政需要の算定にあたり、児童福祉および子育て支援に関する経費は、都道府県については厚生労働費中の社会福祉費、市町村については厚生費中の社会福祉費のうちに位置付けられており、測定単位は人口である（母子保健費は、都道府県においては衛生費、市町村においては保健衛生費に位置付けられている）。想定される標準団体における測定単位当たり（人口一人当たり）社会福祉費は、都道府県について一万一六〇〇円、市町村について一万八八〇〇円と算定されており、これがすなわち単位費用である。

社会福祉費の単位費用の算定にあたって用いられる児童福祉費の行政事務内容は表8－4のとおりであり、これらの事務が一般に言われる「地方交付税で措置されている」事務であることとなる。これらの行政事務内容について、法令による規定や都道府県・市町村における実績等を踏まえ、給与費・需用費・扶助費等の所要経費が積算されたうえで、国庫支出金の充当分が差し引かれ、標準団体における所要の一般財源額が算定される。

そのうえで、個別の都道府県・市町村について基準財政需要額を算定するさいには、標準団体との諸条件（人口および人口密度、産業構造、遠隔地・離島等の地理的条件、出生率等）の異なりを個別に反映させるため、補正係数が適用される。児童福祉費を含む社会福祉費においては、都道府県分について段階補正、密度補正、普通態容補正の三種、市町村分について段階補正、密度補正、普通態容補正、寒冷補正（給与差）の四種が適用される。

以上の概略を踏まえたうえで、児童福祉財政と地方交付税制度とのかかわりについて若干掘り下げておく。まず最も基本的なこととして、児童福祉や子育て支援に係る基準財政需要の算定は、あくまで使途が限定されない一般財源としての地方交付税の個別自治体への交付額を決定するために行われる。したがって、実際に個別の自治体が表8－4に掲げた事務に対してどれだけの財源を振り向けるかは、地方交付税の基準財政需要として算定された所要一般財源の額とは制度上は関係なく、ひとえに個別の自治体における政策判断によって決まる。

ただし、二つのやや相反する留意点を挙げておかねばならない。第一に、個別の自治体において実際に児童福祉や子育て支援事業の財源を十分に確保できるか否かは、いま述べたとおり各自治体においてこの施策分野にいかなる優先順位を与えるかにかかっている。そのさい、地方税や地方交付税交付金を合わせた一般財源の総額に余裕があれば児童福祉の財源の確保は容易であろうし、財源制約が厳しければ児童福祉に財源を充てることは難しくなる。

したがって、地方財政における児童福祉財源の確保にとって重要なのは、いま概観したような児童福祉・子育て支援関連の基準財政需要算定の詳細の如何より、むしろ他の算定項目を含めた総体としての基準財政需要算定（および基準財政収入算定）の結果として実現される地方交付税の交付額が、個別の自治体における一般財源を十分に保障する額となっているか否かのほうであろう。たとえば、二〇〇〇年代の初頭から半ばにかけて、地

表8－4　単位費用の算定基礎をなす行政事務内容（社会福祉費のうち児童福祉・子育て支援関連）（2011年度）

①道府県分

細　目	細　節	行政事務内容
児童福祉費	児童福祉共通費	児童福祉事務に従事する職員の配置、市町村児童福祉施設の指導監督に関する事務、都道府県児童福祉審議会の設置及び運営に関する事務並びに児童委員の指導監督に関する事務
	児童措置費	児童福祉施設に入所させた児童に対する措置に関する事務
	産休代替保育士等	産休等代替保育士、保育士試験等に関する事務
	児童相談所費	児童福祉司の設置及び児童相談所の運営に関する事務並びに里親保護受託者の指導と希望者の開拓に関する事務
	児童一時保護所費	児童一時保護所の運営に関する事務
	身体障害児等援護費	身体障害児、骨関接結核児及びその他の結核児の療育及び育成医療の給付等に関する事務
	児童扶養手当及び母子・寡婦福祉対策費	母子福祉資金及び寡婦福祉資金貸付業務、償還事務、母子自立支援員の設置及び児童扶養手当の支給等に関する事務
青少年対策費	青少年保護育成費	青少年の不良化防止、児童の虐待防止に必要な補導を行うための事務及び児童福祉週間の諸行事の実施等に関する事務
児童手当・子ども手当費	児童手当・子ども手当費	児童手当及び子ども手当の支給に関する事務
子育て支援サービス充実推進事業費	子育て支援サービス充実推進事業費	子育て支援サービスの充実及び推進を図る事業に関する事務

②市町村分

細　目	細　節	行政事務内容
児童福祉費	児童福祉共通費	児童及び妊産婦の福祉事務に従事する職員の設置に関する事務、児童委員に対する指示連絡に関する事務並びに市町村児童福祉審議会の設置及び運営に関する事務
	児童措置費	児童福祉施設に入所させた児童に対する措置に関する事務
	青少年福祉対策費	青少年の不良化防止に必要な補導を行うための事務及び児童福祉週間の諸行事の実施等に関する事務
	児童福祉施設費	児童厚生施設の事務に従事する職員の設置並びに児童厚生施設、保育所及び保育遊園等児童福祉施設の整備に関する事務
児童手当・子ども手当費	児童手当・子ども手当費	児童手当及び子ども手当の支給に関する事務
母子・寡婦福祉対策費	児童扶養手当及び母子・寡婦福祉対策費	児童扶養手当の支給、母子自立支援員の設置等に関する事務
活性化推進事業費	活性化推進事業費	少子化対策に関する各種事業に関する事務、結婚支援活動の支援に関する事務等
子育て支援サービス充実推進事業費	子育て支援サービス充実推進事業費	子育て支援サービスの充実及び推進を図る事業に関する事務

出所：地方交付税制度研究会編（2011）『平成23年度　地方交付税制度解説（単位費用篇）』地方財務協会。

方交付税総額の削減が重ねられ、多くの自治体において交付額が減少基調をたどった。このような状況では、いかに児童福祉分野の基準財政需要算定が精緻にかつ手厚く行われたとしても、自治体が確保できる一般財源の総額が縮小するため、児童福祉の財源調達も当然厳しいものとなる。よって、児童福祉財政との関係で地方交付税の機能を評価するさいには、児童福祉関連の基準財政需要算定のあり方を吟味するだけでなく、地方交付税が各自治体の一般財源総体をどの程度保障しえているかという点を注視する必要がある。

第二に、地方交付税は使途の自由な一般財源であり、その使途の決定は自治体の判断によるとはいえ、現実には、基準財政需要の算定内容が自治体の政策判断を誘導するという面もないわけではない。たとえば、ある特定の事務が基準財政需要の算定基礎から外されたとき、自治体がそれに着目し、その事務に充当する一般財源を減らすことがありうる。反対に、特定の事務に関する基準財政需要の算定が手厚くなれば、自治体はそれを参照し、その事務に充てる一般財源の増額を考える可能性がある。基準財政需要の算定が個別の事務についてきめ細かに行われるがゆえに、算定内容の変更は国の政策的意思を反映するため、自治体はそれを参照しがちとなるのである。

とくに、地方財源が逼迫する状況では、個別の自治体において、ある事務に係る歳出予算を削減するための根拠として、その事務に関する基準財政需要の算定が抑制されたことが挙げられる場合がある。先述のように、地方交付税の使途は自治体の自由であるため、それは根拠として成り立たないのであるが、しばしば自治体の予算編成における理屈として通用してしまう背景には、国が地方交付税を地方自治体に対する政策誘導の手段として活用してきた歴史的経緯があることも忘れてはならない。

さらに付け加えれば、「三位一体改革」における国庫補助負担金の廃止・縮減は、その一般財源化、すなわち地方交付税の基準財政需要への算入をクッションとして進められた（前述の公立保育所運営費補助金の廃止も一例である）。これは、地方財源への影響を除去するために不可欠な措置である反面、特定財源たる国庫支出金による財源保障と地方交付税による一般財源保障とをある意味で互換的に用いることにより、本来性質が異なる両者の混同を助長する面があったことは否めない。なお、このように国庫支出金の整理を地方交付税措置と絡めて進める手法は、一九八〇年代の補助率引下げ時を含め、過去にも頻繁にみられた。

4　最近の改革動向とその評価

「社会保障・税一体改革」

近年、日本の児童福祉あるいは家族政策においては、いわゆる「社会保障・税一体改革」の一環として、大きな制度・政策の動きが生じた。

一九九九年の消費税率の三％から五％への引上げ以来、国の消費税収はすべて高齢者三経費（年金・医療・介護）にあてられることとされてきたが、二〇一二年の夏に関連法が成立した「社会保障・税一体改革」では、消費税率（地方消費税を含む）を二〇一四年四月に八％へ、二〇一五年一〇月に一〇％へ引き上げることが予定され（うち後者は二〇一九年一〇月まで延期されている）、それらによる増収分は従来の高齢者三経費に少子化対策を加えた社会保障四経費に充当することとなった。これに合わせて成立した子ども・子育て関連三法によって、幼稚園と保育所を含めた就学前教育・保育の制度改革や、子育て支援関連の各種事業に関する国と地方の財政関係の再編も決まり、二〇一五年度から本格的に実施された。それが「子ども・子育て支援新制度」である。

まず、「社会保障・税一体改革」で予定された消費税増税による増収分の使途と、子ども・子育

表8－5　消費税率の引き上げ等により予定される子ども・子育て支援の「量的拡充」と「質の向上」

	量的拡充	質の向上
所要額	0.4兆円程度	0.3兆円程度～0.6兆円程度
主な内容	認定こども園、幼稚園、保育所、地域型保育の量的拡充（待機児童解消加速化プランの推進等）	◎３歳児の職員配置を改善（20:1→15:1） △１歳児の職員配置を改善（6:1→5:1） △４・５歳児の職員配置を改善（30:1→25:1） ○私立幼稚園・保育所等・認定こども園の職員給与の改善（３％～５％） ◎小規模保育の体制強化 ◎減価償却費、賃借料等への対応　など
	地域子ども・子育て支援事業の量的拡充（地域子育て支援拠点、一時預かり、放課後児童クラブ等）	○放課後児童クラブの充実 ○一時預かり事業の充実 ○利用者支援事業の推進　など
	社会的養護の量的拡充	◎児童養護施設等の職員配置基準の改善 ○児童養護施設等での家庭的な養育環境の推進 ○民間児童養護施設の職員給与等の改善　など

注：「質の向上」の事項のうち、◎は消費税率引き上げにより確保する0.7兆円の範囲ですべて実施する事項。○は一部を実施する事項。△はその他の事項。
出所：内閣府資料。

て財源をめぐる現状をみておこう。消費税率の五％から一〇％への引上げは十四兆円程度の増収を生むとされている（軽減税率導入の可能性を考慮すると十三兆円程度となりうる）。ただし、その大部分は、基礎年金国庫負担割合の引上げ分と、財政赤字の削減に回るため、社会保障の実質的な充実にあてられるのは二・八兆円であり、さらにそのうち子ども・子育て支援の財源となるのは〇・七兆円である。なお、子ども・子育て関連三法案に対する参議院の付帯決議には、さらに〇・三兆円超の財源が必要であることが明示された。これにより、当面確保されるべき子ども・子育て支援施策の財源規模を、政府は計一兆円程度と定めた。

この一兆円程度により、子ども・子育て支援の「量的拡充」と「質の向上」が図られることとされた。表8－5にみるように、「量的拡充」が〇・四兆円程度、「質の向上」が〇・三～〇・六兆円程度と計画されている。ここで「質の向上」の所要額に〇・三兆円の幅を持たせているのは、一兆円のうち〇・三兆円の財源確保のめどが立っていないためである。つまり、「量的拡充」は（消費税率引き上げが撤回されないかぎり）確実に行うが、「質の向上」は財源が確保されなければ〇・三兆円程度にとどまり、表に挙げられた事項の多くが一部実施、もしくはまったく実施されないこととなる。なお、平成二八年度予算の時点で、「量的拡充」〇・三七兆円、「質の向上」〇・二二兆円の財源が確保され、その分の取組みが実施に移されており、今後の動向は、消費税率の一〇％への引き上げの実施や、それ以外の手段による財源確保にかかってくる。

こうした一連の動きが、財源の拡充という意味で前進であることは間違いない。ただし、今みたように、「量的拡充」に対して「質の向上」が軽視されていることは、問題なしとはいえない。とりわけ、職員配置基準の運用の弾力化が進む現状を踏まえれば、一歳児以上の職員配置の改善の優先度が低いことは疑問であるし、保育所等の職員給与の改善も、より積極的に取り組まれてしかるべきであろう。

また、そもそも財源確保の総額としての規模が限られていることも指摘しなければならない。一兆円はGDP比で〇・二％強にすぎない。先の図8－1を参照すれば、これがいかに「小さな前進」であるかが明らかであろう。このことは、「社会保障・税一体改革」における消費税増収分の使途の振り分けにおいて、子ども・子育て支援

表8－6　子ども・子育て支援新制度における給付・事業の全体像

子ども･子育て支援給付（個人に対する給付として実施するもの）	地域子ども･子育て支援事業（市町村の事業として実施するもの）
○施設型給付 市町村の確認を受けた教育・保育施設に支給（法定代理受領） ・教育・保育施設：認定こども園、幼稚園、保育所を通じた共通の給付 ・私立保育所については、現行どおり市町村が保育所に委託費を支払い、利用者負担の徴収も市町村が行う ○地域型保育給付 市町村の確認を受けた地域保育事業に支給（法定代理受領） ・地域型保育事業：小規模保育、家庭的保育、居宅訪問型保育、事業所内保育 ※施設型給付・地域型保育給付は、早朝・夜間・休日保育も対象 ○児童手当	①利用者支援事業（例：子ども及び保護者からの給付・事業の利用にかんする相談事業） ②地域子育て支援拠点事業 ③妊婦健診 ④乳児家庭全戸訪問事業 ⑤養育支援訪問事業、子どもを守る地域ネットワーク機能強化事業（その他要保護児童等の支援に資する事業） ⑥子育て短期支援事業 ⑦子育て援助活動支援事業（ファミリー・サポート・センター事業） ⑧一時預かり事業 ⑨延長保育事業 ⑩病児保育事業 ⑪放課後児童クラブ（放課後児童健全育成事業） ⑫実費徴収に係る補足給付を行う事業 ⑬多様な事業者の参入促進・能力活用事業

出所：内閣府・文部科学省・厚生労働省資料、および総務省資料より作成。

を含む社会保障の充実がいかに限られたものであったかを示すと同時に、今後さらなる施策の充実を図るには、それに見合った増税（消費税に限定されない）による、社会全体での負担の分かち合いが必須であることも物語っている。

「子ども・子育て支援新制度」

つぎに、「子ども・子育て支援新制度」によって再編された、国と地方の財政関係についてみておく。新制度においては、表8－6のとおり各種事業が分類され、関係する既存の国庫支出金、次世代育成支援対策交付金、さらには二〇〇八年度から都道府県において造成・運用されてきた安心子ども基金も含めた子育て支援関連の財源が総合的に見直された。

「子ども・子育て支援新制度」の財政面での要点は、次のとおりである。幼稚園・認定こども園・保育所という施設分類は残されたが、施設型給付はそれらの同等な扱いに重点がおかれ、私立保育所に対する財源措置も、制度的には別枠となるが、実質的に同等に近い形が整えられた。つまり、就学前教育の、財源面における一定の一元化が図られたといえる。また、小規模保育、家庭的保育などの多様な事業形態を地域型保育事業として位置づけ、認可制度の整備（市町村による認可）に合わせて地域型保育給付の対象とすることによって、これらの事業の促進が図られることとなった。そして、地域の実情に応じた実施が期待される市町村の諸事業を「地域子ども・子育て支援事業」と総称し、国および地方の財源責任が明確化された。二〇一二年夏に成立した子ども・子育て支援法をベースとし、その後の検討を経て固められた、国と地方の経費負担割合とその背景にある費用負担の考え方は、表8－7のとおりである。

なお、政府は当初、すべての事業・給付をひとくくりにした国から地方自治体への交付金（「子ども・子育て包括交付金」）の創設を目指していた。しかし、成立した子ども・子育て支援法では、児童手当、施設型給付、地域型保育給付、地域子ども・子育て支援事業のそれぞれの給付・事業の性格に応じて、法令上・予算上区分して国庫負担・国庫補助を実施することとされた。

この点について解説を加える必要がある。政府が当初、子ども・子育て関連のすべての事業・給付をひとくくりにした交付金の創設を目指したのは、当時の民主党政権が、個別の国庫補助負担金の統合による一括交付金化を推進していたことと関係している。個別の事業や給付について個別の補助金・負担金を設けるのではなく、子ども・子育て関連というくくりで一括し、財源を地方自治体に交付することにより、地方自治体の自己決定権を強化し、地域の実情に合わせた施策の展開を可能とするのが、その基本的な意図であった。ところが、成立した子ども・子育て支援法では包括交付金の創設は規定されず、代わりに、「子ども・子育て支援新制度」が本格施行された平成二七年度予算において、図8－5のような国庫補助負担金の体系が現われた。

この方針転換の背景には、すべてを一括して交付金化した場合に、地方自治体が受け取る交付金の総額が十分なものとならない場合にはとくに、自治体は児童手当のような給付基準も給付額も定められている義務的な経費の財源確保を優先せざるを得ないため、より裁量的な経費（たとえば地域子ども・子育て支援事業に含まれる諸事業）にしわ寄せが来ることになるのではないか、という地方側の懸念があった。そのため、児童手当の給付費を包括交付金から除外することが全国知事会などの地方団体から強く要望されたのである。

たしかに、児童手当のような義務的経費について、国の財源責任の明確化という観点から、それを特定補助金とすることには一定の合理性がある。また、その他の諸給付・諸事業についても、実施から日が浅い比較的新規のものや、新たな制度的枠組みへの移行をともなうものが多い。そのため、当面は、地方自治体における自主性や裁量の拡大より、むしろ諸給付・諸事業の着実な展開を重視して、個別の特定補助金により財源を担保するという考え方もあろう。しかし、新制度の定着をみた将来には、個別の補助金を束ねていき、自治体にとってより自由度の増した財源保障の方法をとることが考えられる。

いずれにせよ、「子ども・子育て支援新制度」への移行が、各市町村単位での子ども・子育て支援施策への主体的な取組みを、従来にまして要請するものであることは間違いない。とくに二点のみ挙げると、まず第一に、新制度のもとで、各都道府県・市町村は「子ども・子育て会議」の設置に努めることとされ、すでにほぼすべての自治体で設置をみている。「子ども・子育て会議」は、多様なステークホルダー（自治体、事業主・労働者、子育て当事者、子育て支援当事者など）が参画し、子ども・子育て支援関連施策の総合的・計画的な推進や施策の実施状況について調査・審議する合議制の機関であり、これが地域のニーズの汲み取りと施策への反映に関して実質的な機能を果たしう

表8－7　子ども・子育て支援新制度施行後の経費負担の枠組み

<table>
<tr><th colspan="2" rowspan="2">項　目</th><th rowspan="2">性　格</th><th colspan="3">負担割合</th><th rowspan="2">考え方・備考</th></tr>
<tr><th>国</th><th>都道府県</th><th>市町村</th></tr>
<tr><td colspan="2">児童手当</td><td>負担金</td><td>2/3</td><td>1/6</td><td>1/6</td><td>全国一律の現金給付であることから、国：地方＝2：1とする
※被用者の0～3歳未満の子どもに対する給付については、事業主拠出金が7/15で、残る8/15を左の割合で国・地方が負担する</td></tr>
<tr><td rowspan="2">施設型給付</td><td>私　立</td><td rowspan="3">負担金</td><td>1/2</td><td>1/4</td><td>1/4</td><td rowspan="3">国と地方の共同責任という観点から、国が義務的に支出すべき経費であることを踏まえ、介護給付や障害者自立支援給付と同様に、国：地方＝1：1とする</td></tr>
<tr><td>公　立</td><td>―</td><td>―</td><td>10/10</td></tr>
<tr><td colspan="2">地域型保育給付</td><td>1/2</td><td>1/4</td><td>1/4</td></tr>
<tr><td colspan="2">地域子ども
子育て支援事業</td><td>補助金</td><td>1/3</td><td>1/3</td><td>1/3</td><td>地方の役割や現行の事業を踏まえ、国：地方＝1：2とする
※妊婦健診、延長保育事業（公立分）のみ市町村10/10</td></tr>
</table>

出所：内閣府資料および総務省資料より作成。

図８-５　子ども・子育て関連国庫補助負担金の再編

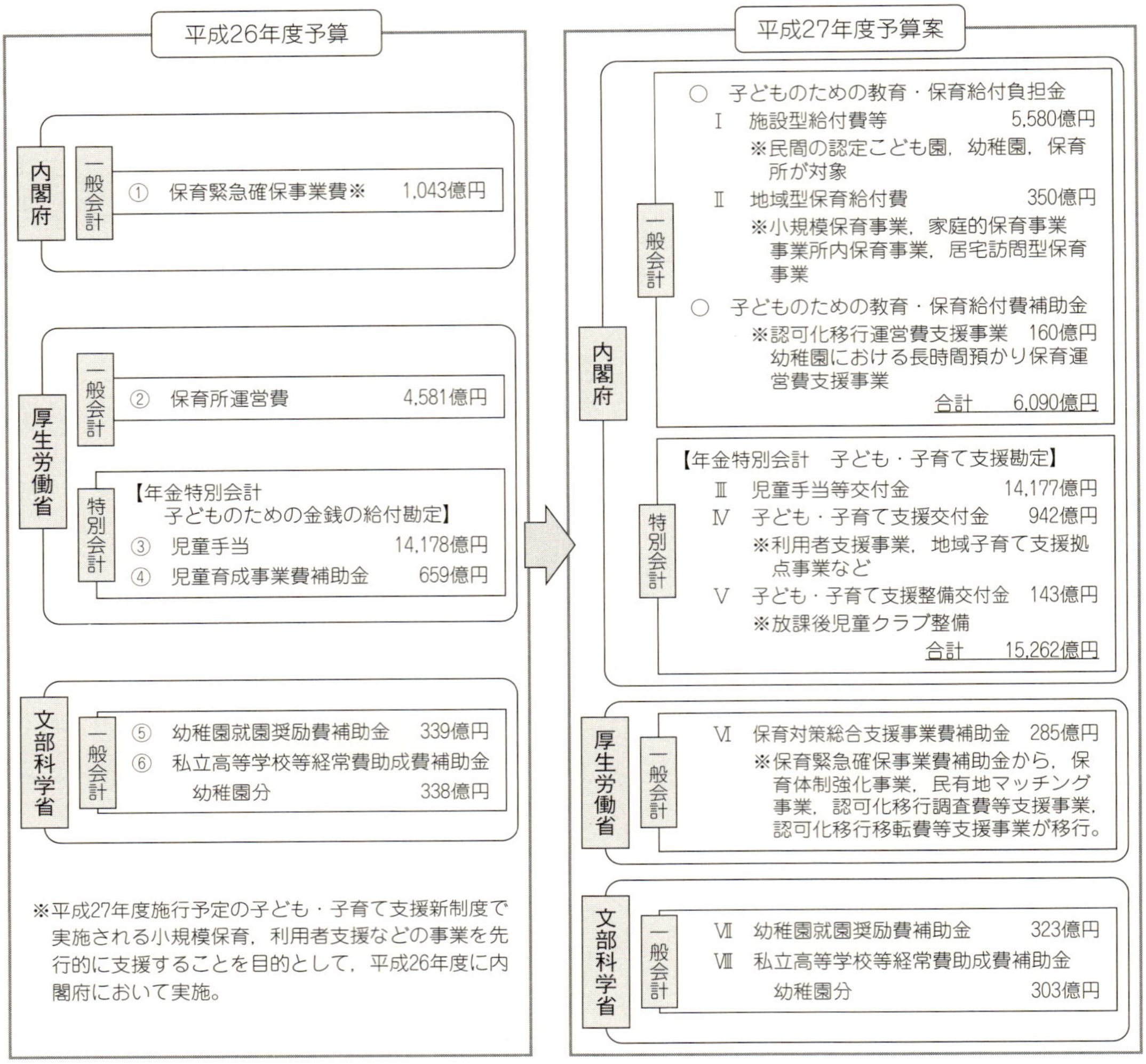

注(1)：上記の他、保育所等の整備にかんしては、厚生労働省、文部科学省で実施される。
(2)：四捨五入の関係により、個別の計数が合計と合致しない場合がある。
出所：内閣府子ども・子育て支援新制度施行準備室資料。

るか否かが問われている。

第二に、新制度のもとでは、保育サービスの量的拡充と質の保障との両立に関する、自治体とりわけ市町村の自主性と責任が高まることとなる。具体的には、施設型給付および地域型保育給付について、公的な財源措置を受けるための事業者の適格性が市町村により「確認」されることとなる。また、施設型給付の事業者を都道府県が認可するにあたっては、地域の保育需要を反映させるために市町村への協議を行うこととされた。さらに注目されるのは、認可制がとられてこなかった地域型保育給付（小規模保育、家庭的保育等）に市町村の認可制が導入される点である。児童福祉施設の設備及び運営に関する基準（旧称：児童福祉施設最低基準）の対象外となる多様な保育サービス形態は、保育需要が増大する大都市部を中心に、サービスの量的拡充を速やかに実現する手段として重視されていく可能性が高い。であるがゆえに、市町村の認可制のもとでの質的保障のあり方が問われることとなろう。

5　児童福祉財政の今後

今日、若年世代の雇用・所得の不安定化に歯止めが効かず、共働き世帯の増加や子育て世帯の困窮化が顕著であるにもかかわらず、大都市部を中心に保育サービス供給が恒常的に不足し、仕事と子育ての両立が困難な状況が続いている。それでも、少子化対策の掛け声のもと、保育サービスの量的拡充には比較的、力が入れられてきた。しかし、正規・非正規雇用格差の是正や長時間労働の解消といった労働・雇用面の状況改善を本格的に図ることなしに、子育て世帯全般における子どもの成育環境を保障することは難しい。また、男性の家事・育児参加が著しく少ない日本においては、男女をつうじたワーク・ライフ・バランスの改善による性別役割分業の解消が不可欠である。児童福祉の範疇を超えた抜本的な取組みが、就業・出産・育児の選択の自由や男女の機会の平等のためには必須であり、出生率の上昇は、あくまでその結果として生じうるものである。

離婚率の上昇は、生き方の選択の自由の表れでもあるが、母子・父子家庭の増加は児童福祉ニーズをかつてなく高めている。また、核家族化や地域の人間関係の希薄化は、子育ての生理的・心理的負担の親（とくに母親）への集中をもたらし、子育て全般がかつてない困難をはらむようになった。子育てにともなう経済的困窮や生理的・心理的負担が、子どもへの暴力や育児放棄を生む構図もあらわとなっている。関連して、児童養護施設における保護児童等の生育環境の改善や、ニーズの増加・多様化に対応した児童相談、母子生活支援等の拡充、職員の専門性の向上など、課題は山積している。さらに一点付言するならば、父子世帯に対する公的支援の整備も喫緊の課題である（児童扶養手当が父子世帯を給付対象に含めたのは二〇一〇年八月のことである）。こうした広範囲にわたる課題への対応が、財源不足によって阻害されることがあってはならない。

こうした状況を踏まえれば、日本における家族向け給付全体の貧弱さは、きわめて重大な問題である。政府はいかにして必要な財源を調達しうるか。それが児童福祉財政の今後をめぐる大問題である。また、児童福祉の担い手たる自治体の活動を効果的に支えるための国と地方の財政関係のあり方を、不断に追究していく必要もある。そのさい、子ども・子育て支援新制度の帰趨のみならず、児童福祉財政全体の今後のあり方を、現場のニーズを基点にして考える姿勢が何より求められる。

参考文献

大沢真理（2007）『現代日本の生活保障システム　座標とゆくえ』岩波書店。

佐藤文俊（2007）『三位一体の改革と将来像――総説・国庫補助負担金』ぎょうせい。

高橋重宏監修・児童福祉法制定六〇周年記念全国子ども家庭福祉会議実行委員会編（2007）『日本の子ども家庭福祉――児童福祉法制定六〇年の歩み』明石書店。

高端正幸・伊集守直・佐藤滋（2011）『保育サービスを中心とする子育て支援政策の国際比較行財政論――スウェーデン、イギリスの実態と日本の改革論議への示唆（公募研究シリーズ20）』全国勤労者福祉・共済振興協会。

西尾勝編著（1998）『地方分権と地方自治（新地方自治講座一二）』ぎょうせい。

増田雅暢（2008）『これでいいのか少子化対策――政策過程からみる今後の課題』ミネルヴァ書房。

森克己（1998）「社会福祉行政における地方自治――八〇年代改革から地方分権推進委員会の勧告まで」『早稲田法学会誌』第四八巻。

山本隆・山本惠子他編（2010）『よくわかる福祉財政』ミネルヴァ書房。

ＯＥＣＤ（経済協力開発機構）編著、高木郁朗監訳（2009）『国際比較　仕事と家族生活の両立　ＯＥＣＤベイビー&ボス総合報告書』明石書店。

第9章 障害者の社会生活支援と財政

水上啓吾

現在の障害者福祉及び財政制度は岐路にたっている。一九七〇年代以降浸透してきたノーマライゼーションのもとで、障害者が居住する地域での生活を可能にするべく改善をはかる一方、「措置」から「契約」へと移行する中で制度改正が頻繁に行われている。本章では、障害者福祉を取り巻く財政制度について、障害者福祉の概念や障害者福祉サービスの供給者のあり方という視点を加味しながら検討し、今後の障害者福祉の在り方を模索する。

1 障害者福祉サービスの供給者と基礎概念

障害者福祉サービスの供給者

他の社会保障制度と同様に、障害者福祉についても多様な供給者が存在する。政府部門（国や地方公共団体）だけでなく、地域コミュニティ、民間事業者も障害者向けサービスの供給者となりうるし、家族が同サービスの供給者であるという見方もできる（落合 2008：3）。

近年は障害者福祉制度が頻繁に変更されているが、制度にあわせて供給者がどのように変化しているかについて留意する必要がある。そこで本章では、障害者福祉の基礎概念の変容と同時にサービス供給者の変遷についても追跡する。

障害者の定義

「障害（disability）」は抽象的な用語であり、その指し示すものは地域や時代によって異なる。国際的には国際連合の障害者の権利宣言において示されている定義が一般的なものといえよう。一九七五年に表明された同宣言では、障害のある人（disabled person）を「先天的か否かにかかわらず、身体的又は精神能力の不全のために、通常の個人又は社会生活に必要なことを確保することが、自分自身では完全に又は部分的にできない人」と定義している（石橋 2010：158）。

他方、障害の分類としては一九八〇年に世界保健機関が国際障害分類（ＩＣＩＤＨ）を公表している。同分類では、障害を、①病気・変調による機能障害（impairment）、②活動能力が制約されるという能力障害（disability）、③通常の社会的役割を果たせなくなる社会的不利（handicap）という三つのレベルで把握している。他方、二〇〇一年に発表された国際生活機能分類では、プラスの側面を評価する視点が加えられている。障害は個性であり、人権問題として社会が改善をはからなければならないというアプローチである（同 2010：158）。

このように「障害」に関する概念が変化するとともに、障害者福祉の果たすべき役割も変化が求められるようになる。そこで、まずは現在の障害者福祉の基礎概念となっているノーマライゼーションについて検討しよう。

障害者福祉の概念

ノーマライゼーションとは、障害者と健常者を区別することなく社会生活を送れるようにすることが望ましいと考え、そうした状態を目指す運動である。こうしたノーマライゼーションの原理は、教条的なものとして生み出されたわけではない。北欧を中心とした各国での実践的な取り組みの中から形成されたものである。実際には異なる障害の程度にも適用可能な原理として組み立てられている（Bengt 1998：54-67）。

ノーマライゼーションの思想のもとでは、その地域で主流となっている生活条件に近い環境で毎日生活できるようにすることが重要になってくる。そのため、障害者福祉も必然的に地方政府の役割が重要になる。

このようにノーマライゼーションを実現し、障害者に居住する地域社会への参加を促すような、障害者と非障害者の共生をより的確に表現するものとして、インクルージョンという概念がある。障害者福祉におけるインクルージョンは、障害のある者とない者が、同じ場所に物理的に一緒にいればよいというのではなく、どのように一緒にいるかという、内容を問うものである。その際、障害者福祉において重要なのは、障害者が居住する地域の生活をノーマルなものとして、そこに近づける施策をいかに実施するかということである。では、こうした概念を第二次大戦後の日本はどのように受容してきたのだろうか。

2　障害者福祉の展開

戦後の障害者福祉の展開

第二次大戦後の障害者福祉の基底にあるのは日本国憲法である。一九四六年に公布された日本国憲法では、個人の尊重（第三章第一三条）、法の下の平等（同第一四条）、国民の生存権と国の社会保障的義務（同第二五条）、教育を受ける権利（同第二六条）、勤労の権利（同第二七条）などが規定された。さらに、翌一九四七年にはすべての児童を対象とする「児童福祉法」が制定され、「すべて国民は、児童が心身ともに健やかに生まれ、且つ、育成されるように努めなければならない」、「すべての児童は、ひとしくその生活が保障され、愛護されなければならない」としている。この児童福祉法に基づく障害児福祉施策は、①「療育」の考え方による肢体不自由児の援護、②知的障害児施設における保護と生活指導、などが中心であった。

他方、一九四九年に制定された身体障害者福祉法にも留意しなければならない。戦後処理の一環として整備されたものの、その後は障害者福祉に関する問題提起とともに順次改正が繰り返されてきた。身体障害者福祉法は後述する障害者自立支援法と同様に身体障害者の社会経済活動への参加をうながすための援助と更生援護を行うことにより、福祉の増進を目指すことを目的としている。同法第四条で身体障害者を、同法で掲げる身体上の障害がある一八歳以上の者で、都道府県知事から身体障害者手帳の交付をうけたものと定義している。身体障害者手帳の交付申請にあたって必要な診断書は、基本的に都道府県知事が指定した医師が作成する。このように同法では身体障害者福祉について地方公共団体の役割が明確に位置付けられている。

また、知的障害者については一九四七年の児童福祉法のもとで措置が実施されていた。同法では、知的障害者が「特別の保護指導を必要とする児童」としてとらえられ、相談、判定、指導、施設への措置などが実施されていた。一八歳以上の知的障害者の福祉施策を実施するために一九六〇年に知的障害者福祉法が制定された。同法は知的障害者の更生と保護を目的とし、援護の実施機関、福祉の措置内容、施設等について規定している。

最後に精神障害者に関する政策については、一九五〇年に精神衛生法が制定され、一九八七年に精神保健法に改称されたのち、一九九五年に精神保健福祉法となった。精神保健福祉手帳を有することがサービスの受給要件となる。また、障害者自立支援法とあわせて、社会復帰・自立・社会経済活動への参加に必要な援助が行われている。国・地方公共団体等の責務、精神保健福祉センターの設置、精神保健指定医、精神病院、医療及び保護の内容・手続き、保健及び福祉施策の内容、社会復帰促進センターなども規定されている。

このように身体障害、知的障害、精神障害についてそれぞれの施策が展開してきたのである。

国際的な障害者福祉の潮流

国際的には、国連が一九七一年に知的障害者の権利宣言を採択し、一九七五年には障害者の権利宣言を決議した。これらの権利宣言の内容が各国に浸透した結果、障害者の福祉及びリハビリテーションを人権保障の課題としてとらえる必要性が明確化された。一九七〇年代はアメリカにおいては障害者の自立生活運動（ＩＬ運動）が始まり、障害の程度が重くとも地域社会のなかで主体的な生活が目指されるようになった時期でもある。こうした傾向は生存権や生活権からの福祉ニーズの多様化やノーマライゼーションの理念の浸透によるところが大きい（石橋 2010：160）。

さらに国連は一九八一年を国際障害者年として制定した。国際障害者年は完全参加と平等をテーマとしており、その後の一〇年間を国連障害者の一〇年と位置付けた。こうした取り組みの後に日本では一九九三年には障害者基本法が改正された。障害者基本法の付則により「障害者対策に関する新長期計画」が策定されることとなった。

続く一九九四年には障害者福祉政策の総合的な検討の必要性から厚生省に「障害者保健福祉施策推進本部」が設置された。障害者保健福祉施策推進本部では、一九九五年七月に中間報告として、次のような観点からサービスを把握し、計画的に推進することを提言した。①住民にとって最も身近な市町村において必要なサービスを受けられること、②障害種別により縦割りとならないようなサービス体系を確立すること、③市町村におけるサービス体制を支援する観点から、市町村、複数市町村を含む広域的圏域、都道府県、それぞれの役割分担を明確にすること、である（新社会福祉学習双書編集委員会 1999：60）。

このように国際的な潮流の影響を受けながら国内の制度が形成されていくことがうかがわれるが、障害者福祉政策の支出規模は国によって差がある。図９－１に示したように、障害者向け現金給付及び現物給付と高齢者向け現物給付に関する社会支出の対ＧＤＰ比率を比較すると、日本は決して低い水準とはいえないことがわかる。しかし、この理由の一因は他国に比して高齢化が進んでいる

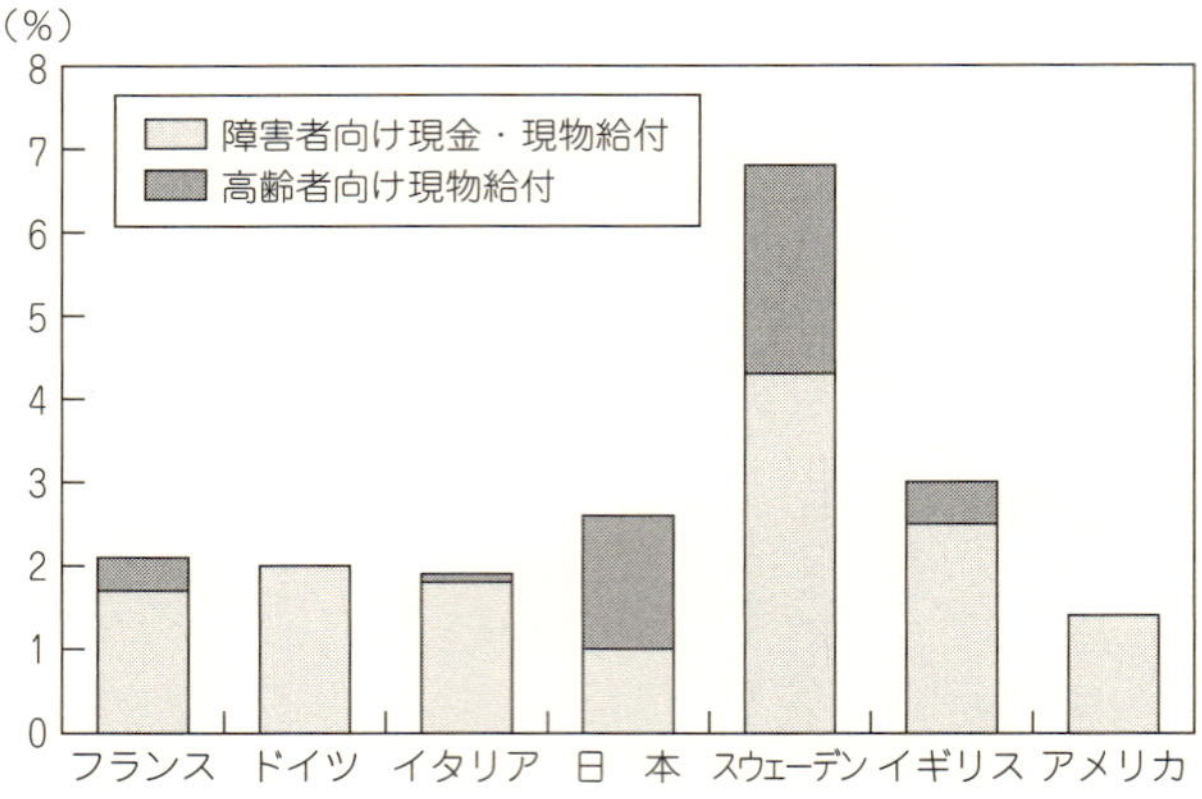

図9－1　障害者及び高齢者向け社会支出の対GDP比（2011年）
出所：OECD "Social Expenditure Statistics Database" より作成。

日本において、高齢者向け現物給付の規模が大きいことにある。障害者向け現金・現物給付のみを比較すれば、他の先進国と比較しても低水準である。

次節では、福祉の規模としては充実しているとは言いがたい日本の障害者福祉の政策体系と制度の変遷について検討しよう。

3　障害者福祉制度の変遷と財政

近年の障害者関連法の改正と基本計画

他方、障害者福祉は時代の変化と財政面の逼迫から抜本的な見直しが行われ、社会福祉基礎構造改革のもとに法改正が行われた。二〇〇三年には支援費制度が創設され、行政処分としての「措置制度」から自ら選択・決定する「利用・契約制度」へと移行した。さらに二〇〇四年には再度障害者基本法が改正され、障害を理由とする差別禁止規定が追加された。二〇〇五年に公布された障害者自立支援法は、障害者基本法に則り、障害種別ごとに異なる法律によって提供されてきた福祉サービスや公費負担医療などを、一元的に提供する仕組みが導入された。

従来、障害者福祉の分野においては身体障害者、知的障害者、精神障害者、児童福祉に関する福祉施策が、それぞれの法律に基づいて講じられてきたが、障害者自立支援法の成立以降は、基本的には同法に基いて行われることとなった。障害者自立支援法の目的は、①障害者が一人ひとりその能力や適性を有するという考え方に立ち、それに応じた個別の支援を行う、②自立した日常生活や社会参加を支援する、③障害者や障害児の福祉の増進とともに、障害の有無にかかわらず国民が相互に人格と個性を尊重し安心して暮らすことができる「地域社会づくり」を進める、ことを目的としている（村井 2010：98-99）。

このように障害者自立支援法のもとで再編成された障害者福祉施策であるが、その背景には障害者基本計画が存在する（図9－2）。同計画は、「『リハビリテーション』及び『ノーマライゼーション』の理念を継承するとともに、障害者の社会への参加、参画に向けた施策の一層の推進を図るため、二〇〇三年度から二〇一二年度までの一〇年間に講ずべき障害者施策の基本的方向について定めるもの」であり、障害者自立支援法もそのもとに位置付けることができる。

二〇一三年から二〇一七年にかけては第三次障害者基本計画の下で、防災対策などにもより配慮がなされるようになった。さらに二〇一八年から二〇二二年にかけては第四次障害者基本計画を通じた施策が実施される予定である。

障害者自立支援法について

以上のように、障害者自立支援法の成立は「措置」から「契約」へと移行する上で画期となるものであった。村井（2010）によれば、その要点は、①障害者福祉サービスの一元化、②利用者本位のサービス体系の再編、③就労の抜本的強化、④サービス支給決定の透明化と明確化、⑤制度支持の仕組みの強化、⑥サービス体系における機能の重視、であった（村井 2010：99-101）。

①障害者福祉サービスの一元化については、従来の障害の種別や年齢での区別はなくそうとするものである。障害者へのサービスは、基本的に住民サービスと位置づけられており、市町村が実施主体であった。他方、障害児施設、精神障害者の社会復帰施設など一部は都道府県が実施主体であった。利用者の立場に立ったとき、サービスによって実施主体が違うことは利便性が低かった。そのため、障害者自立支援法では市町村が福祉サービスの提供に関する事務を一元的に行うこととし、国と都道府県はそれを支援する仕組みにあらためた。さらに、公費負担医療については、従来、精神通院医療、更生医療、育成医療の各々で異なる負担制度であったが、利用者負担の仕組みの共通化、支給認定手続きの共通化、指定医療機関制度の導入などを図るため自立支援医療制度が新設された。

②利用者本位のサービス体系の再編は、従来の障害者福祉制度のもとでは障害種別ごとに複雑であった施設・事業体系を簡素化するものである。障害者自立支援法では、障害者の自立を支援する理念に立ち、サービス体系を従来の三三種類に分かれた施設体系から六つの事業に再編し、地域生活支援や就労支援のための事業や重度障害者を対象としたサービスを創設した。加えて、従来の二四時間入所施設で援助する形態を日中活動と生活の場に分離し、地域で生活することを基本にすえた。

③就労の抜本的強化については、福祉施設から一般就労への移行を進めることを大きな柱としている。表9-1に見られるように、知的障害者や精神障害者は依然として常用雇用の比率が低かった。そのため、就労移行支援事業、就労継続支援事業を創設した。就労を希望する者に対しては、期限を設け、就労に向けたプログラムに基づいて知識や能力を身につけることにより、一般就労の促進を図る。また、障害福祉施策と雇用促進施策の有機的な連携を図り、障害者の雇用を推進することを目指している。

障害者基本法	•第９条　政府は，障害者の福祉に関する施策及び障害の予防に関する施策の総合的かつ計画的な推進を図るため，障害者のための施策に関する基本的な計画を策定しなければならない •（2011年の改正により，現在は第11条）
⇩	
障害者基本計画	•この障害者基本計画においては，新長期計画における「リハビリテーション」及び「ノーマライゼーション」の理念を継承するとともに，障害者の社会への参加，参画に向けた施策の一層の推進を図るため，2003年度から2012年度までの10年間に講ずべき障害者施策の基本的方向について定めるものである
⇩	
重点施策実施５カ年計画	•障害者基本計画の後期５年間における諸施策の着実な推進を図るため，2008年度からの５年間に重点的に取り組むべき課題について，120の施策項目及び57の数値目標及びその達成期間等を定める
⇩	
第３次障害者基本計画	•2013年度から2017年度までに，新たに「安全・安心」,「差別の解消及び権利擁護の推進」,「行政サービス等における配慮」の３分野を加えて計画を策定した

図９-２　障害者基本法及び障害者基本計画

出所：内閣府（2012）『平成24年版　障害者白書』25頁及び（2014）『平成26年版　障害者白書』７頁より作成。

表9-1　身体障害者、知的障害者、精神障害者の就業実態
（2006年7月1日時点）　　（単位：％）

	身体障害者	知的障害者	精神障害者
常用雇用	48.4	18.8	32.5
自営・家族従業者	21.1	10.8	7.9
会社等役員	9.9	0.0	5.3
臨時雇・日雇・内職	4.9	3.7	3.5
授産施設・作業所等	6.5	59.1	37.7
その他・不詳	9.2	7.5	13.2

出所：内閣府（2012）『平成24年版　障害者白書』22～23頁。

④サービス支給決定の透明化と明確化については、障害福祉サービスの支給決定について、サービス支援の必要度を明らかにするため、障害者の心身状態の評価項目を決め、それに従って障害程度区分を決定することとした。障害程度区分決定に際しては、まず市町村による障害者との面接により聴き取り調査が行われるが、その結果をもとに一次判定が行われ、さらに有識者で構成される市町村審査会で審査を経て、最終的に市町村が決定する。地方公共団体間の支給決定プロセスに大幅な差異が生じないための対応策を講じるとともに、支給決定の透明化をはかった。

⑤制度支持については利用者負担を強化した。戦後の措置制度から支援費制度まで、所得に応じて利用者負担が決められる応能負担の考えに基づいていた。支援費制度では、障害者福祉サービスの大幅な増大は、財政上の問題を生じさせた。そこで障害者自立支援法では、障害者にもサービスの量に応じて負担する体制に移行した。

⑥サービス体系における機能の重視については、個々の障害者の障害程度や勘案すべき事項（社会活動や介護者、居住等の状況）を踏まえて、個別に支給決定が行われる自立支援給付と、市町村が創意工夫により利用者の状況に応じて柔軟に実施される地域生活支援事業から構成されている。自立支援給付は、障害程度区分の認定対象となる「障害福祉サービス（介護給付と訓練等給付）」と「その他（補装具、自立支援医療、サービス利用計画作成）」に区分される。自立支援給付のうち、介護給付は、居宅介護、重度訪問介護、行動援護、療養介護、生活介護、児童デイサービス、短期入所、重度障害者等包括支援、共同生活介護、施設入所支援があり、訓練等給付は、自律訓練、就労移行支援、就労継続支援、共同生活援助がある。地域生活支援事業は、相談支援、移動支援、コミュニケーション支援、日常生活用具の給付等、地域活動支援センターなどがある。

自立支援法に関する財政

他方、日本の障害者福祉は他のサービス同様、国と地方の事務が融合しているため、政府レベル毎の負担割合は必ずしも事務配分通りではない。

障害者自立支援法に関する予算は次の五点に分けることができる。①地域生活支援事業に必要な経緯を補助する地域生活支援事業費補助金、②精神障害者に関する施設が旧施設体系として存続する場合の運営に関する費用を補助するための精神障害者社会復帰施設等運営補助金、③障害程度区分認に関する費用を補助するための障害程度区分認定等事業費補助金、④障害者自立支援法に基づいて介護サービスなどを提供した場合に必要な費用を負担するための障害者自立支援給付費負担金、⑤障害者自立支援法に基づき自立支援医療を提供するために費用を負担するための障害者医療負担金である（山本 2010：90）。

他には障害児に関する予算であり、次の三点である。①重症心身障害児通園事業や発達障害者支援開発事業などの経緯を補助するために必要な費用を補助する児童保護費等補助金、②児童福祉法

に基づいて障害児施設に入所するために必要な費用を負担する児童保護費等負担金、③特別児童扶養手当等の支給に関する法律に基づいて、重度の障害をもつ子どものいる保護者に対して特別児童扶養手当である。加えて、点字図書館の運営などに必要な経費は国の負担である（同 2010：91）。

障害児サービスについては、介護給付費、障害児施設給付費、その他の児童福祉施設措置費のいずれも国が二分の一を負担することになった。市町村が負担するのは障害者自立支援法に基づく介護給付費部分であり、割合も四分の一であった。こうした特徴は障害者自立支援法に限って見ても同様である。自立支援給付のうち、市町村が負担するのは介護給付と訓練等給付費、自立支援医療の更生医療部分、補装具についてであり、負担割合は四分の一であった。地域生活支援事業についても市町村が実施する部分について四分の一を負担するだけであった。

障害者総合支援法

二〇一二年六月には障害者自立支援法の一部を改正した障害者総合支援法が成立した。同法では障害者の範囲を見直しており、「制度の谷間のない支援を提供する観点から、障害者の定義に新たに難病等を追加し、障害福祉サービス等の対象」としている。①重度訪問介護の対象の拡大、②ケアホームのグループホームへの一元化、③地域移行支援の対象拡大、④地域生活支援事業の追加、であった。

まず、①重度訪問介護の対象の拡大については、重度の肢体不自由者その他の障害者であって常時介護を要するものとして厚生労働省令で定める。現行の重度の肢体不自由者に加えて、重度の知的障害者・精神障害者に対象拡大するものである。

次に、②ケアホームのグループホームへの一元化は、障害者の地域移行を促進するために、地域生活の基盤となる住まいの場を確保することが目指されている。ケアホームは介護保険事業の一部として実施されるものであるため、介護保険と障害者福祉の部分的な統合とみることもできる。

③地域移行支援の対象拡大については、現行の障害者支援施設等に入所している障害者又は精神科病院に入院している精神障害者に加えて、その他の地域における生活に移行するために重点的な支援を必要とする者であって、厚生労働省令で定める者を追加することとなった。

最後に、④地域生活支援事業の追加については、市町村が実施する事業として、障害者に対する理解を深めるための研修・開発、障害者やその家族及び地域住民等が自発的に行う活動に対する支援、市民後見人等の人材の育成・活用を図るための研修、意思疎通支援を行う者の要請、などがある。都道府県については、意思疎通支援を行う者のうち特に専門性の高い者を養成するか派遣する事業、意思疎通を行う者の派遣に係わる市町村相互間の連絡調整等広域的な対応が必要な事業、が追加された。

なお、自立支援法と同様に、サービスは自立支援給付と地域生活支援事業に分類される。こうした分類に合わせて政府レベル毎の財源の負担率も定められている。表9-2からわかるように、自立支援給付についても地域生活支援事業についても国の負担は二分の一程度である。二〇一五年度の国の障害者施策関係予算は、一兆七二三三億円であった。国の障害者政策関係予算を分野別にみると、最も多い「生活支援分野（相談支援体制の構築や障害児支援の充実など）」が一兆一三三〇億円、二番目に多い「保健・医療分野（保健・医療の充実や難病に関する施策の推進など）」が三六六九億円、三番目に多い「雇用・就業・経済的自立の支援分野（総合的な就労支援や障害者雇用の促進など）」が二〇〇六億円であった。このように二〇一五年度は上位三分野で九八％を占めており、特に「生活支援分野」に含まれる相談支援体制の構築事業の予算額は九八二五億円にのぼっており全体の五七％程度の規模である。

　なお、国庫負担については柔軟な仕組みを採用している。具体的には、介護の必要度が高い者が市町村にはその人数に応じて国庫負担をし、市町村内でサービスの利用が少ない者から多い者へと流用することが可能な制度となっている。

表９－２　障害者総合支援法における財源の負担率

	自立支援給付	地域生活支援事業	
		都道府県	市町村
国	1/2	1/2以内	1/2以内
都道府県	1/4	1/2	1/4
市町村	1/4 （利用者負担分除く）	—	1/4

出所：筆者作成。

市町村の単独事業

　以上のように市町村における障害者福祉は国や都道府県と一体となって運営されるものが多いが、市町村の独自の事業も存在する。

　例えば大阪市では、「市営交通料金福祉措置」や「障がい者スポーツセンター運営費」、「障がい者リハビリテーション促進事業」などの独自の事業を行っている。

　このうち「市営交通料金福祉措置」とは、「身体・知的障がい者の自立と社会経済活動への積極的な参加を促すため、大阪市に在住する身体障がい者手帳、療育手帳の交付を受けている方等に対し、障がいの等級等に応じて、無料乗車証または乗車料金割引証を交付する」事業であり、二〇一六年度予算規模は一五億七九八万円となっている。「障がい者スポーツセンター運営費」として二〇一六年度に六億七五〇一万円が計上されている事業では、「障がい者に対し、スポーツ及びレクリエーション活動の機会を提供するとともに、障がい者のスポーツに関する講習会等を開催することにより、障がい者の自立と社会参加を促進し、障がい者福祉の増進に寄与」し、「施設の老朽化に伴う破損等を改修し、施設利用者の安全安心を確保する」ことが目指されている。また、「障がい者リハビリテーション促進事業」は、「障がい者等に対して、継続して自立した生活を送ることができるよう、生活介護などの障がい福祉サービス事業所において、理学療法士などの専門職を確保するための経費を支給することにより、リハビリテーション提供体制を整え、障がい者等の自立と社会参加を支援し、障がい福祉の増進を図ることを目的」とし、二〇一六年度には一〇三一万円が予算計上されている。

障害者福祉と負担の変化

　前述したように障害者総合支援法のもとでは、対象者が拡大する見込であるが、障害者自立支援法を基本的に踏襲するものである。すなわち、応益負担を前提とした障害者支援制度の枠組みは残ることとなる。地域生活支援事業を除いた自立支援給付は九割が公費負担で、残りの一割は利用者が事業者に支払うのである。ここで現制度の応益負担についてやや詳細に見ると次のとおりである。

　利用者のサービス利用負担は、サービス量に応じた応益負担で、施設での食費や高熱水費は実費負担となる。利用料の設定は低所得者に配慮して、各種の軽減措置がとられている。①月額負担に対する上限設定、②高額障害福祉サービス費の支給、③入所施設などの利用者に関する個別減免、④通所サービス、ホームヘルプサービスなどの利用者に対する社会福祉法人減免、⑤施設での食費、光熱費の実費負担の減免、⑥生活保護移行防止策としての実費負担減免がある（石橋 2010：165）。

　以上のように、サービス利用者は応益負担を強いられながら、種々の負担軽減措置を受けることとなる。利用料負担の導入については、利用料の一部を支払うことによって権利性が明確になり、利用者と支援者の対等な関係の構築が可能になるという考え方もできる。他方、十分な所得保障がなされていない利用者が直接利用料を支払うことは希であり、利用料の負担によってサービスの利用を控えるという可能性もあった。

また、二〇〇三年に導入された支援費制度では、利用者が事業者と対等な立場でサービス提供者を選び、契約により利用できる制度であり、措置制度からの転換として期待された。その結果、利用者の増加が財政の逼迫を招いた。代わって導入された障害者自立支援法は、保険方式ではなかったものの、障害程度区分認定や利用料の応益負担、食費・光熱水費の自己負担、自立支援など介護保険に類似したものであった。

こうした問題点に対して障害者総合支援法では、世帯の所得状況に合わせて負担上限月額を設け、応能負担を重視するようになっている。具体的には、生活保護受給世帯及び市町村民税非課税世帯においては負担上限月額を〇円としている。市町村民税における所得割が一六万円未満の障害者については、居宅サービス利用について九三〇〇円を上限としている。また、所得割二八万円未満の世帯の障害児にあっては、居宅・通所サービス利用について四六〇〇円が上限である。なおそれ以外の負担上限月額は三万七二〇〇円となっている。

このように応益負担を前提としながらも応能負担を加味した負担上限を設定することで、措置から契約への移行にともなうサービス利用者の負担問題を解消しようとしてきたのである。

介護保険との統合について

なお、障害者自立支援法の制定以降、介護保険と障害者福祉の共通部分が設定されるようになってきている。自立支援法のサービス内容のうち、自立支援給付の介護給付が介護保険との共通部分となり、障害者福祉は訓練等給付・自立支援医療・補装具と地域生活支援事業とされてきた。自立支援法においては、介護給付は介護保険への移行を前提としていることがうかがわれ、介護保険との統合が難しいと考えられるガイドヘルプ等の移動介護や介護を必要としない障害者が利用するグループホームは、介護給付からはずされ、障害者福祉の独自分野に再編されている（平野 2007：52-53）。また前述したように、ケアホームのグループホームへの一元化など部分的な統合がみられる。

しかし、財源面から介護保険と障害者施策の統合を考えると、新たな負担の調整が必要となる。高齢化社会で急増する費用をまかなうための介護保険制度では、利用者負担に加えて保険料の納付が必要であり、市町村単位で第一号保険料が三年毎に見直されてきている。ただし、障害者施策の利用者負担は上限を設けた定率負担であり、両制度の負担には依然として隔たりが存在している。

その他の制度

その他にも、身体障害者福祉司や民生委員、身体障害者相談員が設置されている。

身体障害者福祉司は、身体障害者更生相談所及び市町村の設置している福祉事務所に配置されているが、都道府県の身体障害者福祉司の場合は次の通りである。①市町村の援護の実施に関し、市町村相互間の連絡調整、市町村に対する情報の提供、その他必要な援助を行うこと、及びこれらに付随する業務のうち、専門的な知識及び技術を必要とするものを行うこと。②身体障害者に関する相談及び指導のうち、専門的な知識及び技術を必要とする者を行うこと、である。市町村の身体障害者福祉司の場合には、①福祉事務所の職員に対し、技術的指導を行うこと、②身体障害者の相談に応じ、その生活の実情、環境などを調査し更生援護の必要の有無及びその種類を判断し、本人に対して、直接に、又は間接に、社会的更生の方途を指導すること並びにこれに付随する業務のうち、専門的な知識及び技術を必要とするものを行うこと、である（新社会福祉学習双書編集委員会 1999：110-111）。

なお、以上の相談事業について、身体障害者福祉司の費用は、社会福祉費として地方交付税における基準財政需要額に算入されることとなっている。二〇一五年度においては、標準団体として設定されている人口十万人の地方公共団体では、福祉事務所は一カ所設置されるものと想定されている。

他方、民生委員は、民生委員法第五条によって、都道府県知事、指定都市市長又は中核市市長の推薦によって、厚生大臣が委嘱することになっている。二〇一二年度末においてその人数は、約二十三万人である。民生委員の職務は、民生委員法第一四条によって、①常に調査を行い、生活状態を審らかにしておくこと、②保護を要する者を適切に保護指導すること、③社会福祉事業施設と密接に連絡し、その機能を助けること、④福祉事務所その他の関係行政機関の業務に協力すること、と規定されているが、身体障害者福祉法第一二条の二では、より具体的に「民生委員は、この法律の施行について、市町村長、福祉事務所の長、身体障害者福祉司又は社会福祉主事の事務の執行に協力するものとする」と規定されている（同 1999：110-111）。

身体障害者相談員は、都道府県、指定都市、中核市から委託された者である。身体障害者相談員の業務は、同条の規定によって「身体に障害のある者の福祉の増進を図るため、身体に障害のある者の相談に応じ、及び身体に障害のある者の更生のために必要な援助を行うこと」とされている。一般的に、身体障害者自身が相談員となっている例が多い。身体障害者相談員は個人のプライバシーにかかわることがあることから、個人の人格を尊重し、その身上に関する秘密を守らなければならないとされている（同 1999：110-111）。

「契約」の時代に入った障害福祉サービスでは事業者の民間事業者の経営も重要な要素となる。実際にサービスの提供者の多くは、社会福祉法人やＮＰＯ法人、有限会社や株式会社である。事業者の受け取る給付費は報酬単価をもとに計算される。報酬単価は市町村から介護事業者に支払われる介護サービスの単価である。この報酬単価は、利用者の要介護度や介護サービスを提供する時間、施設であれば入所定員数などにより異なる。また、介護報酬には加算制度がある。一定の要件を満たした場合、給付費に上乗せして報酬単価が計算される。報酬単価は、基本部分と加算を合計して算出する。この報酬単価は、原則として一単位一〇円として計算される（山本 2010：97-98）。

このように複数の制度や多様な供給主体が一体となって障害者福祉の供給者たる身体障害者福祉司や民生委員、身体障害者相談員を設置している。財政支出は、政府部門が目的を果たすために財をつくりだして供給する現物給付と、政府部門から民間部門へと貨幣を移転する現金給付に大別することができる。先に図９‐１で触れたとおり、障害者福祉サービスは現物給付が中心となるが、その具体的内容は障害者福祉サービスに関わる人の人件費が主である。この点については、二〇一五年度の国の障害者関係予算において相談支援体制の構築事業が過半を占めていたことからも理解できる。

障害者福祉の関連施策

ただし、直接障害者福祉サービスとしてまとめられない中にも、次のような関連施策が存在することについても忘れてはならない。具体的には、①保健・医療、②教育、③雇用・就労、④年金・手当、⑤住宅、⑥生活環境支援・情報通信・公共施設の整備、⑦経済的負担の軽減、などである。先述した市町村の単独事業についてもこうした関連施策に含まれるといえよう。

①保健・医療に関する施策には、出産前の親を対象とする予防的な施策、出生後の乳幼児期に発達状況を医学的に診断し、障害の早期発見、早期治療と支援に結びつける施策、障害のある子ども

や大人に医療費を保障したり、軽減したりする施策である。②教育に関しては、盲学校・聾学校・養護学校という特別の教育の場を設け、障害の種類や程度に応じて、さらに特殊学級での教育や通級による指導を展開してきた。ただし、二〇〇七年より、特別支援教育が実施されている。これまでの障害児教育の体系が再編され、学習障害児や注意欠陥／多動性障害児などへの支援も含め、普通教育の在り方も問い直されている。③雇用・就労については、一般就労支援と福祉的就労に分類できる。障害者の就労支援の大きな課題は、授産施設や作業所など障害者のために設けられた場で働く福祉的就労から、一般就労への移行を実現し、安定した就労を継続することにある。④年金・手当については、国民年金制度における障害福祉年金があり、その他に特別障害者等の支給も存在する。⑤住宅については、公営住宅や住宅資金の融通、住宅改修費給付などがある。⑥生活環境支援・情報通信・公共施設の整備については、ユニバーサルデザインによるまちづくりやバリアフリー化の支援などである。⑦経済的負担の軽減については、所得税及び住民税の障害者控除、同居特別障害者扶養控除の他、生活扶助を受けている場合の住民税の非課税や自動車税、軽自動車税、自動車取得税の減免、個人事業税の軽減、関税の免除、相続税及び贈与税の減額などがある。加えて、水道及び下水道料金の減免や公共交通機関の利用料金の割引制度もある（牧野田・春見 2007：115-148）。

4　財政再建下のノーマライゼーション

戦後の障害者福祉はノーマライゼーションを一つの柱として展開される一方で、同時にそうした施策は財政再建の中で制約をうけることとなった。特に、自主財源の乏しい日本の市町村では、ノーマライゼーションの理念に沿って政策を展開しようとしても、実際には国の負担がなければ困難であった。措置から契約へと移行する段階において、租税資金が投入されなければ、サービス利用の負担増による制限がかかることとなり、障害者福祉の政策目的と実態とが乖離する。

こうした傾向は、本章の冒頭で触れたように、障害者福祉を誰が供給するのかという点とも関わってくる。租税資金を主とした政府部門の歳出を収入源として民間事業者がサービスを提供している場合は、政府部門と民間事業者が共同で障害者福祉を担っているといえよう。ただし、その政府部門の歳出が不足すればサービス供給量が減少し、その負担は家族へと移ることとなる。障害者福祉の理念の実現のためには、現時点で主たるサービス供給者である市町村が必要とする財源の保障を考えていく必要があろう。

参考文献

阿部耕典（2010）『ポスト障害者自立支援法の福祉政策——生活の自立とケアの自律を求めて』明石書店。

石橋敏郎（2010）『わかりやすい社会保障論』法律文化社。

落合恵美子（2008）「アジアにおけるケアネットワークと福祉ミックス——家族社会学と福祉社会学との結合」『家族研究年報』三三。

佐藤久夫・小澤温（2010）『障害者福祉の世界』有斐閣。

新社会福祉学習双書編集委員会（1999）『障害者福祉論1』全国社会福祉協議会。

内閣府（2012）『平成24年版　障害者白書』。

———（2014）『平成26年版　障害者白書』。

平野方紹（2007）「障害者自立支援法の施行と自治体財政」ぎょうせい編『地方財務』第六三九号、四八～五六頁。

牧野田恵美子・春見静子編著（2007）『新版　障害者福祉論』建帛社。

村井龍治編著（2010）『障害者福祉論』ミネルヴァ書房。

山本隆・山本惠子・岩満賢次・正野良幸・八木橋慶一（2010）『よくわかる福祉財政』ミネルヴァ書房。

Bengt Nirje (1998) *The Normalization Principle Papers.*（河東田博・橋本由紀子・杉田穏子・和泉とみ代訳『ノーマライゼーションの原理——普遍化と社会変革を求めて』現代書館、二〇〇二年）。

OECD "Social Expenditure Statistics Database" (http://dx.doi.org/10.1787/data-00166-en) 二〇一五年五月一一日参照。

第10章 生活保護制度と財政

沼尾波子

突然、家族や自分が働けなくなってしまったら、私たちは生活を維持できるだろうか。高齢、失業、疾病などの理由で就労できずに所得を喪失するリスクに備えて、多くの国では年金や雇用保険、医療保険など各種の社会保険が整備されている。しかし、それでもなお最低生活水準を維持できないとき、その暮らしを保障するのが公的扶助である。日本では生活保護制度がこれにあたり、その財源は我々の負担する租税等によって賄われている。本章では、生活保護制度の現状と課題について整理し、生活保護を取り巻く財政上の課題について考察する。

1 公的扶助と生活保護制度

所得保障と公的扶助

本章で取り上げる生活保護は所得保障制度の一つである。所得保障とは、所得の減少・中断・喪失や医療費など必要な支出の増大により生活の維持が困難となった場合、必要な所得を保障することをいう。所得保障には二つの考え方がある。一つは従前の所得を保障する従前生活保障であり、もう一つは、人として生活するうえで必要な最低限の生活水準の保障を行う最低生活保障である。年金や雇用保険などは、就労時の所得を基準として、その一定割合を退職後・失業後にも保障するという考え方に立っている。これは社会保険によって賄われることが多い。それに対して、本章で取り上げる生活保護は、最低生活保障の考え方にたって生活に必要な所得を保障するものであり、その費用は租税負担によって賄われている。さらに補足すれば、日本の生活保護制度では、こうした所得保障と併せて、被保護者に対する生活や就労相談などの自立支援に向けたサービス提供が行われていることに留意しておきたい。

日本の公的扶助制度

生活保護の歴史を紐解くと、一八七四年の恤救規則にさかのぼる。これは、身寄りがなく、高齢・幼少・疾病・障害により生産活動に従事できない極貧の者に米を給与するという制度であった。だが、実際には地縁・血縁による相互扶助を前提とし、それに頼れない人々のみを救済するという限定的な扶助制度であった。政府による生存権保障はまだ未整備だったのである。

やがて一九二九年には救護法が制定され、政府の救護義務が明確にされた。生活扶助・生業扶助といった扶助区分の考え方が設けられるとともに、市町村長による救護実施の原則や、救護費用に関する国庫補助の考え方が法律に明記され、現金給付が開始された。

その後の戦時体制下では、徴兵により残された家族や戦死した遺族に対する国家の保障が問題となり、軍事扶助法、母子保護法、医療保護法、戦時災害保護法など、複数の公的扶助制度が創設された。

また終戦後の混乱期には、戦災や戦地からの引揚げなどにより、大量の生活困難者が発生したことから、一九四五年には生活困窮者緊急生活援護要綱が閣議決定された。これは終戦後の混乱状態において生活に困った者に対し、とりあえず予算措置で生活援護を行うという考え方に基づいて制定されたものである。生活援護基準についての規定はなかったが、実際には救護法の規定よりも扶助基準の高い軍事扶助法の規定が用いられ、政府による救済が行われた。

一方この時期に、GHQ（連合軍総司令部）は民主化推進の一環として、日本政府に対して社会政策に関する覚書を提出する。これを受けて一九四六年に制定されたのが（旧）生活保護法である。これにより、無差別平等、国家責任に基づき、国の直接責任によって行われる公的扶助制度が誕生したのである。

この（旧）生活保護法にはいくつかの問題があるとされた。第一に、この法では国の扶助義務を認めていたものの、国民が生活保護を請求する権利（請求権）は認められていなかった。第二に、旧法では、品行が著しく粗悪な者は保護の対象から除外されていた。第三に、一九四九年に公布された日本国憲法第二十五条における生存権規定との関係が問題となった。旧法では社会権に関する規定がなかったのである。これらの点を改正する形で、一九五〇年に（新）生活保護法が制定された。今日の生活保護制度はこの法を基本として成り立っている。

生活保護制度の原理・原則

では、生活保護制度の基本的考え方についてみてみよう。生活保護は、憲法第二五条（「すべて国民は健康で文化的な最低限度の生活を営む権利を有する」）の理念に基づき、「国が生活に困窮する全ての国民に対し、その困窮の程度に応じて必要な保護を行い、その最低限度の生活を保障するとともに、その自立を助長することを目的とする」制度とされている（＝生活保護法第一四四条）。

生活保護法では三つの原理が定められている。第一に無差別平等の原理である。全ての国民は、生活保護法に定める要件を満たす限り、生活保護法による保護を、無差別平等に受けることができるというものである。ここでいう無差別平等とは、生活困窮の要因や人種、信条、性別、社会的地位等により優先的もしくは差別的取り扱いを受けないという意味である。第二に最低生活の原理である。ここでは、「生活保護法により保障される最低限度の生活は、健康で文化的な生活水準を維持することができるものでなければならない」とされている。第三は補足性の原理である。保護を受ける場合、生活に困窮する者はまず、その利用しうる資産、能力その他あらゆるものを、その最低限度の生活の維持のために活用することが要件とされ、他の公的な支援制度の活用も行ったうえで、それらをもってしても、最低限度の生活水準を維持できないという場合に、生活保護の給付が可能となるというものである。ここでの「あらゆるもの」とは、不動産や自動車、預貯金等の資産の活用はもちろんのこと、自力での就労や、扶養義務者による扶養なども、保護に優先される。

　これらの原理に加えて、生活保護には、以下の四つの原則が定められている。第一に申請保護の原則である。保護は、保護を必要とする者、その扶養義務者又はその他の同居の親族の申請に基づいて開始するというもので、保護を受けるには、要保護者が自ら申請する必要がある。第二に基準及び程度の原則である。保護は、厚生労働大臣の定める基準により測定された需要を基準とし、そのうち、その者の金銭又は物品で満たすことのできない不足分を補う程度とされている。第三に必要即応の原則である。保護は、保護を必要とする者の年齢・性別・健康状態等その個人又は世帯の実際の必要の相違を考慮して、有効かつ適切に行うこととされている。そして第四に世帯単位の原則が挙げられる。生活保護は、原則として、世帯単位でその要否及び給付水準を定めることとされている。

生活保護基準と給付額算定

これらの原理・原則に基づき、支給される保護費の額は、厚生労働大臣が定める基準で計算される最低生活費から収入を差し引いた差額として計算される。また、要保護者の年齢・性別・世帯構成・所在地域等の実情に応じて、最低限度の生活の需要を満たすのに十分な水準を確保するということから、最低生活費の算定は、図10－1のような体系に基づいて実施される。実際の保護費の給付水準は、生活扶助についてみると表10－1となっており、このほかに住宅扶助、教育扶助などが必要に応じて加算される。

　生活保護基準額の算定に当たっては、表10－2に示す通り、時代とともに様々な考え方が採用されてきたが、一九八〇年代半ばより水準均衡方式が採用されている。これは、保護基準額を一般消費水準の一定割合で均衡させる方式で、日本では一九八四年よりこの方式が採用され、一般消費水準の約六割を保障することとされてきた。しかしながら、近年、財政難のなかで、給付水準の見直しが進められている。二〇〇七年からは低所得層の消費実態との均衡を検証することとされ、二〇一三年から保護基準額の引き下げが行われてきた。

2　生活保護の現状と行財政運営

生活保護受給者の状況

生活保護の受給状況について示したのが図10－2である。第二次世界大戦後の混乱した状況の中で二〇〇万人を超えていた生活保護受給者数は経済成長と社会の安定にともなって、次第に減少していく。しかしながら、一九九五年を底として、その後再び上昇をはじめる。とりわけ二〇〇八年のリーマンショックを契機とした世界的な金融不況による失業者の増大を背景に、受給者数は急増した。その数は二〇一一年に二〇〇万人を突破し、その後も上昇を続け、二〇一五年には二一七万人に近づく水準となった。その後、受給者数は横ばいから微減で推移し、二〇一七年四月には二一四万人程度となっている。保護率は一九九五年の七‰（パーミル＝〇・七％）から上昇して、二〇一三年には一七・〇‰（一・七〇％）に達し、以後、ほぼこの水準を維持している（いずれも十月一日現在）。

　生活保護受給世帯のうち、最も多い割合を占めるのが高齢者世帯である。公的年金の未納・未加入等により、老後の生活が困難な人々が生活保護を受給しており、二〇一六年では保護世帯全体の

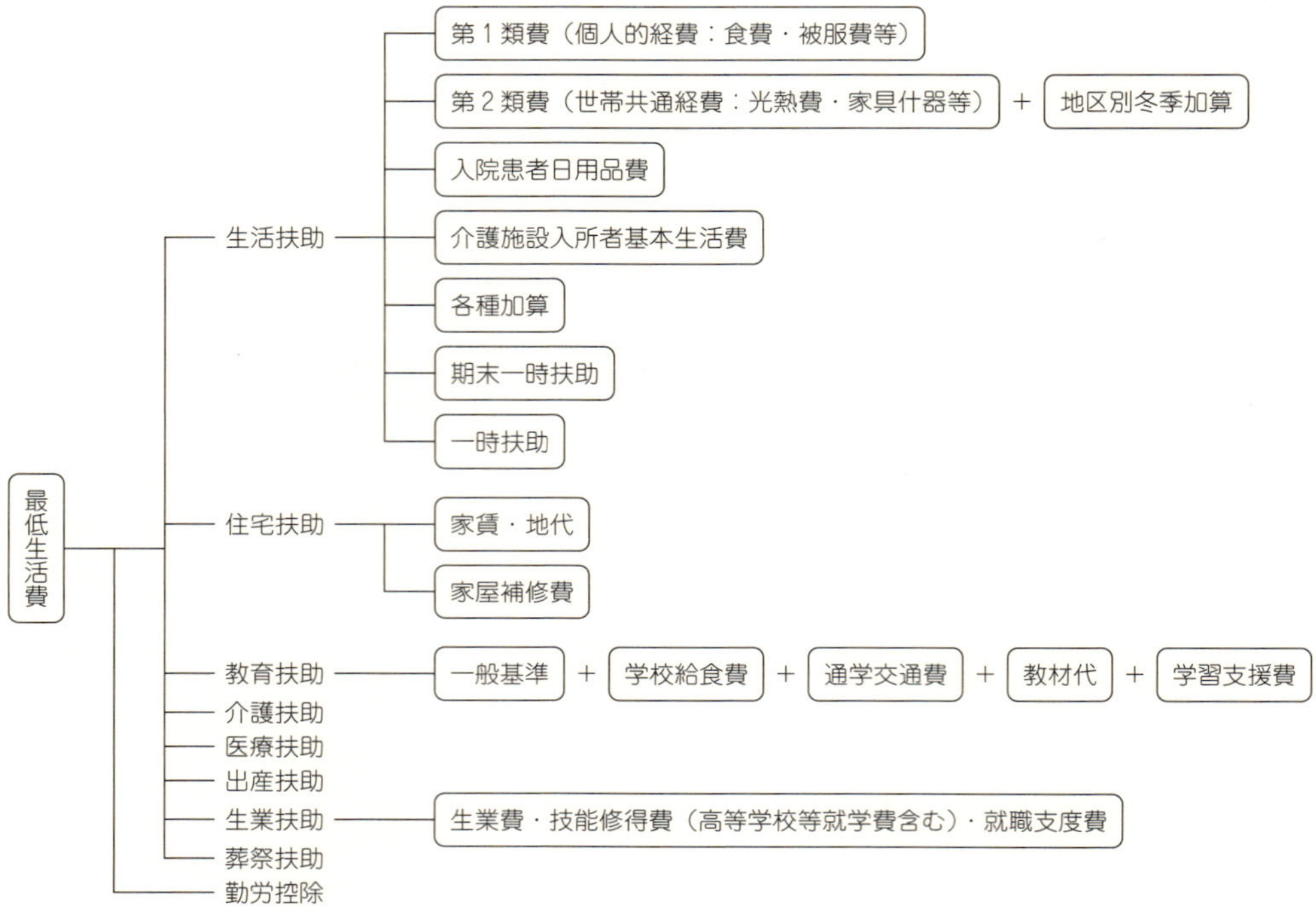

図10－1　最低生活保障の体系

出所：厚生労働省資料をもとに作成。

表10－1　生活扶助基準

①世帯類型別生活保護基準（生活扶助・2016年４月）　（単位：円）

	３人世帯（33歳男・29歳女・４歳子）	高齢単身世帯（68歳女）	高齢夫婦世帯（68歳男・65歳女）	母子世帯（30歳女・４歳子・２歳子）
１級地－１	160,110	80,870	120,730	189,870
１級地－２	153,760	77,450	115,620	183,940
２級地－１	146,730	73,190	109,250	174,860
２級地－２	142,730	71,530	106,770	171,940
３級地－１	136,910	68,390	102,090	164,820
３級地－２	131,640	65,560	97,860	159,900

注(1)：冬季加算（VI区×５/12)、児童養育加算及び母子加算を含む。
(2)：この他に、必要に応じて住宅扶助、医療扶助、教育扶助などが加算される。
出所：厚生労働省社会援護局・保護課「生活保護制度の概要等について」。

②生活扶助基準の推移（各年４月１日改定、月額：標準３人世帯　１級地－１）

	1994年	1995年	1996年	1997年	1998年	1999年	2000年	2001年	2002年	2003年
基準額（円）	155,717	157,274	158,375	161,859	163,316	163,806	163,970	163,970	163,970	162,490
対前年比（％）	101.6	101	100.7	102.2	100.9	100.3	100.1	100	100	99.1
	2004年	2005年	2006年	2007年	2008年	2009年	2010年	2011年	2012年	2013年
基準額（円）	162,170	162,170	162,170	162,170	162,170	162,170	162,170	162,170	162,170	156,810
対前年比（％）	99.8	100	100	100	100	100	100	100	100	96.7

注(1)：児童養育加算を含まない。
(2)：生活扶助基準額は2013年８月の改定より年齢・世帯人員・地域差などで改定率が異なるようになった。表の2013年の値は８月１日の改定によるもので、33歳、29歳、４歳の３人世帯の場合である。
出所：国立社会保障人口問題研究所『社会保障統計年報』。

表10－2　最低生活保障水準の算定方式の推移

算定方式	導入年度	考え方
マーケット・バスケット方式	1948～1960年	米何g、下着何枚と一つ一つ積み上げて必要保障額を計算する方式。市場でバスケットに必要な品物を入れていき、必要額を計算するイメージから、こう呼ばれる
エンゲル方式	1961～1964年	低所得世帯ほど、家計の総支出に占める飲食物費の割合（エンゲル係数）が上昇するという法則を用いて必要保障額を計算する方式
格差縮小方式	1965～1983年	予算編成時に公表される政府経済見通しにおける民間最終消費支出の伸びを基礎とし、これに格差縮小分を加味して当該年度の生活扶助基準を算定する。一般国民と生活保護世帯との消費水準格差を縮小させるという考え方
水準均衡方式	1984年～現在	政府経済見通しにより見込まれる民間最終消費支出の伸び率を基礎とし、前年度の同支出の実績等を勘案して所要の調整を行ない生活扶助基準を算定する。生活扶助基準額は、一般国民の消費実態と対比してすでに妥当な水準に到達しているという認識のもと、格差縮小分を加えるという考え方がなくなる

出所：厚生労働省資料をもとに作成。

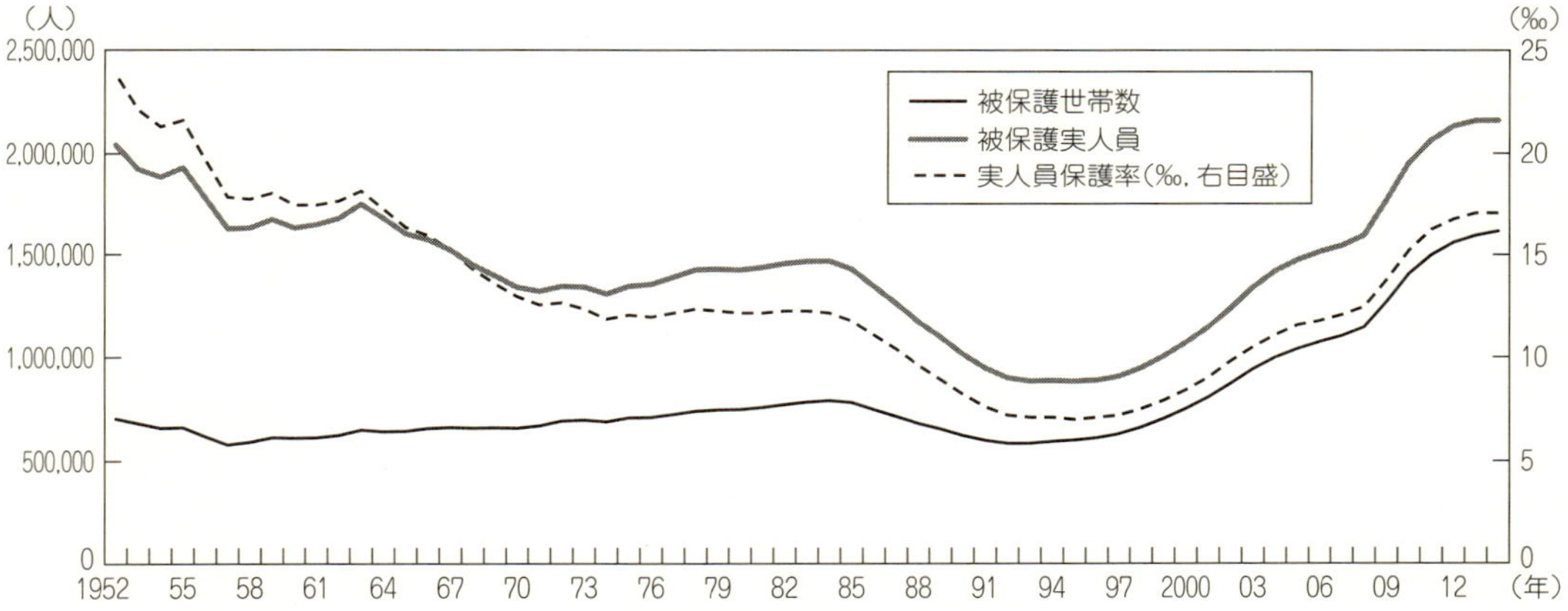

図10－2　生活保護受給世帯数、実人員、保護率の推移

出所：国立社会保障人口問題研究所『社会保障統計年報』。

約五〇％を占めている。他方で、二〇〇八年以降、失業者数増大等に伴い、二〇～五〇歳代の稼働年齢層で受給者数が大きく伸びる傾向がみられる。

受給者の居住地域をみると、大都市部に偏る傾向があり、二〇一四年では、被保護者の約四四％が、政令指定都市および東京都区部に居住している。また都道府県別にみると、保護率が比較的高いのは北海道および北東北、首都圏、関西以西となっており、南東北や中部地方の保護率は相対的に低い。

生活保護費の動向

図10－3は、生活保護費の推移を示している。被保護世帯数の増大にともない、保護費もまた増加の一途をたどっている。被保護者数が戦後最低水準となった一九九五年度に一兆四八四九億円だった保護費（施設事務費・委託事務費を除く）の水準は二〇一五年度には、三兆六七四六億円と二兆円以上も増加している。

生活保護費を支出目的別にみると（二〇一五年度）、医療扶助が四六・九％と最も大きく、それに生活扶助三三・七％、住宅扶助一六・一％が続く。その他の扶助の割合は非常に低い。

このように、日本の生活保護給付対象や給付費の動向をみると、この制度が、無年金者などの高

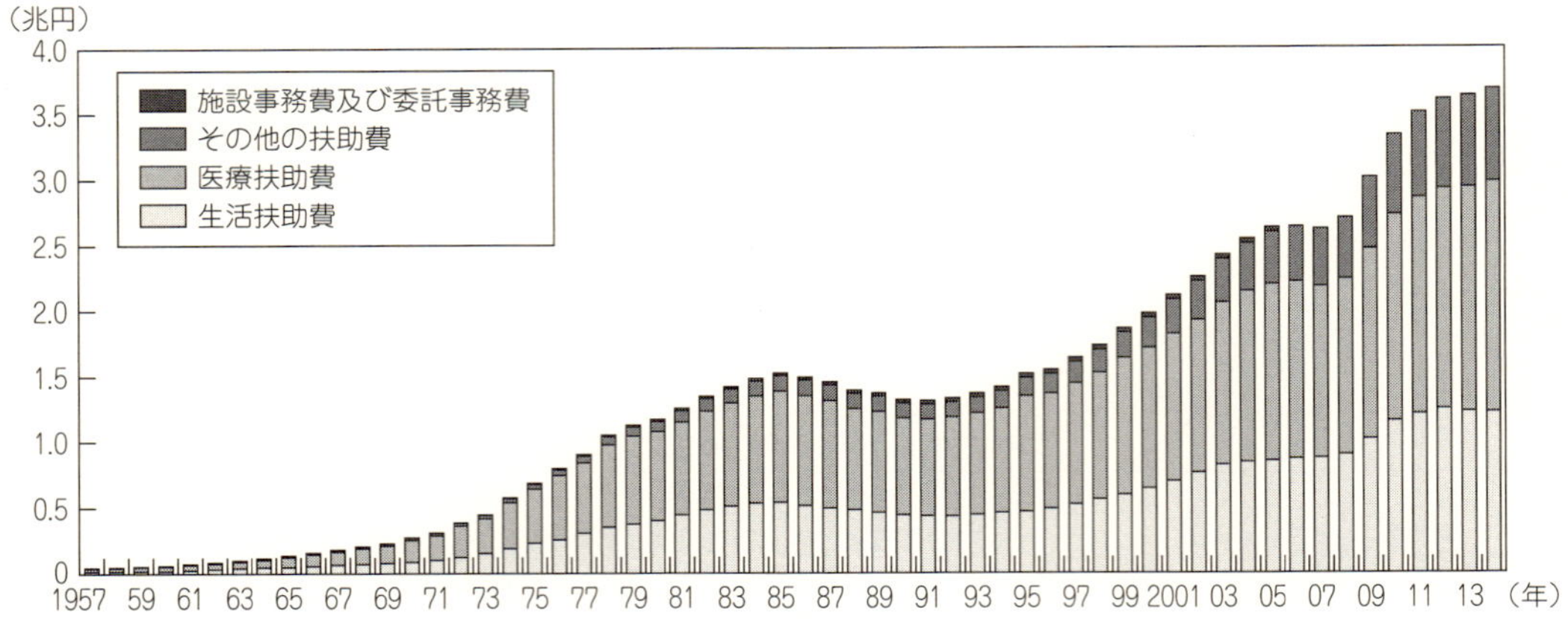

図10－3　生活保護費の推移

注：2005年度までは保護費総額に、生活扶助、医療扶助等の扶助費合計に加えて、施設事務費及び事務委託費が含まれている。
出所：国立社会保障人口問題研究所『社会保障統計年報』。

齢世帯の所得保障や、低所得者に対する医療扶助など、多様な生活保障機能を担っていることが分かる。

生活保護の行政体制

生活保護はナショナルミニマムとしての最低生活を保障するものであり、国が全国共通のルールを制定している。しかし、受給申請手続きや給付事務は、住民に身近なところに位置する地方自治体が実施することとされている。

生活保護費の支給を受けるまでには、以下のような手続きが必要である。まず、自治体が設置した福祉事務所での事前相談である。生活困窮者に対して、生活保護制度についての説明が行われるとともに、他の社会保障制度が活用できないかどうかについての検討が行われる。そのうえで保護が必要とみなされれば、保護の申請となる。困窮者からの保護申請を受けた後、福祉事務所では、預貯金や保険、不動産等の資産調査のほか、親族等の扶養義務者による扶養可否についての調査、年金や就労収入等の調査、さらに就労の可能性についても調査が行われる。これらの調査を経て、保護が必要と判断されると、保護費の支給が決定、開始される。例外的に、路上での行き倒れが発見された場合等では、福祉事務所が職権により急迫保護を行い、医療機関等へ入院させた後、事後的に保護の必要性について判定を行う場合もある。

保護費の支給が開始されると、担当職員（ケースワーカー）が定期的に訪問を行い、自立に向けた助言・指導を行う。

一連の生活保護に関する行政事務のうち、最低生活保障とそれに伴う指示・指導は法定受託事務とされ、自治体は、国が決めたルールや手順に基づいて業務を行う。一方、要保護者に対する助言・指導、および被保護者に対する相談・助言は自治事務とされ、地域の実情に応じて、自治体ごとに対応を図ることとされている。一連の事務については、都市部では市が、町村部では原則として都道府県が、それぞれ福祉事務所を設置して、業務を担当する。

福祉事務所では、ケースワーカー（現業員）のほか、係長級とされるスーパーバイザー（査察指導員）を置くこととされている。かつては、これら職員配置について国が定めた基準があり、都市部ではケースワーカーは被保護世帯八〇ケースにつき一名、郡部では六五ケースにつき一人と決められていたが、二〇〇〇年の地方分権一括法施行時に、この基準は目安としての「標準数」に改められている。

自治体では行政改革のなかで一九九〇年代半ば

以降、職員数の削減が行われてきた。これは生活保護行政においても同様である、多くの都市で、ケースワーカー一人が八〇ケースを超える世帯を担当している。中には平均するとケースワーカー一人が二〇〇ケースを超える世帯を担当する都市も見られる。

生活保護費の財政負担

生活保護費は全額公費負担とされている。その費用は国と地方自治体の両方が負担することとされ、負担割合は国：地方＝七五：二五である。地方負担は、市部においては原則として市が全額負担するのに対し、町村部では原則として都道府県が全額負担することとされている。この地方負担分は、国から地方交付税で措置されている。

すでにみたように、受給者数の増大に伴い、生活保護費の支出は大きく増大している。図10－4は、政府一般会計歳出決算額に占める生活保護費とその割合を示している。生活保護費は、景気の動向や制度改正等の影響で変化するものの、一九九〇年代半ばまでは減少傾向で推移する。ところが、一九九〇年代後半より、保護率の上昇とともに保護費自体も増大を見せ、一般会計歳出に占める保護費の割合もまた上昇していく。社会保障給付費全体が増大するなかで、生活保護費についても支出が増加する傾向にあることが見てとれる。

この傾向は自治体財政においても同様である。図10－5は自治体における民生費の支出を示しているが、そのなかに、生活保護費の動向ならびに歳出総額に占める生活保護費の割合をみることができる。地方の普通会計歳出総額に占める生活保護費の割合は一九九〇年代半ばに低下するが、その後は上昇を続け、二〇一四年度には四・一％にまで達している。

国も地方自治体も厳しい財政状況にあるなかで、生活保護費の増大は他の行政サービスへの財政支出に影響を与える恐れがある。とりわけ、保護率の高い大都市では、保護費の支出が自治体の財政を大きく圧迫している。例えば全国の市町村のなかで最も保護率の高い大阪市の場合、二〇一四年度の保護費は二九一六億円に達した。これは市の普通会計歳出の一七・八％を占める。保護率が今後も上昇を続けると、市では、より多くの職員や財源を生活保護の分野に振り向ける必要が生じ、他の行政サービスに影響が出ることにもなりかねない。

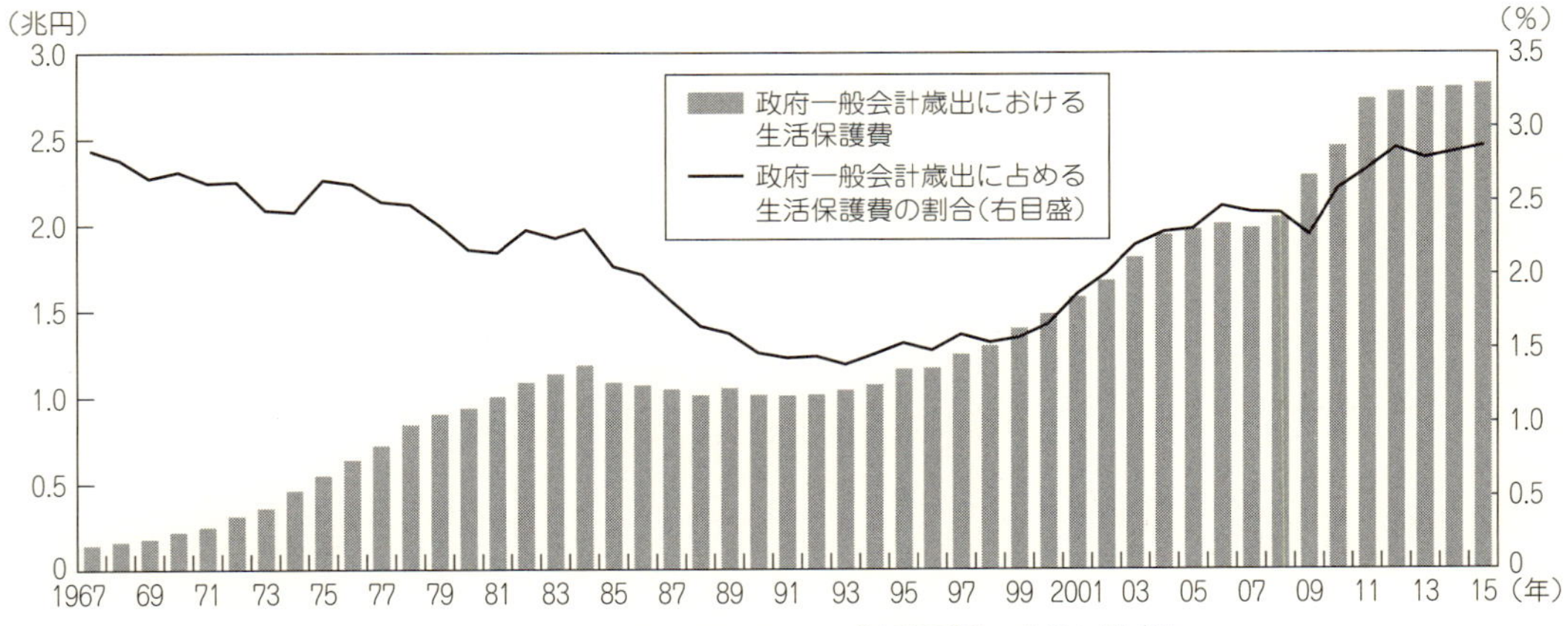

図10－4　政府一般会計歳出における生活保護費の水準と構成比

注：生活保護費国庫負担割合は1984年まで10分の8だったが、1985年度に10分の7に改定、その後1989年度には10分の7.5となっている。

出所：財務省「財政統計」をもとに作成。

3　生活保護制度の課題

他の社会保障制度との整合性

生活保護制度は最後のセイフティネットと呼ばれており、他の社会保障制度をもってしても生活困難な人々に対して生活を保障する制度である。したがって、年金、雇用、医療、介護等の社会保険制度と整合的であることが求められることは言うまでもない。しかしながら、現在、制度の整合性という点で課題がある。生活保護における最低生活保障基準額は、例えば東京都区部に住む単身高齢者の場合（二〇一六年四月）、生活扶助は八万八七〇円であり、これに住宅扶助が上限額まで加わると、支給額は月額一三万四五七〇円となる。しかしながら、他方で四〇年間保険料を支払い、六五歳になって受け取ることのできる基礎年金受給額（二〇一六年四月）は満額で月額六万五〇〇〇円に過ぎない。また、最低賃金法における最低賃金の時給が、その地域で支給される一カ月の生活保護費の時給換算額より低い地域があるなど、最低賃金と生活保護との逆転現象も一部の地域で生じていた。もっとも、この逆転現象については、最低賃金水準の改定や保護支給基準引下げを通じて二〇一四年に解消されている。

とはいえ、生活保護受給者の場合、国民健康保険や介護保険の保険料負担も免除され、サービスも自己負担なしで利用できる。これに対し、基礎年金や低賃金等で生活する低所得者の場合には、限られた所得の中から、これらの保険料や利用料を負担しなくてはならない。

このように、生活保護制度と他の社会保障制度との間では、最低生活保障の基準額設定という点で整合性がとれておらず、依然として、ある種の逆転現象が生じているのである。

こうした制度をそのまま放置した場合、モラルハザードが生じ、生活保護受給者の増大を招くことにもなりかねない。す

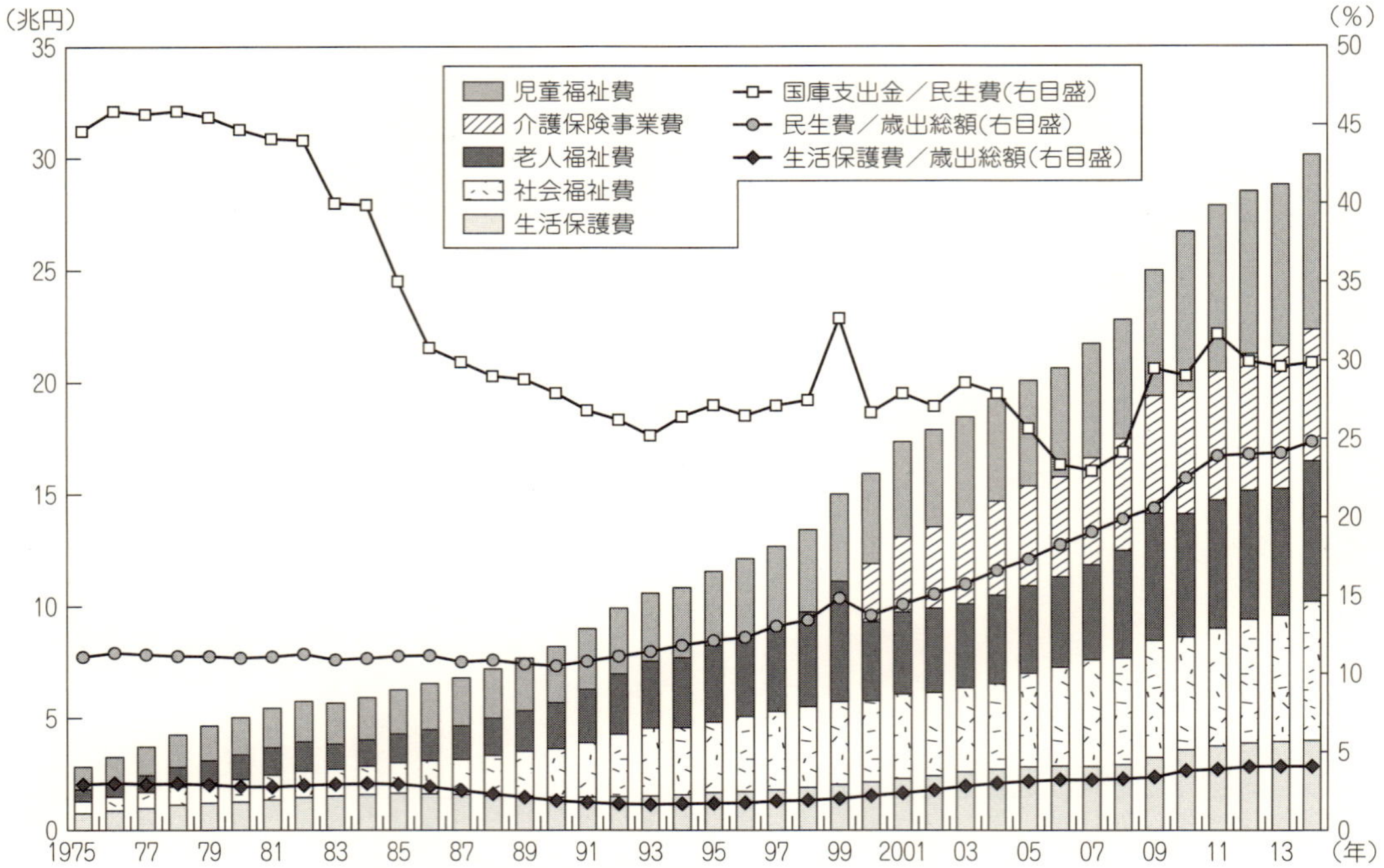

図10－5　地方自治体の民生費等の推移と生活保護費の占める割合

注：介護保険事業費は民生費に含まれないが、自治体の福祉関連支出の伸びを連続してみるために、棒グラフには含めている。
出所：総務省（自治省）『地方財政統計年報』（各年度版）より作成。

でに年金制度については制度への信頼性の喪失から、若年世代を中心に未納者の増大が生じているが、これらの人々が将来高齢になった時に、十分な所得を得られないとすれば、生活保護受給者数の増大につながるおそれもある。

生活保護への高いハードルと滞留問題

諸外国の公的扶助制度と比較すると、日本の生活保護率は極めて低いことで知られる。生活保護を受給するには申請が必要となるが、申請手続きが非常に複雑であり、特に最初の相談の段階では非常に厳しく、相談しても生活保護申請書を受け取ることができないこともある。また一九八一年に当時の厚生省から自治体に出された「生活保護の適正実施について」（いわゆる「一二三号通知」）により、被保護者や保護申請者から包括同意書をとり、関係先調査をいつでも、どこでも、いつまでも行えるようにするという行政指導が行われた。

保護の申請に際して、何を調べられても構わないという同意書の提出は、スティグマ（恥の烙印）をともなうことにも繋がる。こうしたことから、実際に、国が基準とする最低生活水準以下で生活している人であっても、生活保護を申請していない人も多い。

他方で、ひとたび保護費の給付を受け、その状態が恒常化してしまうと、自立に向けた努力が行われなくなり、生活保護に張り付いた状態が続いてしまうという問題も指摘されている（埋橋 2013）。先述の通り、生活保護受給者は、健康保険料や介護保険料を負担せずともよく、医療や介護サービスも無償で受けられる。そのため、いったん生活保護に依存した暮らしになじんでしまうと、そのままの生活を続けるほうが楽であるとして、就職活動や日常生活の自立に向けた努力をせず、保護を受け続けてしまうケースもある。

こうした状況に対し、とくに稼働年齢層については、所得を得て、再び自立してもらうための支援策の重要性が指摘され、被保護者に対する就労や社会参加等、自立支援に向けた施策が推進されてきた（岡部 2008）。

不正の増大と行政対応

他方で、生活保護の不正受給が増大しており、大きな問題となっている。厚生労働省の調査では、二〇一五年度の不正受給件数は全国で四万三九三八件、総額一六九億九四〇八万円となった。この内訳をみると収入の無申告の割合が多く、稼働収入の無申告二万〇二四五件（四六・一％）、各種年金等の無申告八三四三件（一九・〇％）となっている。

このほか医療扶助では、制度を悪用した診療報酬詐欺や、向精神薬を大量に入手させて転売する行為が問題となっている。また、生活保護受給者へのサービス提供により多額の利用料を徴収して利益を得る「貧困ビジネス」が問題として報じられている。例えば宿泊所に生活保護受給者を居住させ、利用料を徴収したり、賭け事に参加させて賭け金を巻き上げるといったビジネスが挙げられる。

さらに、不正とは言えないものの、親族間の扶養義務の厳格化についても問題となっている。高額所得の芸能人の母親が生活保護を受給していた問題が取り上げられたことを契機に、扶養可能な親族がいる場合には、扶養義務を負うべきであるとの世論の高まりがみられるようになり、親族の扶養について議論が起こっている（今野 2013）。

自治体の福祉事務所は、こうした不正受給等への対応を行うことが求められているが、後述するように自治体では職員数が不足しており、個別のケースについて、詳細なチェックを行うことには限界があるとの指摘もなされている（沼尾 2009）。

ホームレス問題と生活保護

先述の通り、生活保護制度は他の社会保障制度との整合性が図られておらず、一定の生活保障が必要な人々に対して、適切な給付や支援が行われていないとの指摘がある。

「貧困」にはいくつかの定義があるが、可処分所得が「中央値」の半分に満たない世帯の人々の割合を示した相対的貧困率をみると、二〇一〇年前後の値を国際比較したOECDの調査結果によれば、日本の貧困率は一六・〇%で、OECD三四カ国のうち、貧困率が高いほうから数えて六位という水準にあり、三四カ国の平均一一・三%を大きく上回っている。また、生存に必要な最低限の収入も得られない「絶対的貧困」が増えているとの指摘もある（埋橋 2013）。生活保護率（実人員保護率）は二〇一五年で約一七・〇‰（＝一・七〇%）であることを考えると、保護が必要な人に必要な支援が届いていない可能性がある。

実際に、日本には生活保護を受給していないホームレスと呼ばれる人々がいる。二〇〇二年に成立したホームレス自立支援法では「都市公園、河川、道路、駅舎その他の施設を故なく起居の場所とし、日常生活を営んでいる者」と定義されていた。ホームレスへの生活保護制度適用に際し、住所がないことや、稼働力があることなどを理由として保護を適用しないとする判断がなされてきたところもある。しかしながら、近年では「ネットカフェ難民」や簡易宿泊所の居住者等を含め、社会的孤立や社会的疎外を受け、心身の障害や不安を抱える人々について、より広範に捉え、対策を進める動きが起こっている。生活保護制度の適用についても、二〇〇三年に国は自治体に対し、居住地がないことや稼働力があることのみを理由として保護要件に欠けると判断することのないよう通知を出している。また、保護施設や無料定額宿泊所等における保護の実施が行われるようになっている。

これらの対応は、生活に困る多くの人々を救済することにつながるが、財政負担の増大への対応が課題とされている（岩田 2007）。

4　生活保護の「適正化」問題

生活保護は、すべての国民に最低限度の生活水準を保障する制度であるが、その財源は国民が負担する租税によって賄われている。そのため、給付対象や給付水準を巡って、これまでさまざまな議論が行われてきた。

生活保護費の「適正化」問題

被保護者の所得をどこまで保障するか。これは、生活保護制度創設時から大きな問題とされてきた点である。そこには、最低生活保障の水準はどうあるべきかという問題と、限られた財源のなかから生活保護費の予算規模をどの程度見込むかという財政運営上の課題の二つが横たわる。

当初、保護基準の算定にはマーケット・バスケット方式が採用されていた。これは一定水準の生活を維持するのに必要な商品の金額を個々に積み上げて算定する方式であり、絶対的な生活水準の保障につながる考え方である。物価水準の上昇と相まって、一九五〇年代前半には保護基準は毎年引き上げられた。ところが、結核患者の療養者数の増加などを背景として医療扶助費が大幅に増大したことから、一九五四年に当時の吉田内閣は、生活保護費の国庫負担割合を五割に引き下げ、自治体に残る五割の負担を求める法案を提出する。この法案は成立せず、国庫負担割合は八割に維持されるが、保護費は当初予算額を超過しないことが求められ、自治体には厳格な予算執行が要請された。そして一九五五年以降、保護率は急激に低下する。当時、国では実施要領をきめ細かく規定し、自治体に対して、生活保護の適用や収入認定の厳格化を図ったとの指摘もある（岩永 2011）。

一九六一年には、保護基準の算定にエンゲル方式が採用された。マーケット・バスケット方式では非稼働世帯の必要額が算定されていたことから、保障額の水準が低いとの指摘もあった。そこで、飲食費の家計に占める割合を一般家庭の消費支出から割り出し、これをもとに保障額を求める方式が導入されることとなった。すなわち、一般世帯と同一歩調で保護基準を改定する考え方が導入されたのである。

さらに一九六五年になると、エンゲル方式に替わって格差縮小方式が採用されることとなった。これは一般国民と生活保護世帯との消費水準の格差を縮小するという考え方によるもので、保護基準の算定にあたり、絶対的な必要額の保障ではなく、保護世帯と一般世帯との相対的な格差を是正する考え方が用いられていった。一九六〇年代には、高度経済成長を背景として、予算編成に際して高いシーリングが設定され、財政支出は増大をみせ、生活保護費についても、母子加算などの対象拡大などが図られるなど、給付水準は拡大した。

その後、一九八四年に導入されたのが、今日まで続く水準均衡方式である。これは政府経済見通しにより見込まれる民間最終消費支出の伸び率を基礎とし、前年度の同支出の実績等を勘案して所要の調整を行ない生活扶助基準を算定するものである。この改定が行われた背景には、生活保護費の支給額が一般国民の消費実態と対比してすでに妥当な水準に到達しているという認識があったとみることができる。

近年ではデフレ経済を背景に、国民の消費水準は低下の傾向がみられるが、保護費については、つい最近まで据え置かれてきた。だが、二〇一二年度より、財政健全化に向けた対応を図る必要があることから、扶助基準の見直しが進められてきた。

以上のように、最低生活保障の水準は、その時々の財政状況ならびに予算編成方針の影響を受けながら変化してきたといえる。

国と地方の役割分担と保護費負担割合

一九八〇年代、増税なき財政再建が目指され、生活保護費についても厳しいシーリングの中で対応が求められることとなった。そこで打ち出されたのは、生活保護費の支給にかかる国と地方の負担割合の見直しである。一九八四年度まで国の負担割合は一〇分の八だったが、一九八五年には暫定措置としてこれが一〇分の七に引き下げられることとなった。その後、いわゆるバブル経済全盛の一九八九年には、保護率の低下や税収増等を背景に、国庫負担割合が一〇分の七・五にまで戻された。

その後、バブル崩壊から数年経った一九九五年を境に、被保護者数は急激に増加し、保護費も上昇を見せた。国の財政状況が厳しいことなどから、地方負担割合の引上げを求める議論が再燃した。一九九〇年代後半から、国の債務残高は急増し、徹底した行財政改革が求められた。とりわけ二〇〇〇年代前半には、恒常的に増大が続く社会保障支出の抑制が求められ、生活保護費についても例外ではなかった。二〇〇三年度には生活扶助費における老齢加算の廃止が行われ、このほか母子加算の見直し案も打ち出された。

さらに、いわゆる三位一体改革の中で、国の生活保護負担率引下げが再び提起された。国と地方の激しい攻防が繰り広げられた結果、最終的に国庫負担割合は一〇分の七・五が維持されることとなったが、同時に、増大する保護費をどのように抑制するかが課題とされた。後述するように、「福祉から雇用へ」という目標が掲げられ、生活保護受給者についても、就労支援等の自立支援事業の実施が強調されることとなった。

二〇〇八年のリーマンショック後には稼働年齢層を中心に被保護者数が急激に増大した。消費税増税による社会保障給付費増大への対応が議論される中、生活保護費についても負担額の急増が問題視されたこと、また近年デフレによる家計の消費水準が落ち込んでいることなどを理由として、二〇一三年には保護基準引下げが行われた。さらに、生活困窮に陥った人々が生活保護制度に張り付くことなく、就労等を通じた経済的自立状態へと復帰できるような支援策を推進する改革が進められることとなった。

以上のように、最低生活を保障する所得水準の確保、財政難のなかでの生活保護費財源の確保、保護受給者と非受給者との生活水準のバランスを考えたとき、適切な保護基準額の水準とその保障財源をどう確保するかは、今日においても課題とされている。

5　生活保護受給者の増大と自治体の運営体制

先述のとおり、生活保護にかかる行政事務は、都道府県や市にある福祉事務所が担うこととされている。さらに地方分権の動きの中で、都道府県が町村に事務を移管する動きが生じている。自治体が生活保護に関する事務を行うための財源をみると、被保護者に給付する保護費のうち一〇分の七・五は国庫負担により賄われるが、一〇分の二・五は自治体の負担とされている。この自治体負担分については、地方交付税の基準財政需要額に算入されており、財源保障の対象とされている。また福祉事務所等の運営経費についても、その一部が国庫負担で賄われるほか、地方負担分については地方交付税で手当されている。

しかしながら、そこにはいくつかの課題がある。地方交付税の基準財政需要額算定において、各自治体が必要とする生活保護費支給額は、扶助費の場合、生活扶助、医療扶助等の費目別に計算される。具体的には、当該自治体で個々の扶助を受ける被保護者数に一人当たり平均単価を掛けて算出される。ところがその際に用いられる一人当たり単価には全国平均値が用いられている。そのため、例えば入院患者等が多かったり、投薬が多いなどの理由により、一人当たり医療扶助費が他地域よりも高い自治体の場合、全国平均値を上回る分の金額は地方交付税の計算上は考慮されず、自治体の持ち出しとなっている。反対に平均値を下回る水準の自治体は、結果的に交付税算定に当たり、実際の支出額に比べて多くが基準財政需要額に算入されることとなっている。

このほか、近年、国税収入の減少とともに地方交付税の総額確保が難しくなる中で、福祉事務所の運営経費や職員人件費などについては、地方交付税算定額が引き下げられる傾向にある。大都市を中心に被保護世帯が増大する中で、その財源確保が課題となってきた。財政難の折、自治体では人件費の削減が求められており、福祉事務所においても、ケースワーカーの増員を見込むことが難しくなっている。そこで多くの自治体では、ケースワーカー一人当たりの担当件数を増やすとともに、非常勤職員や嘱託職員を雇用するなどの方法で対応を図ってきた。交付税算定における福祉事務所運営費の削減は、こうした実態を反映したものとみることもできるが、財政難のなかで保障水準を引き下げざるを得なくなった結果ともいえる。

6　新たな最低生活保障の模索

自立支援事業とその課題

二〇〇五年度より、生活保護受給者の自立にむけて、福祉事務所が積極的かつ組織的に支援する仕組みを強化するための自立支援プログラムが実施されてきた。この自立支援プログラムは、①就労等による経済的自立の支援、②健康を回復・維持し自分で健康・生活管理を行うことができるようにする日常生活自立の支援、③社会的なつながりを回復・維持し、地域社会の一員として充実した生活を送ることを目指す社会生活自立の支援に分類される。

自治体が自立支援事業を実施するための財源として、国のセーフティネット支援対策等事業費補助金が活用された。これは、福祉事務所が被保護者に対する就労支援相談や、日常生活の維持、社会参加に向けた支援を行うために専門職の嘱託職員等を雇用する場合や、医療扶助の適正化に向けてレセプト点検等を実施する職員を確保する場合などに、国が原則として人件費の一〇割を補助する制度である。大都市を中心に、自治体ではこの制度を活用して、ハローワークOBや警察OB、精神保健福祉士などの専門家や事務職員を雇用し、ケースワーカーをサポートする役割を担うような体制を構築し、成果をあげてきた。

他方で、自立支援事業には、増大する保護費を抑制することが期待されてきた側面もある。二〇一四年度には、生活保護からの早期脱却を促すよう、就労自立給付金制度が導入されている。こうしたインセンティブ効果を期待した制度の導入に加えて、二〇一五年度より、自治体には就労支援促進計画の提出が求められることとなった。就労支援事業等の対象者数、参加者数、就労・増収者数等に関する数値目標を設定するとともに、効果の検証や見直しを行うこととされている。

生活困窮者自立支援制度の創設

さらに二〇一五年度より、生活困窮者自立支援制度が始まった。この制度は、生活保護に至る前の段階の自立支援策の強化を図るもので、社会保険や労働保険制度による保障（第一のセイフティネット）と、生活保護制度の間を切れ目なく、連続的に支援する第二のネットとして創設された。生活保護申請に至る前の段階で、個別の状況に即した包括的な支援を早期に行なうことが目指されている。

生活困窮者自立支援法では、以下の事業を実施することとされている。福祉事務所設置自治体は、必須事業として、自立相談支援事業と住居確保給付金の支給を行うこととされている。これ以外にも就労準備支援事業、一次生活支援事業、家計相談支援事業等が定められているが、これは任意事業とされ、それぞれの自治体で実施するかどうかを判断する。その事業費については、必須事業の場合、その四分の三、任意事業では三分の二または二分の一が、国庫負担とされ、自治体に交付される。

これらの事業を手厚く実施しようとすれば、それに要する人員と財源が欠かせない。多くの自治体では、相談窓口を設置し、相談体制を整備することは行っているが、地区ごとの情報を収集して個別訪問を行うなどのきめ細かな対応を行っている自治体は限られている。また、住居確保給付金制度については、二〇一三年度までの時限措置として導入されていた住宅支援給付事業を制度化したもので、住宅費を支援する制度である。しかしながら、借りることのできる住宅の確保に加え、居住後の地域との関わりも含め、金銭面以外の支援も必要となる場合も多い。しかしながら、こうした幅広い支援には必ずしも結びついていないところが多い。

任意事業については、財政上の理由や、実施体制の確立が難しいことなどを理由として、実施していない自治体も多い。生活困窮者自立支援制度が機能するには、人員・財源の確保はもちろんのこと、ニーズの把握とともに、社会福祉協議会等の担い手との連携や協力が必要である。

最低生活保障の仕組みづくりに向けて

ナショナルミニマムの確保は、公的扶助に留まるものではなく、防貧政策としての社会保険、ライフラインの確保を含めたインフラ整備など多岐にわたる。安心・安全な暮らしの確保を目指すには、年金、医療、介護等の制度を含めた総合的で切れ目のない保障の仕組みが必要である。しかしながら、日本の生活保護制度は、他の制度で救済されない人々を救う最後のセイフティネットであるとされつつも、実際には救済対象から外れた人々が多数存在している。他方で、一度保護を受けたら、なかなか自立につながらないという面もある。

社会保障給付費の増大に対し、生活保護費についても支出抑制が要請されているが、単純に保護費を抑制するだけでは抜本的解決にはつながらない。被保護者のうち、就労が可能な人々に対する就労支援のほか、社会参加の機会を創設するなどのきめ細かい自立支援策を通じて自己実現と社会に対する信頼を取り戻すことが必要であり、そのために、地域での支援体制構築が求められる。近年、貧困の世代間連鎖が指摘されるようになっており、子どもの貧困に対する支援や教育プログラムの構築など、現金給付以外のところで、サービス提供を通じた支援のあり方が模索されるようになっている。

　無論、持続的な支援体制を構築するためには、それに要する人員確保と財源の保障が求められるが、行政改革が進む中で、運営体制の構築には課題も多い。

　社会参加を通じて稼得機会の確保を図ることで、人々の経済的、社会的な暮らしが作り上げられていく。生活保護制度は、いったん貧困に陥った人たちが再び社会とつながり、働くことを通じて収入を得られるまでの間の所得と暮らしを支援する制度として機能することが求められる。そのためには、自立に向けた支援と一体的な所得保障を行うことが必要であり、地域で生活支援を行うための体制確保に向けた人員と財源の確保が必要である。

　同時に、被保護者の半数を占める高齢者や障害者については、公的年金制度や障害者福祉制度と合わせた一体的な見直しにより、公的な所得保障とサービス給付のあり方について再考することも求められている。

　フィンランドやスイスなどではすべての国民に最低生活に必要な所得を保障するベイシック・インカムの導入が検討されている。これはユニバーサルな所得保障の仕組みであり、中間層を含めた大多数の人々が受益者となるという点で、階層間の分断が生まれにくく、理解を得られやすい制度であるが、他方で巨額の財政支出を伴うことから、租税負担が重くなるという点で批判もある。誰もが必要に応じて必要な支援を受けることのでき、それに対する負担を社会全体で分かち合うための国民の合意が必要である。財政難のもとで、費用負担の水準や方式を含め、最低生活保障制度のあり方が、あらためて問われている。

※本章脱稿後に、二〇一八年の生活扶助基準の見直し結果が公表された。地域や世帯人数等によって影響額は異なり、六七%の世帯で減額、二六%で増額、全体で約一六〇億円（国庫ベース）の財政支出削減が見込まれている。この結果について、低所得者世帯の消費支出が減少する中で、水準均衡方式の妥当性を問う声も出ている。

参考文献

阿部彩・國枝繁樹・鈴木亘・林正義（2008）『生活保護の経済分析』東京大学出版会。

岩田正美（2007）『現代の貧困――ワーキングプア／ホームレス／生活保護』ちくま新書。

岩永理恵（2011）『生活保護は最低生活をどう構想したか』ミネルヴァ書房。

埋橋孝文編著（2013）『生活保護』福祉＋α④、ミネルヴァ書房。

岡部卓（2008）『生活保護自立支援プログラムの構築』ぎょうせい。

国立社会保障・人口問題研究所編（各年度『社会保障統計年報』法研）。

今野晴貴（2013）『生活保護――知られざる恐怖の現場』ちくま新書。

生活保護制度研究会編（各年度）『生活保護手帳』第一法規、各年度。

――（各年度）『保護のてびき』第一法規、各年度。

副田義也（1995）『生活保護制度の社会史』東京大学出版会。

沼尾波子（2009）「自治体の生活保護行政をめぐる現状と課題」『社会政策研究』九、一五九～一七八頁。

星野菜穂子（2013）『地方交付税の財源保障』ミネルヴァ書房。

本田良一（2010）『ルポ生活保護――貧困をなくす新たな取り組み』中公新書。

第11章 雇用保障の財政

谷 達彦

日本は労働市場政策への公的支出の規模が国際的にみて小さい。この背景には長期継続雇用等を特徴とする日本的雇用慣行の下で相対的に低い失業率を実現してきたことと、国際的にみて規模の大きい公共投資を通じて雇用維持・創出が図られてきたことなどがある。しかし、このような枠組みは、非正規雇用や長期失業者の増大といった一九九〇年代以降の諸問題に対して有効に機能しておらず、雇用を支える制度の再構築が課題となっている。

1 公的支出からみた日本の雇用政策

日本は労働市場政策への公的支出の規模が国際的にみて小さい（禹 2010a：47-48；樋口 2001：409-410）。国際比較においては制度の相違等の留意すべき点は少なくないが、労働市場政策への公的支出（対GDP比）を比較すると、日本の比率（合計）は〇・三二％であり、アメリカ（〇・二八％）、イギリス（〇・五四％）とともにOECD平均（一・三二％）を大きく下回っている（表11-1）。

労働市場政策は、職業紹介や職業訓練等の失業者の就労を促進するための政策（積極的労働市場政策）と、失業手当の給付や早期退職促進等の失業に対する事後的な政策（消極的労働市場政策）に分けられる。日本は、双方ともOECD平均を下回っている。特に、積極的労働市場政策における公共職業紹介（〇・〇七％）と職業訓練（〇・〇一％）の低さが目立っている。また、日本は失業給付等に重点を置いているが、その規模（〇・一七％）は小さい。

労働市場政策への小さな公的支出は次の二つの条件に支えられてきた。第一に、長期継続雇用等を特徴とする日本的雇用慣行の下で主に正社員の雇用が維持されてきたことである。実際に、日本の失業率は一九五〇年代から九〇年代半ばまで一

表11－1　労働市場政策への公的支出（対 GDP 比）2015年

	日　本	アメリカ	イギリス	フランス	ドイツ	スウェーデン	OECD 平均
積極的労働市場政策	0.14	0.10	0.23	1.01	0.63	1.27	0.53
公共職業紹介	0.07	0.02	0.20	0.25	0.36	0.26	0.13
職業訓練	0.01	0.03	0.01	0.37	0.20	0.15	0.13
雇用助成	0.06	0.01	0.01	0.05	0.02	0.60	0.10
保護及び支援付雇用・社会復帰	0.00	0.03	0.00	0.09	0.03	0.26	0.09
直接的雇用創出	0.01	0.00	0.01	0.22	0.01	0.00	0.07
創業支援	0.00	0.00	0.00	0.03	0.01	0.01	0.01
消極的労働市場政策	0.17	0.18	0.31	1.98	0.88	0.55	0.78
失業給付等	0.17	0.18	0.31	1.97	0.86	0.55	0.74
早期退職	0.00	0.00	0.00	0.00	0.02	0.00	0.04
合　計	0.32	0.28	0.54	2.98	1.51	1.82	1.32

注(1)：アメリカは2015年度、イギリスは2011年度の値。
(2)：0.00は0.005未満であることを意味する。
出所：OECD. Stat (https://stats.oecd.org/), Public expenditure and participant stocks on LMP より作成（2017年８月10日参照）。

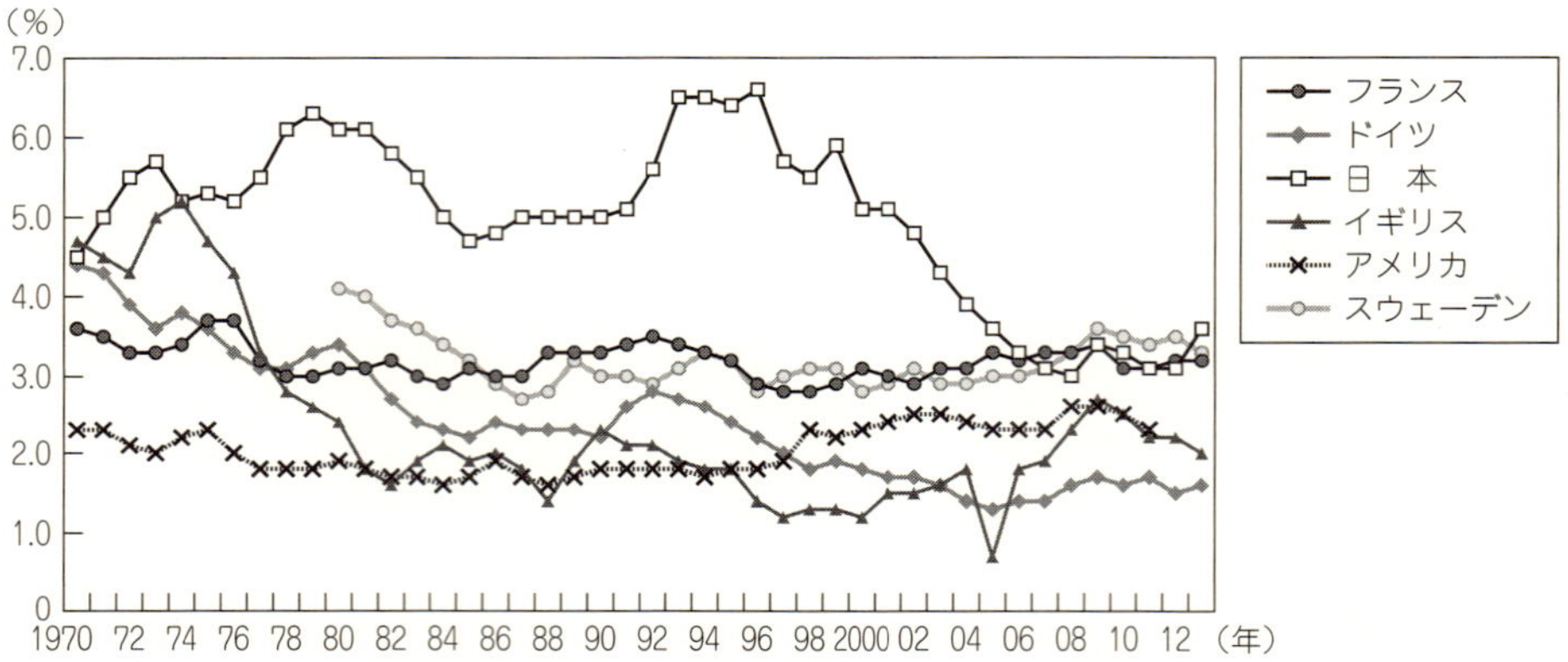

図11－1　一般政府の総固定資本形成（対 GDP 比）1970～2013年

注：1990年までのドイツの値は東ドイツを除く。
出所：OECD, *National Accounts of OECD Countries* より作成。

～二％台の低い水準で推移してきた。第二に、雇用の維持・創出を図るために公共事業が積極的に活用されてきたことである（樋口 2001：410, 416）。日本の公共投資の規模（対GDP比）は、一九九〇年代後半から急速に削減されるまで、諸外国に比べて突出して高かった（図11－1）。

しかし、これらの条件はバブル崩壊後の長期停滞のなかで急速に弱まった。失業者や非正規雇用者は増大し、働く意思と能力のある多くの者が安定雇用に就くことの困難な状態におかれている。こうした状況において雇用を支える制度の再構築が課題となっている。

本章では、戦後日本の雇用政策の展開を概観したうえで、雇用保険制度、求職者支援制度、公共職業訓練制度、地方自治体の雇用政策について、現状と課題を整理する。

2　戦後日本の雇用政策の展開

第二次大戦直後から高度成長期の雇用政策

第二次大戦終戦直後から一九五〇年代における雇用政策は、大量の失業者の存在を背景として、失業に対する事後的な救済措置を中心としていた（井上 2007）。一九四七年に失業保険法が制定され、一九四九年には緊急失業対策法が制定された。後者は経済安定九原則の実施によって発生した大量の失業者に対して雇用機会を与えるものであり、失業対策事業によって、雇用情勢の厳しかった都市部の失業者を中心に吸収した。しかし、零細企業中心の産業構造において失業保険の主な対象が大企業であったことや再就職機会の不足などによって、これらの施策が十分な成果を上げることはできなかった（同上）。むしろこの時期に失業の緩和をもたらしたのは、朝鮮戦争の特需を契機とした日本経済の好転であった。

一九五〇年代半ばから日本経済の高度成長が始まると、失業率は次第に低下していった。しかし、産業構造の転換や技術革新を背景として構造的失業が生じるようになった。そこで、失業対策審議会は一九五五年に発表した『日本における雇用と失業』のなかで、「事後的救済措置から雇用増進政策」へと政策の重点を移行する必要性を主張した（失業対策審議会 1955）。その後、一九五八年には技能労働者の養成を目的とする職業訓練法が制定され、職業訓練と技能検定制度が整備されることとなる。また、構造的失業問題の典型であった石炭産業への対策として、一九五九年に炭鉱離職者臨時措置法が制定された。この法律により、職業訓練や住居移転等にかかる費用を支給するなど、労働力流動化を促進する再就職支援が行われた。

このように、構造的失業問題を背景として、それまでの事後的救済中心の政策からの転換が始められた。

こうした政策理念の転換を明確にしたのが、技能労働者を中心とする若年労働力の不足や中高年の就職難、地域間労働力需給の不均衡（過疎・過密）を背景として一九六六年に制定された雇用対策法である（井上 2007）。同法によって目指したのは、職業能力と職種を中心とする近代的労働市場を形成し、労働移動を促進することで労働力の需給均衡を達成することであった（濱口 2004：130-133）。

オイルショック後の雇用政策

第一次オイルショック後の経済成長率の鈍化や産業構造の転換に伴う失業の増大を背景に、失業保険法に代わって一九七四年に雇用保険法が制定された。同法では、失業者に対する所得保障に加えて、失業の予防、能力開発、労働者福祉の向上を図るための雇用保険三事業（雇用改善事業、能力開発事業、雇用福祉事業）が事業主負担によって行われることとなった。雇用保険三事業のなかで中心的な役割を担ったのは、雇用調整給付金制度（一九七七年から雇用安定資金制度に改編）である。これは、企業内での雇用維持を図る観点から、景気変動等により事業活動の縮小を余儀なくされた事業主が失業防止のために休業手当を支払った場合、その一部を助成する制度であり、解雇の抑制に大きな役割を果たした（高梨 1995：45）。一九七七年の雇用保険法改正では、従来の一時休業に加えて教育訓練や出向についても助成対象とされ、企業内での失業予防・雇用維持を図るという性格が強められた。

このように、雇用保険法の制定によって事後的救済から事前的施策へのシフトが本格化したものの、それは一九六六年の雇用対策法が目指した理念とは異なっていた。すなわち、労働移動の促進により労働力需給を均衡させるよりも、高度成長期を経て確立した長期継続雇用を前提とし、企業の雇用維持による失業予防を財政的に支援するものであった。こうした手法は一九八〇年代に入っても継続することになる。

他方で、一九七〇年代終盤から、雇用の維持・創出という面でそれまで以上に大きな役割を担ったのが公共事業であった（図11－1）。一九八〇年代に財政再建が進められる過程では一般会計による公共事業は抑制されたが、その一方で財政投融資を通じた社会資本整備が進められ、バブル崩壊によって雇用情勢が急速に悪化した一九九〇年代前半には一般会計による公共事業も再び拡大した。

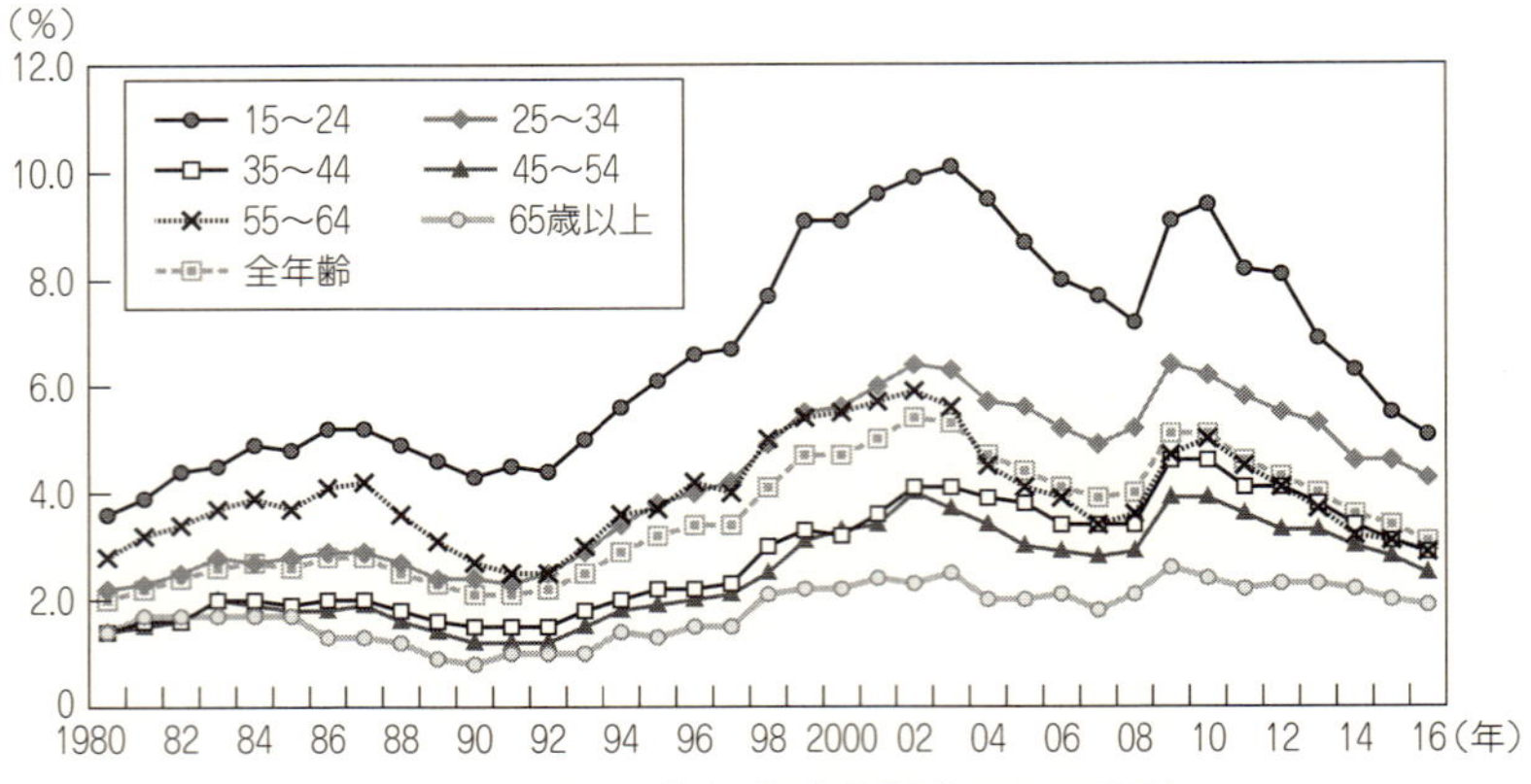

図11－2　失業率の推移（年齢階級別）1980～2016年

注：2011年の岩手県、宮城県、福島県の値は、東日本大震災の影響により調査が困難になったため補完的に推計した値。

出所：総務省「労働力調査　長期時系列データ（基本集計）」表3（9）（http://www.stat.go.jp/data/roudou/longtime/03roudou.htm）（2017年8月10日参照）より作成。

バブル崩壊後の雇用政策

バブル崩壊後、雇用情勢は急速に悪化した（図11-2）。特に若年層の失業率が大幅に上昇し、フリーターやニートの増加と併せて若年層の雇用問題が深刻化することとなった。二〇〇三年以降、景気が好転したことから失業率は低下していったが、二〇〇八年のリーマンショックを契機とする景気後退のなかで再び上昇した。その後、景気回復に伴い雇用情勢が改善し、二〇一六年には三・一％（全年齢）まで低下した。

日本経済の長期停滞やグローバル化に伴う国際競争の激化等を背景に企業内での雇用維持が困難になるにつれて、雇用の流動化を促進することが重視されるようになる。一九八五年の労働者派遣法の制定以降徐々に進められてきた労働市場の規制緩和は、一九九〇年代後半から二〇〇〇年代前半にかけて派遣対象業務の自由化や民営職業紹介の取り扱い職業の自由化などのかたちで急速に進められた（禹 2010a：46）。

一方、再就職支援の面では、個人の能力開発を直接的に支援する教育訓練給付が一九九八年に雇用保険に創設された。また、一九九〇年代後半には、雇用保険三事業の支出のうち能力開発事業の占める比重が高まった（樋口 2001：413）。さらに、求職者と求人企業のマッチングを促進するため、求職者に対してキャリアコンサルティングと実践的な職業訓練（企業実習と座学）を提供し、職業能力評価や職務経歴等を記入したジョブカードを交付するジョブカード制度が二〇〇八年度から実施されている。

これらの施策が行われたものの、不安定雇用は大幅に増加した。一九九〇年に二〇・二％だった非正規雇用比率（役員を除く雇用者に占める非正規職員・従業員の比率）は、二〇〇三年に三〇％を超え、その後も上昇傾向が続き二〇一五年には三七・五％に達した（総務省「労働力調査」）。また、失業期間が一年以上に及ぶ長期失業者も増加し、二〇一〇年には一二一万人に達した。

こうした事態に対するセーフティネットの強化として、雇用保険では適用範囲の拡大、雇止め等により離職した有期契約労働者に対する給付日数の増加などが進められてきた。また、二〇〇九年度には雇用保険を受給できない求職者に対して生活支援を行いつつ職業訓練を提供する緊急人材育成支援事業が始まった。この事業は二〇一一年一〇月から求職者支援制度として恒久化されている。

一九九〇年代以降、従来のように企業の長期継続雇用を前提とすることは困難となっている。また、公共事業についても財政赤字の累積を背景に一九九〇年代後半から大幅に削減された（図11-1）。しかし、一九九〇年代を通して労働市場政策への公的支出は国際的にみて低い水準に留まり（樋口 2001：410）、それは近年においても変わっていない（表11－1）。

3　雇用保険制度の現状と課題

雇用保険制度の概要

雇用保険制度では、失業時の所得保障や就職促進を図る失業等給付、失業の予防や労働者の能力開発を図る雇用保険二事業、さらに付帯事業として就職支援法事業が行われている（図11－3）。就職支援法事業では二〇一一年一〇月に導入された求職者支援制度が実施されている（求職者支援制度については第4節を参照のこと）。

雇用保険の保険者は政府である。労働者を雇用する事業（農林水産業の一部を除く）は業種や事業所規模にかかわらず原則として強制適用となる。ただし、次に挙げる者は適用除外となる。すなわち、①一週間の所定労働時間が二〇時間未満の者、②同一の事業主に継続して三一日以上の雇用が見込まれない者、③季節的に雇用される者（短期雇用特例被保険者を除く）、④学校教育法上の学校の学生または生徒、⑤船員保険の被保険者、⑥公務員、である。二〇一七年から、それまで適用除外とされていた六五歳以上で新たに雇用される者が適用対象となった。

被保険者は、①一般被保険者（一週間の所定労働時間が二〇時間以上であり、かつ三一日以上の雇用見込みのある者）、②高年齢被保険者（六五歳以上の労働者）、③短期雇用特例被保険者（季節労働者など）、④日雇労働被保険者（日々雇用される者や三〇日以内の期間を定めて雇用される者）に分けられる。加入手続きは事業主が行う。

雇用保険の主な財源は、保険料と国費である。二〇一五年度の財源構成をみると、被保険者および事業主が負担する保険料収入が九三・二％（被保険者三四・五％、事業主五八・七％）、国費が五・五％、資産収入が〇・一％、その他収入が一・二％である（国立社会保障・人口問題研究所 2017：20-21）。

保険料は、被保険者に支払われた賃金（給与・賞与）

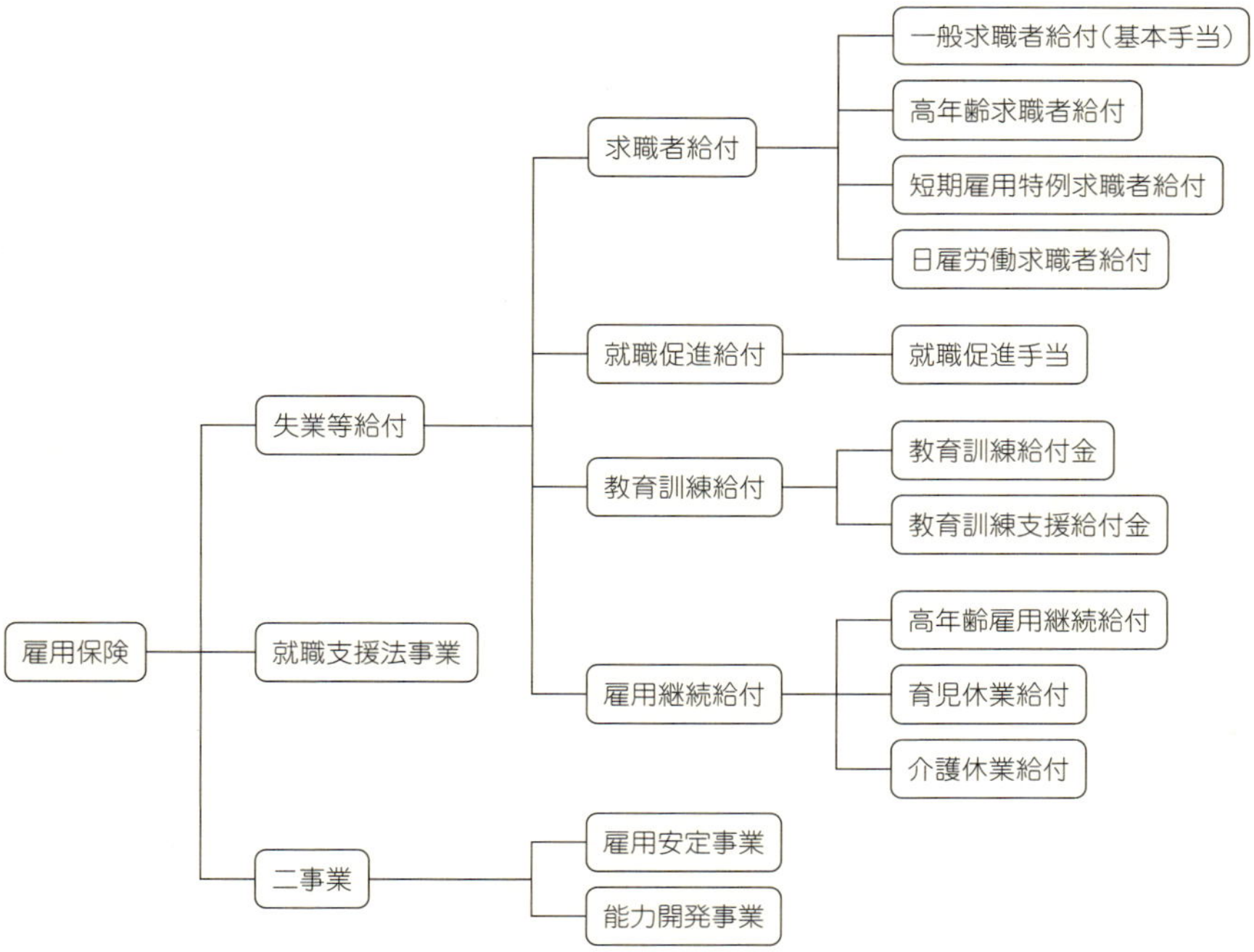

図11－3　雇用保険制度の概要

出所：『平成28年版厚生労働白書（資料編）』157頁。

表11－2　雇用保険料率（2017年度）

負担者 ＼ 事業の種類	①労働者負担（失業等給付の保険料率のみ）	②事業主負担			①＋② 雇用保険料率
			失業等給付の保険料率	雇用保険二事業の保険料率	
一般の事業	3／1000	6／1000	3／1000	3／1000	9／1000
農林水産・清酒製造の事業	4／1000	7／1000	4／1000	3／1000	11/1000
建設の事業	4／1000	8／1000	4／1000	4／1000	12/1000

出所：厚生労働省ウェブサイト（http://www.mhlw.go.jp/file/06-Seisakujouhou-11600000-Shokugyouanteikyoku/0000159618.pdf）（最終アクセス：2017年８月10日）。

に保険料率を乗じて算出される。失業等給付の保険料は労使折半だが、雇用保険二事業は事業主のみ負担する。一般の事業の保険料率は〇・九％であり、このうち〇・六％が失業等給付の財源となり、〇・三％が雇用保険二事業の財源となる。農林水産業、清酒製造業、建設業は失業のリスクが相対的に高いので一般の事業より高い保険料率が設定されている（表11－2）。

国庫負担割合は、求職者給付が四分の一（日雇労働求職者給付は三分の一、高年齢求職者給付は国庫負担なし）、雇用継続給付が八分の一（高年齢雇用継続給付は国庫負担なし）が原則である。ただし、行政のスリム化を目的として二〇〇六年に制定された行政改革推進法において、国庫負担のあり方について廃止を含めて検討するとされたことを受けて、二〇〇七年度から当分の間は原則の負担額の五五％に引き下げられている（二〇一七年雇用保険法等の改正により、二〇一七～一九年度は一〇％に引き下げられた）。給付費から国庫負担分を除いた残りの額が保険料で賄われる。

就職促進給付および教育訓練給付は国庫負担がない。雇用保険二事業も国庫負担がなく、事業主のみの保険料を財源としている。これは、リストラ等の雇用問題の多くが企業行動に起因していること、これらの問題の解決が事業主の利益にもなるとの考えに基づいている（雇用・能力開発機構のあり方検討会 2008：28）。

失業等給付

被保険者が失業した場合、受給要件を満たしていると失業等給付を受給できる。失業等給付は、①失業者へ給付される求職者給付、②基本手当の給付期限が切れる前に早期再就職を促すための就職促進給付、③労働者の自主的な能力開発を支援する教育訓練給付、④高齢者、育児休業者、介護休業者の就業継続を支援する雇用継続給付から構成されている（図11－3）。これらのうち、失業時の所得保障を目的としている求職者給付は、給付対象者（一般被保険者、高年齢被保険者、短期雇用特例被保険者、日雇労働被保険者）ごとに分類されている。

求職者給付の中心は一般被保険者に対する基本手当（いわゆる失業給付）である。基本手当を受給するには次の二つの要件を満たす必要がある。第一に、ハローワークにおいて求職の申込みを行い、就職する意思と能力があるにもかかわらず本人やハローワークの努力によっても就職できない「失業の状態」にあること。したがって、結婚や出産で退職し労働の意思がない場合や病気・怪我ですぐには就職できない場合は受給できない。不正受

表11－3　基本手当の所定給付日数

①一般の離職者

区分＼被保険者であった期間	1年未満	1年以上10年未満	10年以上20年未満	20年以上
全年齢	—	90日	120日	150日

②倒産・解雇等による離職者

<table>
<tr><th>区分＼被保険者であった期間</th><th>1年未満</th><th>1年以上
5年未満</th><th>5年以上
10年未満</th><th>10年以上
20年未満</th><th>20年以上</th></tr>
<tr><td>30歳未満</td><td rowspan="5">90日</td><td>90日</td><td>120日</td><td>180日</td><td>—</td></tr>
<tr><td>30歳以上35歳未満</td><td>120日（注）</td><td rowspan="2">180日</td><td>210日</td><td>240日</td></tr>
<tr><td>35歳以上45歳未満</td><td>150日（注）</td><td>240日</td><td>270日</td></tr>
<tr><td>45歳以上60歳未満</td><td>180日</td><td>240日</td><td>270日</td><td>330日</td></tr>
<tr><td>60歳以上65歳未満</td><td>150日</td><td>180日</td><td>210日</td><td>240日</td></tr>
</table>

③就職困難者

<table>
<tr><th>区分＼被保険者であった期間</th><th>1年未満</th><th>1年以上</th></tr>
<tr><td>45歳未満</td><td rowspan="2">150日</td><td>300日</td></tr>
<tr><td>45歳以上65歳未満</td><td>360日</td></tr>
</table>

注：受給資格に係る離職日が2017年3月31日以前の場合は90日となる。
出所：ハローワークインターネットサービス（https://www.hellowork.go.jp/insurance/insurance_benefitdays.html）（2017年8月10日参照）より作成。

給を防止するため、求職活動の回数や具体的な内容をチェックするなどして失業認定の作業は厳格に行われている。

第二に、離職の日以前二年間に、被保険者期間が通算して一二カ月以上あることである。ただし、倒産・解雇等による離職者の場合、離職の日以前一年間に六カ月以上となる。

給付額は、離職前賃金の五〇%から八〇%であり、賃金の高い人ほど代替率が低くなる。六〇歳以上六五歳未満の者は四五%から八〇%となる。

再就職すると基本手当の給付が終わるが、給付日数が定められているため再就職できなくても所定の日数を過ぎると給付は終わる。所定給付日数は被保険者の離職理由、年齢、被保険者期間によって異なり、最長で三六〇日である（表11-3）。被保険者期間が長くなるにつれて給付日数も長くなるのは、頻繁に受給しようとする行動を抑制するためである。また、一般に年齢が高くなるにつれて再就職が困難になることから、年齢とともに給付日数が長くなっている。

基本手当の受給には待期期間が設けられており、受給資格の決定日から通算して七日間は受給できない。また、転職等の自己都合による離職やハローワークからの職業紹介等を正当な理由なく拒否した場合、待期期間の終了後さらに一〜三カ月間の給付制限が設けられている。

就職促進給付は、失業者の早期再就職の促進を目的としている。そのなかの再就職手当は、基本手当の所定給付日数の三分の一以上を残して再就職した場合、残りの給付日数の一定比率分（所定給付日数の三分の一以上を残した場合は六〇%、三分の二以上を残した場合は七〇%）が給付される。

就業促進定着手当は、再就職先での賃金低下を緩和することによって早期再就職を促すことを目的として二〇一四年四月に導入された。再就職先での賃金が離職前の賃金よりも低い場合に支給される。再就職先に六カ月以上雇用されていることが条件であり、基本手当の残りの給付日数の四〇%を（再就職手当の給付率が七〇%の場合は三〇%）上限として、低下した賃金の六カ月分が給付される。

教育訓練給付は、被保険者の能力開発やキャリア形成を支援し、雇用の安定と再就職の促進を図るものであり、厚生労働大臣の指定する教育訓練を修了した場合、教育訓練費用の二〇%（上限一〇万円）が給付される。二〇一四年一〇月からは、専門的・実践的な教育訓練（専門学校での資格取得や専門職大学院の学位取得など）の受講に対しても、その費用の一定比率分（二〇一七年現在は五〇%。上限四〇万円）が給付されることとなった。受講終了後一年以内に資格を取得して就職した場合にはさらに二〇%（上限一六万円）が追加で給付される。さらに、教育訓練中の生活費を支援するため、四五歳未満の離職者に対しては、教育訓練中の基本手当を受けられない期間に基本手当の五〇%（二〇一八年から八〇%）を給付する教育訓練支援給付金が給付される（二〇二一年三月までの暫定措置）。

雇用継続給付は、高齢や育児、介護による失業を防ぎ、雇用の継続を支援するものである。高年齢雇用継続給付、育児休業給付、介護休業給付がある。高年齢雇用継続給付は、六〇歳以上六五歳未満の一般被保険者（被保険者期間が五年以上）の六〇歳以降の賃金が、六〇歳時点の賃金に比べて七五%未満に低下した場合に給付される。給付額は賃金の低下率に応じて決まるが、最高で六〇歳以降の賃金の一五%である。育児休業給付は、被保険者が一歳未満（二〇一七年一〇月から、保育所に入所できない場合等は二歳未満）の子を養育するために育児休業を取得した場合、休業前の賃金の六七%（休業開始から六カ月経過後は五〇%）が給付される。介護休業給付は、家族を介護するために介護休業を取得した場合に、休業前の賃金の六七%が給付される。

雇用保険二事業

雇用保険二事業には雇用安定事業と能力開発事業がある。雇用安定事業は失業予防や雇用機会の増大を目的としており、その中心は、事業主への助成金である。主な助成金には、高年齢者、障がい者、母子家庭の母等の就職困難者を雇用する事業主に対して助成する特定求職者雇用開発助成金、景気変動等の理由により事業活動を縮小させた事業主が、休業、職業訓練、出向によって従業員の雇用を維持した場合に助成する雇用調整助成金がある。

能力開発事業には、事業主が行う教育訓練の支援、公共職業訓練、ジョブカード制度などがある。

雇用保険財政の現状

国の予算制度において、雇用保険は特別会計（労働保険特別会計）で経理されている。特別会計とは、特定の事業や資金の管理を明確化するため、一般会計とは別に設置された予算である。雇用保険は労働保険特別会計で経理されているが、雇用保険国庫負担金は一般会計の雇用労災対策費に計上され、一般会計から労働保険特別会計に繰り入れられる。

失業等給付関係の積立金残高は、バブル崩壊後の雇用情勢の悪化に伴い減少が続いた（図11-4）。しかし、二〇〇三年度以降は景気回復に伴い雇用情勢が改善したことで増加へと転じ、二〇一五年度には六兆四二六〇億円に達した。財政状況の改善に伴い、二〇〇〇年度から二〇〇三年度にかけて三度の引き上げによって〇・八%から一・六%に引き上げられた保険料率は、二〇〇七年度に一・二%、二〇〇九年度に〇・八%へと引き下げられたが、二〇一〇年度に一・二%に引き上げられた。その後、二〇一二年度に一・〇%、二〇一六年度に〇・八%、二〇一七年度に〇・六%へと引き下げられた。このように、雇用情勢の改善にともない近年の財政状況は比較的安定しており、保険料率の引下げが続いている。

一方、雇用保険二事業の財政状況は、二〇〇八年度から悪化に転じ、リーマンショック後の景気後退の影響を受けて二〇〇九年度の単年度収支は大幅な赤字となった（図11－5）。二〇一〇年度以降、財源不足を補うための暫定措置として、失業等給付の積立金からの借り入れが行われたが、それは二〇一二年度に返還された。二〇一二年度以降は、単年度収支黒字が続き、安定資金残高は増加している。

雇用保険制度の課題

雇用保険制度の主な課題をみていきたい。第一に、失業時の所得保障というセーフティネット機能についてである。この点について、まず雇用保険が雇用者のどの程度をカバーしているかを確認

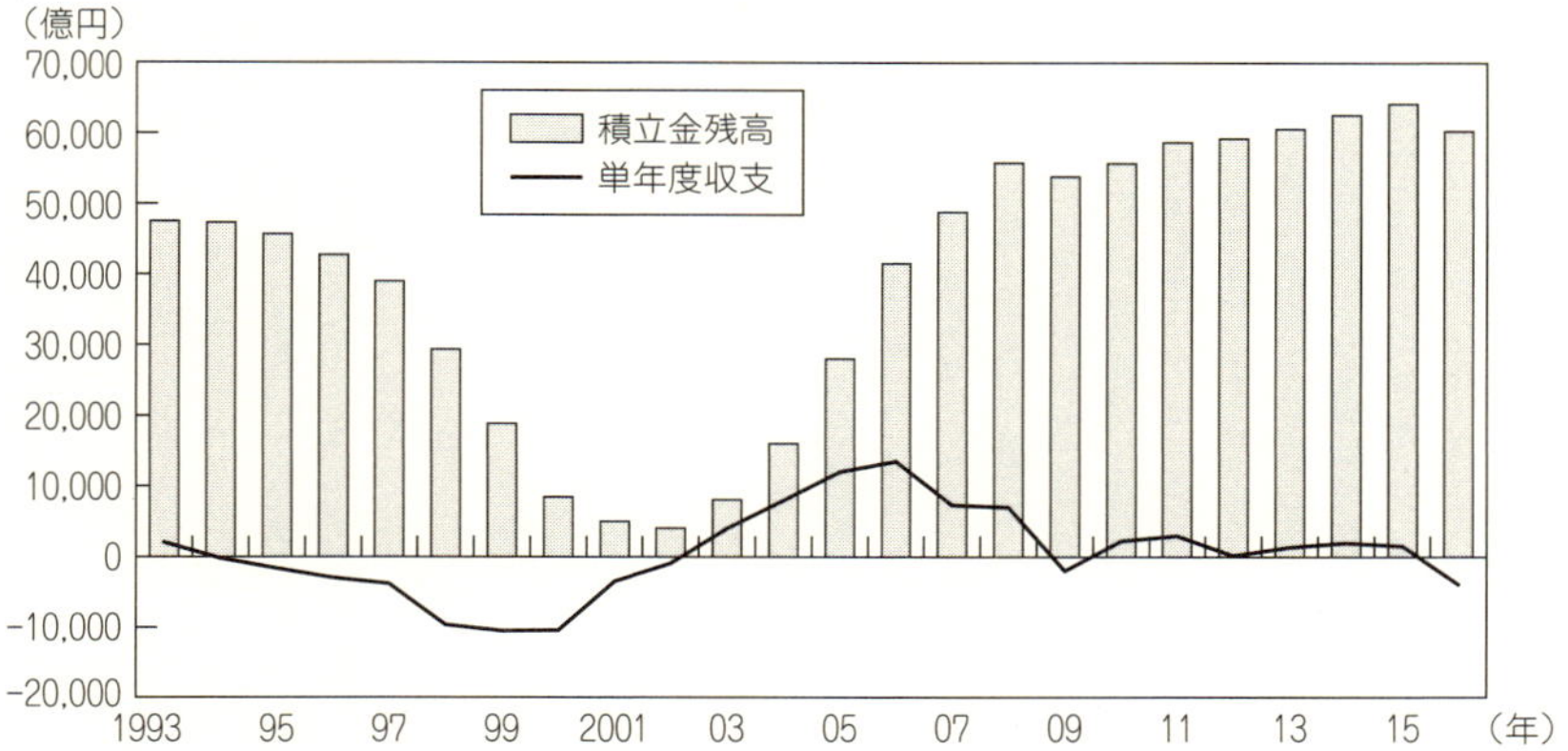

図11－4　失業等給付関係収支（1993～2016年度）

注：2016年度は予算額。

出所：労働政策審議会職業安定分科会雇用保険部会（第100回）「財政運営」（2014年12月15日）、同前（第113回）「雇用保険制度関係資料」（2016年３月31日）、同前（第118回）「財政運営」（2016年11月４日）より作成。

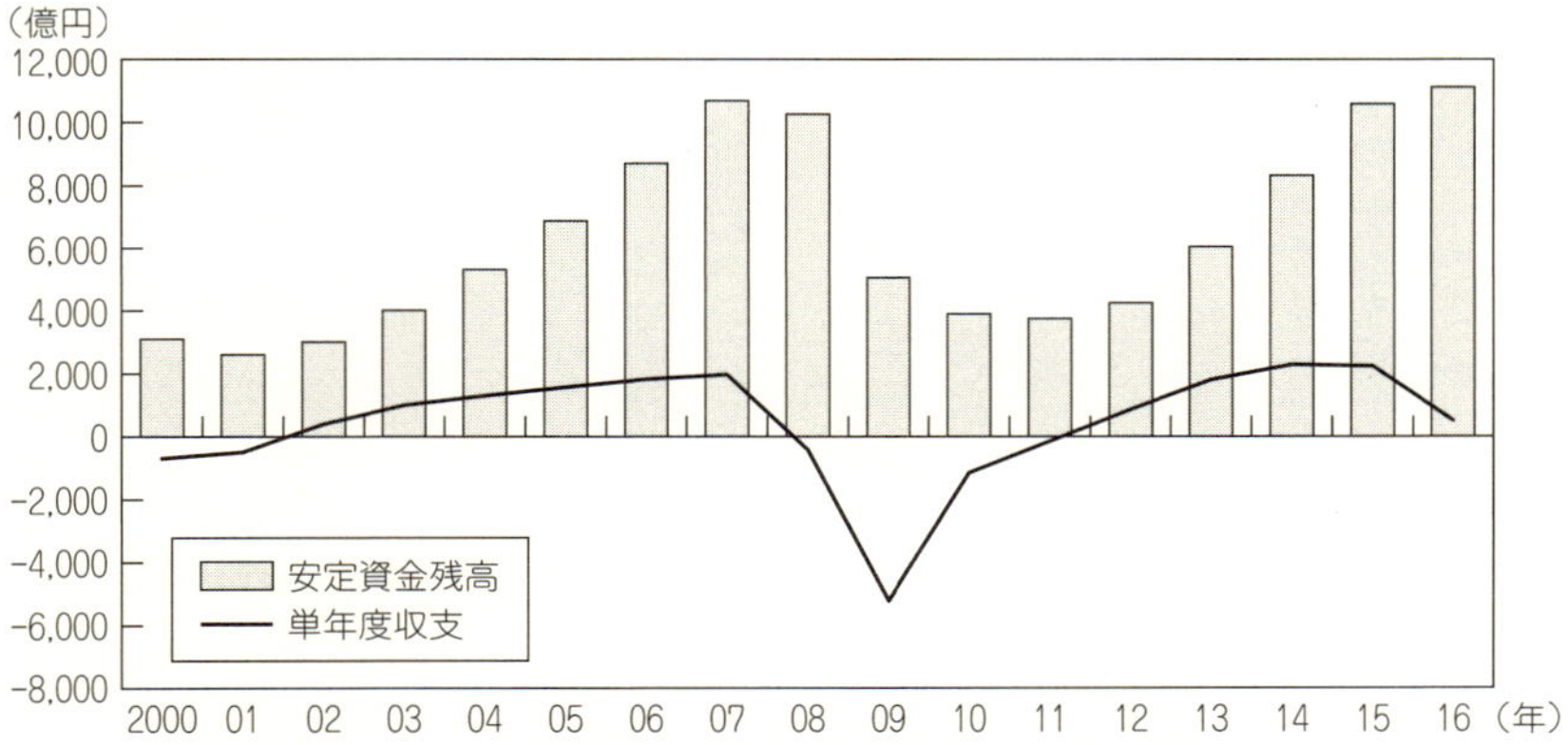

図11－5　雇用保険二事業関係の収支状況（2000～2016年度）

注(1)：2016年度は予算額。

(2)：2012年度の単年度収支は失業等給付積立金への返還額（370億円）を差し引いた額である。

(3)：2000年度から2006年度には雇用福祉事業（2007年に廃止）を含む。

出所：雇用保険三事業見直し検討会「雇用保険三事業の見直しについて」（2006年７月26日）、労働政策審議会職業安定分科会雇用保険部会（第38回）「財政運営関係資料」（2008年11月11日）、同前（第87回）「雇用保険制度の主要指標」（2013年５月23日）、同前（第113回）「雇用保険制度関係資料」（2016年３月31日）、同前（第118回）「財政運営」（2016年11月４日）より作成。

しよう。雇用保険加入率（公務員を除く雇用者に占める雇用保険被保険者の比率）をみると、二〇一五年度は七五・二%である（表11－4）。すなわち、雇用者のおよそ二十五%は雇用保険に加入していない。表11－4とは別の資料によって二〇一四年における雇用形態別の加入率をみると、正社員（九二・五%）に対して正社員以外の労働者（六七・七%）は大幅に低く、特にパートタイム労働者（六〇・六%）や臨時労働者（二九・四%）の加入率が低い（厚生労働省 2016）。

たしかに適用範囲の拡大は進められてきた。一九九〇年代以降では、九四年に週所定労働時間が二二時間以上から二〇時間以上に短縮され、二〇〇一年にはそれまで課されていた年収要件（九〇万円以上）が廃止された。また、二〇〇九年には雇用見込み期間が一年以上から六カ月以上に、さらに二〇一〇年には三一日以上に短縮された。しかし、依然として雇用保険にカバーされていない雇用者は少なくない。

次に、失業者のうち基本手当を受給している者がどの程度いるかを確認しよう。完全失業者に占める基本手当受給者の比率をみると、一九九五年度から二〇〇五年度にかけて三八・八%から二一・七%に大きく低下し、二〇一五年度は二〇・〇%である（表11－4）。このように受給者比率が低下し、大部分の失業者が基本手当を受給していない理由として、非正規労働者が増え雇用保険に加入していない雇用者がいること、加入していても受給要件を満たさない被保険者が非正規労働者を中心に多いこと、給付期間が過ぎても失業している長期失業者が増加したこと等が挙げられる（酒井 2012：菅沼 2010：104-110：山脇 2010：170）。

このように、雇用保険のセーフティネット機能は弱体化している。セーフティネット機能の強化を図るには、適用範囲の拡大や給付日数の拡大等が求められる。適用範囲の拡大という方向性を徹底させた改革構想として、雇用労働に一時間でも従事する者はすべて加入させる「参加保障型雇用保険」が提案されている（菅沼 2010）。

ただし、失業給付には、給付が失業者の求職活動を阻害するというモラルハザードを発生させる可能性もある（樋口 2010：276-277：八代 2001：234）。そこで、失業給付の拡充には、求職活動が積極的に行われているかのチェックや就労支援の強化等によってモラルハザードを抑制する仕組みを整備することも求められている。

第二に、国庫負担のあり方についてである。まず失業等給付について国庫負担が必要だとする議論は、失業の発生が政府の経済政策と無関係ではなく政府もその責任の一端を負うべきであるとする。このように失業を発生させる原因者に費用を負担させる原因者負担の仕組みとして失業等給付を位置付け、国庫負担は必要であるとする（岩村 2006）。

他方で、国庫負担を原則廃止し、保険料率を引き上げる必要があるとする議論もある。この議論は、失業というリスクに労働者の相互扶助によって備えることで失業時の所得を保障する社会保険が本来の失業保険であり、その財源は雇用者と事業主が拠出する保険料で負担するのが適当であるとする（小倉 1999）。さらに、雇用保険二事業には国費が投入されておらず、事業主の保険料で賄われているが、雇用保険二事業のなかには能力開発事業等の積極的労働市場政策に該当する施策が多いことから、保険料ではなく一般財源によって賄うべきであるとする議論もある（同前）。

雇用保険財政は、給付額と収入が景気変動に伴い大きく変化する性質があるため、単年度での収支均衡を持続させるのは難しい。むしろ不況期には赤字となることで景気の自動安定化装置として作用することが期待されている面もある。したがって、中期的に安定した制度運営に資する財政基盤の構築という観点から国庫負担投入の是非、さらに投入率や投入方法について議論する必要もある。

表11－4　雇用保険の加入率・受給者比率の推移（1990～2015年度）

（単位：万人、％）

年　度	雇用保険被保険者数	雇用者数	加入率	基本手当受給者実人員	完全失業者数	受給者比率
1990	3,157	4,640	68.0	48	134	36.0
1995	3,398	5,045	67.4	84	216	38.8
2000	3,391	5,142	65.9	103	319	32.3
2005	3,530	5,164	68.4	63	289	21.7
2010	3,824	5,277	72.9	65	328	19.9
2015	4,085	5,432	75.2	44	218	20.0

注(1)：雇用保険被保険者数、基本手当受給者実人員、完全失業者数は年度平均値。雇用者数（公務員を除く）は年平均値。
(2)：雇用保険加入率は雇用保険被保険者数が雇用者数（公務員を除く）に占める比率。受給者比率は基本手当受給者実人員が完全失業者数に占める比率。

出所：厚生労働省「雇用保険事業年報」、総務省「労働力調査」より作成。

第三に、雇用保険制度の枠内で行われるのが適切かどうか検討を要する給付もある。たとえば育児・介護期間中の所得保障を雇用保険で行うことは雇用保険加入者と非加入者との間で公平性の問題が生じるため、雇用保険ではなく税制や児童手当等のより普遍的な制度で対応するべきであると指摘されている（八代 2001：248-249）。

4　求職者支援制度の現状と課題

求職者支援制度の概要

二〇一一年一〇月、雇用保険を受給できない生活困窮者に対して生活費の支援を行いつつ職業訓練を提供し、就職支援を行う求職者支援制度が導入された。二〇〇八年秋以降、リーマンショックを契機とする世界的な金融危機の影響により雇用情勢が急速に悪化した。雇い止めによって離職を余儀なくされた多くの非正規労働者へのセーフティネット強化が求められ、二〇〇九年七月に無料の職業訓練と訓練期間中の生活費給付を行う緊急人材育成支援事業が実施された。二〇一一年九月までの時限付で実施されたこの事業を恒久化したのが求職者支援制度である。

この制度では、雇用保険を受給できない求職者（雇用保険受給終了者、学卒未就職者、自営廃業者など）が、ハローワークの認定を受けて訓練（求職者支援訓練）を受講し、訓練期間中は「職業訓練受講給付金」（月一〇万円と交通費及び寄宿する際の費用）が給付される。

給付期間は訓練受講期間であり、原則一年の上限が設けられている。また、ハローワークにおいて訓練受講者ごとに就労支援計画が策定され、訓練受講者には定期的な来所（毎月一回）が義務付けられている。受給要件は以下の七点をすべて満たすことである。①本人の収入が月八万円以下である、②世帯の収入が月二五万円以下（年三〇〇万円以下）である、③世帯の金融資産が三〇〇万円以下である、④本人が現在居住する土地・建物以外に土地・建物を所有していない、⑤すべての訓練実施日に出席している（やむを得ない理由により受講しなかった訓練実施日がある場合は八〇％以上の出席率）、⑥この給付金を受給し訓練を受講している者が同世帯にいない、⑦過去三年以内に失業等給付等の不正受給をしていない。

訓練は、厚生労働大臣が認定する民間教育訓練機関への委託によって行われる。認定では訓練実績が重視されるため、公共職業訓練の受託実績のある機関が受託しやすいと指摘されている（富田 2013：17）。訓練機関に対しては一定額の奨励金が支給され、就職実績を上げるインセンティブとして就職実績に応じた上乗せ分も設定されている。訓練は、①多くの職種・業種に共通する基礎的能力（コミュニケーション能力やパソコン操作等）を習得する基礎コース、②特定職種の職務に必要な実践的能力を習得する実践コース、に分けられている。後者には介護福祉、IT、医療事務等の成長が見込まれる分野の訓練が含まれている。訓練期間は二カ月から六カ月、訓練時間は一カ月当たり一〇〇時間以上である。

求職者支援制度は雇用保険の付帯事業として位置づけられており、職業訓練受講給付金は雇用保険から給付される。給付額の二分の一を国庫が負担し、残りの二分の一を保険料（労使折半）で負担するのが原則だが、当分の間は国庫負担割合が二七・五％（本来の負担額の五五％）とされ、残りの七二・五％が保険料（労使折半）の負担となる。

実施状況をみると、二〇一一年一〇月の導入から二〇一六年三月までに三一万九八二二人（基礎コース九万一二四七人、実践コース二二万八五七五人）が訓練を受講している。受講者数は、二〇一二年度下期（二〇一二年十月〜二〇一三年三月）から減少し続けており、二〇一五年度下期（二〇一五年一〇月〜二〇一六年三月）の受講者数一万九〇四〇人は、最も多かった二〇一二年度上期（二〇一二年四月〜九月）の受講者数五万一〇〇四人の四割を下回っている（第一一八回労働政策審議会職業安定分科会雇用保険部会資料）。受講者数の減少には雇用情勢が改善した影響もあるが、求職者数（雇用保険受給者以外）の減少幅よりも大きいことから、訓練内容が求職者のニーズに応じられていない可能性も指摘されている（労働政策審議会職業能力開発分科会 2015）。

どのような人が求職者支援制度を利用しているのだろうか。制度導入初期の時点（二〇一二年九月）ではあるが、労働政策研究・研修機構の分析によれば、求職者支援制度の利用者は「親と同居する正規就労経験の乏しい若年者」「失業期間がやや長期にわたる独身男性」「正規就労経験が長く生計の担い手でもあった中高年失業者」「配偶者あり子どもありの主婦」という四つの類型に分けられる（労働政策研究・研修機構 2015：64-65）。

訓練受講者の就職状況を二〇一五年度についてみると、就職率（訓練終了後三カ月時点）は基礎コース五六％、実践コース六〇・五％であり、目標値（基礎コース五五％、実践コース六〇％）をわずかに上回った（第一一八回労働政策審議会職業安定分科会雇用保険部会資料）。ただし、この就職率は、雇用保険が適用される職に就職した者が修了者等に占める比率であり、雇用保険が適用されない職に就職した者も含めた就職率では基礎コース八

表11－5　求職支援訓練の分野別就職状況（実践コース）2015年度

	IT	営業・販売・事務	医療事務	介護福祉	デザイン	その他	合　計
コース数	183	628	258	561	283	498	2,411
受講者数（人）	2,220	6,152	3,065	6,211	3,686	5,424	26,758
（%）	8.3	22.9	11.5	23.2	13.8	20.3	100.0
修了者等数（人）	1,879	5,583	2,833	5,670	3,209	4,814	23,988
就職者数（人）	1,158	3,266	1,804	4,090	1,762	2,447	14,527
就職率（%）	61.6	58.4	63.6	72.1	54.9	50.9	60.5

注(1)：2015年4月から2016年1月末までに終了した訓練コース（2016年9月28日時点の数値）。
(2)：「修了者等数」は、就職理由中退者数と修了者数の合計。
(3)：「就職者数」は「雇用保険適用就職者数」。
(4)：「就職率」の算定式は「就職者数」÷「修了者等数」。
出所：労働政策審議会職業安定分科会雇用保険部会（第118回）「求職者支援制度の実施状況について」（2016年11月4日）。

二・一%、実践コース八四・三%となる。分野別就職状況を実践コースについてみると、「介護福祉」「医療事務」「IT」の就職率が全体の就職率を上回っている（表11-5）。特に介護・福祉の就職率が高い。

求職者支援制度の課題

求職者支援制度は、「第一のセーフティネット」である雇用保険と「最後のセーフティネット」である生活保護の間に位置する「第二のセーフティネット」として機能することが期待されている。前述のように、失業者の八割が雇用保険を受給していない。雇用保険を受給できない失業者に対するセーフティネットとして生活保護があるが、稼働能力のある者への支給は厳しく制限されている。そこで、雇用保険と生活保護の双方から漏れた層に対するセーフティネットの構築が求められ、求職者支援制度が導入された。制度設計においては、就職支援と失業時の生活保障のどちらに重点を置くのか議論がなされたが、求職者支援制度の重点は就職支援に置かれ、職業訓練の提供を通じて就職を促進することが重視されている（金井 2015：74-75）。一方、失業時の生活保障という観点からは、職業訓練受講給付金の受給要件として収入・資産要件が課されていること、受給期間が原則一年に限定されていることが問題点として指摘されている（高畠 2014：63-64）。

求職者支援制度は、就労意欲があり求職活動を行える者の求職を支援する。しかし、雇用保険と生活保護の狭間におかれた者には、日常生活習慣上の課題を抱えた者など、すぐに就労するのが困難な者もいる。そうした者への支援を生活保護の前の段階で担う制度として、二〇一五年四月に生活困窮者自立支援制度が導入された。この制度は、自立相談支援事業、住居確保給付金の給付、就労準備支援事業などを通じて、生活困窮者の自立・就労を包括的に支援する。就労準備支援事業では、すぐに就労するのが難しい者に対して就労に必要な基礎能力を養う訓練を日常生活段階から実施する。このほか、すぐに一般就労することが困難な者に対して就業の場を提供する就労訓練事業もある。

第二に、財源についてである。現行の制度では雇用保険料が含まれているが、求職者支援制度は雇用保険の基本手当を受給していない者を対象としているため、全額一般財源で負担するべきだという議論がある（労働政策審議会 2011）。実際にイギリス、ドイツ、フランスの失業扶助は全額一般財源で負担されている。緊急人材育成支援事業では全額国庫負担であったが、求職者支援制度では雇用保険財源が充てられることとなった背景には国の厳しい財政状況がある。安定的な制度運営に資する財源をどのように確保するかは課題である。

第三に、支援のあり方について、求職者や求人側のニーズに即したプログラムの展開、制度決定・運営への労使の参加、求職者に対して職業訓練の受講を促す支援の充実などが課題として指摘されている（禹 2010b：濵畑 2014：163-164）。

5　公共職業訓練の現状と課題

日本では、企業が労働者の職業能力開発に大きな役割を果たしてきた（黒沢 2001）。その反面、職業訓練に対する公的支出の規模は国際的にみて小さい（表11-1）。しかし、企業内訓練は従業員を対象としており、なかでも大企業の正規労働者に対して重点的に行われている。一方、一九九〇年代以降、個人主導の能力開発（自己啓発）が重視されるようになったが、その費用は教育訓練市場（約一兆七五〇〇億円）の四割を占めるとされ（雇用・能力開発機構のあり方検討会 2008：6）、労働者の負担となっている。こうした状況において公共職業訓練の重要性が高まっている。

公共職業訓練は、国および都道府県が主体となり、公共職業能力開発施設（職業能力開発促進センター、職業能力開発校、障害者職業能力開発校など）における施設内訓練と民間教育訓練機関を活用した委託訓練を通じて行われている。国（高齢・障害・求職者雇用支援機構）はものづくり分野を中心に早期の再就職を図るための訓練や企業の中核的人材育成の観点から高度な訓練を行い、都道府県は地域の実情に応じた訓練や基礎的な訓練を行う。

対象者別では離職者訓練、在職者訓練、学卒者訓練に分けられる。離職者訓練は、雇用保険の受給者を対象としている。ハローワークにおいて訓練を受講する必要があると認められた者は、再就職に必要な訓練を無料（テキスト代等は実費負担）で受講できる。在職者訓練は主に中小企業の在職労働者を、学卒者訓練は中学・高等学校卒業者等の新卒未就職者を対象として有料で行われる。

二〇一五年度の実施状況をみると、およそ二五万人が受講し、そのうち離職者訓練が五〇・五%、在職者訓練が四二・五%、学卒者訓練が七・一%を占めている（表11－6）。離職者訓練のうち都道府県の委託訓練受講者が七割を占めており、離職者訓練では都道府県の委託訓練が大きな役割を果たしている。

離職者訓練の七割は委託訓練を通じて行われているが、委託訓練の就職率（七五・〇%）は施設内訓練（八五・七%）に比べて低い。この点は、委託のあり方を考えるうえで留意する必要がある。離職者訓練だけでなく在職者訓練、学卒者訓練においても都道府県の受講者数が大きく、全体では国が三六・四%、都道府県が六三・六%を占めている。

公共職業訓練制度の主な課題として次の点が指摘されている。第一に、訓練プログラムの内容についてである。大部分をものづくり系が占めているが、これについては製造業が日本の国際競争力を支えているとして、ものづくりを重視する議論がある一方（雇用・能力開発機構のあり方検討会二〇〇八）、ものづくり以外にも事務・サービス系等の多様なプログラムを提供し、非製造業の職種を希望する若者のニーズにも対応することが必要だとする議論もある（禹 2010a：永田 2010）。

第二に、失業者等の潜在的な訓練需要者数に見合うかたちで訓練の規模を拡大することである（禹 2010a：永田 2010）。二〇〇〇年代以降、公共サービス民営化論や地方財政の悪化を背景として、都道府県の公共職業能力開発施設の改廃・統合や訓練科目の再編・廃止、職業訓練指導員のリストラが進められてきた（木村 2010：永田 2010）。

第三に財源のあり方についてである。公共職業訓練の財源は主に雇用保険（能力開発事業の事業主負担保険料）によって賄われている。これに対し

表11－6　公共職業訓練（離職者訓練・在職者訓練・学卒者訓練）の実施状況　2015年度

（単位：人、%）

	国		都道府県		合　計	
	受講者数	就職率	受講者数	就職率	受講者数	就職率
離職者訓練	29,716 (32.2)	87.2	98,091 (60.9)	75.6	127,807 (50.5)	77.9
うち施設内	28,838 (31.3)	87.2	8,991 (5.6)	81.9	37,829 (14.9)	85.7
うち委託	878 (1.0)	83.6	89,100 (55.3)	74.9	89,978 (35.5)	75.0
在職者訓練	56,873 (61.7)	—	50,731 (31.2)	—	107,607 (42.5)	—
学卒者訓練	5,655 (6.1)	99.3	12,222 (7.6)	96.1	17,877 (7.1)	96.8
合　計	92,244 (100.0)	—	161,044 (100.0)	—	253,288 (100.0)	—

注：受講者数のカッコ内は構成比を示す。
出所：厚生労働省ウェブサイト「ハロートレーニングの全体像」(http://www.mhlw.go.jp/file/04-Houdouhappyou-11802000-Shokugyounouryokukaihatsukyoku-Nouryokukaihatsuka/0000147077.pdf)（2017年８月12日参照）より作成。

て、職業訓練を国民の権利と関連づけて国庫により賄うことや、企業の社会的責任として職業訓練税を事業主に課すことを検討するべきであるとの議論がある（平沼 2012：51）。

6 地方自治体の雇用政策

雇用や就労をめぐる課題は地域によって多様である。しかし、日本では地方自治体が主体となって体系的な雇用政策を策定・実施することはほとんどなかった（佐口 2004）。すなわち、地域雇用政策として実際に行われてきたのは産業振興の側面が強い雇用開発や対症療法としての雇用対策に留まるものであり、しかもそれらは国の主導により行われてきた。

しかし、二〇〇〇年前後からの地方分権改革を契機として、地域の雇用問題に対する地方自治体独自の取り組みが現れ始めた（佐口 2011）。二〇〇〇年四月からは、改正雇用対策法において、地方自治体による雇用政策が努力義務として規定されている。

地域独自の政策の先駆的な事例に大阪府の「地域就労支援事業」がある（大谷 2008：櫻井 2009）。この事業は、二〇〇〇年から二〇〇一年にかけて和泉市と茨木市でモデル事業が始まり、二〇〇四年以降は府内の全市町村で実施されている。各市町村に設置された地域就労支援センターに専門の相談員（地域就労支援コーディネーター）が配置され、相談や就労支援プランの作成を行っている。

この事業の主な特徴は、第一に対象者の幅が広いことである。具体的には、障がい者、母子家庭の母親、中高年齢者、学卒無業者、中途退学者等の「就職困難者」を対象としている。大阪府全体での相談者の内訳をみると、中高年齢者等四九・三％、若年者一九・八％、母子家庭の母親一一・七％、障がい者一〇・三％、その他八・八％である（二〇〇八年）（櫻井 2009：79）。第二に、地域就労支援コーディネーターの活動が就職相談に留まらないことである。就労を阻害している多様な要因を克服するため、母子家庭の母親の保育所探しや多重債務者の債務整理等の幅広い支援が行われている。福祉政策との連携が図られているのである。

この地域就労支援事業を積極的に推進している府内の市町村に豊中市がある（櫻井 2012：町田 2012）。豊中市は二〇〇三年八月から地域就労支援事業を開始した。就労支援コーディネーターは一名で開始されたが、その後の事業内容の拡充に伴い増加し、二〇一二年度に一四名となった。事業の開始以降、相談件数・相談者数ともに増加傾向が続いている。また、二〇一〇年度の就職率（相談者のうち就職した者の比率）は二九・三％だったが、二〇〇三年度から二〇一〇年度にかけて三〇％を下回った年度は二〇〇三年度と二〇一〇年度のみである（櫻井 2012：57）。

豊中市の地域就労支援事業の主な特徴は、第一に福祉部門の関連部署やＮＰＯ等と協力して相談者のニーズに応じたきめ細かいサービスを提供していることである。第二に、豊中市は、二〇〇三年の職業安定法改正により可能となった地方自治体の無料職業紹介事業を二〇〇六年一一月から実施しているが、地域就労支援事業を無料職業紹介事業と連携させ、さらに地域の中小企業との関係を深めることで居住地域に近い場所での就職を支援している。

このように、豊中市は、地域就労支援事業を無料職業紹介事業と併せて雇用政策の中核とし、福祉部門との連携や中小企業振興を重視した取り組みを展開している。

日常生活面も含めた包括的な支援という地方自治体のアプローチは、二〇一五年四月に導入された生活困窮者自立支援制度に採り入れられている。この実施主体は福祉事務所設置自治体である。財源は国と実施自治体が負担する。

地方自治体、特に基礎的自治体である市町村の強みは、住民に身近であることから地域や個人の実情に応じたきめ細かいサービスを提供できる点にあり、就労支援における地方自治体の役割は大きい。しかし、先駆的自治体も含めて全国の地方自治体の雇用政策は国費に支えられてきた面が大きい（町田 2012）。国も地方自治体も厳しい財政状況にあるが、持続的な施策を支える財源のあり方については課題である。

参考文献

井上信弘（2007）「労働市場」玉井金吾・大森真紀編『三訂 社会政策を学ぶ人のために』世界思想社。

岩村正彦（2006）「雇用保険制度の見直しについて」労働政策審議会職業安定分科会雇用保険部会（第30回）提出資料、二〇〇六年一〇月一〇日。

禹宗杬（2010a）「雇用政策の再構築に向けて」埋橋孝文・連合総合生活開発研究所編『参加と連帯のセーフティネット――人間らしい品格ある社会への提言』ミネルヴァ書房。

――（2010b）「生活保障と就労支援」『月刊自治研』第五二巻（二〇一〇年七月号）。

大谷強（2008）「大阪府における雇用・就労政策の取り組み」大谷強・澤井勝編『自治体雇用・就労施策の新展開（自治総研ブックス④）』公人社。

小倉波子（1999）「高失業時代の生活保障システム――雇用不安の解消にむけた雇用保険制度の改革案」神野直彦・金子勝編『「福祉政府」への提言』岩波書店。

金井郁（2015）「雇用保険の適用拡大と求職者支援制度の創設」『日本労働研究雑誌』第六九五号。

木村保茂（2010）「公共職業訓練の今日的特徴と課題――北海道を中心に」『開発論集（北海学園大学）』第八五号。

黒沢昌子（2001）「職業訓練・能力開発施策」猪木武徳・大竹文雄『雇用政策の経済分析』東京大学出版会。

厚生労働省（2016）「平成26年就業形態の多様化に関する総合実態調査」。

国立社会保障・人口問題研究所（2017）『平成27年度社会保障費用統計』。

雇用・能力開発機構のあり方検討会（2008）『今後の雇用・能力開発機構のあり方について（最終報告）』。

酒井正（2012）「失業手当の受給者はなぜ減ったのか」井堀利宏・金子能宏・野口晴子編『新たなリスクと社会保障　生涯を通じた支援策の構築』東京大学出版会。

佐口和郎（2004）「地域雇用政策とは何か――その必要性と可能性」神野直彦・森田朗・大西隆・植田和弘・苅谷剛彦・大沢真理編『新しい自治体の設計4　自立した地域経済のデザイン』有斐閣。

――（2011）「日本における地域雇用政策の進化と現状」『社会政策』第二巻第三号。

櫻井純理（2009）「市町村による地域雇用政策の実態と課題――大阪府「地域就労支援事業」の交付金化に関する考察」『現代社会研究（京都女子大学）』第一二号。

――（2012）「地域に雇用をどう生み出せるのか？――大阪府豊中市における雇用・就労支援政策の概要と特徴」『立命館産業社会論集』第四八巻第一号。

失業対策審議会（1955）『日本における雇用と失業』東洋経済新報社。

菅沼隆（2010）「参加保障型雇用保険の構想」埋橋孝文・連合総合生活開発研究所編『参加と連帯のセーフティネット――人間らしい品格ある社会への提言』ミネルヴァ書房。

――（2015）「雇用と社会保障」土田武史編著『社会保障論』成文堂。

高梨昌（1995）『改訂版　新たな雇用政策の展開』労務行政研究所。

高畠淳子（2014）「失業・求職者支援・不安定雇用」『論究ジュリスト』二〇一四年秋号（第十一号）。

富田義典（2013）「求職者支援制度の政策的意義について」『佐賀大学経済論集』第四五巻第五号。

永田萬享（2010）「地域における公共職業訓練の今日的課題と役割、機能」『都市問題』二〇一〇年一二月号。

濱口桂一郎（2004）『労働法政策』ミネルヴァ書房。

――（2011）「求職者支援制度の成立」『季刊労働法』第二三五号。

濱畑芳和（2014）「若年者の雇用保障――求職者支援、職業訓練を中心に」脇田滋・矢野昌浩・木下秀雄編『常態化する失業と労働・社会保障――危機下における法規制の課題』日本評論社。

樋口美雄（2001）『雇用と失業の経済学』日本経済新聞社。

――（2010）「雇用保険制度改革」宮島洋・西村周三・京極高宣『社会保障と経済2　財政と所得保障』東京大学出版会。

平沼高（2012）「戦後公共職業訓練の史的展開とその現状」『社会政策』第三巻第三号。

町田俊彦（2012）「基礎自治体における雇用政策と地方財政――大阪府豊中市のケース」『専修大学社会科学研究所月報』第五九一号。

宮本太郎（2009）『生活保障　排除しない社会へ』岩波書店。

椋野美智子・田中耕太郎（2016）『はじめての社会保障（第13版）』有斐閣。

八代尚宏（2001）「雇用保険制度の再検討」猪木武徳・大竹文雄『雇用政策の経済分析』東京大学出版会。

山脇義光（2010）「『求職者就労支援制度』の創設」埋橋孝文・連合総合生活開発研究所編『参加と連帯のセーフティネット――人間らしい品格ある社会への提言』ミネルヴァ書房。

労働政策研究・研修機構（2015）『求職者支援制度利用者調査――訓練前調査・訓練後調査・追跡調査の3時点の縦断調査による検討』労働政策研究報告書、第一八一号。

労働政策審議会（2011）「求職者支援制度について（建議）」二〇一一年一月三一日。

労働政策審議会職業能力開発分科会（2015）「求職者支援訓練の今後のあり方について（職業能力開発分科会報告書）（素案）」二〇一五年一一月二六日。

第 III 部

比較の視座を得る

各国比較　諸外国の福祉財政

佐藤　滋

国際比較の意義

本書はこれまで、日本の福祉財政について詳細に取り扱ってきた。年金、介護、児童福祉、障害者福祉、生活保護、雇用等の諸側面にわたり、その特質がよく理解できたはずである。

ただし、第一章で論じたように、一口に「福祉財政」と言ってもその内容は国ごとに大きく異なっている。これより後の章では、日本とは全く違った形で福祉財政を構築してきたイギリス、アメリカ、ドイツ、フランス、スウェーデンの事例を取り扱う。日本が家族主義レジームの代表国とされているので、各章においてはそれ以外の福祉レジームに分類される国を選ぶことにした。諸外国の福祉財政の特質や、それを形成する理念や歴史を学ぶことで、日本についてのより深い理解を得ることができるだろう。

一点、強調しておきたいのは、「社会保障」という言葉で指す範囲が、各国の歴史や伝統を反映し異なっていることである。この点については必要に応じて各章で言及することとする。ただし、本書の性格上、社会保障に関連する諸制度のうち、最も広い概念として「福祉財政」を用いたことについては共通している。

各国の福祉財政の特質

ここでは見通しをよくするために、第一章の福祉レジーム論の整理・分類方法に従いつつ、各国の福祉財政の概要を簡単にまとめておきたい。もっとも、ここで述べられた各国の特質は、現在変容を迫られつつある。この点については後述する。

イギリスやアメリカの両国は、「自由主義レジーム」に分類されている。これらの国々では、公的社会支出の水準が相対的に低く、脱商品化があまり進んでいないと言われている。例えばアメリカでは、国民皆保険が存在せず、多くの国民は民間の医療保険に加入せざるを得ない。そのため、アメリカで「社会保障」といえば、労働市場から退出した層を対象とする拠出制の老齢・遺族・障害年金保険（ＯＡＳＤＩ）という極めて狭い対象を指す。このほかは、民間医療保険に加入できない高齢者を対象とする公的医療保険であるメディケアや、公的扶助であるメディケイドが存在するのみである。

他方でイギリスは、『ベヴァリッジ報告』に基づき単一かつ包括的な社会保険を制度化したほか、原則として無料で受診・治療を行うＮＨＳを創設するなど、福祉レジーム論の規定とは食い違う点が多い。ただし、社会保険については、そこからの給付が著しく低廉であったことから民間保険が発達し、生活保障は労働市場のあり様に強く規定されることになった。その結果、公的・民間の保険によってはカバーされない多くの層が公的扶助の網で救済されざるを得なくなる。このように、自由主義レジームの国々では、生活保障において市場を重視した結果、社会保障を一部の貧困層に集中させる選別的で残余的な社会保障制度に依存するところが相対的に大きかったといえるだろう。

次に、ドイツとフランスについてである。両国が分類されている「保守主義レジーム」は、自由主義レジームの国々と比べて公的社会支出の水準が高く、脱商品化が進んできたと言われている。実際に、ドイツとフランスの場合、職域別からなる社会保険制度が社会保障の核となったが、これらは現役時代の賃金に代わるものとして設計されたため、所得代替率は高くなっている。

この際、労働と家庭内サービスを性別によって切り分ける性別役割分業に基づいて、賃金稼得者の男性が社会保険の受給者として想定されたことは重要である。性別役割分業は、程度の差はあれどの国においても見られるが、社会保険中心の保守主義レジームの国々では特に問題となってくる。男性を対象とした手厚い所得保障を前提に、子育てや介護などのサービスについては女性がそれを一手に引き受けることになったからである。その結果、保守主義レジームの国々では脱家族化はあまり進展せず、社会サービスは充実したものにはならなかった。この点は、低廉なケア労働を市場から調達することで脱家族化を進めた自由主義レジームのアメリカと比べると顕著な特徴だといえる。ただし、家族主義レジームの日本とは重なる部分が多く、本書を読まれた読者は理解がしやすい部分だろう。

　最後にスウェーデンについてである。スウェーデンは、上述の福祉レジームのなかで公的社会支出の水準が最も高く、脱商品化と脱家族化が最も進んでいる「社会民主主義レジーム」に属する国として知られてきた。現金給付、現物給付ともに普遍性が高く、低所得層だけでなく中高所得者層まで包括的にカバーすることで人々から広範な支持を集めてきたのである。この国が、日本と比較してはるかに重い租税負担に直面しているにも関わらず、租税への忌避感、すなわち「租税抵抗」が小さいのはこのためである（佐藤・古市 2014）。

　スウェーデンの事例で特に注目されるのは、社会サービス法に規定されているように、自治体が社会サービスを提供する責任を強く負っている点である。事実、スウェーデンでは人々に普遍的に提供される社会サービスを、比例的な地方所得税と連動させることで拡充させてきた。すなわち、地方における支出面と収入面の両面にわたる普遍性が、この国の充実した福祉財政を形づくってきたといえる。このことは、日本のような中央集権的な国で、地方自治体の独自財源が乏しく、社会サービスが手薄かったことを考えれば示唆的な事実といえよう。

「新しい社会的リスク」と福祉財政の変容

　これまで、福祉レジーム論の整理に従いつつ各国の福祉財政の概要をみてきた。ただし、これらの特質は主として戦後の高度経済成長下で生成・発展してきたものであることに留意する必要がある。各国の福祉財政は現在、グローバル化とポスト工業化による雇用と家族の不安定化を前に、大きく変容を迫られてきているからである。もちろん、それまでの特質がすべて失われたわけではなく、各国はそれぞれの福祉レジームのあり様に規定されつつ環境の変化に適応しようと努めてきた。

　既述のように、各国は程度の差はあれどの国も男性稼ぎ主モデルに基づき福祉財政を構築してきた。すなわち、戦後福祉国家は、稼得者たる男性の雇用と賃金を保障する一方、女性が無償で対人ケアを引き受けることで成立してきたものといえる。しかし、グローバル化が雇用の流動化をもたらし、サービス産業化が女性の労働力化を推し進めたことで、こうした前提は崩れ、生活保障の再編成が喫緊の課題として浮上してきた。各国は福祉財政を根幹から揺るがす雇用と家族の動揺という「新しい社会的リスク」に対して（Taylor-Gooby 2004）、どのように対応してきたのだろうか。

　詳細については各章に譲るとして、ここでは各国共通の政策課題を概要的に述べておきたい。一つは、社会保険と税制の関係の再構築である。社会保険制度は言うまでもなく、保険料を拠出することによって失業や老齢等のリスクに備えるものである。しかし、雇用が流動化し、賃金の減少や長期失業が広範に見られるようになってくると、保険料の拠出に耐えられない層が大量に生じ、公的扶助に重い負荷がかかってくる。そうなると問題となってくるのが、公的扶助と賃金が逆転することによる「貧困の罠」や、貧困が社会参画を妨げる「社会的排除」と呼ばれる現象である。改革の方向性や力点は各国で異なるものの、社会保険制度を形骸化させるこれらの問題に対して、税財源を通じる雇用支援や子育て支援等の社会的包摂策が展開されてきた。

これらは例えば、イギリスやアメリカの給付付き税額控除の積極的な活用、ドイツのハルツ改革、フランスの「連帯」を冠する諸制度の創設、スウェーデンの保育料に対するマックスタクサの導入などが挙げられよう。特にドイツやフランスでは、付加価値税の増税や、一般社会税という新たな税制度を構築したことで、社会保険料負担が低下傾向を示していることは注目できる。また、「新しい社会的リスク」への対応という点では、いくつかの国は新たに最低所得保障制度を創設している。イギリスやスウェーデンにおける一般財源を基礎とする最低所得保障年金や、フランスにおける参入最低所得制度の導入がそれにあたる。これらは、社会保険の空洞化によって生活保障機能が損なわれている事態に対処しようとしたものであった。

さらに、家族や雇用を支えるにあたって、政府間財政関係の変容が伴ったことは重要である。家族・雇用支援等の公的サービスが充実しているスウェーデンの例に見られるように、対人社会サービスを推進しようと思えば、地方自治体に多くの権限を移譲しておく必要がある。このことは、対人社会サービスが人々の個別のニーズを汲み取りつつ供給されることから当然といえる。イギリスのコミュニティ・ケア改革や、フランスにおける雇用支援と連動させた積極的連帯所得制度の運用などにこのことは表れていよう。中央集権的な国として知られる両国が、地方分権化を推進させつつ対人社会サービスを供給しようとしている事実は興味深い。

以上で概括的に論じたように、各国は「新しい社会的リスク」の出現に対して、主として社会保険と税制の関係の再構築、最低所得保障制度の導入、政府間財政関係の再編を行うことによって対応してきた。他方で日本においては、これらの政策課題を全面的に受容し、積極的に対応するまでには至っていない。このことは自由主義レジームの代表国のアメリカに次いで高い貧困率を示すなど（第一章表1-13）、政策パフォーマンスの劣化となって表面化している。

もちろん、各章で論じられているように、どの国の福祉財政も大きな課題を抱えてはいる。この意味では、社会民主主義レジームのスウェーデンにおいて、ジニ係数や貧困率が上昇していることは見逃せない。しかし、厳しい環境のなかでも相対的に高いパフォーマンスを発揮する仕組みを諸外国が発案してきたのもまた事実である。日本の福祉財政の特質を理解し、その改革の方向性を見定めるためにも、彼らの苦闘の歴史にぜひ学んで欲しい。

参考文献

佐藤滋・古市将人（2014）『租税抵抗の財政学——信頼と合意に基づく社会へ』岩波書店。

新川敏光編著（2015）『福祉レジーム』福祉＋α⑧、ミネルヴァ書房。

Taylor-Gooby, P. (eds.) (2004) *New Risks, New Welfare: The Transformation of the European Welfare State*, Oxford University Press.

第12章

イギリスの福祉財政
——最低生活費保障と社会的包摂のあいだ

佐藤　滋

本章では、各国で参照されることの多いイギリス福祉財政の特質と近年の福祉改革の動向を論じる。その際、イギリス福祉財政を貫く基本的な性格＝最低生活費保障原則に着目する。イギリスの自由主義的な福祉レジームの特質は、ここから派生するからである。また、ニューレイバーが新しい社会的リスクに対応して福祉レジームの再編を進めたにも関わらず、現在、保守党政権のもとでその成果が大きく切り崩されつつある。なぜ、このような変化が生じることになったのか。ニューレイバーが財政・社会保障の信頼構築に必ずしも成功しなかった点についても触れつつ、近年の財政再建や福祉改革の意味を論じていく。

1　戦後イギリス福祉財政の特質

貫かれた最低生活費保障原則

第二次世界大戦後、先進各国が福祉国家の建設を急ぐ中、イギリスは際立った存在感を発揮していた。それはひとえに、イギリス福祉国家の基礎をなしたベヴァリッジ報告に描かれた世界が、人々に輝かしいものとして映ったからに他ならない。ベヴァリッジ報告は戦後の社会再建の象徴として戦中の一九四二年に早くも公刊されたが、人々は長蛇の列をなしてこれを買い求めたという。貧者への施しとして国家によってかろうじて「生かされる」救貧法とは異なり、人々を広く包摂する権利としての社会保障制度の構築が謳われていたからである。ベヴァリッジ報告はこのように、極めて重要な歴史的意義を有していたといってよい。

ただし、ここではベヴァリッジ報告と救貧法が共通して持つ性格を強調しておきたい。「最低生活費保障原則」がそれにあたる。救貧法を貫くこのアイディアはベヴァリッジ報告にも甚大な影響を与えており（大沢 1986：1）、その意味でイギリス福祉財政の根幹をなすものといえる。報告の起草者のW・ベヴァリッジがこの原則を受け入れたのは、最低生活費以上の生活水準を国が保障してしまうと、個人が生活のリスクに備えようとする自立心を阻害してしまうと考えたからである（Beveridge 1942=1969：6）。これは、後にみるように、「福祉よりも労働を」、という救貧法時代からイギリスを貫くワークフェア原理を間接的に表現したものでもある（Hill 2009＝2015：24）。

ベヴァリッジが提唱した社会保障制度は、全国民を一つの社会保険制度に包摂することによって、失業や老齢、障害など人々が経験するあらゆる社会的リスクに対応しようというものであった。これは、日本のように、地域や職域で異なる制度に加入する分立型の社会保険制度とは大きく異なるものである。このことに加え、均一の保険料拠出に基づいて、人々に均一の最低生活費を給付しようとした点にも、ベヴァリッジが普遍的な制度を構築することで社会統合を図ろうとした意図が反映されているといえるだろう。均一拠出と均一給付は、国際的にみて異例ともいえる特徴である。

問題は、最低生活費の「水準」にある。ベヴァリッジ報告では、最低生活費の水準を、他の資産に頼らなくともそれだけで生存に必要な所得を保証するに十分な額と説明していた（Beveridge 1942=1969：187）。しかし、実際には「最低生活費」の水準が厳密に定義されることはなく、運用にあたって給付水準は極めて低廉なものに抑えられてしまった。事実、社会保険給付のうち最大の費目である老齢年金を例にとってみると、年金の所得代替率は国際比較的にみて極めて低くなっている。一九七一年の数値をみてみると、それはわずか三一％であったにすぎない（Scruggs 2006：354）。社会保険の管理運営に労使の代表が強く関与し（嵩 2006）、賃金代替的な制度を構築してきたドイツやフランスなどとは対照的である。

ただし、ベヴァリッジ報告からは、こうした事態がむしろ予測の範囲内であったことが読み取れる。実際に、報告書では社会保険の支給額が「人間の幸福のためにはきわめて不十分」だということを認めているからである（同上：253）。再度年金を例にとれば、こうした公的な給付水準の不足を補うよう、ベヴァリッジは私的年金の拡大に期待していた。個人の自立心の涵養を重視する立場からは、公的な社会保障制度のみへの依存が望ましいことだとは考えられなかったからである。低所得層にとってさえ支給額の水準が不十分である以上、一定所得以上の人間にとってはなおさら私的年金に加入せざるを得ない状況が生じていた。

図12－1にはイギリスの社会保障給付の規模とその内訳が示されているが、一九八〇年の年金（図中では「高齢者」）への公的支出は対GDP比で四・二％にすぎなかった。図には示されていないが、社会保険制度が発達した代表的な国であるドイツをみると、同じ年で九・七％である。ただし、公的な支出が低廉である一方、民間からの老齢者向け支出が二・二％と極めて大きいことには注目できる。ドイツは公的な社会保険制度が発達したため民間の保険制度の発達はほとんど見られなかったが、イギリスの場合、年金への公的支出と民間支出を合計すれば、国際的にはかなり高位に位置づけられることになる。公的な社会保障を民間が埋め合わせている点はアメリカと同様である。表12－1にはイギリスの財源内訳とその推移が示されているが、社会保険料負担は一貫して小さい。その水準は現在、OECD平均の七割、日本の五割ほどである。

イギリスは福祉国家類型論のなかでは自由主義レジームの国として言及されることがある。これは、戦後のイギリスの社会保障制度が、最低生活費保障原則に基礎づけられていたためである。この点は、社会保険料負担の小ささにも表れている。もっとも、レジーム分類について一言述べておけ

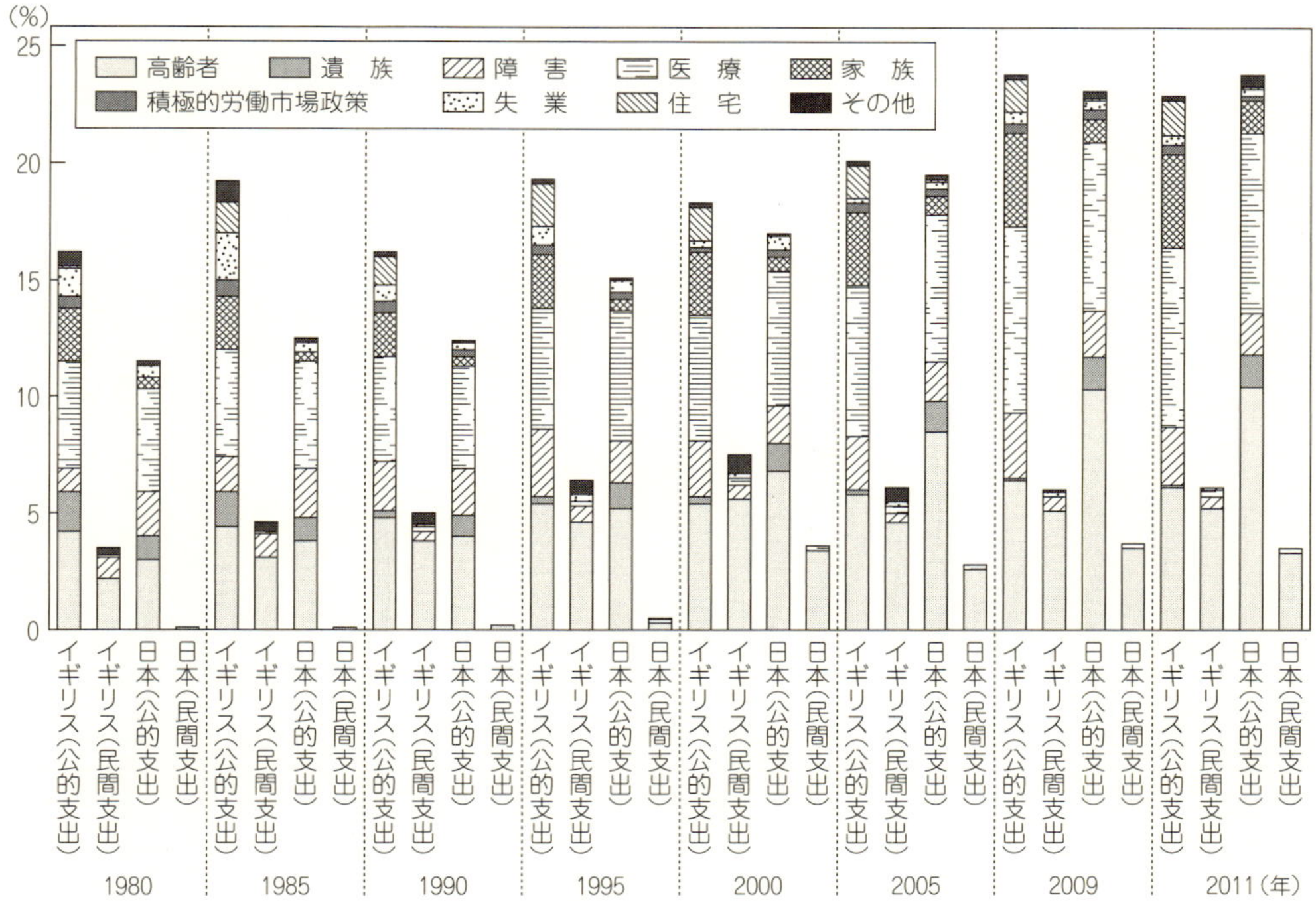

図12－1　福祉財政（歳出）の推移（対 GDP 比）

出所：OECD. StatExtracts より作成。

表12－1　福祉財政（歳入）の推移（対 GDP 比）

		1965年	1980年	1995年	2010年	2013年
イギリス	所得税	10.8	12.6	11.8	12.3	11.7
	消費税	9.7	9.7	11.2	10.1	10.8
	財産税	4.3	4.0	3.2	3.9	4.0
	社会保険料	4.5	5.6	5.7	6.2	6.2
	合　計	29.3	31.9	31.9	32.6	32.8
日　本	所得税	7.8	11.4	10.1	8.3	9.8
	消費税	4.7	4.0	4.2	5.1	5.3
	財産税	1.4	2.0	3.2	2.7	2.7
	社会保険料	3.9	7.2	8.8	11.3	12.4
	合　計	17.8	24.7	26.3	27.5	30.2
OECD 平均	所得税	8.7	11.6	11.5	10.9	11.5
	消費税	9.4	9.5	11.1	10.7	11.0
	財産税	1.9	1.5	1.7	1.7	1.9
	社会保険料	4.5	6.9	8.8	8.8	9.1
	合　計	24.4	29.5	33.1	32.2	33.5

出所：同上。

ば、これは各福祉国家の大まかな性格や福祉改革の方向性を占ううえでは有益な場合があるが、機械的にこれを使用することもまた問題であるといえる。事実、イギリスはアメリカとは異なって普遍的な医療サービスを有しているほか、一九九〇年代後半以降、社会民主主義的要素を含む諸改革の結果、自由主義的な要素とは異質なものが多く含まれるようになっているからである（後述）。

男性稼ぎ主モデルと所得保障中心主義

前節でみたように、イギリスでは普遍的だが低廉な社会保険制度が確立されることになったが、この仕組みがうまくいくためには前提が必要となる。生活の自立を可能にするだけの雇用と家族の安定性である。実際に、賃金が社会保険制度の拠出に耐えうるものでなければ社会保険料の拠出から排除されてしまう。これは後の章でみるように各国共通の問題であるといえるが、低所得層にも定額な社会保険料拠出を求めていたイギリスでは特に深刻な問題となる。また、社会保険はあくまで失業や老齢などによる賃金の喪失を補填するものである以上、社会的リスクに対しては現金給付による所得保障が中心となる。そのため、所得を保障するだけではカバーしきれない子育てや介護などについては、家族が、とりわけ女性が対応せざるを得ない。すなわち、家族全体の生計費を男性が一人で獲得できるだけの安定的な雇用と、家庭内の家事・育児・介護をフルタイムで任せることができる女性の存在とが、ベヴァリッジ型の社会保障制度の前提となっていたのである。既婚女性による子育てや介護などのシャドウ・ワークがなければ夫は有給の仕事につくことができず、「ひいては国家の存立をも危うくする」と考えられていた（Beveridge 1942=1969：72）。

このような、労働と家庭内サービスの役割が性差に基づいて割り当てられているモデルを、ここでは「男性稼ぎ主モデル」として捉えておく（大沢 2013：86）。このモデルをとることから生じる自然な帰結として、イギリスの場合、子育て支援政策や高齢者ケアなどの家族を支える社会サービスの整備が著しく遅れていた点が挙げられる。事実、一九七九年の時点で、公立保育所に入所した児童数は、五歳未満児全体のわずか一％程度にすぎなかった（武川・塩野谷 1999：285）。家族が子育ての中軸である点は、一九八九年児童法でも確認されている。他方、先ほどの年金の事例と同様、イギリスでは公的な保育サービスの不足を補うように、プレイ・グループと呼ばれる母親たちの自主的な保育活動や、自宅で他人の子どもを預かるチャイルド・マインディングなどの民間の保育サービスが発達してきた（高端・伊集・佐藤 2011）。

また、介護については、一九四八年制定の国民扶助法によって公的扶助制度の枠組みのなかで自治体を中心に提供されることになった。これは、日本の措置制度と類似の仕組みであるといえる（増田 2014：23）。この結果、子育てと同様、家族が主体となって介護が展開されていくことになる。措置制度的な介護制度はその後、一九九〇年代のコミュニティ・ケア改革（後述）で変化が生じていくが、現在でも家族が介護サービスにおける中心的な担い手であることには変わりがない。事実、イギリスでは五〇歳以上の人口に占める長期介護を行っている家族介護者の割合は国際的にみて極めて高い値を示している（OECD 2013：181）。

ＮＨＳ（国民保健サービス）

以上にみた社会保険の枠組みとは別個に制度化されたものではあるが、これと密接に関連づけられ成立したのが、ＮＨＳ（＝National Health Service，国民保健サービス）である。ＮＨＳは医療処置による予防や疾病の治療を行う機関であり、ベヴァリッジはこれを、社会保険制度を有効に機能させるための与件として位置づけていた（Beveridge 1942=1969：244）。個人の健康を保つことで、社会保険からの多額の支出を避けることができると考えたためである。

ベヴァリッジはNHSについて詳細に論じることはしなかったが、「無料」の国民保健サービスを確立するというアイディアは一九四六年のNHS法に生かされることになった（Thane 1996＝2000：272）。NHSは、日本のように社会保険によって運営される医療制度とは異なり、ほぼ全額を国税によって賄い運営するものである。財源を社会保険に頼らなかったのは、すでに包括的な社会保険制度を確立しているために、これ以上国民に過大な負担を強いることができないと考えられたためである（武田 1999：157）。国民の支払い能力とは無関係に、したがって、ニーズに応じて普遍的にサービスを提供する異色の医療制度は、広く国民からの信頼を得ている。それまで高価な私費診療を受けざるを得なかった中・高所得者から高い支持があったことから分かるように、受益層が国民全般に及ぶからである（大沢 1999：169）。そのため、公的支出の優先度において、医療は常に最重要視されている（Nick and Taylor 2013）。

自由主義的福祉レジームの強化

以上のように、イギリスの福祉財政はベヴァリッジ報告に基づき、安定した雇用と家族を前提に、社会保険制度を形作ってきた。それは、最低生活費保障原則に基づいた所得保障中心の社会保障制度であった。イギリスの社会保障の歴史を紐解く鍵は、社会保険制度の存在にこそある（Hill 2009＝2015：122）。

ただし、ベヴァリッジの意図どおりに社会保険制度が発展したわけではなかった。ベヴァリッジは社会保険制度の発達とともに、救貧法を衣替えした公的扶助は例外的なものになると考えていた。しかし、そうした想定とは異なり、次第に社会保険制度からの給付が減少し、ミーンズ・テストを伴う公的扶助からの給付が増大していった。これは先述のように、所得状況を考慮しない均一拠出を求められたこと、そしてまた極めて低廉な最低生活費に基づく均一給付が制度化されたために、社会保険制度によって救済されない層が多く生まれたことによる。高度経済成長下にも関わらずイギリスでは一九六〇年代に貧困が「再発見」され、公的扶助の併給が問題となったのである（佐藤・古市 2014：126）。こうした公的扶助への依存の問題はとりわけ一九八〇年代に深刻となり、社会保険給付に匹敵する規模にまでなっていった。

これ以降、保守党を長期にわたって率いたM・サッチャー（一九七九～九〇年）やJ・メージャー（一九九〇～九七年）がとったのは、最低賃金の撤廃による賃金の弾力性強化、労働組合の弱体化、失業時保障の削減といった労働市場の規制緩和戦略であった（Esping-Andersen 1999＝2000：214）。最後の失業時保障の削減については、サッチャー政権下で支給水準そのものの削減が行われたことや、メージャー政権下で失業手当を求職者手当に変更し、給付期間を一年から半年へと短縮したこと、そして、求職活動の義務化が行われたことが注目できる。すなわち、労働組合の弱体化を通じて労働者の交渉力を弱めつつ、最低賃金を撤廃することで労働力を安価に調達できるようする。さらに、賃金よりも失業時保障をさらに低い水準に設定することで、賃金と福祉給付の水準が逆転することによって生じる「貧困の罠」の問題を解決しようとしたのである。

図12－2は、イギリスとヨーロッパ二四カ国（平均）の失業手当の所得代替率を、子どもが二人いる片働き世帯と単身世帯のそれぞれについて示しているが、サッチャー政権以後の改革の影響は一目瞭然であろう。片働き世帯の所得代替率は一九七〇年代までは七割前後の値であったが、保守党政権下の改革によって三割を切るまでになっている。単身世帯についてはより深刻であり、五割から二割への切り下げが行われた。労働者に市場の圧力が極めて重くのしかかるようになったと結論づけて良いであろう。図12－3からは、一

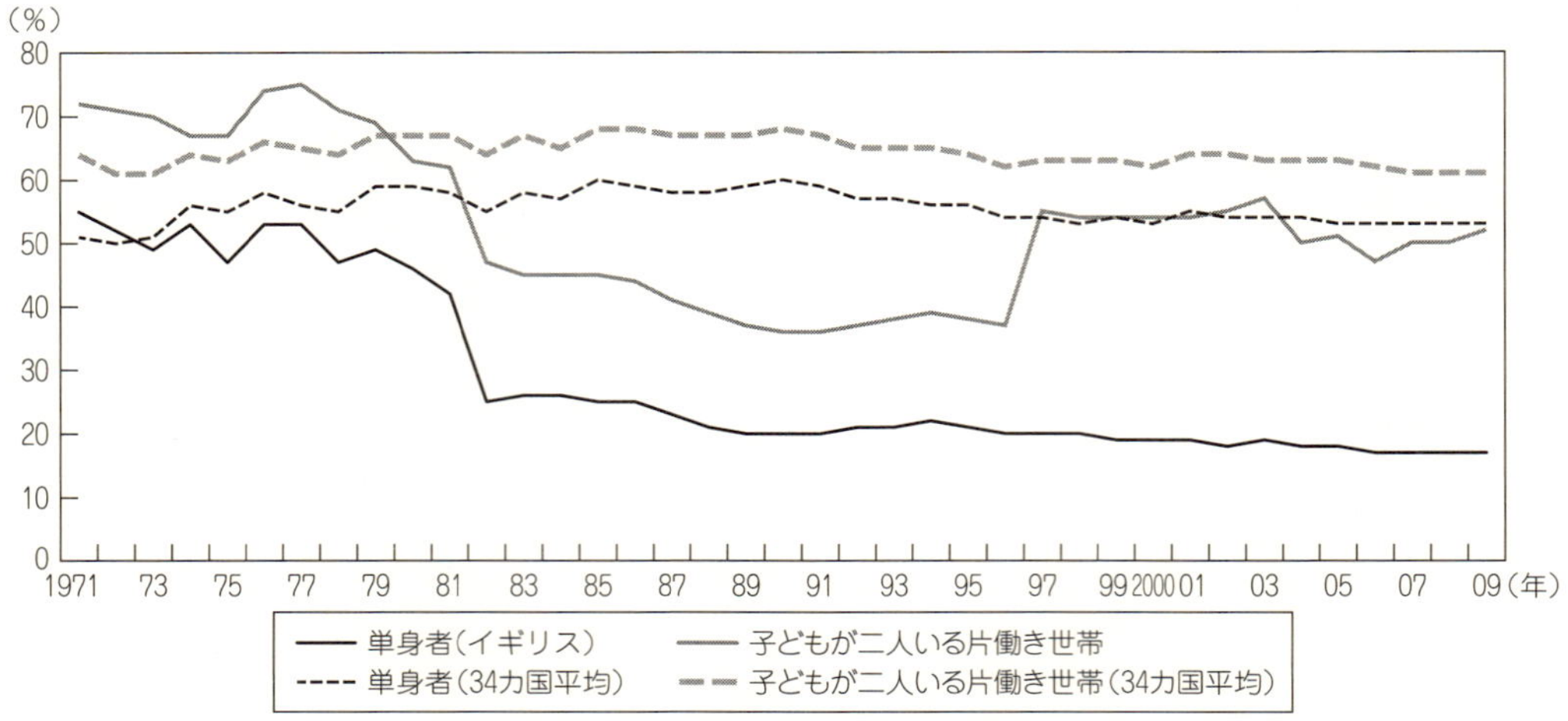

図12-2　失業手当の所得代替率の推移

出所：van and Caminada（2012）*Unemployment Replacement Dataset* より作成。

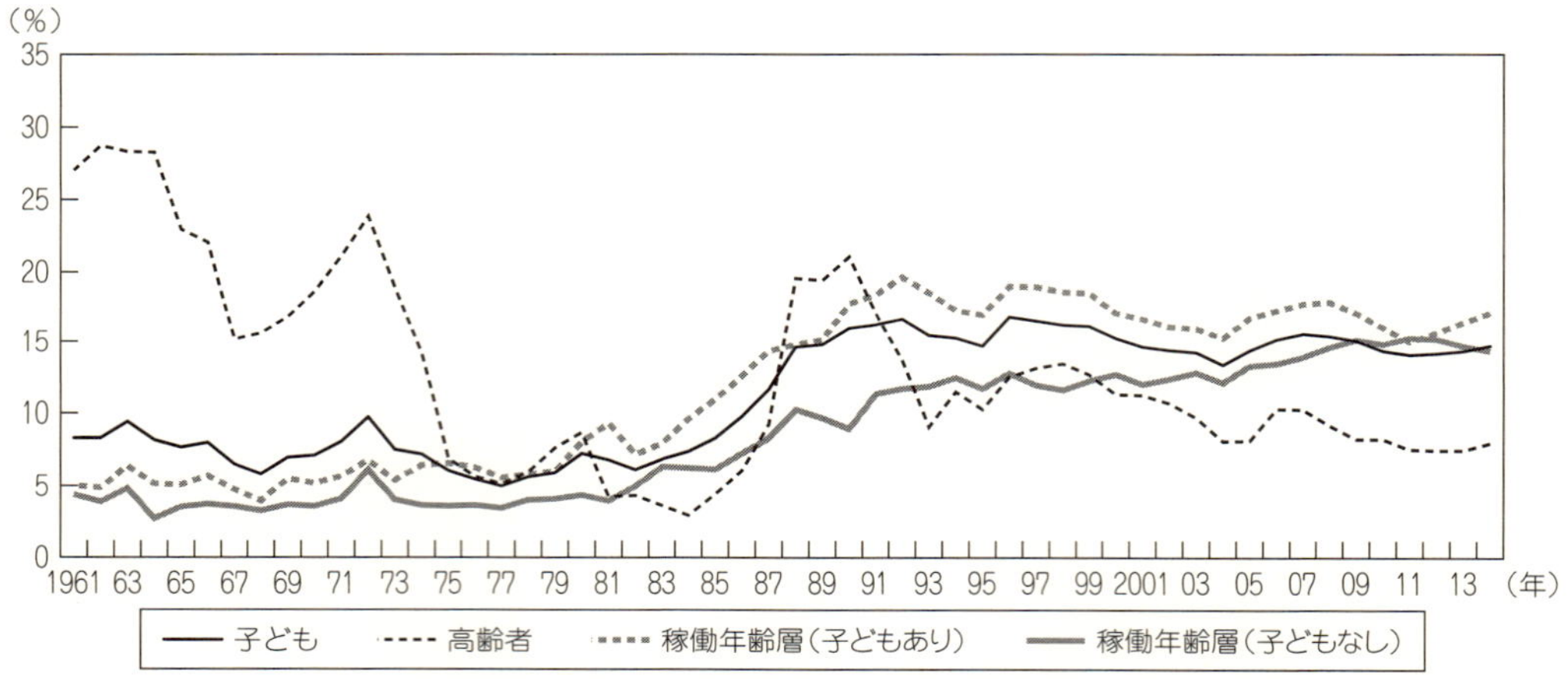

図12-3　相対的貧困率（住宅費用控除後）の推移

注：等価可処分所得の中央値の60％の値を示している。

出所：Institute for Fiscal Studies, *Incomes in the UK* より作成。

九八〇年代に年金受給者を除くすべての階層で貧困率が大幅に上昇したことが確認できる。掲載はしていないが、所得の不平等度を測るジニ係数もまた同様の傾向を辿った。これは主として賃金格差の拡大を主因としていると考えられるが、これはイギリスでは顕著であった（OECD 2011＝2014：104）。

社会保障制度の脱商品化機能を弱めること、すなわち自由主義的福祉レジームの強化は、人々を労働市場へと包摂することで財政資源を節約し、社会保険の拠出原理を守るために行われることになった。社会保険の拠出原理を死守することは、増税の回避につながる（Hill 2009＝2015：134）。「小さな政府」を志向し、新自由主義路線をとった保守党がこのような選択をしたのは当然であったといえよう。

以上のほか、サッチャー政権下において公営住宅の売却が大規模に行われた点も見逃せない。公営住宅は社会保険ではカバーしきれない家賃の負担を軽減するものとしてイギリスの社会保障制度の重要な一角であったが、持ち家層涵養によって経済的自立を促し、「資産所有民主主義」の掛け声のもと「小さな政府」を強化しようというサッチャーによって大胆な削減が行われることになったのである。

2　新しい社会的リスクの出現と自由主義的福祉レジームの再編

「新しい」社会的リスクの早期出現

しかし、戦後福祉国家の危機は、このような市場志向型の施策のみで解決されうるものではなかった。その背景には、ポスト工業化とグローバル化による雇用と家族の不安定化があったからである（Esping-Andersen 1999＝2000）。繰り返しになるが、保険料の拠出を可能とし、家族全体の生計費を保障する男性の雇用と、シャドウ・ワークを担う女性の存在とは、ベヴァリッジ型の社会保障制度の前提であった。

ポスト工業化という観点からは、製造業の高生産性が男性の高い賃金の保障につながっていたことは重要であろう。一方で、「ボーモルのコスト病」に代表されるように、人的活動に依存するサービス産業においては、生産性の上昇はなかなか望めない。そのため、労働組合の介入や法的規制なしには、サービス産業の賃金は相対的に低く据え置かれることになってしまう。とりわけ、イギリスのように規制緩和戦略を採用した国においては賃金の下降圧力は強く、この問題は深刻となった。また、こうしてもたらされた世帯所得の減少を補うために、サービス産業では女性の労働力率が上昇していくが、このことが女性の家庭内労働に頼ることを困難にしていく。再度図12－3をみれば、特に子どもを抱えた世帯の貧困は極めて深刻である。現役層が抱える経済的・社会的困難が、「新しい」社会的リスクとして浮上することになったのである。

他国と比してイギリスの場合、ポスト工業化にいかに対応するのかは、一層重要な課題であったといえる。長期にわたってイギリスの産業構造の変化を追った研究によれば、イギリスでは農業の衰退が早くも一九世紀に始まっており、一九一一年時点で農業の就業人口割合はわずか七・六％にすぎなかった（Halsey and Webb 2000：283）。一方、一九二一年時点で製造業の就業人口割合は三五・三％に上っており、他を圧倒している。そして工業化の進展が早かった分、脱工業化の進展も早く、それは一九五〇年前後から始まることになる。要するに、イギリスの産業発展のパターンは、世紀の真ん中で大きく二つの局面に分けることができる。一九七一年にはサービス産業の就業人口割合が過半数を占めるようになり、一九九一年になるとこの値は七割にまで増大した。他方で、製造業の就業人口割合は、一九九一年時点で二一％にまで減少している（*Ibid.*）。

先述のとおり、ポスト工業化の進展は、労働力の「女性化」の過程でもあった。一九三一年には雇用における女性比は二九・八％であったが、一九九一年には四三・二％、一九九八年には四六・四％とおよそ半数を占めるようになった（*Ibid.*：293）。かつては女性がシャドウ・ワークの担い手ということもあって、パートタイマーとフルタイムの雇用者との間で、労働へどの程度コミットメントしているかは意識のうえで大きな違いがあったが、一九九〇年代初頭にはそうした差異は消滅している（*Ibid.*：298）。すなわち、女性の労働は家計補助的なものから本格的に生計費を稼ぐものへと変化しているのである。

さらに、以上の産業構造の転換と並行してイギリスでは家族類型の変容が見られている。例えば単身世帯が家族類型に占める割合についてみれば、一九一一年には一割程度だったものが、一九七九年には三割程度となり、夫婦世帯と同様、イギリスで最も典型的な家族類型の一つとなっている（*Ibid.*：78）。また、同年では一人親も一割程度を占め、無視できない存在となっていることが分かる。こうして、産業構造の転換や非標準世帯の増大が極めて早い段階で生じた様子をみると、一九六〇年代に行われた「貧困の再発見」は、ポスト工業化時代の「新しい」社会的リスクの出現を、早い段階で告発したものであったことが理解できてくる。

ワークフェアの推進と「子ども」への着目

イギリスにおいて「新しい」社会的リスクに本格的に対応しようとしたのは、T・ブレア率いる労働党政権であった（Taylor-Goodby 2004）。彼らは、これまで労働党が伝統的にとっていた「大きな政府」の社会民主主義路線とも保守党による「小さな政府」の新自由主義路線とも異なる「第三の道」を提唱した。「第三の道」は、かつての労働党とは異なって市場の力を基本的に肯定するところから出発する。ただし、前述のように、新自由主義のように市場の流れに任せるのみでは格差と貧困が極端に広がってしまうため、労働者を積極的に支援する仕組みもまた必要だと考える。これが、彼らのいう「福祉から労働へ」戦略、すなわち、「ワークフェア」に他ならない（宮本 2013：38）。古い労働党の政策スタンスとの違いを強調するために、ブレア以降の労働党は「ニュー」レイバーと称されることもある。

イギリスの場合、大陸ヨーロッパ諸国と比べて、これまで公的な職業訓練制度や政策が未発達であった（毛利 1999：53）。もちろん、産業別職業訓練法（一九六四年）や雇用・職業訓練法の制定（一九七三年）、サッチャー政権下で重視された若年失業者訓練制度などのように、積極的労働市場政策が完全に欠如していたわけではない。ただし、ニューディールと呼ばれた雇用支援策の展開や給付付き税額控除の活用に見られるように、ブレア政権はこれをより重視したところに特徴があった。

ニューディール事業の重要な点は、パーソナル・アドバイザーが求職者に個別支援を行えるようジョブセンター・プラスの機能を強化したことである。ジョブセンター・プラスは求職者手当の管理も行うようになったため、就労支援と給付を同時に行うワンストップの機関が作られたものといえる（井上 2014：53）。パーソナル・アドバイザーは、キャリアに関する助言や指導、職探しの支援、そしてアクション計画の策定まで失業者を支える多様な役割を担っている。ただし、パーソナル・アドバイザーの指導を正当な理由なく履行しなかった場合、求職者給付の減額などの制裁措置が課されることになった。また、就労支援と連動して求職者給付の条件化を図る施策が、これまでは非就労層と考えられていた障がい者やひとり親にまで拡大していったことは注目できる。例えば、ひとり親についてみれば、従来は子どもの成長を見守るために比較長期間にわたって公的扶助の受給が可能であったものが、二〇〇八年一一月以降は、末子の年齢が八歳に達すると就労支援とセットとなる求職者給付を受給することになった（同上：64）。「労働を核に福祉国家を再建する」ことを謳うニューレイバーの意図はここに明らかであろう。

さらに、こうした制裁的な就労支援策とともに、給付付き税額控除が積極的に活用されるようになった。給付付き税額控除とは、「貧困の罠」の問題を念頭に、勤労等を条件に税額控除による減税措置を与えるとともに、税負担が低いために控除しきれない場合にはその差額分を給付する仕組みを備えた税・社会保障制度のことである。所得が一定以上になると税額控除は徐々に低減し、最終的には消失する。ニューレイバー以前にも、一九七一年の家族所得補足制度や、一九八八年の家族クレジットに見られるように、貧困層向けの税額控除の仕組みはすでに導入されていたが、ニューレイバーはこれを積極的に活用した（図12－4）。他方、失業手当や日本の生活保護にあたる所得補助は、二〇〇〇年代に入ってから急速にその割合を減少させ、現在ではかなり限定的な役割しか有していない。ここからも、イギリスの社会保障制度が「求職者体系」（同上：41）へと急速に移行し

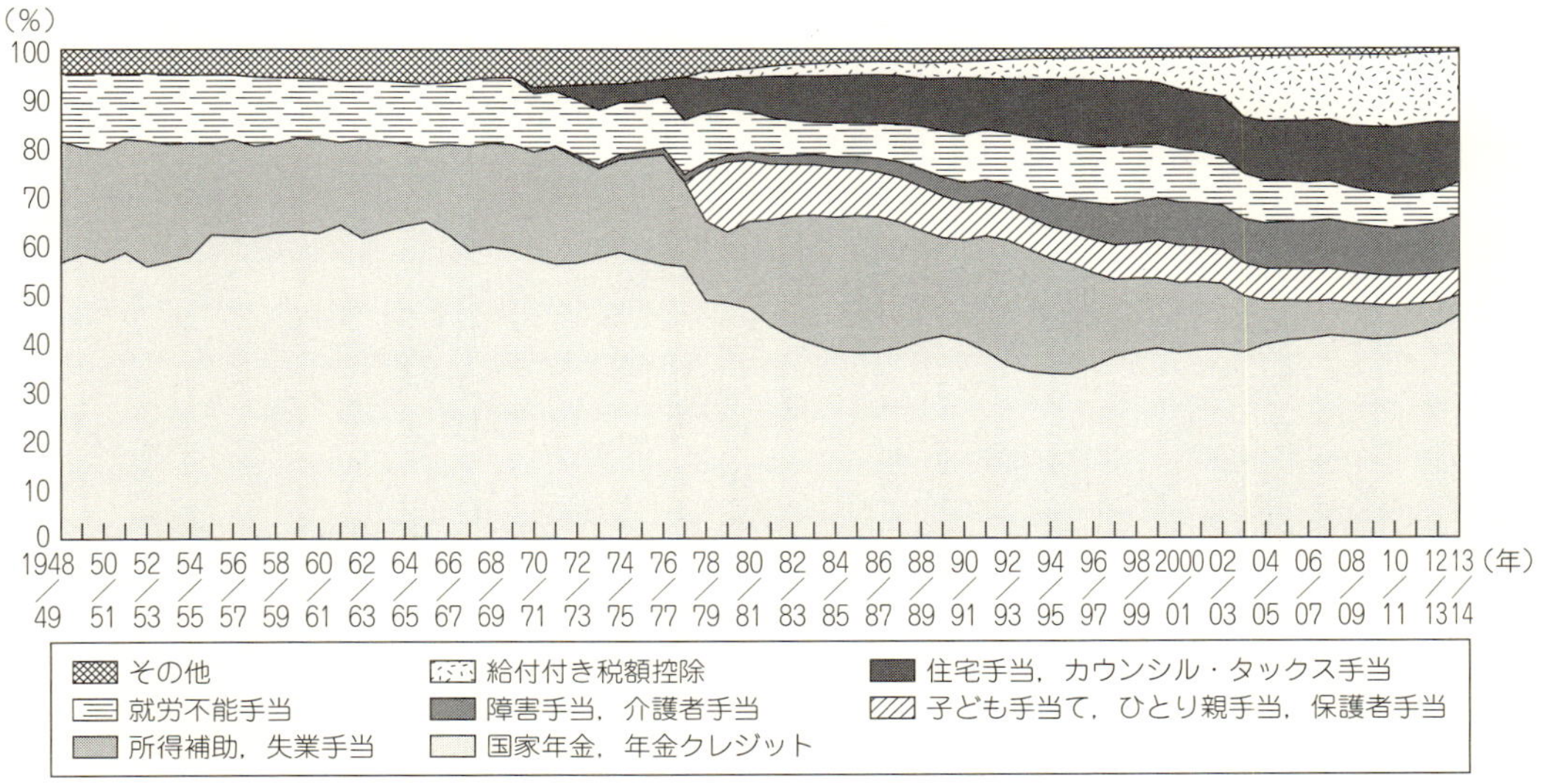

図12－4　社会保障給付費の構成とその変容

出所：Department for Work and Pensions, *Benefit expenditure and caseload tables 2015*より作成。

た様子を確認できる。これらの改革の結果、ＯＥＣＤ加盟国のなかでは現在、イギリスは選別主義的に低所得層に支出を多く割り当てる国として位置づけることができる（OECD 2011＝2014：311）。

労働党政権下で導入された給付付き税額控除については、労働を要件とする勤労税額控除と、労働を要件としない児童税額控除の二つがある。どちらも児童関連の加算要素があることから（HM Revenue & Customs: 2015）、とりわけ子どもがいる世帯で再分配効果の恩恵がある。これは、子どもの貧困撲滅というニューレイバーの目標にもかなったものである（後述）。試しに表12－2をみると、勤労税額控除と児童税額控除が子どものいる世帯に集中的に投入されていることが分かる。イギリスの家族向け給付の大きさは、図12－1によっても確認できるだろう。一方、子どもがいない世帯に対しては給付付き税額控除の影響はほとんど見られない。このことは、図12－3において、子どもがいない労働年齢の貧困率だけが一貫して上昇していることからも理解できよう。勤労と児童とを要件とする給付付き税額控除は後章でみるようにアメリカでも導入されているが、その規模についてはイギリスの方がアメリカよりも寛大で、積極的に活用されている（森信 2008：13）。

家族政策と労働政策の接近

ニューレイバーは、子育て支援策の面からも新しい社会的リスクに対応しようとした。共稼ぎ世帯やひとり親世帯といった非標準世帯が増大するなかワークフェアを推進しようとするのであれば、子育て支援の拡充が避けられないからである。

実際に彼らは、一九九八年の全国チャイルドケア戦略を策定し、チャイルドケアの質の向上、チャイルドケアの負担緩和、チャイルドケア施設の定員増大を目標とした。このとき政策目標となったのは子どもの貧困率であり、二〇〇四年までに子どもの貧困を四分の一に、二〇一〇年までに半減、二〇二〇年までに根絶するという大胆な目標まで立てている。残念ながらこれまでのところこうした目標は達成されてはいないが、図12－3によれば、二〇〇〇年代後半の金融危機時を例外とすれば、子どものいる世帯で顕著に貧困率が減少したことは大きな成果であったといってよいで

表12－2　世帯類型別、社会保障の費目別にみた受給割合

	年金受給者・夫婦	年金受給者・夫婦（同性婚含む）	年金受給者・同棲	年金受給者・男性単身	年金受給者・女性単身	子持ち夫婦	子持ち夫婦（同性婚含む）	子持ち・同棲	夫婦・子どもなし	子どもなし夫婦（同性婚含む）	子どもなし・同棲	一人親	単身男性・子どもなし	単身女性・子どもなし
勤労税額控除	—	—	0	—	—	15	12	24	2	2	2	35	1	2
児童税額控除	—	—	1	—	—	33	29	51	—	—	0	81	—	—
所得補助	—	—	1	0	—	2	1	3	2	2	1	26	3	5
年金クレジット	9	9	9	18	28	—	—	0	1	2	1	0	1	0
住宅給付	7	7	11	21	24	11	8	23	5	4	6	54	11	11
カウンシル税給付	16	15	19	29	37	10	8	20	6	6	6	50	11	12
老齢年金	98	98	95	97	97	—	—	—	8	11	2	0	—	—
寡婦手当	—	0	—	1	—	—	0	—	0	0	0	2	—	1
求職者手当	—	—	0	0	0	3	2	7	2	1	3	7	9	5
雇用・生活支援手当	1	0	0	0	0	2	1	4	2	2	2	4	3	4
就労不能手当	1	1	1	—	—	1	1	1	3	4	1	1	3	2
重度障がい手当	—	—	0	—	—	—	—	—	—	—	—	—	1	1
介護手当	8	8	9	8	12	0	0	0	0	0	0	0	0	0
介護者手当	2	2	2	—	0	2	2	3	2	3	2	3	1	1
障がい者生活手当（ケア手当）	11	11	11	7	8	6	5	6	6	7	4	8	6	7
障がい者生活手当（移動手当）	12	12	11	9	8	5	5	5	6	7	3	7	6	7
労働災害障がい給付	1	1	2	1	—	—	—	—	1	1	—	—	—	—
国軍補償スキーム	1	1	0	2	1	—	—	0	—	—	—	—	—	—
児童手当	1	1	3	—	—	93	92	96	1	1	—	95	—	—
所得関連受給者	17	17	20	20	33	13	10	25	8	8	8	62	20	18
普遍的給付の受給者	100	100	100	100	—	93	92	96	26	31	12	96	15	12
税額控除の受給者	1	—	1	1	—	33	29	51	2	2	2	81	1	2

出所：Department for Work & Pensions, *Family Resources Survey*,（July 2014）より作成。

あろう。

ニューレイバーは一九九九年からさらに、子どもとその親への早期支援が重要であるとの認識から、経済的に恵まれない地域に住む就学前（〇～四歳）の子どもとその親に対して、保育、幼児教育、家族支援、保健医療サービス、職業紹介等を統合して行う「シュア・スタート」事業を始めている。これは後にチルドレン・センター事業に引き継がれ、ワンストップ・サービスを行う機関として機能している。この機関は二〇〇四年に策定されたチャイルドケア一〇年戦略の中において中軸的な役割を与えられ、徐々に拡大し、現在ではイングランドに三六〇〇以上のチルドレン・センターが存在している。また、二〇一〇年には「子どもの貧困法」が成立し、子どもの貧困撲滅へとさらに一歩近づきつつあるようである。

一点注意が必要であるのは、保育サービスの拡充が主として民間営利部門によって担われていることであろう。二〇〇六年の段階で、保育市場規模は全体で三五億ポンドほどであったが、そのうち約八割が民間の営利部門が担っていた（高端・伊集・佐藤 2011）。結果として、自治体やヴォランタリー部門によるサービス供給は極めて小規模なものにとどまることになった。国や自治体がサービスの供給者ではなく、その条件を整える「条件整備主体」の役割を担うというのは一九九〇年代以降の流れであるが、ブレア政権もまたこうした展開に沿って政策を進めてきたといえる。事業者に占める民間営利部門の比重は現在も変わっていない（Department for Education 2014）。

こうした民間営利部門に偏った供給構造は、サービスの多様性を確保できる一方で、十分な公的支援がなければ保育費用が極めて高くつく可能性がある。事実、イギリスの保育費用は世界で最も高い部類であり、貧困家庭が「育児の罠」に陥り働くことが困難な状況も生じている（高端・伊集・佐藤 2011）。また、低所得層の多く住む地域はサービスの質・量が不足する傾向にあり、景気動向を反映して事業者が撤退する事例もまま見られている（同上）。

最後に、子育て支援政策を考える場合には、子どもの貧困率のような経済的な指標のみではなく、子どものウェル・ビーイングを総合的に評価することが重要との指摘がなされつつある。そうした観点からは、家族政策が労働政策の道具として使われることには慎重であるべきとの批判もある（所 2012：137）。子育て期にある親を労働市場へと包摂することは当然、親子関係に変容をもたらすことから、労働政策と子育て支援政策との関係は慎重に考える必要がある。事実、二〇〇七年に公表されたユニセフの調査では、イギリスの子どものウェル・ビーイングは調査国で最下位であった（同上：119）。子どもの貧困率の減少については高く評価できる一方で、このような事態が生じていることにも目を向けていく必要があるだろう。

改革に次ぐ改革――緩和された拠出原理

次に、近年大きな変化のあった年金制度について見ることにしよう。

前述のとおり、ベヴァリッジ型の社会保険制度は「最低生活費保障原則」を前提としたために、所得代替率は極めて低く据え置かれ、そのため公的扶助への依存が問題となっていた。いくら私的年金によって公的年金の不足を補おうとしても、私的年金から恩恵を受けられるものは、それなりに所得のある層に限られてしまう。そこで、イギリスでは一九六一年の段階制退職給付の創設（一九七五年に廃止）や一九七八年のＳＥＲＰＳ（The State Earnings-Related Pension Scheme）の導入のように、所得比例年金を導入することでこうした事態に対応しようとしてきた。とりわけＳＥＲＰＳによって、定額の基礎年金に付加されて給付される二階部分の年金制度が創設されたことは重要である。ＳＥＲＰＳの満額受給は一九九八年から可能となったにすぎないが（Cribb, Hood, Joyce and David 2013 : 89）、これ以降、二階建ての年金制度が定着することになった。こうした試みによって懸案の所得代替率の低さを克服しようとしたわけである。

他方で、このような改革が財政赤字の拡大をもたらすことを懸念したサッチャー政権は、保険給付を抑制するためにSERPSの民営化を目論んだ。しかし、これには反対が多く、その代替手段として、公的年金から私的年金への移転を奨励する政策がとられていくことになる。これはイギリスでは「適用除外」と呼ばれている手続きであるが、これによって私的年金の拡大を目指そうとしたのである。

ただし、こうした政策によっても、年金制度の問題を根本から解決することは難しい。問題は、崩れつつある拠出原理そのものにあるからである。そこでニューレイバーは、一九九九年に税財源によって最低所得を保障する最低所得保障年金を導入した。重要な点は、高齢の低所得者を公的扶助制度から切り離し、スティグマを緩和しようとした点にある。二〇〇三年にはこの制度を「年金クレジット」に組み替えている。所得が最低所得保証額に満たない高齢者に対して差額を支給するものである点では最低所得保障年金と変わらないが、貯蓄を奨励するための加算措置が設けられている点で以前のものとは異なっている。最低所得保障年金が貯蓄意欲を削ぐとの批判を回避するためである。保障クレジットは単身者に対しては二〇一四／一五会計年度で週一四八・三五ポンド（約二万二五〇〇円）支給するよう制度設計されている（中川 2014 : 13）。日本の基礎年金の額とくらべると高い値である。

また、二〇〇二年にはSERPSの国家第二年金への切り替えが行われた。SERPSの導入によっても年金の所得代替率が極めて低い状況は変わらなかったからである。国家第二年金は報酬下限額（二〇一四／一五会計年度で五七七二ポンド。日本円にして一〇〇万円程度）以上の賃金のものに適用されるが、その賃金が低報酬基準額（同会計年度で一万五一〇〇ポンド。日本円で二六〇万円程度）に達していないものは、低報酬基準額と同等の稼得実績があったものとして給付される。そのため、以前の仕組みよりも所得再分配効果は増大した。さらに、障がいや病気のため、あるいは、育児・介護のために労働が困難なもののために、一定の要件のもと保険料を拠出したとみなす仕組みが取り入れられている。このことに関連して、年金の満額支給のために必要とされる資格年数が男性で四四年、女性で三九年から、三〇年へと短縮されることになった（同上 : 11）。年金については、拠出要件から居住用件を重視する方向へと舵を切ったものと言って良いであろう（井上 2014 : 171）。

他方、こうした公的年金制度の改革の一方で、ブレア政権下では私的年金の加入促進策も同時にとられている。これは、サッチャー政権下で私的年金への加入促進策がとられたにも関わらず、実際には私的年金の加入者数が減少していることが明らかとなっていたからである。そこで一九九九年に、中所得層以上向けにステークホルダー年金と呼ばれる個人年金が新たに創設されることとなった。低所得者へ資源を集中し公的扶助依存を断ち切ろうとする一方、中所得者以上向けの個人年金を創設したことは、大きな政府と小さな政府を同時に批判し、「第三の道」を志向するブレア政権の考え方が良く表れているものといえよう。

これらの改革の結果、イギリスの年金制度は、基礎年金を一階部分に据え、この上に報酬比例部分を持つ国家第二年金、さらに国家第二年金から適用除外が許された個人年金と職域年金などの私的年金があるという具合に、極めて複雑な構造を持つに至った。そのため、二〇一四年年金法では、基礎年金と国家第二年金を統合し、定額拠出・定額給付という構造を持つ一層性の年金を構築することが決定された。かつてのベヴァリッジ型の社会保険制度に極めて近い形といえる（Crawford.

Keynes and Tetlow 2013)。一方、年金の支給開始年齢を引き上げるほか、満額の受給資格期間を三〇年から三五年に延長することで、拠出原理を強化し、財政の持続可能性を高めるような改革も行われている。二〇〇四年改革によって保険料固定方式を採用した日本とは異なり、イギリスの場合、支給開始年齢の引き上げは年金財政を安定化させる効果を持つ。

こうした一層性の年金制度改革の結果、以前と同様に定額の保険料拠出に耐えられない層が大量に生じてくることも考えられうるが、育児期間を拠出実績に含める等の拠出原理の緩和措置が引き継がれていることが重要である。また、最低所得保障年金に相当する年金クレジットも引き続き存在する。そのため、これまでの複雑な年金改革を経たことは決して無駄ではなく、諸改革によってようやくベヴァリッジ型の年金制度を運用できる制度枠組みが整えられたとも捉えることができよう。

最後に、年金クレジットの創設を含む拠出原理の緩和措置が、社会保険制度から排除されることによって生じていた高齢者の貧困状況をかなり緩和したことを確認しておこう。図12－3に戻れば、その効果は顕著であり、一九六一年以降では最も低い値になっている。

NHS、コミュニティ・ケア改革

さて、以上にみた社会保険制度の枠組みとは異なって、NHSと介護サービスはともに税を財源としている。そのため、社会保険のように制度から除外されるものが生じるわけではないが、サービス量が税収の水準に規定されることになる。例えばNHSについてみれば、一九九〇年時点の医療支出は大陸ヨーロッパの水準と比べると明らかに見劣りするものとなっており、治療にかかるまでの待機リストの長さは大きな問題となった。こうして、政府規模の肥大化を回避しつつサービスを確保するためにはサービス供給の効率化が必要であるとして、NHSの準市場化が進められていくことになる。その成果が、一九九〇年に成立した「NHSおよびコミュニティ・ケア法」である。

この法律の目的は、需要者側にサービスの選択権を与え、供給者間に競争をもたらすことにある。しかし、準市場化によって医療サービスが全体として改善されたかどうかには疑問が残る。事実、患者の待機時間は減少するどころか、増大の一途をたどっていた。加えて、サービスの平等性が担保されなくなり、地域間格差が拡大した。ニューレイバーは、こうした問題を解決するために、「新しいNHS」（一九九七年）や「NHSプラン」（二〇〇〇年）といった白書を発表するなど、NHSへの投資を全面的に押し出した。NHSプランでは、イギリスの医療予算をヨーロッパ並みの水準（＝対GDP比で九％）にすることを目標にしている。事実、図12－1に見られるように、医療費の規模はニューレイバーの下で大きく伸長し、OECDのなかでも比較的高位に位置するようになった。その結果、待機時間も減少している。前述のごとく、医療が最も優先された支出項目だったことから、こうした改革も可能だったのであろう。

また、先述の一九九〇年法は、その名称にコミュニティ・ケアが含まれていることから分かるように、介護についても触れたものであった。医療と同様、介護の領域にも準市場を導入することが決まり、需要者の選択権を強化するとともに、事業者間で競争を促すことでサービスの効率化が図られることになった。このとき自治体は、サービスの提供者ではなく購入者となり、条件整備団体としての役割を担うようになる。この結果、NHSと同様、介護分野にも民間事業者が多数参入することになった。

しかし、NHSの例と同様、こうした改革で効率化を図ろうとしたとしても、財源措置が不十分なままであればサービスのあり様は大きくは変わらない。イギリスは他のヨーロッパ諸国と異なり、地方自治体が自由に扱える財源は固定資産税のみに限られ、補助金からの歳入が大部分を占めている。すなわち、自治体の自主財源は不十分であり、国の動向に大きく左右される中央集権的な政府間財政関係を有しているといえる。こうした財政構造を持つがゆえ、介護サービスは要介護度の高い者へのサービス提供の重点化、委託費単価の削減などが行われ、徐々に劣化してきたのである（伊藤 2016：56）。また、介護についてはＮＨＳの看護ケアを除き、自治体がミーンズ・テストを課したうえ、一部の貧困層に対してのみ提供をしてきた。結果として、公的サービスの恩恵にあずかれない多くの人々は自己負担を強いられ、一定程度の所得と資産があるものは高価なケア費用を捻出するために自宅を処分する必要に迫られるなど、不公平な事態が生じてきたのである。

これらの問題を克服するために、ブレア政権のもとで一九九七年に設置された「長期介護に関する王立委員会」以後、介護費用の無償化や社会保険方式化を含めて様々な議論が積み重ねられてきた。最終的に落ち着いた先は、保守・自民党政権下のもとで設置された「介護の財源確保に関する委員会」（＝ディルノット委員会）によって提起された、介護費用の生涯負担上限額を設定するという他国にみられない独創的なものであった（同上：54）。上限額を超えた部分については、国家が税財源によって負担することになる。

こうした改革案が提起された背景には、社会保険方式では介護を利用しない者からも保険料を徴収することになるので受益と負担のバランスを欠くこと、また、イギリスでは介護が伝統的に家族により担われてきたことから、サービス利用者が一定程度負担を課されることにも合意が得られたことなどがあった。加えて、負担上限額に達するまでの私的負担部分をカバーする民間保険商品が開発されることによって、市場経済を活発化させることも意図されていた。もっとも、政府は財政制約を理由として、ディルノット委員会が提起した生涯負担上限額を引き上げて七・二万ポンドとしたほか、実施時期を二〇一六年から二〇二〇年に後ろ倒しにした。そのため、現在のところはまだ選別主義的で自己負担の過大な介護サービスの構造が残されたままとなっている。

3　なぜ財政再建の時代が訪れたのか？

進展した失業の個人責任化

前節でみたように、ニューレイバーは、新しい社会的リスクに対応した新しい福祉国家の建設に取り組むことになった。とりわけ、子どもがいる世帯や高齢者世帯において大きく貧困が減少しており、この面での成果は少なくなかったものといえるだろう。しかし、実はニューレイバーの施策が社会保障の信頼構築に必ずしも成功しなかった点についても理解しておく必要がある。図12-5のイギリス価値観調査の結果をみれば、このことは一目瞭然である。

まず、「政府は福祉給付を増額すべき」という設問に賛成かどうかを聞いた項目では、サッチャー政権末期の一九八九年に最も賛成者が多く、全体の六一％が賛成している。しかし、この割合はその後急速に減少していき、二〇〇九年にはわずか二七％が賛成するにすぎなかった。「増税・歳出拡大」の設問についてもほぼ同様の傾向がみられる。このほか注目すべきは、「失業者の多くはその気になれば仕事をみつけることができる」や「失業者への給付が大きすぎて労働意欲を失わせてしまう」という設問である。両者はほぼ同じ推移を示しているが、とりわけ後者については、ニューレイバーが登場するまで三割前後でほぼ一定であったのに、その後急上昇し、二〇〇〇年代半ば以降は七割近くにまでなっている。

もともとニューレイバーは、福祉を受ける権利を無条件に承認せず、市民の義務や責任を強調していた。支援を受ける代わりに、受給者には責任

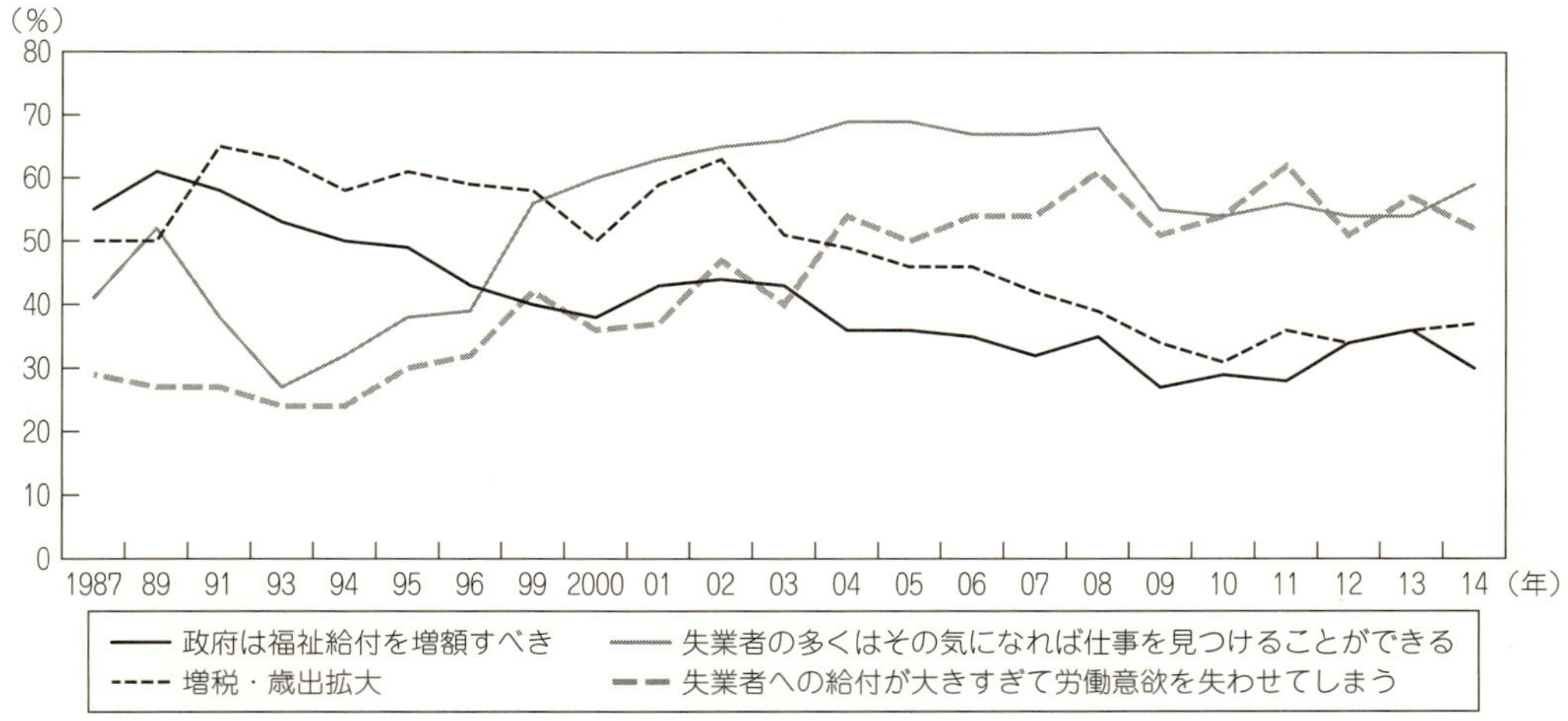

図12－5　福祉財政に対する信頼低下と失業の個人責任化の進展

出所：NatCen Social Research, *British Social Attitudes: The 32nd Report*, 2015より作成。

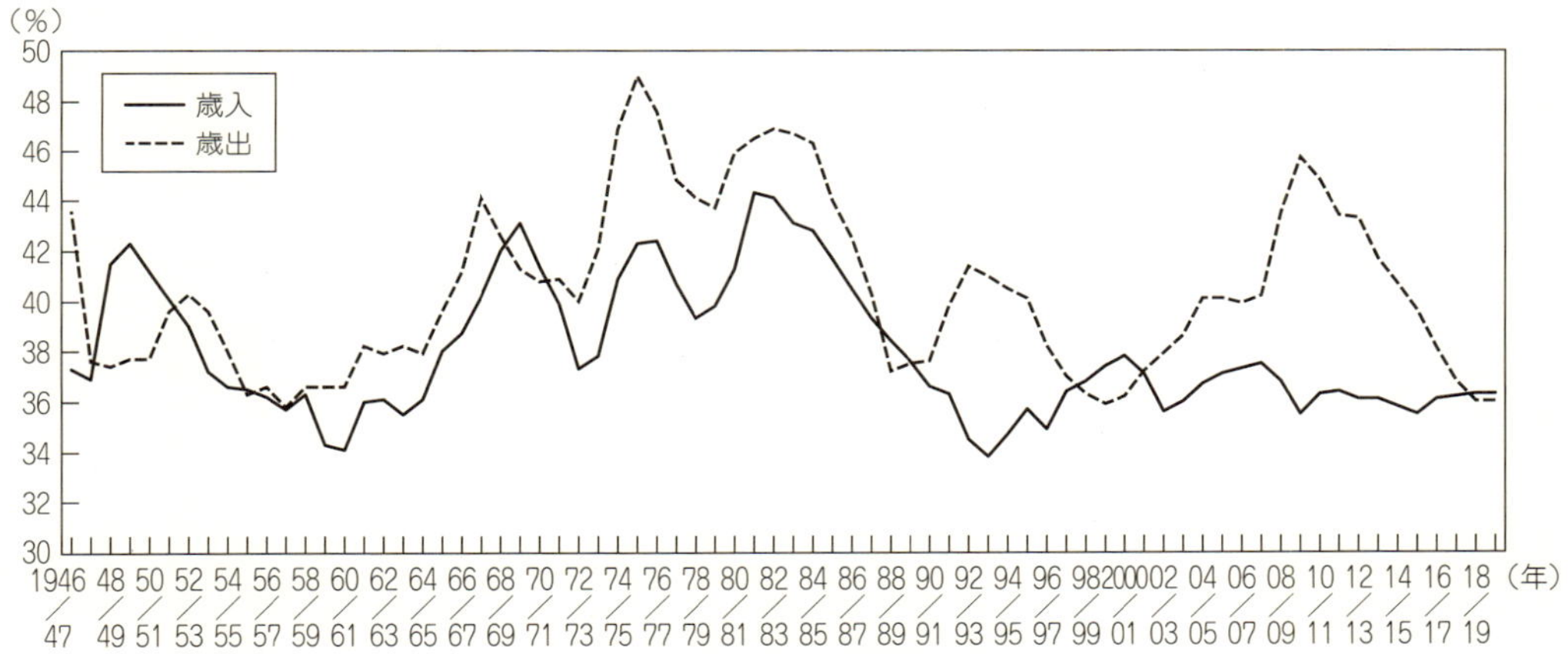

図12－6　歳出と歳入の推移

注：2014-15会計年度以後は予測値。

出所：Office for Budget Responsibility, *Economic and fiscal outlook*, March 2016より作成。

や義務が伴うというのである（井上 2014：30-31）。制裁措置が組み合わされたワークフェアにはこの点が強く現れている。しかし、失業などの労働問題を構造的な要因に求めるのではなく、受給者個人に求めてしまえば、「犠牲者への非難」を不必要に生じさせてしまうことにもなりかねない（Hill 2009＝2015：181）。実際に、さきほどの価値観調査の結果は、「失業の個人責任化」がニューレイバーのもとで進展したことを示している。図12－2を再度みると、子どもがいない世帯については失業手当の所得代替率は減少していっており、ワークフェアにも救貧法以来の最低生活費保障原則が貫かれていることが分かる。

ニューレイバーに代わって登場した保守＝自民党政権（二〇一〇年～）は現在大胆な財政再建を進めているが、まさにこうした価値観の変化を受けたものであるといってよいであろう。保守＝自民党政権のD・キャメロンは就任後、戦後最大とも言われた四年間で八一〇億ポンド（＝約一〇兆円）の支出削減計画を立てた。その後も多くの歳出削減計画を立てているが、その規模は二〇〇九／一〇会計年度の四五・七％（対

GDP比）から二〇一九／二〇年度の三六％まで、およそ一〇％ポイントほど削減しようというものであり極めて巨額である。図12-6の通り、この値はニューレイバーが政権を担当した初期とほぼ同等の数値である。

進展する社会保障の削減

現在、給付付き税額控除など各種の所得関連給付を整理・統合し、罰則強化を盛り込んだユニバーサル・クレジットの導入、ワーク・プログラムの実施、課税後平均所得以下に福祉受給額を抑制する福祉キャップ制の導入など、主として現役層にターゲットを絞った歳出削減が行われている最中である（Hood and Oakley 2014：2）。このほか、前述のとおり年金についても二〇一六年四月から定額拠出・定額給付という構造を持つ一層性の年金が導入されたが、所得比例部分を失った結果、公的年金給付の水準は引き下げられることになった。この際、年金クレジットの貯蓄奨励部分は廃止されている。これらは、複雑化した年金構造に透明性を持たせるための措置であったとはいえ、公的年金の意義は損なわれ、私的年金への依存が進むものと見られている（Crawford, Keynes and Tetlow 2013）。

通常であれば、歳出削減が進めば福祉支出の要求が高まることが予想されるが、前掲図12-5のように、大規模な歳出削減が進行している最中においても明確な反転は見られていない。むしろ、直近の値は福祉支出について厳しい態度をイギリス国民が持ち続けていることを示している。このことを裏付けるように、二〇一五年五月七日に行われた総選挙では、保守党が単独過半数を取って労働党を大きく突き放す結果となった。今後も財政再建の時代は続きそうである。イギリスの福祉レジームは、現在のところさらに自由主義的な形で再編されつつあるように見える。また、EU離脱により福祉財政の方向性がヨーロッパの文脈から切り離され、独自色を強めていくことも考えられうる。ニューレイバーの成果が日本で広く注目されただけに、それを覆しかねない改革が、今後イギリス福祉財政の姿をどのようなものへと変えていくのか、注目する必要があろう。

参考文献

井上恒男（2014）『英国所得保障政策の潮流――就労を軸とした改革の動向』ミネルヴァ書房。

伊藤善典（2006）『ブレア政権の医療福祉改革――市場機能の活用と社会的排除への取組み』ミネルヴァ書房。

――（2016）「イギリスの高齢者介護費用負担制度の改革――責任と公平を巡る十七年間の議論」『海外社会保障研究』第一九三号、五四～六七頁。

一番ヶ瀬康子・仲村優一編（1999）『世界の社会福祉 イギリス』旬報社。

大沢真理（1986）『イギリス社会政策史』東京大学出版会。

――（1999）「社会保障政策――ジェンダー分析の試み」毛利健三編著『現代イギリス社会政策史』ミネルヴァ書房、八九～一五三頁。

大沢真理（2013）『生活保障のガバナンス――ジェンダーとお金の流れで読み解く』有斐閣。

樫原朗（2005）『イギリス社会保障の史的研究 V』法律文化社。

小峯敦（2006）「ベヴァリッジの福祉社会論――三部作の結合」小峯敦編『福祉国家の経済思想――自由と統制の統合』ナカニシヤ出版、二二二～二五一頁。

佐藤滋・古市将人（2014）『租税抵抗の財政学――信頼と合意に基づく社会へ』岩波書店。

新川敏光編著（2011）『福祉レジームの収斂と分岐――脱商品化と脱家族化の多様性』ミネルヴァ書房。

染谷俶子（2005）『英国年金生活者の暮らし方――事例調査から見た高齢者の生活』ミネルヴァ書房。

高端正幸・伊集守直・佐藤滋（2011）『保育サービスを中心とする子育て支援政策の国際比較行財政論――スウェーデン、イギリスの実態と日本の改革論議への示唆』全労災協会。

武川正吾・塩野谷祐一（1999）『先進諸国の社会保障①イギリス』東京大学出版会。

武田文祥（1999）「医療保障政策――成功と挫折の交錯」毛利健三編著『現代イギリス社会政策史』ミネルヴァ書房、一五五～二二四頁。

嵩さやか（2006）『年金制度と国家の役割――英仏の比較法的研究』東京大学出版会。

田端光美（2003）『イギリス地域福祉の形成と展開』有斐閣。

所道彦（2012）『福祉国家と家族政策――イギリスの子育てと支援策の展開』法律文化社。

――（2014）「イギリスの社会扶助 所得補助の給付水準とユニバーサル・クレジット化が示唆する政策課題」山田篤裕、布川日佐史、『貧困研究』編集委員会編（2014）『最低生活保障と社会扶助基準――先進8ケ国における決定方式と参照目標』明石書店、四三

～六一頁。
中川秀空（2014）「イギリスの年金改革――一層型の年金制度の導入」『レファレンス』第七六三号、五一～二五頁。
二宮元（2014）『福祉国家と新自由主義――イギリス現代国家の構造とその再編』旬報社。
平岡公一（2003）『イギリスの社会福祉と政策研究』ミネルヴァ書房。
舟場正富・齋藤香里（2003）『介護財政の国際的展開――イギリス・ドイツ・日本の現状と課題』ミネルヴァ書房。
増田雅暢（2014）『世界の介護保障　第二版』法律文化社。
丸谷浩介（2009）「イギリスの公的・私的年金制度改革」『海外社会保障研究』国立社会保障・人口問題研究所、第一六九号、一五～二八頁。
宮本太郎（2013）『社会的包摂の政治学――自立と承認をめぐる政治対抗』ミネルヴァ書房。
森信茂樹（2008）『給付つき税額控除――日本型児童税額控除の提言』中央経済社。
毛利健三（1999）「雇用政策――社会政策と経済政策の接点」毛利健三編著『現代イギリス社会政策史』ミネルヴァ書房、三二一～八七頁。
Belfield, C. Cribb, J., Hood, A. and Joyce, R., (2014) "Living standards, poverty and inequality in the UK: 2014", *IFS Briefing Notes*, pp. 1-126.
Beveridge, W. (1942) *Social Insurance and Allied Services*, Cmd. 6404, HMSO.（『社会保険および関連サービス』至誠堂、山田雄三訳、一九六九年。）
Crawford, R., Keynes, S. and Tetlow, G. (2013) "A single-tier pension: what does it really mean?", *IFS Report*, pp. 1-71.
Cribb, J., Hood, A., Joyce, R. and David P. (2013) "Living standards, poverty and inequality in the UK: 2013", *IFS Briefing Notes*, pp. 1-154.
Department for Education (2014) *Childcare and Early Years Providers Survey 2013*.
Esping-Andersen, G. (1999), *The Social Foundations of Post-industrial Economies*, Oxford University Press.（『ポスト工業経済の社会的基礎――市場・福祉国家・家族の政治経済学』渡辺雅男・渡辺景子訳、桜井書店、二〇〇〇年。）
Glennerster, H. (2009) *Understanding the finance of welfare*, Policy Press.
Halsey, A. H. and Webb, J. (eds.) (2000) *Twentieth-Century British Social Trends*, Macmillan Press.
Hill, M. and Irving, Z. (2009) *Understanding social policy*, Wiley-Blackwell.（『イギリス社会政策講義――政治的制度的分析』埋橋孝文・矢野裕俊監訳、ミネルヴァ書房、二〇一五年。）
HM Revenue & Customs (2015) *A guide to Child Tax Credit and Working Tax Credit*.
Hood, A. and Oakley, L. (2014) "The social security system: long-term trends and recent change", *IFS Briefing Notes*, pp. 1-35.
Keynes, S. and Tetlow G. (2014) "Survey of public spending in the UK", *IFS Briefing Notes*, pp. 1-65.
Le Grand, J. (2007) *The Other Invisible Hand: Delivering Public Services through Choice and Competition*, Princeton University Press.（『準市場　もう一つの見えざる手――選択と競争による公共サービス』後房雄訳、法律文化社、二〇一〇年。）
NatCen Social Research *British Social Attitudes: The 32nd Report*.
Nick P., and Taylor, E. (2013) "Government Spending and Welfare: Changing Attitudes Towards the Role of the State", in Park, A., Bryson, C., Clery, E., and Curtice, J. and Philips, M. (eds.), *British Social Attitudes: The 30th Report*.
OECD (2005) *Pensions at a Glance*.（『図表でみる世界の年金――公的年金政策の国際比較』明石書店、栗林世監訳、二〇〇七年。）
OECD (2008) *Growing Unequal ? Income distribution and poverty in OECD countries*.
OECD (2011) *Divided We Stand: Why Inequality Keeps Rising*.（『格差拡大の真実――二極化の要因を解き明かす』明石書店、二〇一四年。）
OECD (2013) *Health at a Glance*.
Office for Budget Responsibility (2016) *Economic and fiscal outlook*.
Oorschot, W. (2012) "Popular perceptions of welfare state consequences: A multilevel, cross-national analysis of 25 European countries", *Journal of European Social Policy*, vol. 22, No. 2, pp. 181-197.
Scruggs, L. (2006) "The Generosity of Social Insurance, 1971-2002", *Oxford Review of Economic Policy*, Vol. 22, No. 3, pp. 349-364.
Seldon, A. (eds.) (2007) *Blair's Britain, 1997-2007*, Cambridge University Press.（『ブレアのイギリス――一九九七～二〇〇七』関西大学出版部、土倉莞爾・廣川嘉裕監訳、二〇〇七年。）
Thane, P. (1996) *The foundation of the welfare state*, Longman.（『イギリス福祉国家の社会史』ミネルヴァ書房、深澤和子・深澤敦監訳、二〇〇〇年。）
Taylor-Goodby, P. (eds.) (2004) *New Risks, New Welfare: The Transformation of the European Welfare State*, Oxford University Press.
Taylor-Goodby, P. and Taylor (2015) "Benefits and welfare: Long-term trends or short-reactions?", in Park, A., Ormston, R. and Curtice J. (eds), *British Social Attitudes: The 32h Report*.
The Health and Social Care Information Centre (2008) *Community Care Statistics: Home care services for adults*, England.
van Vliet, O. and Caminada, K. (2012) "Unemployment replacement rates dataset among 34 welfare states 1971-2009: An update, extension and modification of Scruggs' Welfare State Entitlements Data Set", *NEUJOBS Special Report*, No. 2, Leiden University, pp. 1-75.

第13章 フランスの福祉財政
——職域連帯から新たな連帯へ

小西杏奈

労働市場の規制、社会サービスの脱市場化が進むフランスは、ドイツと並んで保守主義型福祉国家に分類され、福祉財政がＧＤＰに占める割合はＯＥＣＤ諸国の中でも最大である。戦後フランスの福祉財政の中心を担ってきたのは、職域連帯を起源に持つ社会保険であった。社会的排除の問題が表面化した一九七〇年代後半以降は、社会的連帯を基盤にした最低生活保障の拡充が講じられている。

1 フランスの福祉財政の特徴

フランスの社会保護制度の概要

フランスで福祉財政全般を包括する言葉として社会保護制度という言葉が用いられる。社会保護制度*は、老齢、疾病、失業などのリスクを保障する社会保険、経済的・社会的に困難な状況に陥った者の支援を目的とする社会福祉、営利を目的としない民間部門による保障制度の大きく三つに分類される（Barbier et Théret 2009：8-15）。

さらに社会保険は、老齢、疾病、労災、妊娠・出産、家族のリスク（子どもの養育費、住宅費）をカバーする社会保障と、失業のリスクをカバーする失業保険に分けられる。原則的に、これらの制度の、給付を受けるには、保険料の拠出が要件となる。社会保険は、フランスの社会保護制度の柱であり、社会保護関連支出の約八割を占める。

一方、社会福祉は、児童福祉、高齢者福祉、障害者福祉、最低生活保障を扱う。社会保険と異なり、保険料の支払いはサービスの受給条件には含まれない。財源の大部分は租税によってまかなわれる。社会福祉は、社会保護関連支出の一割程度を占める。

三つ目の民間部門による保障制度は、原則的に共済制度に基づいて運営される。社会保険で保障されない医療費などがこの制度によってカバーされる。民間部門による保障制度は社会保護関連支出の一割程度を占める。

ドイツと並んで保守主義型福祉国家に分類されるフランスでは、労働市場は相対的に規制され、社会サービスの脱市場化が進んでいる。社会支出が国内総生産（GDP）に占める割合はOECD諸国の中で最も高く、二〇一四年には三一・九％に達した（OECD Social Expenditure Database）。

ところが近年、規制された労働市場をベースに、社会保障を中心に発達してきたフランスの社会保護制度は、転換期を迎えている。まず、人口の高齢化で福祉財政の赤字が膨れ上がり、年金や医療保険にかかわる支出を抑制するための様々な改革が実施されている。加えて、最近では、長期化する法定残業時間の延長や解雇規制の緩和など、労働市場の自由化が政府主導で進められている。こうした改革は、厳しい雇用情勢にさらされている若年層の強い反発を招いた。政府は、就労促進と抱き合わせた形で、低所得者に対する支援を拡充するなどの政策を講じているが、問題の根は深い。

フランスの社会保障制度の歴史

フランスの社会保障制度は、隣国ドイツ（プロイセン）とイギリスの影響を受けて発達した。

中世以来、フランスの相互救済慣行は同業組合ごとに形成されていた。一八九〇年代に入ると、プロイセンの影響を受け、従来の同業組合別の共済制度を基礎に、国レベルの社会保障制度が形成された。一八九八年には海軍、公務員、抗夫を対象とした労災時の資金配分が制度化され、一九二八年と一九三〇年には、賃金労働者と農業従事者の退職年金制度が作られた。国レベルの職域連帯に基づいた社会保障制度はこうして形成された。ところが、この制度では、受益者が低所得者に限定され、第二次世界大戦開戦時点では、労働人口の三分の一しかカバーされていなかった（Barbier et Théret 2009 : 16-18 : Epiter 1995 : 12）。

第二次世界大戦後、フランスの社会保障は新たな展開を見せる。一九四五年、フランスの社会保障制度の父と呼ばれるピエール・ラロックは、戦時中にイギリスで発表された「ベヴァリッジ報告」の思想を受け継ぎ、すべての国民を対象とした社会保障制度の構築を謳った。従来の職域連帯に代わって、社会的連帯に基づいた社会保障制度を再構築するべきであると考えたラロックは、人口適用範囲の拡大を目指す「一般化原則」、同業組合ごとに設けられている社会保障基金の統一を目指す「単一金庫原則」、労使団体が自律的に社会保障基金の管理運営を行う「自律性原則」という三原則を社会保障制度の柱に据えた（加藤 2007 : 5-6）。

このうち、単一金庫原則は実現されず、現在も、民間被用者、公務員、農業従事者、学生など、複数の職域別の社会保障基金が維持されている。しかし、ラロック・プラン以降、政府は、一般化原則に倣って保障の対象となる人口、さらに給付の対象となるリスクの範囲を順次拡大し、一九七〇年代にはほぼ全ての人口が社会保障制度によって包摂されるようになった。その結果、フランスでは、保険方式を基本としながらも、国内に居を構える人々が平等な条件下でサービスを受けられる制度が構築されつつある（林 2003 : 54）。

一方、失業のリスクは、一九四五年に制定された社会保障制度には含まれていなかった。失業のリスクは社会福祉の中で扱われていたのである。一九五八年、共通市場の創設を前にして、産業構造の転換とそれに伴って高まる失業のリスクをどのように保障するかが問題となった。このとき、労働組合と経営者団体がイニシアティブをとり、彼らが主体となる全国レベルの失業保険が創設された。失業保険が社会保護制度の中で、社会保障とは別の制度として設けられていることの背景にはこうした背景がある。七〇年代半ばまで、失業は一時的なリスクと考えられてきたが、それ以降、高失業が常態化し、失業に対する保障はフランスの社会保護制度の中でも重要性を増している（Barbier et Théret: 84, 92-93）。

福祉財政を支えるアクターとその関係

フランスの福祉財政は、国（議会、省庁、国の出先機関）、地方自治体、社会保障基金の三つの公的なアクターによって運営されている。

国レベルでは省庁が果たす役割が大きい。まず、社会問題・健康省と行動・公会計省の二つの省に属する社会保障局が、社会保障関連の企画立案を行う。これに基づいて作成された関連予算について、先述の二つの省と労働省の三つの省が、立法から予算執行までが法的に適切に行われているかどうかを監督する（林 2003：56：Grandguillot 2011：25）。

これに対して、国民議会の権限は限定的である。一九九六年二月の憲法改正により、国民議会に社会保障予算が均衡しているかどうかを判断する権利が付与され、社会保障財政法の決議が国民議会で毎年行われるようになった。しかしながら、現在でも、国民議会には、社会保障関連の歳入を決定する権限がないだけでなく、歳出に関しても、全体の目標値を推計するだけで、それ自体をコントロールする権限はない。

このように、福祉財政全体の監督を行う国に対して、社会保険や社会福祉サービスを実際に実施するのが、社会保障基金と地方自治体である。社会保障基金の理事会のメンバーは、被保険者の代表によって構成され、保険料額や給付内容の決定、保険料の徴収や手当の給付を行う。一方、地方自治体（日本の県にあたるデパルトマンと市町村にあたるコミューン）は、社会福祉サービスの提供者として重要な役割を担っている。社会福祉サービスにおける地方自治体の役割は、とりわけ、一九八〇年代以降の地方分権改革で強化され、デパルトマンには、社会扶助給付と公衆衛生・予防に関する大部分の権限が移譲された（Epiter 1995：81–86）。

＊ 以下、訳語については、社会保護は protection sociale、社会保険は assurance sociale、社会保障は sécurité sociale、社会福祉は action sociale、社会扶助 aide sociale に対応している。本章では二〇〇〇年以降の定義に沿って、社会保護制度の分類を行った（Barbier et Théret 2009：9–14：Grandguillot 2011：16–18）。

2　福祉財政の概要

福祉財政の状況とその変遷

二〇一三年のフランスの公的支出は一兆二〇七五億ユーロで、このうち社会保護制度に関する費用は六八七〇億ユーロと、公的支出の半分以上にも達した。さらにその内訳をみてみると、老齢年金関連支出が三一八八億ユーロ、医療関連支出が二二八五億ユーロとこの二つの項目だけで社会保護支出の八割程度を占めている（Projet de loi de finances pour 2016 "Rapport économique, social et financier"：132）。

人口の八割以上が加入する社会保障の一般制度（後述）と高齢化に伴って一九九三年に創設された老齢連帯基金の収支状況の推移を見てみよう。二〇一〇年の二八〇億ユーロをピークに、赤字額は減少傾向にあるものの、依然として高い水準で推移している（表13－1）。

一般制度の財源は、一九九〇年に入るまで、その八割程度が労使によって負担される社会保険料で賄われていた。こうした保険料に依存した収入構造は、ラロック・プランが掲げた、労使団体の国家からの「自律性原則」とも密接に結びついている。国家の収入である租税ではなく、労使が共同で拠出した保険料で、自律的に基金を運営することが目指された。

しかしながら、九〇年代以降、社会保障財源の租税化が急激に進んだ。現在の一般制度の財源の内訳は、社会保険料五四・一%、社会保障目的税二九・九%、一般会計以外の特別基金等からの財政移転九・八%、一般会計からの財政移転一・

表13－1　一般制度と老齢連帯基金の財政状況

（単位：10億ユーロ）

	2007年	2008年	2009年	2010年	2011年	2012年	2013年
医　療	-4.6	-4.4	-10.6	-11.6	-8.6	-5.9	-6.8
労　災	-0.5	0.2	-0.7	-0.7	-0.2	-0.2	0.6
退　職	-4.6	-5.6	-7.2	-8.9	-6.0	-4.8	-3.1
家　族	0.2	-0.3	-1.8	-2.7	-2.6	-2.5	-3.2
一般制度合計	-9.5	-10.2	-20.3	-23.9	-17.4	-13.3	-12.5
老齢連帯基金	0.2	0.8	-3.2	-4.1	-3.4	-4.1	-2.9
合　計	-9.3	-9.4	-23.5	-28.0	-20.8	-17.5	-15.4

出所：Cour des comptes (2012), p. 42および la Commission des comptes de la Sécurité sociale (2014), p. 12より筆者作成。

一％となっている。

福祉財政の仕組み、財政移転

　フランスの福祉財政は、国の一般会計、各地方自治体の一般会計、社会保障基金の三つの独立した会計によって運営されている。基本的には、社会保障基金では社会保険関連の、地方自治体の一般会計では社会福祉関連の歳入歳出が管理されるが、必要に応じて、国の一般会計からその他の会計へ財政移転が行われる。

　国から社会保障基金への財政移転には、もともと社会保障支出の費用として徴収された目的税や公務員年金給付支払いの他、最低生活保障や就労も就学もしていない者のための医療保険に関する費用の負担など、社会的連帯に関連する支出が含まれる。一方、国からデパルトマンへ財政移転が行われるのは、住所不定者や不法滞在中の外国人など例外的なケースや、障害者の法定社会福祉に関する費用が含まれる（『社会福祉・家族法典』L. 121-7条）。

3　社会保険

社会保険の概要

　社会保障と失業保険から構成される社会保険は、社会保護関連支出の約八割を占め、フランスの社会保護制度の柱となっている。

　社会保障は職域別に設けられた基金によって運営されている。民間被用者が加入する一般制度は、社会保障組織中央局（ＡＣＯＳＳ）、全国被用者医療保険金庫（ＣＮＡＭＴＳ）、全国家族手当金庫（ＣＮＡＦ）、全国被用者老齢保険金庫（ＣＮＡＶＴＳ）の四つの機関によって運営されている。社会保障組織中央局は社会保障家族拠出金徴収連合（ＵＲＳＳＡＦ）によって徴収された保険金を回収し、一般制度全体の財務管理を行う。後者三つの金庫はそれぞれ、医療・母子・労災・死亡保険、家族生活に関連する出費（子どもの教育および住居）に対する保険や援助、老齢退職年金を管理する。

　社会保障には、一般制度の他に、農業従事者が加盟する農業制度、職人、商人、企業家、自由業者が加盟する非賃金非農業制度がある。国家・地方公務員、国会職員、国営電力会社職員、国鉄職員、キャリア軍人、坑夫など公的機関およびそれに関連する機関で働く人々や学生は、それぞれに設けられた特別制度に加入する。

　一方、失業保険は、全国レベルの労使間の労働協約に基づき、全国商工業雇用連合（ＵＮＥＤＩＣ）と雇用センター（Pôle emploi）の二層構造で管理・運営される。一般的に、全国商工業雇用連合は、失業保険全体の責任主体であり、全国の商工業雇用協会の統括、財源調達、基金および行政機構の管理を、雇用センターは、失業保険加入の登録手続き、拠出金の徴収、給付金の支給、職業訓練などを行う。

老齢年金

フランスの老齢年金は賦課方式によって運営されている。ベビーブーム世代が退職年齢に達したことと平均寿命の上昇によって、年金受給者数／保険料拠出者数の比率は二〇〇一年には一・六だったが、二〇一〇年には一・三八まで低下した（退職年金受給者数一二九〇万人、保険料拠出者数一七九〇万人）。二〇一二年の一般制度の老齢年金の給付合計額は二一一五億ユーロであった。金庫の赤字額は三一億ユーロに達し（表13-1の「退職」）、リスク別では医療保険について二番目に大きい。

年金制度は二階建てである。一階部分が法定基礎制度で、すべての就労者に対して加入が義務付けられ、二階部分が補足制度となっている。補足制度には、民間企業で働く者に対しては被用者補足年金制度（ARRCO）や管理職補足年金制度（AGIRC）があり、そのほか、国家・地方公務員やエール・フランス職員などについても独立した補足制度が設けられている。重要なことは、補足制度についても対象者の加入が義務づけられていることである。補足制度の財源は、雇用主が六割、被用者が四割負担する拠出金によってまかなわれている。これに加え、任意で私的年金に加入することもできる。

政府は老齢年金金庫の財政状況の改善のため、満額受給に必要な保険料拠出期間を延長したり、法定退職年齢や給付開始年齢を引き上げたりしている。現在、法定退職年齢は一九五五年以降に生まれた場合六二歳である。一九七三年以降に生まれたものは、法定退職年齢で満額の年金を受給するためには、四三年間以上保険料を納めている必要があり、保険料の拠出期間がそれに満たない場合は、年齢が六七歳に達していなければならない（Grandguillot 2014 : 84）。また、近年ではシニア就労を促進するための政策も進められているが、その成果はまだ不透明である（Commission des comptes de la Sécurité sociale 2011 : 149-157）。

医療保険

公的医療保険への加入はすべての国民に義務づけられており、就労・就学の有無やその形態によって加入する保険の種類が異なる。就労も就学もしていない場合は、普遍的医療保険制度（CMU）に加入する。この制度はすべての国民に対する医療保険への加入を保障する。低所得者については、公的医療保険ではカバーされない自己負担分も普遍的医療保険制度でカバーされる場合がある。

被保険者が扶養する配偶者や子どもも医療保険給付を受ける権利を有する。また、被保険者が就労・就学を停止した場合でも、一年間は給付の権利が保障され、その後、特定の公的医療保険に加入する条件を満たせない場合には、普遍的医療保険制度に加入する。

医療保険給付は、医療費の払い戻しという形をとる現物給付と、病気やけがが原因で就労を停止した場合に賃金の喪失分を埋め合わせる現金給付に分けられる。現物給付については、通常、治療費の七〇％が医療保険によってカバーされ、残り三〇％が自己負担となる。

医療薬品については、独立した公的機関である保健規制高等委員会が定める基準（SMR）に応じて払い戻し率が異なる（〇％～六五％）。入院費の払い戻し率は八〇％で、社会保険に加入している公立および私立病院に入院した場合は、自己負担分二〇％のみを病院に対して支払う。社会保険に加入していない病院に入院した場合、後日、入院費の八〇％に相当する額が医療保険一次金庫から払い戻される。三一日目以降の入院、妊婦およびその子供、労災、虐待被害者、就労不能者、普遍的医療保険制度加入者、国家の医療補助対象者の入院費用は一〇〇％医療保険によってカバーされる（Grandguillot 2011 : 47）。

公的医療保険ではカバーされない部分は、民間医療保険によってカバーされる。民間医療保険には、共済組合、相互扶助組合、一般保険会社があり、前者二つは非営利の民間組織である。フランスでは、民間医療保険の加入は任意でありながら、その加入率は非常に高い。このことの背景には、もともと民間レベルで職域別の共済制度が発展し、その主要な部分を分離させて現在の公的医療保険を発足させたという経緯がある。

さらに、病気や事故が原因で賃金の喪失が生じた場合、全国被用者医療保険金庫から補償手当が支給される。補償手当の金額は被保険者の就労状況および賃金によって異なる。一日あたりの補償手当の額は基本補償賃金（三カ月分の賃金の九一・二五分の一）の五〇%で、最低賃金（SMIC）の一・八倍という上限が設けられている。ちなみに、二〇一六年のフランスの最低賃金は月額一四六六・六二ユーロ（所得税と社会保険料の差し引き前）であった。また被用者は、いくつかの条件を満たしている場合、雇用主から補足補償を受けることができ、就労停止から三〇日間は総報酬の九〇%、それ以降の三〇日間は総報酬の三分の二を受けることができる。

医療保険金庫の支出額は一七七四億ユーロ。二〇一三年時点の赤字額は六八億ユーロに達し、この数字は一般制度の四つの金庫の中で最も大きい。医療保険の収支状況の改善のため、各種医療措置に医療保険では賄うことができない自己負担金を設定するなどの対策が取られているが、事態の抜本的な解決にはつながっていない。

家族支援

全国家族手当金庫は、子どもの出産・病気・就学や住宅に関する家族の出費の一部を賄うものとして機能している。表13-2・3が示すように、この分野の保障内容は多岐にわたる。

家族手当は、二人以上の子どもを持つすべての家庭に支給される。子ども二人の場合は月額一二九・三四ユーロ、それ以上の場合は子ども一人につき月額一六五・七二ユーロが支給される。三人以上の子どもを持ち、かつ年間所得が基準に満たない低所得世帯に対しては、家族手当に加えて家族追加手当が支給される。さらに、出産および養子の受け入れ時、子どもの養育のために就労の一部あるいは全部を停止した場合や保育サービスを利用する場合にも状況に応じて手当が支払われる。

これらに加えて、子どもが障害を持っていたり重病を患っていたりする場合には、親付き添い手当が、子どもの障害が重度の場合にはさらに障害児童教育給付金が支払われる。

住宅関連費用に関しても収入、家族状況、住宅ローンや家賃の額に応じて手当が支払われる。例えばパリ市では、夫婦（うち一人が失業）子ども一人で所得が毎月一五〇〇ユーロ、家賃が八〇〇ユーロの賃貸アパートに住んでいる場合、一五八・一四ユーロの家族住宅手当を受けることができる。住宅に関する手当は、この他に、住宅の建設、購入、修繕の費用に対する個別住宅支援金（APL）や住宅修繕貸与金、第三子以降の子どもの誕生に合わせて引っ越す場合の引っ越し特別手当などがある。

全国家族給付金庫の財源の約六割は雇用主による拠出金によって構成され、残りの部分は租税や社会保障目的税が賄っている（Les chiffres clés de la Sécurité Sociale 2014 : 8）。二〇一一年の全国家族給付金庫の赤字は三二億ユーロであった。これは、一般制度全体の赤字額の二割を占めている。

こうした全国家族手当金庫から支払われる種々の手当に加え、医療保険に含まれる母子保険、子どもの数に応じて控除額が増大する所得税制、充実した保育サービスなど、フランスでは家族・子育て支援に関する様々な制度が存在する。こうした制度が欧州諸国の中でもアイスランド、アイルランドに次いで三番目に高い二・〇〇という出生率を支えている（二〇一二年）。

失業手当

一九八〇年代後半以降、フランスの失業率は一

表13－2　子供関連手当

家族手当（AF）		
	２人以上の子どもを持つ家庭への教育費に対して 所得条件なし 11歳以上の子どもに対して追加給付あり：36.56ユーロ ※ただし３人以下の子どもしかいない家庭の長子は除く ※子どもが16歳以上の場合は64.99ユーロ	２人：129.99ユーロ ２人以上：166.55ユーロ （一人当たり）
家族追加手当（CF）		
	３人以上の子どもを持つ家庭への教育費に対して（３～21歳） 所得条件あり	169.19ユーロ （所得による）
出産および養子受け入れ手当（PAJE）		
出産養子特別手当	所得条件あり 妊娠第14週目までに申告 ７カ月目に振り込み（養子の場合は、受け入れの翌月）	出産：933.27ユーロ 養子：1866.53ユーロ （所得による）
基本給付金	子どもの誕生あるいは養子の受け入れの際に生じる費用に対して 所得条件あり 医療検診の義務 子どもの誕生から３歳の誕生日の前月まで（養子の場合、３年間）	186.65ユーロ（所得による）
就労自由選択 追加給付金（CLCA）	養育のために就労を完全あるいは部分的に停止した場合 所得条件なし 最低限の就労（月395.04ユーロ）を行っていたことが条件 就労の完全あるいは部分的な停止	基本給付金なし 579.13ユーロ（最高） 基本給付金あり 392.48ユーロ（最高）
保育自由選択 追加給付金（CLCMG）	保育サービスにかかる費用に対して（月16時間以上） ６歳以下の子どもが一人以上 最低限の就労を行っている	所得と保育サービスによる 87.62ユーロ～847.07ユーロ
親付き添い手当（AJPP）		
	病気、事故、重い障害が原因で看病やケアを必要とする子どもの親が、看病のために就労を停止した場合 所得条件なし	両親と同居：43.18ユーロ 片親：51.30ユーロ
家族支援手当（ASF）		
	片親家庭の子どもの教育費に対して 生活扶助を受けている場合は受けられない	孤児に対して：121.86ユーロ その他：91.40ユーロ
障害児童教育給付金（AEEH）		
	80％以上の障害度を持つ子どもにかかる費用対して 所得条件なし 障害によっては追加支給あり	関係する子どもに対して： 129.99ユーロ
新学期給付金（ARS）		
	６歳から18歳までの就学児童の新学期の際に生じる費用に対して 所得条件あり 子どもの年齢に応じて新学期に支給	６～10歳：364.45ユーロ 11～14歳：384.56ユーロ 15～18歳：397.88ユーロ

注：家族給付算出基準額（BMAF）は406.21ユーロ（2014年４月時点）として算出。
出所：Grandguillot（2015）：95-98.

表13-3　住宅関連手当

住宅手当（AL）		
家族住宅手当（ALF）	住宅の賃貸料および住宅ローンの返済にかかる費用に対して 所得条件あり 以下のいずれかの条件を満たす ①家族給付のいずれかを受給している ②夫婦のうちいずれかが40歳以下で結婚して、結婚5年未満 ③扶養の必要がある子どもあるいは親と同居している 家賃およびローンに対して収入の最低割合を負担している	収入・家賃あるいはローンの額・扶養家族の数によって決まる
社会住宅手当（ALS）	住宅の賃貸料および住宅ローンの返済にかかる費用に対して 所得条件あり 家族の構成員の中に住宅に関係する手当を受給している者がいない 家賃およびローンに対して収入の最低割合を負担している	
個別住宅支援金（APL）		
	住居の建設、購入、修繕に充てられた家賃あるいはローンへの費用に対して 所得条件あり	収入・家賃あるいはローンの額・職業によって決まる
住宅修繕貸与金		
	主に住んでいる居住の修繕費に対して 所得条件なし 少なくとも一つの家族手当を受給している 利率は1％、36カ月で返済可能	修繕費用の80％ 1067.14ユーロが限度
引っ越し特別手当		
	第三子またはそれ以上の子どもが生まれた際にかかる引っ越しの費用	子ども3人 974.90ユーロ それ以上の場合 +81.24ユーロ

出所：Grandguillot（2011）：95-98.

〇%前後で高止まりしている。二〇一四年第三四半期の失業率は九・九%であった（INSEE）。特に若者の失業率は高く、二五歳以下の失業率は四人に一人が失業状態にある。こうした高い失業率は社会問題となっており、政府は失業補償に加え、様々な就労支援を行っている。

雇用復帰支援手当（ARE）は、非自発的な失業をし、雇用センターに登録して求職活動をする者に対して支給される。雇用復帰支援手当の一日当たりの支給額は「基準日額の四〇・四%＋一一・七二ユーロ」である。基準日額は、通常一二か月間の税引き前の賃金を合計し、それを三六五（日）で割って計算される。一日当たりの支給額は二八・五八ユーロ以上で、基準日額の五七%～七五%でなければならない。支給額の月の上限は一二、六八〇ユーロである。手当の支給期間は失業保険料の拠出期間（=労働期間）で、五〇歳以下は二年間、五〇歳以上は三年間の上限が設けられている。

再就職訓練を受けている期間は、雇用復帰支援訓練手当（AREF）を受給することができる。給付額は雇用復帰支援手当と同様の方法で計算されるが、一日の最低額は二〇・四八ユーロと雇用復帰支援手当よりも低く設定されている。*

失業保険の財源の多くは労使負担の保険料で賄

われており、二〇一一年からは社会保障家族拠出金徴収連合によって徴収が行われている。近年の失業者数の増大により、失業保険収支の赤字が継続しているため、二〇〇〇年代以降、その赤字部分は国の一般財源によって埋められている。

一方、政治難民など特別な理由で職を得ることができない場合は、一時待機手当（ＡＴＡ）が支給され、失業期間の長期化によって雇用復帰支援手当を受ける権利を喪失した場合には特別連帯手当（ＡＳＳ）が支給される。これらに関する支出は国の財源によって賄われる。

高失業が続くフランスでは、国が雇用主に対して補助金を出したり、雇用主負担の社会保険料の軽減を行ったりする補助付き雇用を通じて、就労支援を進められている。さらに、国は早期退職奨励措置をとるなどしているが、状況が改善する見通しは立っていない。

＊　雇用復帰支援手当については、以下のＵＲＬを参照した。http://www.pole-emploi.fr/candidat/les-conditions-d-attribution-de-l-aide-au-retour-a-l-emploi-@/article.jspz?id=60580（最終アクセス日二〇一六年七月九日）。

4　社会福祉

社会福祉の概要

社会福祉は、自律喪失状態にある個人あるいは最低限の生活を維持することが困難な個人の生活を保障する。児童、高齢者、障害者の他、長期失業者など最低所得保障を必要とするものが主な給付の対象となる。

社会福祉は、厳密には、社会福祉・家族法典に定められている法定社会福祉と法定外社会福祉に分類される。以下では、単に社会福祉といった場合、法定社会福祉を指す。二〇一三年時点では、法定社会福祉に関連する支出は三六三億ユーロに上り、その内訳は最低所得保障が二七％、高齢者福祉と児童福祉がそれぞれ二四％、障害者福祉が二二％であった（DREES 2015：1-2）。

社会福祉給付の責任主体はデパルトマンで、サービスは国、地方自治体、社会保障基金、民間組織など多様な組織を通じて提供される。財源は、デパルトマンの自主財源と国（目的税、燃油税）や二〇〇四年に高齢者と障害者の自立支援に関する給付を管理することを目的に創設された全国自立連帯金庫（CNSA）からの振込によってまかなわれている（DREES 2015：6）。

デパルトマンの社会福祉に関する権限は、一九八〇年代の地方分権改革以降拡大した。現在、社会福祉支出はデパルトマンの経常支出全体の六割を占める。二五歳以上のすべての人に最低所得を保障するものとして一九八八年に導入された参入最低所得（ＲＭＩ）の管轄が国からデパルトマンへ移行された二〇〇四年以降、最低所得保障に関連する支出は、デパルトマンの社会福祉支出の中で最も大きな項目となっている（図13－1）。

児童福祉

児童福祉給付は、経済的、物質的、精神的な支援が必要な児童およびその家族に対して支給される。児童福祉給付には、児童が施設で暮らす施設居住型の支援の他、児童が里親家庭に居住して福祉サービスを受ける場合と、親家庭で生活しながら物質的・教育的支援を受ける教育支援サービスがある。施設居住型の支援には、家庭あるいは生活の場において問題や危険が生じた場合に〇歳から一八歳の子どもを保護するための施設である一時保護所、家庭内の暴力（身体的、精神的、性的）、両親の心理的・精神的問題やアルコール・薬物中毒などの理由で、行政的な保護を必要としている二一歳までの児童のための居住施設である児童養護施設、物質的・精神的な支援を必要とする妊婦

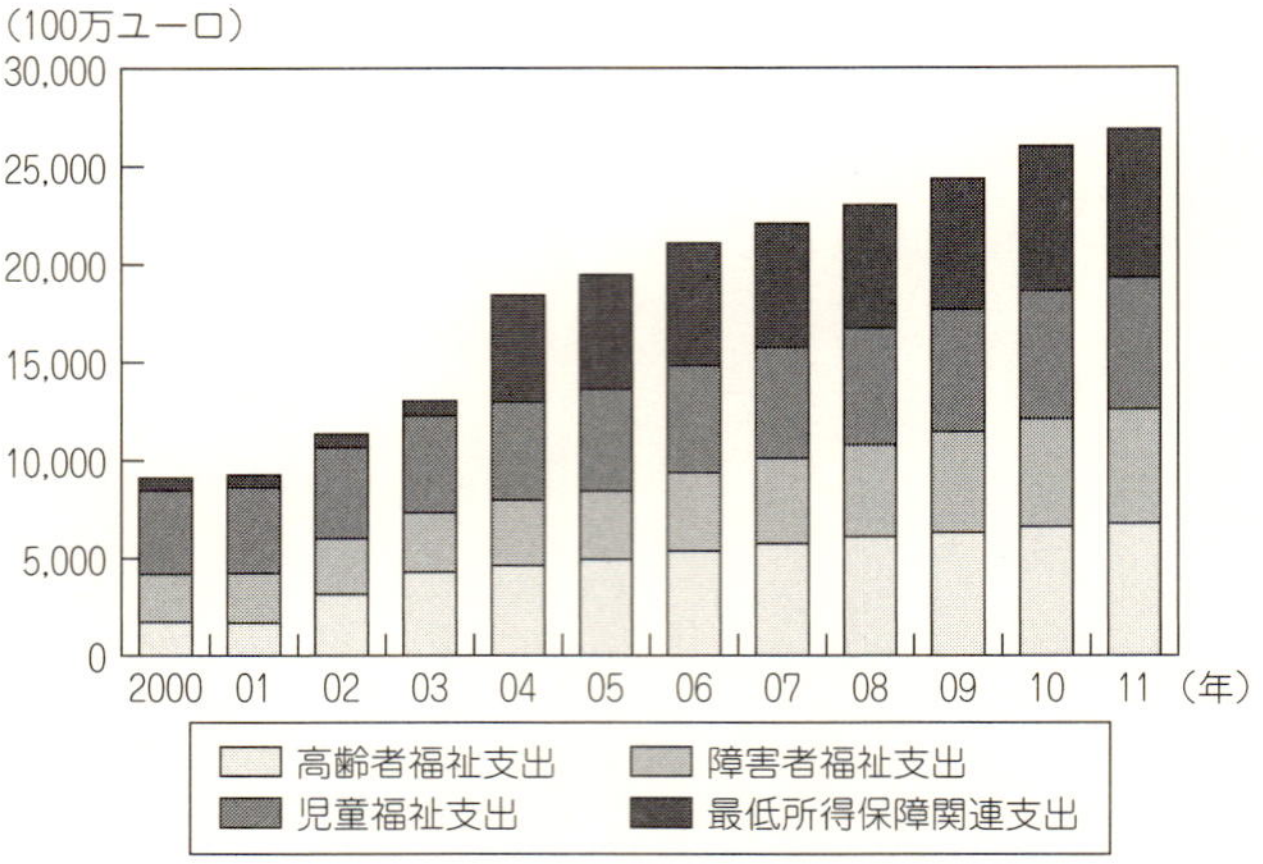

図13－1　デパルトマンの社会福祉支出の推移

出所：INSEE, « Dépenses d'aide sociale des conseils généraux en 2012 ».

あるいは三歳以下の児童とその母親に対して提供される居住施設である母子支援施設などがある。現在、児童福祉給付の受給者は三〇〇万人で、そのうち半数が施設や里親家庭など両親と離れて暮らしている児童およびその家族である（DREES 2015：4）。

　保育サービスは法定外社会福祉であるが、欧州の中でも高い出生率を維持するフランスの重要な子育て支援策となっている。フランスの保育サービスの形態は多様で、保育所（〇歳～二歳）、一時託児所（〇歳～）などの施設型保育と、保育者の自宅で保育する認定保育ママや自宅保育のようないわゆるベビーシッターなどの家庭型保育がある。三歳以上の子どもについては、通常、無償の保育学校か幼稚園に通うが、受け入れ時間（通常八時半から一六時半まで）外は施設内に設置されている託児所が子どもを預かる場合が多い。

　二〇一三年の調査によると、三歳未満の子どもの八時から一九時の間の保育形態の分布は、両親が六一％、認定保育ママが一九％、保育施設が一三％、児童の祖父母や親戚が三％で、全体の三割程度が保育サービスを利用している（DREES 2014：4）。日本との比較でいえば、認定保育ママの利用率が保育施設のそれを上回っている点は注目に値する。

　三歳以下の子どもが通う保育所の運営費は、家族手当金庫からの補助金と利用者が負担する利用料（自治体および家庭の収入・子どもの数によって異なる）によって賄われる。利用料の一部（最大六六％）は、家族手当金庫から支払われる単一サービス手当（ＰＳＵ）によってカバーされる場合がある。

高齢者福祉

　フランスの高齢者介護給付は、保険料負担を要件としない普遍的な制度である。これは、社会保険制度を通じて高齢者介護給付を行う日本やドイツとは大きく異なる点である（原田 2007：26）。

　高齢者福祉サービスは、在宅サービスと施設サービスに大別され、さらに財源や根拠法により福祉サービスと保健医療サービスに区分することができる。

　在宅の福祉サービスの中心は、家事援助を行うホームヘルプサービスである。ホームヘルプサービスは、デパルトマンの社会福祉サービスの一環として六〇歳以上の生活困窮者を対象にした法定給付と全国老齢保険金庫から支給される任意給付に分けられる。デパルトマンや全国老齢保険金庫は費用を負担しているのみで、実際にサービスを提供しているのは民間の事業所である。自宅で受ける看護サービスや保健衛生ケアサービスは、在宅介護サービス（ＳＳＩＡＤ）と呼ばれ、保健医療サービスに分類される。この財源は全国医療保険金庫によって賄われる（原田 2007：27-28）。在宅サービスの利用者の自己負担額はデパルトマンの議長の決定による。

　施設サービスには、自律した生活を営むことを目的とした高齢者施設である老人アパート、日常生活援助などの高齢者のニーズ全般をカバーする老人ホームなどの福祉系施設、要介護高齢者滞在施設（EHPAD）や長期療養施設（USLD）のように医療ケアも行う保健医療系施設がある。長期療養施設は、高齢者に限らず、生活上自律をすることが困難で医療上の看守りが必要な状態の者も対象とする（原田 2007：28）。

高齢者福祉の施設サービスで最も多く利用されている要介護高齢者滞在施設の利用料は、居住費、介護サービス費、ケア費に分けられる。入居者およびその家族（子ども、孫、ひ孫）が施設の利用料を負担することができないと判断された場合は、入居者は費用を負担する必要はない。居住費については、全国家族手当金庫から社会住宅手当あるいは個別住宅支援金が、介護サービス費については、後述する個別自律手当（APA）が利用者に支払われる。施設の人件費にあたるケア費については、全国医療保険金庫から直接施設に振り込まれる。

二〇〇二年に導入された個別自律手当は、六〇歳以上の高齢者で、身体あるいは精神が自律喪失状態にある者が受ける在宅あるいは施設サービスの一部費用を賄う。個別自律手当の上限額は政令で決定され、利用者の要介護度によってその額は異なる（五六二・五七〜一三一二・六七ユーロ）。個別自律手当の財源は、デパルトマンの一般財源、各老齢年金基金からの個別自律手当拠出金、社会保障目的税、全国医療保険金庫の社会医療部門の歳出と自律連帯拠出金（CSA）によって構成される（原田 2007：28-31）。

自律連帯拠出金は、高齢者福祉と障害者福祉の財源を捻出するために、二〇〇四年に創設された。これは、労使が合意した日、または労使の合意がない場合には聖霊降臨祭の翌月曜日を「連帯の日」として、その日に就労した所得の〇・三％を雇用主が負担する拠出金で、同年に創設された全国自立連帯金庫に振り込まれる（原田 2007：32）。

高齢者が自宅に居住し、かつ、生活を営む上で十分な収入を得ていない場合には、最低所得保障を受けることができる。これはデパルトマンではなく国が支給するもので、年金を受給していない場合は一括手当を、年金を受給している場合は高齢者連帯手当（ASPA）を受け取る。支給額の月額上限は単身の場合は八〇一ユーロ、夫婦の場合は一二四三ユーロで、他に収入がある場合はその差額が支給される。この額は後述の障害者への最低所得保障と同額である。

障害者福祉

障害者福祉の柱となっている障害者補償給付（PCH）は、六〇歳未満の障害者のケア、障害にかかわる物品の購入、家の修繕および引っ越し費用、交通費、補助犬・介助犬等の動物によるケアのようなサービスや財の購入に対して支払われる現物給付である。ケアサービスを家族以外の人に依頼した場合は、一時間につき一二・四九ユーロから一七・七七ユーロが、ケアが家族によって行われた場合は、三・六七ユーロから五・五一ユーロがデパルトマンによって補償される。障害者補償給付は、デパルトマンによって運営され、財源は全国自立連帯金庫が負担する。

これに加えて、障害者のための最低所得保障として機能しているのが障害者手当（AAH）である。支給額は障害の重さや家族状況によって異なるが、単身者の場合は、高齢者の最低所得保障と同様、最大月額で八〇一ユーロまで受給することができ、年金など他の収入がある場合はその差額が支給される。障害者手当は家族手当金庫から支払われる。

二〇歳未満の障害者および障害児については、社会保障がその養育者に給付を行う。現金給付である障害児教育手当は家族手当金庫から支給され、障害児施設にかかる費用は医療保険金庫からの支給によってカバーされる。

住宅支援

フランスの住宅支援には、低所得世帯向けの適正家賃住宅（ＨＬＭ）の建設に対する財政的支援と、個人に対する家賃や住宅ローンの補助などの支援がある。このうち個人に対する経済的支援は法定給付であり、社会保障の中の家族給付に分類される。これに対して、適正家賃住宅の建設の財政支援は法定外で、これらの住宅の提供は国や地方自治体の義務ではない。

第二次世界大戦以前に存在した低家賃住宅（ＨＢＭ）を引き継いだ現在の適正家賃住宅は、地方自治体が設置した公社・株式会社・共同組合が供給組織となっている（都留 2005：36ff）。適正家賃住宅は、障害者あるいは障害者を養う家族や経済的またはドメスティックバイオレンス等により緊急を要する状況にある個人に対して優先的に供給される。

全国に七七〇か所ある適正家賃住宅を運営する組織は、レジオン（地域圏）が設けた上限を超えて居住者に家賃を請求することができない。二〇一〇年時点で、適正家賃住宅の居住者は、四七％が労働者、二六％が退職者、一二％が中間管理職であった。

近年問題となっているのは、適正家賃住宅が地理的にも社会的にも孤立し、このことが適正家賃住宅の住民の社会的排除や分断を引き起こしていることである。このような問題を回避するために、「社会的ミックス（mixité sociale）」という政策概念に基づいて、異なる社会階層・生活水準・文化の人々が一つの地域に住むことを奨励する施策が実施されている（都留 2005）。

最低生活保障制度・就労支援他

フランスの最低生活保障は、様々な制度から成り立っており、個別の事情により、最低限の生活を営むことが困難になったものに対して支給される。最低生活保障そのものを目的とした単体の制度は存在しない（Barbier et Théret 2004：87）。

最低生活保障には、国から社会保障基金を通じて給付されるものと、デパルトマン管轄のものがある。国から支給されるものには、主に年齢や障害等が理由で就労が困難な者に支給される高齢者連帯手当、長期失業者に支給される特別連帯手当、難民や無国籍者に支給される一時待機手当、障害者手当や障害者補足手当の他、寡婦（夫）手当（ＡＶ）がある。

デパルトマン管轄の最低生活保障は主に現役世代を対象とする。先述の通り、戦後フランスの社会保護制度は、社会保険を中心に発達してきたため、最低生活保障は補完的な役割しか果たしてこなかった。しかし、近年の雇用の不安定化によって、最低生活保障の重要性は高まりつつある。

一九八八年の導入以来、フランスの最低生活保障の柱として機能してきた参入最低所得には、就労をせずに参入最低所得を得ていた方が、就労して所得を得るよりも多くの収入を得るケースがあり、その結果、労働意欲を阻害する可能性があった。この問題を改善するために、二〇〇九年、参入最低所得は、片親家庭に支給されていた片親給付（ＡＰＩ）と統合され、積極的連帯所得（ＲＳＡ）となった。

この積極的連帯所得は、最低生活保障の流れをくむ基礎ＲＳＡと就業しているにもかかわらず低い所得しか得られない者に支給される就業ＲＳＡで構成されていた。*ところが、就業ＲＳＡは、結局、その受給条件の複雑さや手続きの煩雑さから受給資格保有者の三分の一にしか利用されなかった。その一方で、経済情勢の悪化に伴い、特に若年層における雇用の不安定化や低賃金が社会問題化し、いわゆるワーキングプアに対する生活保障への需要は高まっていた。

こうした状況を鑑みて、当時の社会党政権は、就業促進と労働に正当な経済的社会的価値を付与することを目的に、二〇一六年一月一日より、就業ＲＳＡにかわって就業奨励金（prime d'activité）

を導入した。この新制度は、就労しているにもかかわらず月額の最低賃金の一・三倍に満たない所得しか得られない一八歳以上のすべての労働者を対象とする。

本制度の受給資格保有者は五六〇万人と見込まれており、そのうち一〇〇万人が一八歳から二五歳の若者である。対象年齢の引き下げ（就業ＲＳＡは二五歳）などの受給条件の緩和や申請手続きの簡素化で、就業奨励金の受給者の数は導入直後から増加している。就労を要件とする就業奨励金は、最低生活保障そのものを目的とするものではない。この新しい制度は、働いていても生活が苦しい低所得者に対して一定の購買力を保障することが期待されている。労働者の一定の購買力を維持するという重要な役割を果たすことになるだろう。

＊　労働政策研究・研修機構フランス「積極的連帯所得手当（ＲＳＡ）受給者が増加」（国別労働トピック二〇一一年一月）。以下ＵＲＬを参照 http://www.jil.go.jp/foreign/jihou/2011_1/france_01.html（最終アクセス日二〇一六年七月九日）。

5　戦後社会保障財政の変遷

戦後のフランスの社会保護制度は、広く社会的リスクを保障する社会保障を中心に発達したが、その財源の多くが保険料によって賄われているという特徴があった。民間被用者が加入する一般制度の場合、その約八割が雇用主と被用者によって負担される保険料によって賄われ、一般財源や社会保障目的税などの国からの繰り入れは、約二割と他の先進諸国と比較しても小さかった。

ところが、一九九〇年代以降、社会保障財源に占める保険料の割合は低下し、現在では、その割合は五割程度にとどまっている。この変化は、個人の所得をベースにした新しい社会保障目的税の創設およびその増税と、保険料率の引き下げによってもたらされた。図13－2が示す通り、国民負担の内訳にもその変化が表れた。それまで、国民負担の四割以上を占めていた社会保険料負担の割合が低下し、それを埋め合わせる形で個人所得税の割合が上昇した。

一般社会税（ＣＳＧ）導入のインパクト

こうした社会保障財源改革の皮切りとなったのが、一般社会税（Contribution Sociale Généralisée、以下ＣＳＧ）の導入であった。ＣＳＧは、一九九〇年一二月二八日財政法によって導入された。この新税は、広く所得に課税される一般比例所得税で、賃金所得だけでなく、給付金所得（年金・失業給付等）や不動産・動産所得に対しても課税される。導入時に、一・一％であったＣＳＧの税率は、賃金所得には七・五％、失業給付や補償給付には六・二％、退職年金や廃疾年金の給付には六・六％、動産および不動産所得には八・二％、賭博で得た所得に対しては九・五％が適用されている。ＣＳＧは、医療保険、家族給付、定年退職者への給付（老齢連帯基金を通じて）の他、自律喪失に対する給付（全国自立連帯基金を通じて）など社会的連帯に基づいた給付の財源にも充てられている。さらに、二〇〇九年以降は社会保障基金の累積債務の償還費にも使われている。ＣＳＧの税収は、二〇〇〇年に既存の個人所得税の税収を上回り、二〇〇九年には八二八億ユーロに達した。

社会保険料が社会保障目的税に置き換えられたことの背景には、社会保険料の構造に対する批判があった。被用者の場合、社会保険料の拠出額は所得に一定の税率が課されて算出されるが、その拠出額には上限が設けられていた。そのため、高所得者の負担率が相対的に軽くなるという問題があった。加えて、フランスの場合、周辺諸国に比して雇用主負担の社会保険料率が高く、これが一人当たりの雇用コストを高めてしまうため、国内の失業を助長し、さらに、企業の国際競争力を低下させる一因となった。こうした批判を受けて社会保障の租税代替化が進められた。

その結果、職域連帯に基づいた社会保険料に加

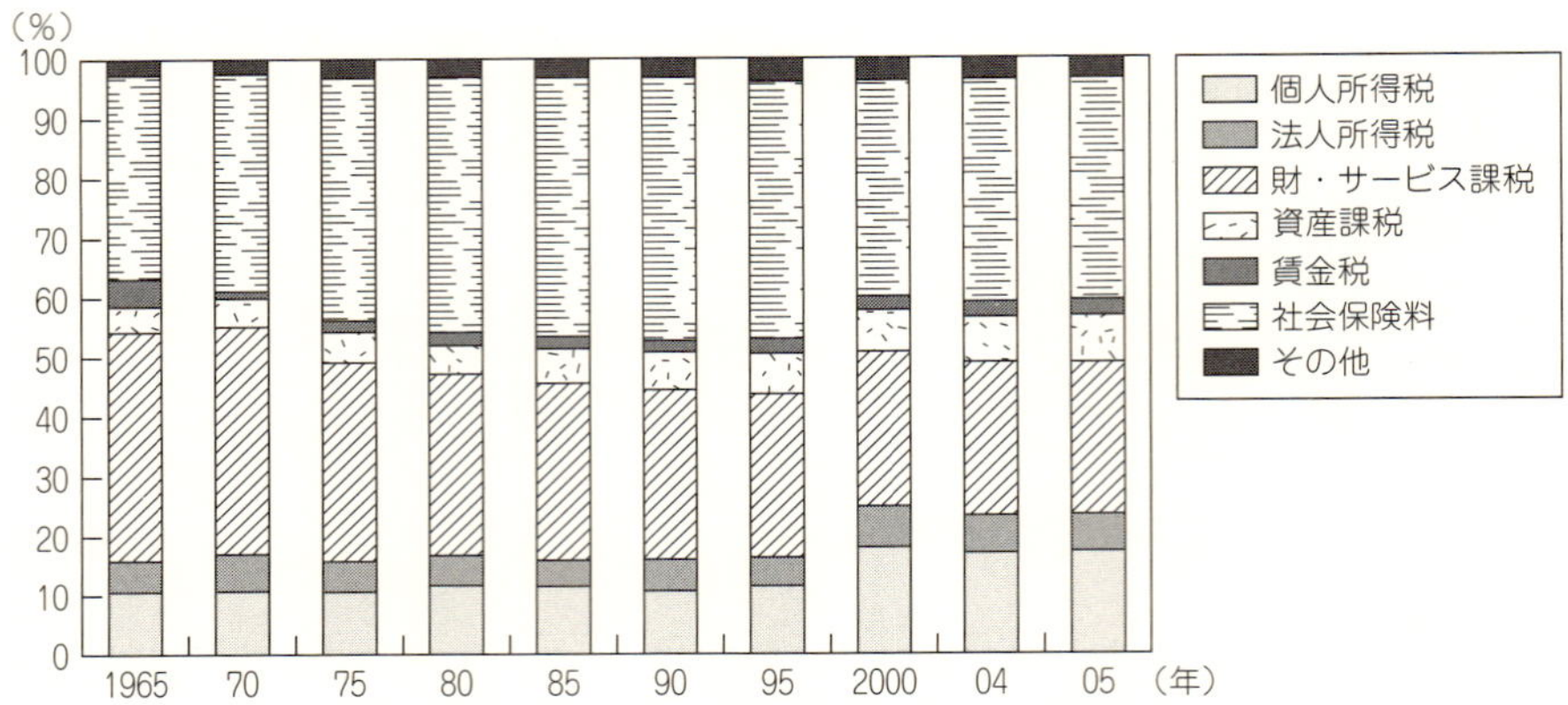

図13-2　フランスの国民負担の内訳の推移（1965～2005年）

出所：OECD Revenue Statistics.

えて、社会的連帯に基づいた租税が、社会保障の財源として用いられるようになっていった。こうした社会保障財源の構造的な変化は、社会的連帯に基づいたリスクをますます保障するようになっているフランスの社会保護制度の論理にもかなっている。

　源泉徴収が採用され、課税ベースが広く、所得の種類ごとに比例税率が適用されているCSGは、多収性だけでなく、水平的公平性も備えている。このように、CSGは、普遍的なフランスの社会保護制度の理念に基づいて導入された。それは、社会統合の要となる社会保護制度をどのような財源で支えるかを、考え続けたフランスの一つの成果でもあった。そしてCSGは、度重なる社会保障支出の引き下げの議論に対抗する盾となり、財源の面から現在のフランスの社会保護制度を支えている。

参考文献

加藤智章（2007）「フランス社会保障制度を考える視点」『海外社会保障研究』第一六一号、四～一四頁。

神尾真知子（2007）「フランスの子育て支援――家族政策と選択の自由」『海外社会保障研究』一六〇号、三三～七二頁。

国立社会保障・人口問題研究所（2015）「平成25年度社会保障費用統計」政府統計。

小西杏奈（2013）「一般社会税（CSG）の導入過程の考察――90年代のフランスにおける増税」井手英策編『危機と再建の比較財政史』第一五章、三四一―三六一頁、ミネルヴァ書房。

自治体国際化協会　パリ事務所（2012）「フランスの子育て支援――家族政策を中心に」『Clair Report』第三七四号。

柴田洋二郎（2006）「フランスにおける医療保険制度の動向――近年の改革による一般化の実現」『海外社会保障研究』第一五七号、六〇～七〇頁。

嵩さやか（2007）「フランス年金制度の現状と展望」『海外社会保障研究』第一六一号、三七～四九頁。

田中拓通（2017）『福祉政治史　格差に抗するデモクラシー』勁草書房。

都留民子（2005）「フランスにおける住宅政策と社会保障」『海外社会保障研究』第一五二号、三三～四五頁。

中村岳（2006）「フランスにおける民間医療保険の動向」『損保ジャパン総研クォータリー』第四六号、三九～五三頁。

服部有希（2012）「フランスにおける最低所得保障制度改革――活動的連帯所得手当RSAの概要」『外国の立法』第二五三号、三三～五〇頁。

林雅彦（2003）「フランスの社会保障制度の概要　年金制度および年金改革の動向を中心に」『海外労働時報』二七巻第二号、五四～七七頁。

原田啓一郎（2007）「フランスの高齢者介護制度の展開と課題」『海外社会保障研究』第一六一号、二六～三六頁。

松村祥子・出雲祐二・藤森宮子（2003）「社会福祉に関する日仏用語の研究(1)」『放送大学研究年報』第二一号、二六七～二八〇頁。

Code de la Sécurité Sociale.『社会保障法典』。

Code de l'action sociale et des familles.『社会福祉・家族法典』。

Direction générale des collectivités locales、地方自治体局（http://www.dgcl.interieur.gouv.fr/）。

INSEE、国立統計経済研究所（http://www.insee.fr/fr/）。

OECD Social Expenditure（http://www.oecd.org/social/expenditure.htm）。

OECD statistics（http://stats.oecd.org/）。

各制度の受給資格や支給額については、以下のサイトを適宜参照した。

Barbier J-C et Théret, B (2009) *Le système français de protection sociale*, nouvelle édition, La Découverte: Paris.

Bichot, J. (1997) *Les politiques sociales en France au XXe siècle*, Paris: Colin.

Bourdon, A., Lebel, C., Magnien L. (2002) *Le système de protection sociale*, Paris: Ellipses.

Commission des comptes de la Sécurité sociale (2011) *Les comptes de la Sécurité sociale*, septembre 2011.

Commission des comptes de la Sécurité sociale (2014) *Les comptes de la Sécurité sociale*, septembre 2014.

Comité d'histoire de la sécurité sociale (1988) *La sécurité sociale-son histoire à travers les textes-* tome III 1945-1981, Association pour l'étude de l'Histoire de la Sécurité Sociale, 1988, Paris.

Cour des comptes (2012) *La situation et les perspectives des finances publiques*, juillet 2012.

DREES (2014) *Etudes et Résultats*, n° 896, octobre 2014.

DREES (2015) *Etudes et Résultats*, n° 905, février 2015.

Grandguillot, D. (2011) *L'essentiel du Droit de la Sécurité sociale 2011*, 10e édition, Paris: Gualino.

Grandguillot, D. (2015) *L'essentiel du Droit de la Sécurité sociale 2015*, 14e édition, Paris: Gualino.

Epiter, J.-P. et Leteurtre, H. (1995) *La protection sociales et son financement*, Paris: Vuibert.

Matt, Jean-Luc (2001) *La sécurité sociale: organisation et financement*, Paris: LGDJ.

OECD, *Social Expenditure Database*, November 2014.

Service-pubic.fr（http://www.service-public.fr/）

Vie publique（http://www.vie-publique.fr/）

第14章 ドイツの福祉財政
——社会保険を核とした財政構造と税による財源調達

嶋田崇治

本章はドイツの社会保障とその財源調達についての解説を行うことを課題としている。社会国家、社会予算、保守主義型福祉国家といったドイツ社会保障を特徴づける独特な概念について概観し、各制度の特徴についてデータを通じて明らかにした上で、ドイツ社会保障における論点として家族政策と介護保険をとり上げ、最終的に制度の方向性について論じる。

1 ドイツ社会保障財政の特徴

ドイツ社会保障の特徴について、端的にいえば、それは社会国家という独特な国家概念を基礎に置いた社会保険を中心とする社会保障制度と整理することができよう。比較福祉国家論においては、こうした国家を「保守主義型福祉国家」（福祉レジーム論では「保守主義レジーム（新川 2015）」）と分類する。本項では、ドイツ社会保障の特徴を把握するために、以上のようなドイツ社会保障に関する基礎知識について触れていく。

社会国家概念

日本では福祉国家という概念がある程度一般的に普及しているが、ドイツでは社会国家という概念が広く受容されている。社会国家とは、工業化や都市化による階級対立の激化、そして家族機能の低下により生じる社会問題への対応のために形成され、その目的は社会をたえず変化に適応させ、社会の安定と平等化をはかることとされる（Ritter 1991=1993：15）。また社会国家という概念はドイツの憲法にあたる基本法の規定から導出されている（木村 1988：66-67）。その規定とは基本法第二〇条第一項と第二八条第一項であり、前者はドイツが「民主的かつ社会的連邦国家」であることを定め、後者は「共和制的・民主的および社会的な法治国家」であることを明記している。

それでは福祉国家と社会国家の決定的な違いとは一体何なのであろうか。さまざまな説明はあるが、社会国家という概念がボン基本法と結びついた西ドイツ固有の国制概念であるのに対して、福祉国家はイギリスを震源地とする国際性を有する概念である、といわれる（同上：70-71）。また、一方では、ドイツ人が社会国家という概念を好むのは、国家による供給と統制が肥大化した福祉国家というシステムと、個人と市場の自由を尊重する社会国家というシステムとの間に明確な線を引くためだともいわれる（Leisering 2001=2003：208）。他方、福祉国家概念がイギリス起源のものであることを認めつつ、ワイマール共和国やビスマルク社会保険立法のうちに現代福祉国家のドイツにおける始源を積極的に探る動きもある（木村 1988：68）。

社会保障概念、社会予算

ドイツの社会保障概念であるSozialversicherungを日本語で定義づけることは難しい。これが日本語に翻訳される場合、社会保障あるいは社会保険と訳されることがある。しかし社会保険は社会保障の一部を構成する概念であるため、両方を同一の用語で表現するのはもちろん好ましいことではない。こうした混同がみられるのは、おそらくSocial Securityという概念がドイツに導入され、一般化したのが第二次世界大戦後のことであり、伝統的には一九世紀ビスマルクによって整備された疾病保険、労災保険、老齢・廃疾保険といった社会保険が社会保障の源流にあったことと関係があるのだろう。この社会保険を中核として児童手当・社会扶助などの諸制度が整備され、現代の社会保障制度が成立したのである（足立 1995：133）。

ドイツでは社会支出とその財源を包括的に示す社会予算という概念が公的な文書の中などでは用いられる。これは事業主による給付や租税優遇措置などの項目も含む。その意味で社会保障より広範囲をカバーする概念となっている。この概念を構成する項目は機能および制度の両面から分類される。連邦労働社会省が刊行した『社会予算二〇一五』によれば、機能的には①疾病・廃疾、②老齢・遺族、③児童・夫婦・母性、④失業、⑤その他、といったように分類され、給付額は順に三六五一億、三三二二億、九六一億、三一〇億、二六七億ユーロとなっている。続いて制度的な分類は以下のとおりである。すなわち、①一般制度（年金・医療・介護・労災・失業保険など）、②特別制度、③公務員制度（退職年金、家族特別手当、補助金など）、④事業主制度（報酬継続支払、経営老齢扶養、追加扶養、その他の事業主給付など）、⑤補償制度（社会的補償〔戦争犠牲者の扶養〕、負担調整、賠償、その他の扶養など）、⑥支援・扶助制度（児童手当・家族給付調整、育児手当・両親手当、訓練助成、社会扶助、青少年扶助、住宅手当など）、⑦租税措置、という分類である。

ドイツの社会保障の原則を分類する統一的な方法を提示することは難しいが、一般的には保険、扶養（Versorgung）、扶助（Fürsorge）の三つに大別される。原則として、保険の給付は拠出に対する反対給付として支払われ、扶養・扶助の給付はすべて国の一般的な財源から支給することとされる。また、保険・扶養と扶助の違いは、扶助に対してのみ貧困調査が課されることである（同上：140）。

保守主義型福祉国家

比較福祉国家論において、ドイツは「保守主義型福祉国家」と呼ばれる福祉国家形態に分類される。この福祉国家形態の特徴は以下のようにまとめられる。すなわち、①相対的に大きな財政規模②職域別の社会保険中心の構造、③福祉供給業務における民間福祉団体の役割の大きさ、④男性稼ぎ手家族の優遇、の四点である（近藤 2014：4）。この四点は現在も観察される特徴であり続ける一方で、近年の少子高齢化、財政危機を背景として、②の社会保険を中心とした社会保障制度の再編の兆しなどについても論じられるようになってきている（福田 2013：近藤 2015）。以下、これらの特徴について適宜論じていくが、ドイツと同様、男性稼ぎ手家族を優遇してきた日本との比較を念頭におき、とりわけ④を巡る論点を第三節において重点的に議論したい。

社会保障制度の変遷

まずは社会保障制度の変遷について概観しておきたい。既に触れたように、一八八〇年代、ビスマルクを功労者として三つの労働者保険法（一八八三年疾病保険法、一八八四年労災保険法、一八八九年老齢・廃疾保険法）が可決され、順に施行された。この背景には一九世紀末の大不況を背景として生じた労働運動、社会主義運動があった。ビスマルクは社会主義者鎮圧法などのムチによってこうした運動の鎮圧を図る一方、労働者層の生活保障を労働者保険というアメを通じて実現しようとした。一般的にこれが世界初の法定社会保険であると位置づけられ（福澤 2012：30-31）、さらに、現在のドイツ社会保障制度を基本的に特徴づけていると評価される（足立 1999：16-17）。

その後、一九一一年に全国保険法がまとめられ、社会保険運営の監督を行う統一的官庁の設立、義務加入者範囲の拡大が実現した。さらに社会保障の重要な構成要素である公的扶助の制度化が開始されたのは第一次世界大戦後のワイマール体制のもとであった。その象徴が一九二四年に公布された扶助義務法並びに公的扶助の条件、種類、程度に関する帝国原理であった。一九二七年には全国規模での失業保険が制度化され、ドイツの社会保険は四本体制となった。ナチス期には社会保険の特徴である自主管理が停止され、ドイツの社会保険の歴史は一時中断をみた。しかし自主管理は第二次世界大戦後の一九五一年に復活しており、戦後においてもドイツの社会保障の中核は保持されたのである（同上：17-20）。

第二次世界大戦後におけるドイツ社会保障の展開を特徴づけるのはベヴァリッジ報告に象徴されるアングロサクソン的な社会保障構想の影響であろう。包括的社会改革論議の拡大に際し、その一環として実現されたといわれるのが一九五七年の年金改革であった。この改革では、ビスマルク以降の積立方式から修正賦課方式への移行、賃金スライドの導入などが実施され、それ以降、改正を重ね、純粋な賦課方式へと接近していった。さらに一九七〇年代中期以降、労資の対立を扱った「社会問題」とは異なる「新しい社会問題」が提起され、政治的意思決定に参加することに困難が伴う母性、児童、高齢者、労働力をもたない者といった弱者に関する対策を巡る議論が活発化する（足立 1995：111-121）。その結果、さまざまな家族政策の強化が行われる一方、老人に対するケアを目的とする介護保険は約二〇年もの期間を要したものの、一九九五年に制度の導入が実現した。このようにして社会保障は範囲・規模の両面で拡大していった。

こうした社会保障の拡大の一方、一九七〇年代以降、福祉国家路線の再検討の問題が顕在化し、医療保険制度の見直しを皮切りとして再建・改革の必要性に関する議論が活発化した。こうした動きについての説明は以下に譲ることにしよう。

社会保障制度の関係主体

ドイツにおける社会保険サービスの保険者の多くは連邦・州・地方自治体とは独立した公法上の法人である金庫である。そして社会保障サービスのための財源は、労使折半で拠出される保険料、連邦・州・地方自治体などの公的機関による補助金によって基本的に構成されている。さらに医療福祉サービスの提供において、民間福祉団体が大きな役割を果たしている点がドイツの社会保障制度の特徴である。具体的には、パリテート福祉団体、労働者福祉団体、ユダヤ中央福祉会、ドイツ赤十字、ディアコニー事業団（プロテスタント）、ドイツカリタス連盟（カトリック）などがその例として挙げられる。このような民間福祉団体の役割の大きさは、ドイツの社会保障の領域において、補完性の原理、つまり社会問題に対処する際、最小単位の組織や団体が優先的にその解決を模索し、それでも解決不可能な場合に上位の団体が介入するという原理が広く共有されていることと関係している、と指摘される（文部科学省 2007：141–143）。

政府間財政関係

日本の国と地方の財政関係は中央集権的であり、「集権的分散システム（神野 1998）」という特徴を持つといわれてきた。これに対し、ドイツは連邦国家であり、日本と比べると分権的な政府間財政関係を持つといえる。基本法第一〇九条第一項は「連邦と州は、財政経済において自立し、相互に依存しない」と規定しており、若干の留保は必要であるが、原則として州政府の財政運営は連邦政府のそれからの独立が基本法によって保障されている。さらに基本法第二八条第二項は「地方自治体は、地域的共同体のすべての事項について、法律の範囲内で自らの責任において規律する権利を保障されなければならない。（中略）自治の保障は、財政上の自己責任の基盤をも包含し、税率設定権を有する地方自治体に帰属する経済関連の租税財源もこの基盤の一部をなしている」と定めており、さまざまな問題は存在するが、基本的には、地方自治体にも財政的な自治が基本法により保障されている。

2　社会保障制度の全体像

データでみる社会保障制度の特徴

次に社会保障財政の収支について確認したい。まず表14－1から支出面について確認すると、二〇〇八年時点で全体の支出は六九一八億ユーロ、うち現金給付四三八一億ユーロ、現物給付（サービス給付）二二六六億ユーロ、行政費二五一億ユーロ、その他の支出二一億ユーロとなっている。支出の推移の特徴のひとつは、現金給付の割合が減少し、反対に現物給付の割合が増加していることである。現金給付の全体の割合は一九六五年時点で八割近くを占めていたが、その後低下を続け、二〇〇八年にはその割合が約六三％にまで低下している。逆に現物給付は一六％程度（一九六五年）であったが、三三％近く（二〇〇八年）までその割合を増加させている。

次に収入面をみてみよう。二〇〇八年時点で全体の収入は七三八九億ユーロ、うち被保険者による保険料二〇八六億ユーロ、雇用主による保険料二五七五億ユーロ、補助金二五八三億ユーロ、その他一四六億ユーロとなっている。ドイツの社会保障は国際比較の観点から保険料中心のビスマルク型に区分されている（片山 2008）。実際に二〇〇八年時点の収入のうち、被保険者による保険料と雇用主による保険料が全体の六三％を占めている。ただし九〇年代に一時、社会支出の約六九％が保険料によって賄われていたことを考えると、若干保険料と国からの拠出との割合が変化しつつあるということには留意する必要があるだろう。詳細については後述するが、近年実施されたハルツ改革による失業保険の保険料率の引下げ、それに伴う消費税増税による財源補てんは、上記のような変化が生じつつあることの表れのひとつといえよう（福田 2013：255）。

また同表は社会支出を賄う財源のうち各主体の収入がどれだけの割合を占めているのかということについても示しており、二〇〇八年において政府（連邦・州・地方自治体）は全体の約四一％、家計と企業等で約五九％を占めていることが分かる。さらに、そのうち政府間の比率は連邦対州対自治体で五六対二一対二三である。一九六五年に同比率が六〇対二九対一一だったことを考えると、自治体の割合は二倍近くにまで拡大している、とい

表14－1　財政収支

（単位：10億ユーロ）

	支　出					収入（保険料・補助金）					収入（主体別）				
	合　計	現金給付	現物給付	運営費	その他	合　計	被保険者	雇用主	補助金	その他	連　邦	州	自治体	家　計	企業等
1965年	52.0	41.3	8.4	1.9	0.5	54.8	10.6	18.3	22.4	3.5	15.6	7.5	2.8	11.0	17.9
1970年	84.2	65.7	15.3	2.9	0.2	88.7	18.7	33.1	32.8	4.1	21.1	11.9	6.0	19.2	30.3
1975年	158.9	115.5	37.3	5.7	0.4	161.2	34.7	61.0	59.5	6.1	41.1	19.7	12.6	35.2	52.6
1980年	222.9	160.7	54.4	7.1	0.7	233.0	52.9	93.9	80.1	6.1	54.3	26.8	18.2	53.7	80.0
1985年	272.9	193.6	69.3	8.7	1.3	284.0	71.6	113.1	92.2	7.1	60.1	31.8	23.5	72.6	96.0
1990年	338.3	237.9	89.0	10.8	0.6	359.4	95.4	147.1	107.9	9.0	69.2	37.1	30.5	96.9	125.7
1995年	523.3	342.7	160.8	18.3	1.4	535.9	153.9	214.9	152.9	14.2	103.4	41.6	49.5	156.1	185.4
2000年	606.1	400.0	184.7	19.9	1.5	634.8	175.9	242.1	202.0	14.8	130.1	58.2	56.5	179.2	210.7
2001年	623.7	411.1	190.5	20.6	1.5	645.4	178.6	243.4	208.8	14.5	133.8	60.5	57.2	181.6	212.2
2002年	646.5	426.1	197.4	21.5	1.5	665.4	182.2	246.0	224.6	12.6	145.1	63.2	59.6	185.1	212.4
2003年	660.2	435.1	201.5	22.0	1.5	680.6	185.8	247.3	234.7	12.9	153.2	63.6	62.3	188.9	212.5
2004年	660.6	439.1	197.7	22.2	1.6	685.9	188.7	246.4	237.8	13.0	154.6	64.2	63.6	191.8	211.6
2005年	667.9	437.1	205.5	23.6	1.7	687.1	191.3	242.5	239.9	13.4	158.1	61.3	65.3	194.8	207.7
2006年	668.8	432.2	210.9	23.9	1.7	700.8	196.1	247.9	243.5	13.4	161.3	60.7	66.2	199.8	212.8
2007年	674.8	431.4	217.8	24.1	1.6	714.9	200.8	250.1	249.3	14.7	166.2	61.4	76.3	204.9	214.9
2008年	691.8	438.1	226.6	25.1	2.1	738.9	208.6	257.5	258.3	14.6	172.1	63.0	70.1	212.8	221.0
2009年	745.1	459.0	255.8	28.0	2.3	774.7	224.2	263.4	272.6	14.5	180.4	66.9	73.9	228.6	225.1
2010年	760.6	466.1	263.7	28.8	2.1	810.0	230.6	270.4	294.5	14.4	196.9	70.1	77.1	235.1	230.8

注：2009年は暫定値、2010年は推計値。
出所：Statistisches Taschenbuch 2011.

表14－2　保険料率の推移

（単位：％）

	一般年金	鉱員組合年金	医　療	失　業	介　護	合計（一般年金）
1950-53年	5	8	3	2	－	10
1957年	7	8.5	3.9	1	－	11.9
1965年	7	8.5	4.95	0.65	－	12.6
1970/71年	8.5	8.5	4.1	0.65	－	13.25
1975年	9	8.5	5.2	1	－	15.2
1980年	9	8.5	5.7	1.5	－	16.2
1985年	9.6	9.6	－	2.05	－	11.65
1990年	9.35	9.35	6.3	2.15	－	17.8
1995年	9.3	9.3	6.6	3.25	0.5	19.65
2000年	9.65	9.65	6.8	3.25	0.85	20.55
2001年	9.55	9.55	6.8	3.25	0.85	20.45
2002年	9.55	9.55	6.995	3.25	0.85	20.645
2003年	9.75	9.75	7.2	3.25	0.85	21.05
2004年	9.75	9.75	7.2	3.25	0.85	21.05
2005年	9.75	9.75	7.1	3.25	0.85	20.95
2006年	9.75	9.75	6.7	3.25	0.85	20.55
2007年	9.95	9.95	7	2.1	0.85	19.9
2008年	9.95	9.95	7.1	1.65	0.975	19.675
2009年	9.95	9.95	7	1.4	0.975	19.325
2010年	9.95	9.95	7	1.4	0.975	19.325
2011年	9.95	9.95	7.3	1.5	0.975	19.725

出所：Statistisches Taschenbuch 2011.

うことも理解できる。

続いて、表14－2から保険料率について確認しておこう。保険料率とは、労働報酬総額に占める保険料の割合を意味している。一九五〇年代初期合計一〇％であった保険料率は、二〇一一年には一九・七二五％にまで達している。年金、医療、介護等に関わらず保険料は労使折半で拠出されるため、保険料率の合計は約四〇％に達する。

年金保険

ドイツの年金保険の保険者は自主管理を原則とした公法上の法人であり、州保険庁、鉄道保険庁、海員金庫などがその例として挙げられる。被保険者は被用者を中心とした強制被保険者と一部の任意被保険者によって構成されており、ドイツの年金制度は日本の国民皆年金の形式を採っていない（松本 2004：3-5）。以下では、主に松本（2004）に依拠して、年金保険の特徴と変遷について整理しよう。

主な特徴のひとつとして挙げられるのは、社会保険方式を中心とした世代間契約に基づく賦課方式を採用している点である。ドイツの公的年金制度はビスマルク社会保険の柱のひとつであったが、前述したように一九五七年アデナウアー政権下における年金改革によって、年金の給付額を現役勤労者の所得上昇に合わせて引き上げる賃金スライド制の導入、そして積立方式から賦課方式への移行が実施された（小梛 2007：195-197）。さらに一九七二年の年金改革法では被保険者の範囲の拡大、支給開始年齢の変更などが実施された。ところが石油危機や高齢化の影響からそれまでのような年金の改善措置は難しくなり、一九七七年の第二〇次年金調整法を皮切りに年金財政の再建を企図した法律が提案されるようになっていった。一九八〇年代までの財政再建立法は景気の後退による年金財政の悪化に対し、年金財政の支出抑制と収入拡大で応じるという形を基本的には採っていたが、一九九二年以降の年金改革法では少子高齢化の進行を中心とした社会経済の構造変化に対応した抜本的な改革が試みられるようになった。具体的には、年金受給開始年齢の一律六五歳への段階的引き上げ、連邦補助金の見直し、ネット賃金スライド制の導入、そして年金受給開始年齢引き上げ時期の前倒し等がその例である。また二〇〇一年改革によって給付水準の引き下げが実施されると同時に、積立方式の企業・個人年金であるリースター年金の導入によって賦課方式の年金制度の補完が試みられている。年金受給開始年齢に関しては、更なる議論が重ねられ、二〇一二年から二〇二九年までの間において年金受給開始年齢は段階的に六七歳まで引き上げられることが法制化されている（厚生労働省 2013：179-180）。

表14－3は公的年金の収支の推移を表している。支出面では年金給付が全体の約八七％（二〇一四年）を占めているが、そのほかに労働生活への参加のサポートや年金生活者の医療保険や介護保険に関する支出などがある。一方、二〇一四年における収入の合計に占める保険料の割合が約七六％、連邦補助金は約二三％であり、保険料中心の財源調達がなされているということを理解することができるだろう。収支に関しては、連邦補助金に収入全体の約四分の一を依存しているという点に留意する必要はあるが、基本的には黒字を維持している。

医療保険

続いて、医療保険についてであるが、以下の記述は主に松本（2003）に依拠していることをあらかじめ断っておく。まず、保険者は組織的にも財政的にも独立した医療金庫である。被保険者は年間労働報酬が一定額を超えない強制被保険者、その一定額を超える任意被保険者、そのいずれかの被保険者の配偶者あるいは子どもであり、かつ収入が一定額以下である家族被保険者によって構成されている。また公的医療保険の被保険者は全体

表14－3　公的年金保険の財政収支

（単位：10億ユーロ）

	支出					収入			収支
	合計	年金	労働生活への参加	医療・介護	運営費	合計	保険料	連邦補助金	
1957年	6.4	5.5	0.3	0.4	0.1	7.3	5.0	1.7	0.9
1960年	9.1	7.3	0.4	0.6	0.2	9.9	6.9	2.1	0.7
1965年	15.0	11.5	0.9	1.1	0.3	15.9	11.5	3.0	1.0
1970年	24.4	19.6	1.0	2.4	0.5	26.2	21.7	3.7	1.9
1975年	48.1	37.2	2.1	6.3	1.1	47.9	39.0	6.8	-0.3
1980年	67.6	55.9	2.2	6.5	1.3	69.1	56.9	10.8	1.5
1985年	83.9	72.1	2.1	5.7	1.5	84.6	70.4	12.9	0.7
1990年	103.7	89.9	2.8	5.6	1.8	108.6	89.4	15.2	4.9
1995年	175.9	151.0	4.9	10.4	3.2	170.9	138.2	30.4	-5.1
2000年	205.8	177.8	4.3	13.3	3.3	206.3	162.2	42.4	0.6
2001年	212.2	183.3	4.5	13.7	3.5	212.2	163.6	46.0	0.0
2002年	219.6	189.7	4.7	14.4	3.5	215.5	164.4	49.3	-4.1
2003年	225.9	194.9	4.8	15.1	3.6	223.9	168.4	53.9	-2.0
2004年	227.7	197.5	4.7	14.2	3.7	224.7	168.4	54.4	-3.0
2005年	228.1	198.8	4.5	13.4	3.7	224.2	168.0	54.8	-3.9
2006年	228.3	199.4	4.5	13.0	3.5	235.9	179.5	54.9	7.6
2007年	230.1	200.7	4.6	13.6	3.5	231.3	173.8	55.9	1.2
2008年	233.7	203.2	4.8	14.0	3.5	237.4	179.1	56.4	3.8
2009年	239.1	207.6	5.1	14.4	3.5	239.3	180.6	57.3	0.2
2010年	242.6	211.0	5.2	14.3	3.4	244.7	184.4	59.0	2.1
2011年	244.7	212.2	5.4	15.0	3.5	249.4	189.0	58.9	4.7
2012年	249.2	216.0	5.6	15.3	3.5	254.3	192.9	60.0	5.1
2013年	252.8	219.1	5.5	15.5	3.6	254.7	193.6	59.9	1.9
2014年	260.4	225.8	5.7	16.0	3.7	263.5	200.9	61.3	3.2

注：90年までは西ドイツ、それ以降は再統一ドイツのデータを使用。
出所：Sachverständigenrat.

の九割弱であり、その他に民間医療保険の被保険者もしくは保険に加入していない者が存在している。二〇一〇年の被保険者数は六九四七万四〇〇〇人であった。

戦後、アデナウアー政権が取り組んだことは、ナチス政権以前の医療保険構造の復元であった。一九五七年以降、医療改革が数回試みられたが、成果はみられなかった。しかし一九七〇年に第二次医療保険改正法が制定されたことを皮切りに医療保険の範囲や給付規模は拡張期に入った。こうした給付の拡大とともに、平均保険料率は一九七〇年の八・二%から一九七六年の一一・八%へと急増した。ところが、こうした給付の急増を背景として、一九七七年には戦後初めて医療保険の費用抑制に関する法律が制定され、それ以降、特にコール政権下において費用抑制策が繰り返し実施されることになる。一〇年の間、抑制策は短期的な効果しか持たなかったが、その後は構造改革も含めた施策が試みられ、一九八九年、一九九三年の医療保険改革では費用抑制効果が顕著に出ると同時に、平均保険料率も低下した。その後の保険料率の変遷はまさに紆余曲折であったが、二〇一一年までに一四・六%に達している。

表14－4は公的医療保険の収支の推移を表わしている。支出面では診療・薬剤といった疾病治

表14－4　公的医療保険の財政収支

（単位：10億ユーロ）

	支出								収入		収支
	合計	給付費用						運営費	合計	保険料	
		合計	診療	歯科の診察	薬剤	病院での治療					
1970年	12.9	12.2	2.8	1.3	2.2	3.1		0.6	13.4	12.8	0.5
1975年	31.2	29.7	5.8	4.2	4.6	9.0		1.4	31.1	29.7	-0.1
1980年	45.9	43.9	7.9	6.6	6.4	13.0		1.9	45.2	42.7	-0.7
1985年	58.3	55.6	10.1	7.3	8.5	17.4		2.7	57.2	54.7	-1.2
1990年	72.4	68.6	12.5	6.7	11.2	22.8		3.7	75.5	72.5	3.1
1995年	124.0	117.0	19.7	10.8	16.1	40.8		6.1	120.3	115.9	-3.6
2000年	133.7	125.9	22.0	11.2	28.0	44.2		7.3	133.8	130.1	0.1
2001年	138.8	130.6	22.4	11.6	30.5	44.6		7.6	135.8	131.9	-2.7
2002年	143.0	134.3	22.8	11.5	32.2	45.8		8.0	139.7	136.2	-3.4
2003年	145.1	136.2	23.3	11.8	33.5	46.3		8.2	141.0	137.8	-3.4
2004年	140.2	131.2	21.9	11.3	30.0	47.2		8.1	144.3	140.1	4.0
2005年	143.8	134.8	22.0	9.9	33.6	48.5		8.2	145.7	140.3	1.7
2006年	148.0	138.7	22.7	10.4	34.1	49.9		8.1	149.9	142.2	1.6
2007年	153.9	144.4	23.6	10.7	36.5	50.4		8.2	156.1	150.0	1.7
2008年	160.9	150.9	24.6	10.9	38.2	52.1		8.2	162.5	155.9	1.4
2009年	170.8	160.4	26.4	11.2	40.3	55.4		8.9	172.2	157.4	1.4
2010年	176.0	165.0	27.1	11.4	40.8	58.1		9.5	175.6	159.0	-0.4
2011年	179.6	168.7	27.6	11.7	40.2	60.0		9.4	183.8	169.1	4.2
2012年	184.3	173.2	28.3	11.8	40.7	61.7		9.7	189.7	175.2	5.4
2013年	194.5	182.8	31.4	12.6	42.2	64.2		9.9	195.9	181.1	1.4
2014年	205.5	193.6	33.4	13.0	46.5	67.9		10.0	204.2	188.1	-1.3

注：90年までは西ドイツ、それ以降は再統一ドイツのデータを使用。
出所：Sachverständigenrat.

療に必要なモノやサービス、つまり現物給付が全体の九割以上を占めており、その中でも病院での治療や薬剤の割合が大きく、二〇一四年時点で全体の五六％程度を占めるに至っている。一方、二〇一四年における収入の合計に占める保険料の割合は約九二％であり、保険料中心の財源調達がなされている。これは医療保険に対する公的補助が農業医療金庫を除いて原則として行われていないからである。収支に関しては、二〇一〇年、二〇一四年に赤字に転じているものの基本的には黒字を維持している。

労災保険、失業保険、積極的労働市場政策

労災保険は上述のように、一八八四年にビスマルクの社会保険三部作のひとつとして法制化された制度であり、一九九六年には社会法典（以下、SGB）に編入されることになった。主な任務は、労働関連の健康上の危険を予防すること、労働災害などが生じた際、被保険者またはその遺族に対して、金銭を通じて補償すること、のふたつとされている。同保険は一般労災保険、農業労災保険・海上労災保険によって構成され、運営主体は労災保険組合であり、その財源は他の保険とは異なり雇用主負担とされている（西村 1999：71-72）。

次に失業保険・積極的労働市場政策であるが、

表14－5　失業保険関係収支

（単位：％、10億ユーロ）

	保険料率	支出				収入		
		合計	うち		失業手当Ⅱ 基礎保障	合計	うち	
			失業手当	積極的労働市場政策			保険料	補助金
1970年	1.3	2.0	0.3	1.2	0.0	1.8	1.6	—
1975年	2.0	9.1	4.0	3.5	0.1	4.7	4.0	—
1980年	3.0	11.1	4.1	4.5	0.2	9.7	8.9	—
1985年	4.1	15.2	7.2	5.8	4.7	16.4	15.1	—
1990年	4.3	21.2	8.7	9.7	3.9	20.7	19.5	0.4
1995年	6.5	49.7	24.6	20.1	10.5	46.1	43.1	3.5
2000年	6.5	50.5	23.6	21.2	13.2	49.6	46.4	0.9
2001年	6.5	52.6	24.6	21.9	12.8	50.7	47.3	1.9
2002年	6.5	56.5	27.0	22.1	14.8	50.9	47.4	5.6
2003年	6.5	56.8	29.0	20.9	16.5	50.6	47.3	6.2
2004年	6.5	54.5	29.1	18.7	18.8	50.3	47.2	4.2
2005年	6.5	53.1	27.0	13.4	22.3	52.7	47.0	0.4
2006年	6.5	44.2	22.9	11.1	23.0	55.4	51.2	0.0
2007年	4.2	36.2	16.9	10.4	19.8	42.8	32.3	0.0
2008年	3.3	39.4	15.9	11.4	18.9	38.3	26.5	0.0
2009年	2.8	48.1	17.3	16.8	19.5	34.3	22.0	0.0
2010年	2.8	45.2	16.6	15.0	19.5	37.1	22.6	5.2
2011年	3.0	37.5	13.8	11.2	19.4	37.6	25.4	0.0
2012年	3.0	34.8	13.8	9.0	19.0	37.4	26.6	0.0
2013年	3.0	32.6	15.4	8.6	19.5	32.6	27.6	0.0
2014年	3.0	32.1	15.4	8.2	19.7	33.7	28.7	0.0
2015年	3.0	31.4	14.8	7.9	—	35.2	29.9	0.0

注：90年までは西ドイツ、それ以降は再統一ドイツのデータを使用。
出所：Sachverständigenrat.

旧西ドイツの失業率は一九六〇年代まで一％前後と非常に低位で推移していたため、積極的な雇用政策の推進を目指した一九六九年失業保険法改正まで一九二七年制定の失業保険法がその基礎とされてきた（同上：87）。その後、二度の石油危機、七四／七五年不況、ドイツ再統一を経て、失業率は一〇％を超えるまでに至った。表14－5が示すように、とりわけドイツ再統一の影響は大きく、失業手当、積極的労働市場政策などの失業保険関係支出は二～三倍に拡大し、それ以降も増加を続けたが、失業率の低下に伴い近年は減少傾向にある。現行の制度において、その財源は主に保険料と税（補助金）によって構成されている。就労促進のための所得比例給付である失業手当Ⅰ（SGBⅢ）は労使折半の保険料、求職者に対する基礎保障のための定額給付である失業手当Ⅱ（SGBⅡ）は税をその財源としている。同表が示すように補助金の規模が必ずしも常に小さいわけではないという点には注意する必要があるが、二〇一五年の収支は黒字であった。

現行の制度に至る前まで、可動層は、保険料を財源とする失業手当制度と、失業保険給付の受給期間を終了した者や、失業保険に未加入であった者を対象とした税財源による所得比例給付がなされる失業扶助制度によって下支えされていた。失業手当の給付期間は六カ月から三二カ月と長く、失業扶助の給付期間は満六五歳まで無制限とされていた。問題は、この失業扶助制度により給付を受ける可動層、とりわけ長期失業者に対して、地方自治体の担う定額給付の社会扶助が併給されるケースが存在し得たことである。この併給の解消のために失業扶助と社会扶助の統合を試みたのが二〇〇五年に実施されたハルツ改革である。

同改革によって、就労能力の有無を基準として、就労不能層は社会扶助（SGBⅫ）により、それまで併給を受けていた可能性のある可動層は失業手当Ⅱ（SGBⅡ）により支援されることとなった。結果、三〇〇万人近くをカバーしていた社会扶助の給付対象が三十万人近くに絞られ、失業手当Ⅱによる求職者基礎保障の対象にその減少分と新たな受給者が組み込まれたため、その給付対象は約二二〇万人から約六七六万人にまで急増した。社会扶助は地方自治体が担い、失業手当Ⅱは連邦（労働エージェンシー）と地方自治体の協働機関が担当することとなったため、どちらとも税を財源とする制度ではあるが、同改革によって失業者に対する基礎保障給付に伴う財政的負担は一定程度、地方自治体から連邦へと移管された（福田 2013：258）。

一方、保険料を財源とする従来の失業手当は失業手当Ⅰ（SGBⅢ）とされ、連邦（連邦雇用エージェンシーおよび労働エージェンシー）が運営することとされている。大きな変更点は、給付期間の短縮が行われたことである。改革前の給付期間は六カ月から三二カ月であったが、失業手当Ⅰの給付期間は六カ月から一八カ月へと縮減され、さらに五〇歳未満は最長一二カ月までとされた。その受給期間を終えた失業者は失業手当Ⅱの対象とされるが、従来の失業扶助のように所得比例給付ではなく、定額給付により生活を維持しなければならなくなった。

当初、ハルツ改革は、この所得比例部分の縮小を通じたコスト抑制を企図していた。しかし、上述したように、失業手当Ⅱによる求職者基礎保障の受給者が社会扶助の対象者の減少分以上に急増したため、連邦の負担は予想以上のものとなった。この受給者急増の理由のひとつには、従来の社会扶助よりも失業手当Ⅱ受給の際のスティグマが小さかったことがある、と指摘される（同上：259）。この予想を上回る連邦負担をひとつの背景として、財政赤字の克服が喫緊の課題とされ、二〇〇七年に財政強化と保険料負担の軽減を目的とした一六％から一九％への三％の付加価値税増税が行われた。この増収分の一部は失業保険の保険料率の引下げに充てられた。こうした一連の改革を通じて、失業保険を保険料ではなく税により下支えする方向へと舵を切ったことにより、二〇〇七年以降、失業保険の保険料率は低下傾向にある。

介護保険

保険者は自主管理の介護金庫である。被保険者は医療保険加入者すべてとされている（田中 2008：129-130）。そのため保険料負担のベースは非常に広く、二〇一〇年時点における被保険者数の合計は六九七八万五〇〇〇人となっている（これ以降の数値に関してはSachverständigenrat に依っていることを予め断っておく）。続いて、二〇一〇年のサービス受給者数は合計二三八万八〇〇〇人であり、要介護度別にみると、要介護度Ⅰ一二五万九〇〇〇人、要介護度Ⅱ七五万一〇〇〇人、要介護度Ⅲ二七万八〇〇〇人となっている（要介護度Ⅰが軽度、Ⅲが重度を指している）。介護保険導入は一九九五年に実施されたが、導入の主な目的のひとつは、要介護者の多くが社会扶助による給付を受けなければならず、その社会扶助の重い財政負担が州と地方自治体に集中しているという状況を改善することであった（松本 2007：61）。こうした目的のもと、まずは在宅介護給付が実施され、さらに一九九六年七月から施設介護給付が開始されたのである。

表14－6　介護保険の財政収支

（単位：%、10億ユーロ）

	1995年	2000年	2001年	2002年	2003年	2004年	2005年	2006年	2007年	2008年	2009年	2010年
支出合計	4.97	16.67	16.87	17.36	17.56	17.69	17.86	18.03	18.34	19.14	20.33	21.45
給付費用	4.42	15.86	16.03	16.47	16.64	16.77	16.98	17.14	17.45	18.20	19.33	20.43
現金給付	3.04	4.18	4.11	4.18	4.11	4.08	4.05	4.02	4.03	4.24	4.47	4.67
在宅現物給付	0.69	2.23	2.29	2.37	2.38	2.37	2.40	2.42	2.47	2.60	2.75	2.91
介護休暇	0.13	0.10	0.11	0.13	0.16	0.17	0.19	0.21	0.24	0.29	0.34	0.40
デイケア・ナイトケア	0.01	0.06	0.07	0.08	0.08	0.08	0.08	0.09	0.09	0.11	0.15	0.18
短期入所	0.05	0.14	0.15	0.16	0.16	0.20	0.21	0.23	0.24	0.27	0.31	0.34
介護者の保険料	0.31	1.07	0.98	0.96	0.95	0.93	0.90	0.86	0.86	0.87	0.88	0.88
介護用品等	0.20	0.40	0.35	0.38	0.36	0.34	0.38	0.38	0.41	0.46	0.44	0.44
完全入所介護給付	0.00	7.48	7.75	8.00	8.20	8.35	8.52	8.67	8.83	9.05	9.29	9.56
障害者施設での完全入所介護給付	0.00	0.21	0.21	0.21	0.23	0.23	0.23	0.24	0.24	0.24	0.25	0.26
入所補償給付	—	—	—	—	—	—	—	—	—	—	0.21	0.45
介護相談所	—	—	—	—	—	—	—	—	—	—	0.03	0.07
メディカルサービス費用の援助	0.23	0.24	0.25	0.26	0.26	0.27	0.28	0.27	0.27	0.28	0.31	0.30
運営費	0.32	0.58	0.59	0.59	0.65	0.65	0.59	0.62	0.62	0.65	0.68	0.71
収入合計	8.41	16.54	16.81	16.98	16.86	16.87	17.49	18.49	18.02	19.77	21.31	21.78
保険料	8.31	16.31	16.56	16.76	16.61	16.64	17.38	18.36	17.86	19.61	21.19	21.64
介護基金	6.85	13.46	13.66	13.57	13.30	13.28	13.98	14.94	14.44	15.91	16.11	16.49
調整基金	1.46	2.86	2.90	3.19	3.31	3.36	3.40	3.42	3.42	3.71	5.07	5.15
その他	0.09	0.23	0.25	0.22	0.25	0.23	0.12	0.13	0.16	0.16	0.12	0.14

注：調整基金とは、支出額が収入額を上回る介護金庫の差額を介護金庫間で調整するための基金である（同上：69）。
出所：Sachverständigenrat.

ドイツの介護保険は、医療保険をモデルに作られており、両制度は深い関連を持つ。既述の医療金庫は介護金庫を兼ねており、被保険者に対しては、介護給付のみならず医療給付も併せて行っていることが両制度の関連の深さを物語っている。ただし、両制度は財政的には明確に区別されており、さらに治療看護や基礎看護を必要とする在宅の要介護者に対しては医療給付もしくは看護給付どちらかの給付を選択しなければならないという点で明確な相違も存在する（同上：116-117）、ということには留意しなければならない。そして、こうした介護保険の費用はほぼすべて保険料によって賄われており、年齢による制限はない。

表14－6は介護保険の収支を表している。まず特徴的なのは、現物給付に代替する選択肢として、現金給付が用意されており、この二つを組み合わせて利用することが可能とされている点である。介護手当のような現金給付が設置された背景には、要介護者が誰からどのように介護されるかを決めることを通じて要介護者の自己責任と自己決定を強化するという考え方があった、とされている（同上：6-7）。

社会扶助

社会扶助は社会保障制度の原理から整理すれば、貧困調査を要件とし、給付に対して拠出を伴わないものとする扶助原理に基づく制度である。その使命は、人々が人間としての尊厳を維持し、可能な限り能力を活かし、自立的に行動し、経済的・社会的に参加可能な状態となるための基盤を整えることである（ドイツ連邦労働社会省編 1993：517）。日本の生活保護に対応する制度といえる。

社会扶助は、他の社会支出では対応できない領域をカバーする制度と位置づけられる。同制度は生計扶助と介護扶助・障害者総合扶助などに分けられ、その財源は地方自治体と州により調達されている。表14－7から確認できるように、近年、介護扶助の給付額は減少傾向にあるが、その背景には、上述した介護保険の導入とハルツ改革がある。まず前者に関して、要介護者の多くが社会扶助による給付を受けており、その重い財政負担が

表14－7　社会扶助給付額の推移

（単位：10億ユーロ）

	1994年	1996年	1998年	2000年	2002年	2004年	2006年	2008年	2010年	2012年	2014年
生計扶助	8.7	9.9	10.5	9.8	9.8	10.0	1.1	1.1	1.2	1.3	1.5
高齢期及び就労能力減少時の基礎保障	－	－	－	－	－	－	3.2	3.8	4.3	4.9	5.9
社会法典第12編第５条から第９条までのサービス	16.8	15.5	12.5	13.5	14.8	16.4	15.5	16.3	17.8	19.4	20.9
介護扶助	9.1	7.1	3.0	2.9	2.9	3.1	3.1	3.3	3.4	3.7	4.0
障害者統合扶助	6.3	7.1	7.9	9.1	10.2	11.5	11.8	12.5	13.8	15.1	16.4
合　計	25.4	25.5	23.0	23.3	24.7	26.3	20.5	22.0	23.9	26.2	29.0

出所：Sachverständigenrat.

州と地方自治体に集中しているという状況を改善するために介護保険が導入されたということは既に確認した。これによって一九九五年以降、社会扶助による介護給付の規模が縮少したということである（松本 2007：61-63）。一方、後者に関しては、ハルツ改革によって従来の社会扶助受給者のうち可働層に対する生活保障給付の負担が連邦に移行されたということを示している。

その他

これまで社会保険、社会扶助制度について概観してきたが、続いて、こうした制度的枠組みに明確には含めることができないサービスについてとり上げたい。紙幅の関係上、ここでは家族関連サービスに絞ってみていくことにする。

まず、児童手当と児童控除の概要であるが、これについては斎藤（2010）が詳しいので、以下では主に同資料に依拠して説明していく。前者は社会保険と社会扶助の中間の性格を持つといわれる。現行の制度では、一八歳未満のすべての児童に所得制限なしで手当が給付され、対象児童が大学教育や職業教育を受けている場合は二五歳まで適用期間の延長が可能とされている。給付額は二〇一八年から月額で第一子、第二子に一九四ユーロ、第三子に二〇〇ユーロそして第四子以降に二二五ユーロとされている。また同制度の特徴のひとつは児童手当と児童控除の選択制になっていることであり、二〇一八年の児童控除額は年額七四二八ユーロである。

現行制度に至るまでの変遷は紆余曲折に満ちている。じつは所得税における所得控除としての児童控除は一九二〇年にライヒ所得税法によって児童手当より早く導入されていた。これに対し、児童手当が法制化されたのは一九五五年のことであった。当時、雇用主による拠出金を家族調整金庫が徴収し、児童手当給付を行っていたが、一九六一年に家族調整金庫と国庫両方による給付へと移行し、一九六四年についに現行制度と同様、国家負担のみによる児童手当制度が誕生した。第一子まで給付対象が拡充されたのは一九七五年のことであった。同年、中道左派のＳＰＤと自由主義のＦＤＰの連立政権のもとで実施された児童手当改革によって、児童控除は一度廃止される。ところが中道右派のＣＤＵ／ＣＳＵが再度政権に返り咲くと、一九八三年には児童控除が復活した。ただし、この時はまだ現行制度のような児童手当と児童控除の選択制は確立しておらず、両制度が並立するという状況にあった。最終的に両制度の一体化が行われたのは一九九六年のことであった。児童控除をＣＤＵ／ＣＳＵが、児童手当をＳＰＤがそれぞれ重視していたため（川越 2008：24）、上記のような制度変更を繰り返してきたのである。

　前述のように児童手当の財源は一九六四年以降、公的部門のみが負担することとされている。そのうち、現行のシステムでは七四%を連邦政府、二六%を州政府が負担することとされている（森下 2006：333）。児童手当の費用については基本的に連邦負担とされ、児童控除により生じる所得税の減収は、一九九六年の負担配分の修正が行われるまで、連邦・州・地方自治体がそれぞれ四二・五%、四二・五%、一五%という割合で負担していた。以上のような制度の他に児童の扶養のために所得が最低限度を下回る場合に支給される児童付加手当や育児期間に支給される育児手当なども設けられている。

3　社会保障制度における論点

　ドイツの社会保障制度は、とりわけ財政危機を経験する中で、その再編成を求められてきた。一九七〇年代中頃、ドイツは本格的な財政悪化に悩まされる中、同時に「新しい社会問題」への対応を迫られることとなった。繰り返しになるが、「新しい社会問題」は労働問題とは別の母性・児童・高齢者といった弱者の存在を意味している。そして少子高齢化が進行する中、家族政策の強化、介護保険制度の導入などに関する議論が本格化した。以下では、こうした新たな社会問題に対応することを通じて従来の制度の編み直しを行いつつ、同時に差し迫った財政問題を如何にして処理しようとしてきたのか、ということについてそれぞれ考察していきたい。

財政危機と社会保障

　現在、世界の多くの国々が財政危機に直面している。二〇一五年時点でドイツの債務残高対GDP比は七九・三%にまで達している。欧州では通貨価値を守る目的から財政赤字対GDP比三%、債務残高対GDP比六〇%以下に抑えることを取り決めていたが、世界的な金融危機の影響もあり、健全財政を維持することに関して模範的な国のひとつとされるドイツでさえ、そのルールを守ることができない状態が続いた。

　マックス・プランク研究所の Wolfgang Streeck（2007）は、①労働コストを下げるための社会保障の税によるファイナンス、②財政健全化と累積債務の削減、③移動性の高い資本への課税軽減、④新たな社会問題や変化する経済条件に対応するための公的投資の増加、という、四つの重要な政治的目標が相互に矛盾しており、同時に達成することが困難である、という状況にドイツの財政危機の深刻さが映し出されている、と指摘する。言葉を補いながら簡潔に言い換えれば、以下のようにまとめることができるだろう。まず、新たな社会問題に対応するため、福祉の水準を維持または向上させ、その制度の編み直しを行おうとすれば、さらなる財政支出が必要となる。しかし、失業率の高止まりなどもあり、雇用主は今以上の保険料負担を望まなくなっている。結果として社会統合のための支出には他の手段、とりわけ税によるファイナンスが求められるようになってきている。ところが直面する厳しい財政状況が財政規模の拡張を許さない。さらに資本は国を簡単に越えて移動するようになり、そうした資本に対する課税が困難になってきている。財政危機は単なる財政収支の悪化ではなく、新たな社会問題の解決を妨げ、社会を動揺させる深刻な問題なのである。

　戦後、ドイツにおいて財政状況が著しく悪化したのは一九七〇年代、九〇年代、そして金融危機後の現在である。七〇年代の財政悪化は六〇年代、七〇年代の福祉規模の拡張、そして九〇年代のそれはドイツ再統一の影響によって主に説明される（Hansmann 2007：428）。どちらの時期にも共通していえることは、社会支出の急増が財政拡張の主な要因のひとつとなっていたということである。現在、ドイツの支出構成の中で突出して大きな割合を占めているのがこの社会支出である。一九六三年、その割合は二九％程度であったが、二〇〇三年になると全体の約半分を占めるまでに至っている。表14－8は社会支出の対GDP比を表わしている。戦後、同値は上昇を続けたが、七五年を一度目のピークとして、その傾向は止まっていた。八〇年代末に低下傾向を示したものの、ドイツ再統一を境に再度上昇に転じ、同比率は三〇％近くにまで達している。同表からもドイツにおいて財政の推移と社会支出の増加に深い関係があることを理解することができるだろう。

家族政策と財源調達

日本では、民主党政権期に子ども手当の導入、児童に対するサービスの強化が話題となったが、ドイツにおいて、こうした児童関連サービスの強化が最も急速に進められたのは一九七〇年代であった。ドイツにおいては六〇年代から出生率が低下し始め、七〇年代には最も激しい低下が観察された。加えて新しい社会問題として児童の貧困、扶養する家族の貧困の存在が意識されるようになったのもこの時期であり、児童手当の強化は与党・野党ともに追求すべき政策であった（嶋田2015）。既に述べたように七五年の児童手当改革によって給付規模・対象の拡大が実現したのであるが、問題は日本と同様、政府間の費用負担配分にあった。

上述の通り、現行の制度における児童手当の費用は基本的に連邦負担とされているが、同改革実施時には過度な連邦負担を調整する意味で、以下のふたつの措置が図られた。すなわち、それは①一九七五・七六年の管轄職員に対する児童手当給付費用を州・地方自治体がそれぞれ負担する移行期間の設置、②売上税（付加価値税）の連邦・州間の配分率の変更、であった。ところが、その費用負担を巡り連邦と州は激しく対立し、州は移行期間における費用負担の回避を試み、さらには売上税の配分率が州にとって納得できる水準になるまで連邦の提案を拒否し続けた。重要なのは、州がこうした行動をとることができた理由が、既に触れたドイツの政府間財政関係の特徴と州の利害に関わる連邦の政策決定に対して拒否することを可能とした、州の代表によって構成される連邦参議院の存在にあった、という点である。

一方、平成二二（二〇一〇）年五月付で神奈川県により公表された「国の政策と自治行財政権に

表14－8　社会支出対 GDP 比の推移

（単位：％）

	合　計	老齢・遺族	医療・廃疾	家　族	雇　用	その他
1965年	21.2	9.3	6.6	4.3	0.3	0.6
1970年	22.5	9.5	7.3	4.6	0.5	0.6
1975年	27.7	11.0	9.5	5.1	1.4	0.7
1980年	27.3	10.9	9.9	4.7	1.0	0.7
1985年	26.7	10.8	9.7	3.9	1.5	0.8
1990年	25.0	10.2	9.3	3.5	1.5	0.6
1995年	27.2	11.2	10.9	2.2	2.3	0.5
2000年	28.3	11.8	10.8	3.2	2.1	0.5
2001年	28.5	11.9	10.8	3.1	2.1	0.4
2002年	29.1	12.1	10.9	3.3	2.2	0.5
2003年	29.4	12.3	11.0	3.3	2.3	0.5
2004年	28.8	12.2	10.6	3.2	2.2	0.5
2005年	28.7	12.2	10.6	3.1	2.1	0.8
2006年	27.6	11.8	10.3	2.9	1.8	0.8
2007年	26.7	11.4	10.2	2.8	1.5	0.8
2008年	26.8	11.3	10.4	2.9	1.4	0.7
2009年	29.8	12.0	12.0	3.1	1.9	0.8
2010年	29.2	11.7	11.8	3.2	1.7	0.8

注：2009年は暫定値、2010年は推計値。
出所：Statistisches Taschenbuch 2011.

係る検討会議」『子ども手当の地方負担問題について（報告）』は、日本の民主党による子ども手当に関する提案が、全額国庫負担で給付すると当初明言していたにもかかわらず、その後の過程で地方との協議なしに費用の地方負担が立法化された、という経緯を明らかにしている。当然、こうした国の行為は地方の反発を招いた。これに対して、家族政策に関する制度設計のための「国と地方の協議の場」の創設を譲歩として国が約束したこと（山田 2012：9-17）は、これからの日本の家族政策の展開を考える上で非常に重要ではあったものの、ドイツと日本の比較からみえてくる両者の地方自治の成熟度の違いは明らかであろう。

連邦国家ドイツの家族政策の展開はあくまで漸進的であり、また出生率の改善がみられていないことや保育所整備が不十分であることなどを考えれば、成功例として評価することは出来ない。ただし児童控除の廃止・復活など紆余曲折を経ながらも、シュレーダー政権及びメルケル政権下において、保守主義型福祉国家の特徴のひとつである男性稼ぎ手家族を優遇する家族政策から、父親の育児参加を図るための両親手当や母親の早期就労復帰などの両立支援を指向する家族政策への転換の兆しがみえ始めている（倉田 2014：39-41）。少子化対策、女性の社会進出推進、地方分権化、地域創生といったさまざまな課題に直面する日本がこれから家族政策を進展させていく上で、「国と地方の協議の場」を成熟させ、男性稼ぎ手家族優遇の制度からの転換を図ることが重要になるだろう。未だ多くの課題を抱えるドイツの家族政策の漸進的展開は、日本の将来を展望する上で、良い意味でも悪い意味でも重要な参考例のひとつになるのではないだろうか。

介護保険と財政問題

一九七〇年代初頭からドイツの介護保険の導入に関する議論は重ねられ、結果として導入された一九九五年から、さらに二〇年近くの月日が経過している（松本 2007：i）。導入時の財政収支は黒字であり、介護保険財政は順調のように思われていた。しかし高齢化が着実に進み、介護の対象となる高齢者の増加は介護保険財政を逼迫させている。ドイツの政府経済諮問委員会である五賢人委員会の公表する統計によれば、一九五〇年に一五・七％であった高齢者指数は二〇一一年には三三・七％まで上昇しており、さらに二〇五〇年には六〇％強に達すると見込まれている。こうした高齢化の進行を背景として、介護保険の給付受給者全体に占める六五歳以上の高齢者の割合は七四％（一九九五年）から七九％（二〇一〇年）に上昇し、一九九五年に一〇六万人であった受給者合計数は二二九万人（二〇一〇年）まで増加している。

加えて財政的観点からは在宅介護から入所介護への移行の進展が問題視されている。すなわち、在宅介護は全体の七五％（一九九六年）から六九％（二〇一〇年）へとその割合を低下させる一方、同期間に入所介護の割合は全体の二五％から三一％まで増加しており、とりわけ要介護度の重いⅡ、Ⅲの水準の者が入所介護を希望しているため、こうした状況が介護保険の支出増をもたらす一要因となっている。これは、前掲表14－6からも確認できるように、給付の中心が現金給付から現物給付へとシフトしていることと深く関係している。ドイツの介護保険は在宅介護を優先的に扱っており、伝統的な家族機能をもとに現金給付で対応するという考えに基づいて制度設計が行われている。家族政策と同様、ここにも男性稼ぎ手家族を優遇する制度的特徴、加えて現金給付から現物給付へのシフトという形で、その転換の兆しが観察される。一方、現金給付額は現物給付水準の約半分と低く設定されているため、現金から現物への選好のシフトは介護保険財政を圧迫する一因となることが指摘される（松本 2007：71-74）。

こうした支出増に対して、まず、ドイツは二〇〇八年七月に保険料率を一・七%から一・九五%へと引上げることにより対応した。加えて認知症などへの対応を目的とした法改正、介護保険法改正を通じて二〇一三年一月より保険料率二・〇五%への更なる引上げが実施された（厚生労働省 2013：182）。さらに二〇一三年九月の連邦議会選挙後の大連立政権の協定においては家族介護者の「介護と仕事の両立」の推進、保険料率の合計〇・五%の引上げなどが計画され（森 2014：35–36）、二〇一五年に保険料率〇・三%、更なる法改正により二〇一七年に〇・二%、すなわち二・五五%への引上げが決定された。

　こうした保険料率の引上げに関しては、社会保障制度の財政持続性に関する委員会である、リュールップ委員会が二〇〇三年の報告書において、こうした支出増を前提とすると、収支を均衡させるためには二〇四〇年までに保険料率三・〇%が必要になる、ということを既に想定していた（Bundesministerium für Gesundheit und Soziale Sicherung 2003：17）。しかし給付受給者・入所介護・現物給付の増加による支出増という根本的な財政問題に対して保険料率の引上げのみで対応していくには、もはや限界があるように思われる。既述のように、財政危機に直面する中、雇用主は今以上の保険料負担を望まなくなっていることを考えればなおさらである。こうした状況を打開する策として、税を財源とする給付制度への転換、民間保険活用を通じた積立方式による賦課方式の補完、連邦補助の導入などがこれまでに提案されている。

今後の制度改正の展望

　少子高齢化に直面するドイツは、支出全体に占める割合の大きい社会保障について更なる改革を迫られることになるだろう。雇用主・被保険者の負担を考えれば、保険料率のこれ以上の引上げを通じたファイナンスがさらに困難になることは明らかである。そのため、これまでも議論されてきたように、社会保障制度を支えるための税によるファイナンスがひとつの鍵となるだろう。その際、連邦国家ドイツにおいて、地方あるいは人々が増税に対して同意するか否かが極めて重要になる。その点に関しては、ドイツにおける過去の経験が我々に多くを教えてくれる。例えば、財政危機に直面した七〇年代には、付加価値税増税の同意の取付けのため、「新しい社会問題」に苦しむ中、低所得層の負担軽減を目的とした児童手当の強化などの措置がとられた（嶋田 2015）。近年では、付加価値税増税が雇用主・被保険者の大きな負担となっていた社会保険料率の引下げとセットで実施されている（福田 2013）。

　財政危機だから、そしてその背景に社会問題への対応に伴う社会支出の拡大があるから、支出削減の道を模索していくべき、と考えることは一見すると当然のことのように思われるかもしれない。しかし、七〇年代の危機の時も、そして再統一後も、ドイツは福祉縮減ばかりではなく、貧困対策や家族政策を推し進め、財政的逼迫と時代の流れに応じた必要（ニーズあるいはニード）の変化に同時に対応してきた（近藤 2015：嶋田 2015）。したがって、重要なのは、単に支出削減を進めることではなく、支出構成の組替えを行い、負担の分かち合いに対する人々の同意を取り付けることのできるような公平な負担のあり方を漸進的に模索していくことではないだろうか。その是非は、過去のドイツの経験、そして今後の改革の展開のうちに映し出されることだろう。

参考文献

足立正樹（1995）『現代ドイツの社会保障』法律文化社。

――（1999）「社会保障制度の歴史的発展」古谷徹・塩野谷祐一編『先進諸国の社会保障④　ドイツ』東京大学出版会。

小梛治宣（2007）『ドイツ社会保障の潮流』朝文社。

片山信子（2008）「社会保障財政の国際比較」『レファレンス』六九三号。

川越修（2008）「社会国家の世紀」、川越修・辻英史編『社会国家を生きる――20世紀ドイツにおける国家・

共同性・個人』法政大学出版局。

木村周市朗（1988）「福祉国家と社会国家――西ドイツにおける両概念の史的連関構造をめぐって」『成城大学経済研究』九八／九九。

倉田賀世（2014）「メルケル政権下の子育て支援政策――パラダイム転換の定着と拡充」『海外社会保障研究』№一八六。

厚生労働省（2013）「欧州地域にみる厚生労働施設の概要と最近の動向（ドイツ）」『２０１１～２０１２年海外情勢報告』。

近藤正基（2014）「メルケル政権の福祉政治」『海外社会保障研究』№一八六。

――（2015）「保守主義レジームから変化するドイツ」新川敏光編著『福祉レジーム』ミネルヴァ書房。

齋藤純子（2010）「ドイツの児童手当と新しい家族政策」『レファレンス』七一六号。

嶋田崇治（2015）「１９７５年ドイツ所得税改革と財源調達を巡る政府間財政関係の実態――連邦国家ドイツにおける相対的財政健全性の一考察」『地方財政』。

新川敏光（2015）「福祉レジーム論の視角」新川敏光編著『福祉レジーム』ミネルヴァ書房。

神野直彦（1998）『システム改革の政治経済学』岩波書店。

田中耕太郎（2008）「介護保険の財政」土田武史・田中耕太郎・府川哲夫編『社会保障改革――日本とドイツの挑戦』ミネルヴァ書房。

ドイツ連邦労働社会省編（1993）『ドイツ社会保障総覧』ぎょうせい。

西村健一郎（1999）「労働保険と雇用政策」古谷徹・塩野谷祐一編『先進諸国の社会保障④　ドイツ』東京大学出版会。

福澤直樹（2012）『ドイツ社会保険史』名古屋大学出版会。

福田直人（2013）「ドイツにおける社会保障制度の変容と財政問題――ハルツⅣ改革と社会保障財政再編」井手英策編著『危機と再建の比較財政史』ミネルヴァ書房。

松本勝明（2003）『ドイツ社会保障論Ⅰ――医療保険』信山社。

――（2004）『ドイツ社会保障論Ⅱ――年金保険』信山社。

――（2007）『ドイツ社会保障論Ⅲ――介護保険』信山社。

森周子（2014）「メルケル政権下の介護保険制度改革の動向」『海外社会保障研究』№一八六。

森下昌浩（2006）「ドイツにおける国と地方の役割分担」「『主要諸外国における国と地方の財政役割の状況』報告書」財務総合政策研究所。

文部科学省（2007）『諸外国におけるボランティア活動に関する調査研究報告書』。

山田千秀（2012）「子育てに係る経済的支援の制度設計――児童手当法の一部を改正する法律案」『立法と調査』№三三六。

Bundesministerium für Gesundheit und Soziale Sicherung. (2003) "Rürup Bericht-Nachhaltigkeit in der Finanzierung der Sozialen Sicherungssysteme.".

Hansmann, Marc. (2007) "Weg in den Schuldenstaat. Die strukturellen Probleme der deutschen Finanzpolitik als Resultat historischer Entwicklungen," in *Vierteljahrshefte für Zeitgeschichte.*

Leisering, Lutz. (2001) "Germany: Reform from Within," in *International social policy : welfare regimes in the developed world*, edited by Pete Alcock and Gary Graig, Palgrave.（埋橋孝文他訳、ライゼリング・ルッツ「ドイツ――内からの改革」アルコック・ピート、クレイグ・ゲイリー編『社会政策の国際的展開――先進諸国における福祉レジーム』晃洋書房。）

Ritter, Gerhard A. (1991) *Der Sozialstaat. Entstehung und Entwicklung im internationalen Vergleich,* München（木谷勤他訳、ゲルハルト・リッター『社会国家――その成立と発展』晃洋書房、一九九三年。）

Streeck, Wolfgang. (2007) "Endgame? The Fiscal Crisis of the German State," *MPIfG Discussion Paper.*

第15章　スウェーデンの福祉財政
――地方自治と普遍主義に基づく福祉財政の苦闘

古市将人

本章では、スウェーデンの福祉財政の実態を、政府間事務配分、税財政の観点から考察している。まず、スウェーデンの福祉財政を概観し、次に就労を前提とする社会保険制度と積極的労働市場政策の関係、現物給付供給に責任を持つ地方政府とその財源構造の重要性を示す。次に、近年の福祉財政の改革が公的供給を基礎としつつ、利用者と公的・民間部門の関係を再編成する試みである点を指摘する。最後に、地方政府が責任を持つ普遍的福祉を財源面から支える財政調整制度の意義を示した上で、スウェーデンが現在直面する格差の問題を分析する。

1　危機に耐えたスウェーデンの福祉財政

スウェーデンは人口約一〇〇〇万人（二〇一七年六月）という小国であるが、総税収の対GDP比が四二・六％（二〇一四年）と日本（総税収の対GDP比は三〇・三％）はもちろん他のヨーロッパ諸国よりも高い水準にあり、高福祉高負担の国として知られている。スウェーデンは、多くの人を対象とする普遍主義的福祉によって、人びとの基本的ニーズを充足している。一九九〇年代初頭の経済危機、二〇〇八年の世界的な金融危機を経た現在において、二〇一四年の一般政府の財政収支はGDP比でマイナス一・七％である（OECD 2014a）。二〇一五年の経済成長率は三％を超えており、経済状況も良好である。

高い経済成長率と豊かな福祉を両立させてきたスウェーデンの福祉財政は、対人社会サービスを地方税と国からの財政移転によって賄い、年金のような現金給付による所得保障を中央政府（社会保険）の財源で賄う構造をしている。

本章の課題は、このようなスウェーデンの福祉財政の特徴を明らかにすることにある。以下では、まず、スウェーデンの基本的な事務配分と財源構造を中心に、その基本的な特性を整理する（第二節）。次に、スウェーデンの福祉財政が地方政府の拡大過程と密接なつながりがある点を確認し、高齢者ケアと就学前保育を対象にして福祉財政の改正を整理する（第三節）。最後に、現在、スウェーデンが直面している課題について検討する。

2　政府間事務配分と財源構造

本節では、スウェーデンの福祉財政が政府間の役割分担を明確にしていることを明らかにする。そのために、まずスウェーデンにおける社会保障システムの事務配分と租税構造を整理する。その上で、中央政府による現金給付を担当する社会保険制度の特徴について公的年金制度を主な対象として明らかにする。次に、スウェーデンの大部分の福祉サービス供給に責任をもつ地方政府の財源構造を示す。

スウェーデンの政府間事務配分

社会保障給付は、主に年金のような現金給付と介護サービスのような現物給付に分類される。スウェーデンでは中央政府が現金給付を担い、地方政府が主に現物給付供給を担当している。地方政府のうち、居住者への医療供給に責任を持っているのがランスティング（日本の「県」に相当する広域自治体）である。また、教育や社会福祉を主に担当しているのが、コミューン（日本の「市町村」に相当する基礎自治体）である。スウェーデンの社会保障政策において、現金給付は主に社会保険料で、対人社会サービスである現物給付は主に地方比例所得税で賄われている。社会保険制度による給付は、居住に基づいて受給できる。社会保障政策に関しては、政府間の事務の重複が少ない分離型の事務配分をスウェーデンは実現している（伊集 2006）。

スウェーデンの租税制度

表15-1は、スウェーデンにおける家計・企業への税と社会保険料負担を示している。国税所得税・地方所得税負担のＧＤＰ比が二・五％（家計・資本への課税）、一五・四％であるのに対して、法人税負担はＧＤＰ比の二・四％と著しく低い。ただし、社会保険料の雇用主負担がＧＤＰ比の一〇・六％と被用者負担の二・六％よりも高いのがわかる。社会保険料の雇用主負担を含めると必ずしも法人は負担を免れているわけではないといえる。

家計は、主に地方政府が課す地方所得税と中央政府が課す付加価値税を負担している。地方所得税は比例税率となっており、税率決定権は地方政府にゆだねられている。ランスティングとコミューンを合計した平均税率は二〇一四年において三一・八六％となっている。

国税所得税は地方所得税に対する上乗せの累進課税（二〇％、二五％）として制度化されている。すなわち、一定水準以下の課税所得には、地方所得税のみ課税される。そのため、二〇歳から六四歳のフルタイム労働者のうちおよそ七割は国税所得税を負担していない（Skatteverket 2016：135）。所得再分配を主な目的とする累進課税部分は国税に、住民の日常的なサービスを賄う地方税に比例所得税を割り当てる税源配分がスウェーデンの租税構造の特徴である。国と地方を合わせた累進所得税は勤労所得への課税である。課税所得には、年金給付、失業給付といった各種の移転給付が含まれている。このような課税ベースの広さが財源調達力の強化に寄与しているのである。なお、利子・配当・株式譲渡益などの資本所得については勤労所得から分離され、三〇％の比例税率が課されている。このように、勤労所得と資本所得を分離して後者に比例課税を課す仕組みは、二元的所得税と呼ばれている。

スウェーデンの社会保障制度は、地方所得税と定率の社会保険料で賄われている部分が大きい。

表15－1　2014年の家計・企業への税負担の内訳（社会保険料込）

（単位：対 GDP 比〔%〕）

家　計		企　業	
労働への課税			
国税所得税	1.3	社会保険料（雇用主負担）	10.6
地方所得税	15.4	社会保険料（自営業）	0.2
社会保険料（被用者負担）	2.6	特別の賃金税	1.0
減収（タックスクレジット）	-5.7	付加価値税	9.0
		物品税	3.2
小　計	13.6	小　計	24.0
資本への課税			
国税所得税	1.2	法人税	2.4
不動産税	0.3	不動産税	0.5
財産税	0.1	年金基金収益税	0.3
小　計	1.6	小　計	3.2
家計への税金	15.2	企業への税金	27.2
その他			0.1
総税負担			42.5

注：四捨五入の関係上、個別項目の合計値と小計が一致しない場合がある。
出所：Skatteverket（2016：17）.

表15－2は、税負担が課される前の所得（勤労所得と資本所得の合計値）、課税される現金給付と課税されない現金給付、税額、可処分所得の平均値を所得十分位別に整理している。一部の人に重く課税し一部の人に給付しているのではなく、低所得階層から高所得階層にまで幅広く課税し、その上で全階層に給付していることが同表から読み取れる。実質的に、所得格差の削減に最も貢献しているのは、税制度ではなく移転給付（現金給付）である（Skatteverket 2016）。さらに、医療、保育、教育、介護などの多くの人が利用できる現物給付が人々の生活を支えている。

基本的にスウェーデンの税制度において、基礎控除を除けば所得控除はほとんど存在しない。その第一の特徴は、控除から便益を享受できない低所得者に対して、税財源による現金・現物給付を供給できることである。第二の特徴は、課税ベースの拡大によって国家の財源調達力を強化していることである。スウェーデンの税制は社会保障給付の大部分に課税している。税制度内の特別措置や控除の拡大による制度の複雑化を避け、広く財源を調達し必要に応じて財政支出をしている。租税制度の過度の複雑化ではなく、財政支出によって人々のニーズを充足しているのである。

ただし近年では、低・中所得層における勤労所得者の負担軽減と労働供給の促進を狙って、税額控除政策が推進されている。税額控除策の規模は、表15－1の国税減収分に計上されている。税額控除の額は、ＧＤＰ比の五・七％といった大規模なものとなっている。その中軸が二〇〇七年に導入された勤労所得税額控除である。この制度によって、勤労所得者の税負担の引き下げが行われている。

勤労所得税額控除とは、地方所得税額から一定額を控除できる減税政策である。ただし、税額控除額自体は、就労によって得られた所得額別に設定されている。つまり、高所得者ではなく、低・中所得層に対する減税である。この制度を導入したのは、二〇〇六年九月に政権交代を果たした中道保守政権である。中道保守政権の中核である穏健党は、これまでの方針を変え、雇用政策を前面に押し出すようになった。その代表的な政策が、勤労所得税額控除の導入や疾病保険制度の受給条件の厳格化などであった。

社会保険制度による所得保障制度

社会保険制度は、人びとが直面する社会的リスク（疾病、失業、退職など）を主に現金給付によって保障する制度である。老齢年金、疾病保険、両親保険（育児休業保険）といった社会保険給付の

表15－2　所得10分位別の所得、税負担、給付規模（2013年）

（単位：1000クローナ）

	要素所得	課税される現金給付	課税されない現金給付	税	可処分所得	税負担率（給付込）	要素所得と可処分所得の差
	A	B	C	D	E	D/(A+B+C)	E-A
第Ⅰ分位	22.6	38.1	29.8	-11.4	77.8	12.6%	55.2
第Ⅱ分位	39.5	87.1	27.0	-25.6	127.1	16.7%	87.6
第Ⅲ分位	53.5	111.0	19.3	-34.4	148.3	18.7%	94.8
第Ⅳ分位	100.4	104.8	11.3	-44.5	169.9	20.6%	69.5
第Ⅴ分位	148.0	94.8	9.0	-53.7	195.3	21.3%	47.3
第Ⅵ分位	205.7	77.2	6.5	-63.7	222.2	22.0%	16.5
第Ⅶ分位	257.1	67.1	5.4	-74.6	250.4	22.6%	-6.7
第Ⅷ分位	304.5	69.3	5.0	-87.9	286.3	23.2%	-18.2
第Ⅸ分位	376.9	80.0	3.5	-114.8	340.0	24.9%	-36.9
第Ⅹ分位	745.6	122.9	2.9	-250.7	613.7	28.8%	-131.9

注(1)：課税対象となる現金給付は年金、疾病・活動補償金、両親手当。
(2)：課税されない現金給付は一般手当（児童手当）、住宅手当、社会サービス手当である。
(3)：表の要素所得は勤労所得＋資本所得である。
(4)：表の値は全て平均値である。表には記載していない保険料負担がある。
出所：SCB "Inkomstfördelningsundersökningen" より作成。

主な財源は社会保険料である。社会保険料の徴収は国税と地方税と一緒に、国税庁によって担当されている。社会保険の給付に関する事務は、社会保険庁や年金庁などが担当している。

スウェーデンでは、基本的に職域に関係なく、人々は国が管理する社会保険制度に加入している。被用者に対する保険料については、賃金の三一・四二%が雇用主負担、七%が年金保険料の一部として被用者負担となっている。被用者負担分については保険料の上限が設定されている。ただし、被用者が社会保障基金に納めた保険料はその全額が国庫から所得税を通じて税額控除されるため、被用者から見ると社会保険料の実質的な負担はゼロとなっている。雇用主が負担する保険料は、老齢年金、疾病保険、両親保険、遺族年金、労災保険などである。事実上、社会保障制度の財源は雇用主負担と一般財源によって賄われている。自営業者については二八・九七%（雇用主負担対応分）と七%（被用者負担相当分）の両方を負担する（Skatteverket 2016：125）。

疾病保険は、病気などで仕事を休んだ時、対象者に疾病手当を給付する制度である。両親保険は、出産・育児休業時に賃金代替としての手当を給付する制度であり、日本の雇用保険における育児休業給付に相当する。財源は雇用主が負担する保険料によって賄われている。

スウェーデンの社会保険制度において、社会保険料が最も投入されているのが公的老齢年金制度である。他の社会保険制度とは異なり、公的老齢年金制度の運営主体は年金庁である。公的年金制度は、①税財源による最低保障年金、②保険料にて賄われる所得比例年金、③積立年金によって構成されている。公的年金のほかに、職域年金制度が設けられている（小野 2016：175）。

所得比例年金の被保険者資格は、スウェーデン国内で就労する者に与えられる。保険料率は雇用主が一〇・二一%、被用者が七%である。被用者が支払う保険料控除後の所得に占める保険料率は、一八・五%で固定されている（一七・二一÷（一－〇・〇七）＝一八・五）。一八・五%の保険料率のうち、一六%が所得比例年金の保険料率であり、残りの二・五%が積立部分に拠出される。所得比例年金は保険料を財源に賦課方式によって国が運営している。基本的に、年金は拠出実績と連動して決定される。また、所得比例年金の受給開始年齢は六一歳からであり、個人の選択で受給開始を遅らせることができる（小野 2016：中野 2012：22）。

人口変動、高齢化、経済変動といったリスクに対処するために、年金財政には日本と同様に自動均衡機能が組み込まれている。この機能は、年金財政に不足額が生じた場合、年金給付額を引き下げることで年金財政を調整する仕組みである。この機能を利用するのに、政府は議会の議決を必要としない。金融危機後の二〇一〇年にはこの機能が実際に活用され、所得比例年金の給付水準の引き下げが実施された。ただし、同年から、六五歳以上を対象に所得税の基礎控除が増額されている。また、人口変動によって所得比例年金額が減額されたとしても、積立年金によってその影響を緩和できる。ただし、積立年金の給付水準そのものは、運用リスクによって変動する（小野 2016：Pensionsmyndigheten 2017）。

所得比例年金を補完する最低保障年金

スウェーデンの公的年金制度の主軸は所得比例年金である。この制度を補完しているのが最低保障年金制度である。最低保障年金は、現役時の稼得所得が少ない無年金者や低年金者への対策として存在している。そのため、同制度は基本的には保険料で賄われる公的老齢年金制度とは別に、国の一般会計から財源が投入される。最低保障年金は四〇年間居住することで満額受給できる。

最低保障年金の支給額は定められた物価基礎額（二〇一六年は四万四三〇〇クローナ）に基づいて決定される。物価基礎額とは、社会保障の給付額や利用者負担の算定時に、用いられる指標である。例えば、最低保障年金の満額は、単身年金受給者にたいして物価基礎額の二・一三倍、既婚者に対しては物価基礎額の一・九〇倍が支給される。最低保障年金は、所得比例年金を受給する人に対しては減額される設計が施されている。そのため、所得比例年金額の増加に合わせて、最低保障年金は減額していく（Pensionsmyndigheten 2017：24）。また、最低保障年金のみでは生計を維持できない高齢者のために、所得・資産調査付きの高齢者生計扶助制度が存在している。

最低保障年金が機能するためには、所得の過少申告や保険料の未納・滞納が発生することを防ぐ必要がある。そこで、スウェーデンでは、国民番号制による所得捕捉率（国税庁が租税と社会保険料を一括して徴収）の向上につとめている。また、保険料の未納によって所得比例年金の受給額が低い時は、最低保障年金が減額される仕組みが設けられている（中野 2012：25）。

福祉財政を支える労働市場政策

スウェーデンにおいて労働市場政策は社会保障政策と連動して構築されてきた。社会保険制度は就労を前提としており、人々の就労意欲を促進する労働市場政策はスウェーデンの福祉財政にとって重要な役割を果たしている。すなわち、失業者の所得保障のみを行うのではなく、積極的に失業者を労働市場へ戻すことが目指されてきた。

スウェーデンの労働市場政策の中軸をなしているのが「積極的労働市場政策」である。公的職業訓練や職業紹介サービスによる就労支援を失業者に対して行うのが、この政策の特徴である。雇用と福祉の連携によって経済活動を活発化させることで財源を調達し、それが社会保障給付として人びとに還流していく。このような財政と雇用の循環によって、スウェーデンにおいて高い経済成長率が維持されている側面がある。国際的にも高い労働組合の組織率と労働市場政策を背景に、スウェーデンは低生産部門から高生産部門への労働力移動を推進し、産業構造の転換に適応してきたのである（宮本 2009）。

表15-3は、スウェーデン、日本、ＯＥＣＤ平均の労働市場政策関連支出の対ＧＤＰ比を比較したものである。労働市場政策に対する公的支出の総額を見ると、日本はもちろんＯＥＣＤ平均よ

表15－3　労働市場政策関連支出の国際比較（2015年）

（単位：％）

		スウェーデン		日　本		OECD 平均	
		対 GDP 比	構成比	対 GDP 比	構成比	対 GDP 比	構成比
公共職業サービス	1	0.26	14.3	0.07	21.9	0.13	9.8
職業訓練	2	0.15	8.2	0.01	3.1	0.13	9.8
雇用インセンティブ	3	0.60	33.0	0.06	18.8	0.10	7.6
保護・援助雇用、リハビリテーション	4	0.26	14.3	0.00	0.0	0.09	6.8
直接的インセンティブ	5	0.00	0.0	0.01	3.1	0.07	5.3
創業インセンティブ	6	0.01	0.5	0.00	0.0	0.01	0.8
失業・無業所得保障	7	0.55	30.2	0.17	53.1	0.74	56.1
早期退職	8	0.00	0.0	0.00	0.0	0.04	3.0
総　額	（1－8）	1.82	100.0	0.32	100.0	1.32	100.0
積極的労働市場政策	（1－6）	1.27	69.8	0.14	43.8	0.53	40.2
消極的労働市場政策	（7－8）	0.55	30.2	0.17	53.1	0.78	59.1

注：各項目の合計と合計値が一致しない場合があるが、元データに従っている。
出所：OECD.stat より作成。

りも、スウェーデンの値が高いことがわかる。支出の構成比を見ると、スウェーデンにおいて積極的労働市場政策が七割を占めている。規模を見ると、スウェーデンの積極的労働市場政策の支出は、一・二七％と日本の〇・一四％、OECD平均の〇・五三％よりも高い値を示しているのがわかる。具体的な支出先を見ると雇用インセンティブと公共職業サービスへの支出が目立つ。すなわち、公共職業安定所による各種の就職斡旋活動と就職支援プログラムへの参加者への助成金、長期失業者などを雇った事業者への助成金といった雇用を促す施策が充実しているのである（湯元・佐藤 2010：135-143）。

積極的労働市場政策はスウェーデンの労働市場政策の要として評価されてきた。ただし、積極的労働市場政策の効果に関する諸研究は、時代別に同政策の効果が異なる可能性を示している。例えば、九〇年代初頭のバブル崩壊後、しばらくの間、急増した失業率は高止まりしていた。積極的労働市場政策は雇用政策として重要だが、この時期の失業率の低下にあまり貢献していないという指摘がなされるようになった。当時、職業訓練プログラムに参加すれば、失業保険の受給資格を更新することができた。そのため、九〇年代の職業訓練プログラムは、人々の再就職を促す効果に乏しかったのである（Forslund and Krueger 2010：山本 2013）。

以上のような経緯もあってか、近年では、求職活動の活性化や失業者を雇用した事業者への助成金を充実させる方向へと、労働市場政策の転換が進行しつつある（佐藤 2012）。人々が安心して働いていける環境を構築するために、スウェーデンの労働市場政策は新たな対応を迫られているのである。

地方政府の歳出・歳入構造

これまで見てきた通り、現金給付は社会保険制度によって供給されている。スウェーデンにおいて、医療・福祉サービスといった対人社会サービスは地方政府であるランスティングとコミューンが担当している。現在、コミューンは二九〇、ランスティングは二〇存在している。ランスティングは保健・医療政策に関する事務責任を負っている。コミューンは育児、高齢者ケア、障害者支援や住宅といった社会福祉サービスの提供に主な責任を負っている。コミューンとランスティングともに、一定の枠組み内で福祉政策に対する高い裁量性を持っている。例えば、社会福祉サービスの給付水準や利用者負担の決定権限が自治体にある。

表15－4は、ランスティング、コミューンの二〇一四年の歳出の内訳を示している。ランスティングの歳出の九割は保健・医療で占められている。コミューンの歳出の内、高齢者福祉が占める割合が一九・二%、初等教育が一六・四%、就学前・児童福祉が一四・六%、障害者福祉が一一・四%である。ランスティングが保健医療を、コミューンが福祉サービスを主に担当しているのが同表から窺える。

表15－5は、地方政府（ランスティングとコミューン）の歳入構造を示している。歳入の約七割をほぼ唯一の地方税である地方所得税で賄っており、使途が自由である一般補助金と合わせれば歳入の八割が一般財源である。使途が特定されている特定補助金の構成比は約四%である。福祉政策を担当する地方政府の活動の多くは、自主財源によって賄われているのが看取できる。

地方税増税によって拡大してきた地方政府

スウェーデンにおいて地方税がもつ意味は歳入に占める割合のみに帰せられない。戦後の福祉拡大期において、スウェーデンの地方政府は、国庫補助金と地方税率上昇によって歳出増の財源を賄ってきた。その背景にあるのが一八六二年の「地方自治規則」である。このとき、地方政府に税率決定権が付与されると同時に、保健・医療を担当する広域自治体であるランスティングが設けられた。そして、都市部の自治体や農村自治体には基礎教育、高等学校教育、高齢者ケア、育児ケアなどの事務が配分されることになった。

スウェーデンの政府支出が拡大していったのは一九六〇年代以降であるが、これは主として地方政府の歳出規模が拡大したことに起因する。この時に、コミューンは教育費、社会福祉費を、ランスティングは医療費を増加させていった。スウェーデンの豊かな現物給付供給の背景には、地方政府規模の拡大が存在していたのである（伊集 2006：217-218）。経費の拡大と増税が有機的に連動していたため、政府規模の拡大をスウェーデンの納税者は納得しつつ受け入れることができたといえる。

3　スウェーデンの福祉財政の特徴と新たな展開

福祉サービスの供給責任は地方政府にある。福祉サービスは、地方税による公的財源によって主に供給されている。本節では、まずスウェーデンの福祉財政が地方政府と密接な繋がりがある点を、高齢者ケアを対象に歴史的観点から確認する。そのうえで、政府間関係の役割と近年の福祉サービスの供給体制の変化を整理し、最後に、普遍的福祉を財源面から支える財政調整制度の意義を示す。

スウェーデンの地方政府と福祉財政

スウェーデンの福祉財政は地方政府と密接な繋がりを持っている。一九世紀よりスウェーデンにおいてケアを必要とする人（しばしば高齢者であった）を救済する任務は、救貧制度として地方政府に課されていた。

当時、高齢化率の高かった小規模自治体において、急増する救貧費用が財政を圧迫し始めていた。高齢者を救貧制度の枠外で救済すべく、一九一三年に政府はすべての市民を対象とする普遍主義的な国民年金制度を導入した。国民年金の創設によって、救貧的性格を持っていた高齢者救済を市民権に基づく国家の任務へと転換したのであった。さらに、国民年金制度によって多くの高齢者が救貧制度から解放されるため、小規模自治体の救貧負担を軽減することをも狙った制度であった（Edebalk 2010：67）。

一九一八年には新救貧法が制定され、コミューンに老人ホームを建設する義務が課された。地方

表15－4　コミューンとランスティングの歳出構成（2014年）

（単位：100万クローナ）

コミューン			ランスティング		
	金　額	構成比（%）		金　額	構成比（%）
就学前・児童福祉	82,585	14.6	プライマリー・ケア	45,634	15.5
初等教育	93,088	16.4	専門医療（身体）	137,034	46.7
高等教育	38,154	6.7	専門医療（精神）	22,892	7.8
その他の教育	21,367	3.8	歯科医療	9,333	3.2
高齢者福祉	109,163	19.2	その他の保健・医療	24,384	8.3
障害者福祉	64,880	11.4	医薬品	20,004	6.8
社会扶助	13,691	2.4	地域政策	7,900	2.7
個人・家族ケア	26,661	4.7	政治活動	1,533	0.5
事業活動	24,255	4.3	公共交通・インフラ整備	24,979	8.5
その他	93,748	16.5			
総　額	567,591	100.0	総　額	293,693	100.0

出所：Sveriges Kommuner och Landsting (SKL) より作成。

表15－5　地方政府（コミューンとランスティング）の歳入動向

（単位：100万クローナ）

	2005年		2014年	
	金　額	構成比（%）	金　額	構成比（%）
税　収	432,388	69.7	602,390	68.9
一般補助金	62,760	10.1	105,600	12.1
薬剤費補助金	19,675	3.2	21,413	2.4
特定補助金	22,306	3.6	37,030	4.2
使用料・料金	34,060	5.5	43,310	5.0
資産売却	4,671	0.8	5,173	0.6
地代・リース料	14,061	2.3	18,542	2.1
その他の収入	30,451	4.9	41,408	4.7
総　額	620,372	100.0	874,866	100.0

出所：Sveriges Kommuner och Landsting (SKL) *Sektorn i siffror* より作成。

政府が公的サービスを担う重要な地位を占め始めたため、税財源を確保する必要性が高まった。一九二八年には地方所得税法が施行され、地方所得税が整備されていった。一九五二年および六〇～七〇年代に行われたコミューン合併と一九六六年の財政調整制度の導入によって、公的サービス供給を支える地方政府の財政力強化と国家による財源保障の枠組みが整えられていった。

中央政府による規制と地方自治の関係

戦後、スウェーデンの地方政府では地方税の増税を通じて、福祉の供給量を拡大してきたが、財源面では、福祉に対する特定補助金の規模が大きかった。そのため、中央政府による特定補助金を通じた規制は強かった。この枠組が変化したのが一九八〇年代である。中央政府の歳出抑制策の一環として、地方分権策が推進されていった。サービスを供給する地方政府の裁量性が少しずつ高められていったのである。財源面では、福祉サービスへの特定補助金の一般補助金化が八〇年代以降進展した。権限の領域では、中央政府による全国的な規制と地方自治の調和が試みられた。この関係を福祉財政において制度化した例が、一九八二年制定の社会サービス法である。現在の同法の第二章第一条には、基礎自治体であるコミューンに社会サービスへの責任が規定されている。社会サービス法は、中央政府による目標とガイドラインを示した枠組み法であり、これに地方政府は従わなければならない。ただし、事務の実施内容については地方政府の裁量に託している。つまり、八〇年代以降試みられたのが、社会サービス法のような枠組み法によって地方自治を尊重しながら中央政府が掲げる価値を明示する手法であった。あらゆる方面から地方自治が進展していったのである。

高齢者ケアにおける「質の競争」

スウェーデンの高齢者ケアは租税を財源に、公的機関が供給するのを基本としていた。近年、スウェーデンの高齢者ケアは大きく変化している。それが、公的供給責任を維持しつつ、福祉の供給体制を多元的にする動きである。一九九〇年代から高齢者ケアと医療サービスの領域に、営利・非営利の民間サービス事業者が参加するようになってきた。当初は、地方政府が民間事業者からサービスを購入する方式であった。つまり、地方政府のサービス供給責任を所与としつつも、サービスの生産主体を多元化する試みである。

民間事業者の参加の形態は、入札による民間委託、サービス購入、顧客選択制度（バウチャー制度）の三つである。二〇〇九年に施行された「自由選択法」をきっかけに、顧客選択制度が政府によって推進されるようになった。同法によって、コミューン直営のサービスだけではなく民間の事業者からも、顧客（利用者）が自由にサービスを利用できるようになった。サービス生産主体は多元的だが、サービス自体は公的供給である。また、サービスの生産主体に関係なく、自由選択法の下ではサービスの価格は固定されている。そのため、公的サービスを生産する事業者は、サービスの「質」によって差別化を図らなければならない。利用者の権利性を高めながら、高齢者ケアサービスの拡充と質の向上を目指したのである。ただし、コミューンが高齢者ケア供給の最終的責任を負っている点は変わってはいない（吉岡 2012）。

競争を通じて、高齢者ケアの質が向上するには一定の条件が必要になる。質の競争が良好に機能するには、人々が簡単に利用できる事業者・サービスに関する豊富な情報の公開と事業者に対する公的統制が必要になる。そこで、社会庁と全国自治体連合会は、事業者や介護付き特別住宅（施設ケアの総称）の質の評価を「高齢者ガイド」というウェブ上のデータベースで公開している（吉岡 2012：37-38）。高齢者介護に携わる職員数の運営形態別の統計によれば、公的部門に雇用されている職員が全体の九割を占めている（Szebehely 2011：227）。

福祉サービスの生産主体の多元化と密接に関連しているのが、家事労働サービスの税額控除制度である。二〇〇六年の政権交代により誕生した保守中道政権は、税額控除制度の拡大を推進した。この政策の一環として二〇〇七年に実施された家事労働サービスの税額控除制度は、家事労働サービスの私費購入のうち五〇％を所得税の税額控除として認めている。ただし、税額控除額には上限額が存在している。家族、友人などによるインフォーマルケアの増加を背景に、ケア費用への補助を目的として、この制度は導入された。

現在、追加的ケアサービスを民間市場から購入しようとする高所得者は税額控除制度を利用し、低所得者は公的部門のケアサービスを利用する階層化が懸念されている。さらに、民間サービスをあまり利用しない低所得世帯において、インフォーマルケア増加の可能性が指摘されている（Szebehely and Trydegård 2012）。歴史的に、高齢者ケアは救貧制度という選別的サービスからニーズを持つすべての人を包摂する普遍的福祉へと制度化されていった。インフォーマルケアの増加と福祉制度の変化によって、スウェーデンの公的福祉サービスの性格が変化するのか、十分に注視する必要がある。しかしながら、高齢者ケア供給に責任を持つコミューンが公的財源によって、普遍的福祉を支えようとする構図は依然として維持されているのである。

保育サービスと公的責任

スウェーデンの就学前教育サービスは、基本的に財源を税で賄い、コミューンに供給責任を持たせているのが特徴である。

すべてのコミューンは一歳から一二歳までの子どもに対して、就学前教育と学童保育を提供しなければならないことを、スウェーデンの学校法は規定している。また、失業中あるいは育児休業中の親をもつ子どもは、一日三時間以上あるいは週一五時間以上保育所に通う権利が与えられている。すべての三〜五歳児は、年間五二五時間無償で保育所サービスを利用できる。これを一般保育制度という（高端・伊集・佐藤 2011：30）。

以上の特徴は、就学前保育サービスの拡大過程において、無償保育の範囲の拡大、保育料金の上限設定制度の導入として実現されていった。一九九六年には、保育政策の所管が社会省から教育省に移管された。この措置によって、就学前保育は就学前教育となり、保育の教育政策としての位置づけが明確になったのである。この動きの中、就学前教育に対する無償サービスの範囲が拡大していった。スウェーデンでは、一九九七年より保育所は就学前学校として名称が統一されるようになった。以下、就学前学校は保育所として記載する。

保育サービス拡大過程において、サービス生産体制の多元化が実現した。すなわち、保育サービスの生産者として民間事業者が参加できる枠組みが構築された。サービスの生産者に民間事業者が参入しているが、サービス供給の責任はコミューンにある。そのため、就学前教育の主な財源は地方所得税である。高齢者ケアの領域と同様に、価格競争ではなくサービスの「質の競争」へと事業者を向かわせるための規制が張り巡らされている。さらに、人々の事業者への影響力増加、サービス選択の利便性の向上を図るために、各種の情報サービスが整備されている。「質の競争」が機能するために、人々の選択手続きの公正さを担保する環境が必要と考えられ、実際に整えられているのである（秋朝 2009：115）。

就学前保育と高齢者ケアの普遍化の試み

一九七五年、スウェーデン社会民主労働者党が国会に提出し可決されたのが「児童ケアの拡充に関する」政府案であった。この政府案には、「児童ケアサービスの計画的供給をコミューンの責務と定め」、コミューンに新たな国庫補助金を交付し、その財源を雇用主の払う社会保険料の一％の拠出で賄うことが盛り込まれていた（秋朝 2010：28）。この試みの狙いは、保育所不足への対応、親の就労への支援、男女機会均等を促進することにあった。児童ケア促進による労働力供給の拡充は、子どもを持つ労働者だけではなく雇用主の利益になる。そのため、保険料による雇用主の負担が幅広い階層から正当化され、一九九二年まで維持された。各種のアクターが負担を分担する公正の原理が、この試みにはみられる（秋朝 2010：36-37）。

保育の無償化を目指した一般保育制度のような重要な改正が行われたのが二〇〇〇年代初頭である。その主要な理念は、家族の経済的・社会的状況に左右されずに子どもが保育サービスを利用できることを目指すことであった。保育無償化に並ぶ重要な改革が、二〇〇二年一月実施の保育料の上限負担額を設定する制度（以下、マックスタクサ）である。当時、保育サービス拡充の中、保育料の高騰・地域間格差が問題視されていた。親の経済的負担によって、子どもが保育所に通えない事態を避けるために導入されたのが、マックスタクサである（Korpi 2006=2010：87；Skolverket 2003：5, 36）。

この時、コミューンの収入を保障し保育サービスの質を確保する措置として、二つの特定補助金が導入された。その一つが、マックスタクサによるコミューンの収入減少を補填するための補助金である。二つ目は、保育ケアの質の向上を目的とした補助金であり、職員の確保や能力開発などに充てられている（Skolverket 2003：44）。現在、マックスタクサ関連の特定補助金は、金額でみれば、教育関連の補助金の中核に位置する。マックスタクサをめぐる議論は、保育の普遍化をめぐる事務配分の問題につながる。すなわち、保育料の水準や保育料の地域間格差の責任は、どのレベルの政府に帰属するのかという問題である。後述するが、現代国家は、地方自治の推進とそれに伴う地域間の公共サービスの格差を調整する問題に直面している。この現代の福祉政策をめぐる難問が、保育の財源問題に顕在化しているのである。

　福祉の利用者負担の問題は高齢者ケアの領域においても生じている。一九八二年社会サービス法と一九九二年のエーデル改革によって、コミューンは高齢者ケアの利用者に利用者負担を課すことができるようになった。しかしながら、二〇〇〇年代初頭、利用者負担額のコミューン間格差が問題視された（西下 2007：62-77）。そこで、二〇〇二年、スウェーデン政府は社会サービス法改正を通じて、高齢者ケアの利用者負担額についてもマックスタクサを定めた。利用者負担の上限額の設定は、利用者が必要に応じてサービスを利用できるために必要な政策であった。マックスタクサには、負担の適正化を図ることで居住地に関係なくニーズを持つ人にサービスを届ける普遍的福祉のあり方を見ることができる。

　九〇年代初頭の経済不況によって、スウェーデンにおいて公的部門削減の動きが見られた。増税と社会保障関係費の削減を伴う財政再建策が断行された。公的部門が財源制約に苦しむ中、サービスの普遍性を保ちながら保育サービスを拡充し、高齢者ケアのあり方を公正にする苦闘がスウェーデンで展開されていたのである。

福祉の地域間格差を是正する財政調整制度

　以上で繰り返し言及してきたように、スウェーデンの福祉財政の特徴は、普遍主義的福祉と地方自治が密接に絡み合っている点にある。ただし、地域間の所得格差、ニーズの差、地域的特徴の差、地方政府の財源格差などによって、税率格差と福祉サービスの格差が発生する可能性がある。スウェーデンが国家としての統一性を保つためには、人びとが居住地に関係なく標準的サービスを享受できる必要がある。現代国家において、地方政府の財政力を一定水準まで保障する制度が財政調整制度であり、日本では地方交付税がこれに該当する。

　戦後に地方政府は、税率決定権を付与された地方所得税を財源として対人社会サービスを供給していった。一九五二年や六〇～七〇年代には、コミューン合併を行うことで規模を拡大し、課税力を強化した。それでも、多くの地方政府は課税力が貧弱なこともあり、高税率を課さざるを得なかった。そこで政府は、地方所得税による税率格差を公正にするべく、地方政府の平均的な課税力を保障する財政調整制度を一九六六年に導入した。当時の財政調整制度には、地方政府の財政需要を考慮して一般補助金を交付する仕組みは導入されておらず、特定補助金と比較するとその規模は小さいものであった。そのため、依然として、中央政府による各種規制を伴う特定補助金が地方政府の福祉サービスを財源面から支えていたのであった。中央政府の意向でサービスを拡大するのに特定補助金が適していたといえよう（古市 2012）。八〇年代以降、地方分権が進展し、福祉サービスに対する地方政府の裁量性が高まっていった。一九九三年の改革によって、ほとんどの特定補助金の一般財源化が実現し、地方政府の歳入に占める一般財源が拡大した。

　現行の財政調整制度は、二〇〇五年の改革によって生まれ、二〇一四年に改正された平衡交付金制度である。一般的にみて、地方政府への税源移譲が進展しても、条件不利地域や経済力の違いによって、財政力の地域間格差は必ず生じる。平衡交付金制度はスウェーデンの福祉財政の根幹をなしている。

垂直的・水平的調整機能を持つ平衡交付金

平衡交付金制度は、収入平準化補助金、費用平準化補助金、構造交付金、過渡的交付金、調整交付金・納付金によって構成されている。平衡交付金制度の基本的な特徴は、地方政府の税収を保障する制度と地方政府間の費用の平準化・条件不利地域への配慮をもった制度で構成されていることにある（SOU 2011：29-31）。

前者は、収入平準化補助金と呼ばれている。この制度は住民一人当たりの課税所得である「課税力」に注目した制度である。この課税力は、住民一人当たりの課税所得の全国平均値に占める割合として算定される。課税力の基準値として、全国平均値に占める割合の一一五％が設定されている。この基準値と各地方政府の課税力の全国平均値に占める割合との差額を補填するのが収入平準化補助金である。ただし、課税力が全国平均値の一一五％を超える地方政府は一定の負担金を徴収され、その金額を国庫財源に加味して、地方政府へ配分される。すなわち、収入平準化補助金では垂直的財政調整の中に水平的財政調整の要素が取り入れられているのである。表15-6は平衡交付金制度の内訳を示している。平衡交付金制度の中で収入平準化がほとんどの割合を占めている点、収入平準化のうち負担金が占める割合が極わずかである点が、同表から看取できる。すなわち、中央政府による垂直的な財源保障が同制度の中軸である（Statskontoret 2014）。

平衡交付金制度の第二の構成要素が費用平準化補助金である。この制度は地方政府間の構造的費用の平準化を目的としている。構造的費用とは、地方政府が自ら影響力を行使できない要因によって増減する費用を指している。例えば、高齢者福祉や児童福祉の費用は、高齢者数や児童の数などによって増減する。短期的には、このような人口要因を地方政府が操作できるとは考えにくい。仮に、構造的要因によって地方政府が増税をしなければならない時、その負担増の責任を地方政府のみに帰すことができるとはいえない。そこで、構造的要因によって生じる自治体の費用を平準化する仕組みが、財政調整制度に導入されているのである。地方政府が影響力を行使できない要因によって生じる公共サービス差を是正することは、地方自治と矛盾しないといえる。

この制度は、住民一人当たりの標準歳出額が全国平均値未満の地方政府から負担金を徴収し、その負担金を標準歳出額が全国平均値を超える地方政府に交付する制度である。この制度において、補助金と負担金はほぼ等しく地方政府間の水平的財政調整機能が働いている（表15-6）。この標準歳出額算定の際に、保育、教育、ケア、医療・保健などの様々なサービスに要する費用が考慮されている。

これらの制度に加えて、構造交付金制度と過渡的交付金制度と呼ばれるものがある。両者はどちらも、条件不利地域に対して、中央政府が交付金を交付する制度である。ただし、後者は制度改正による影響を是正するための時限的な交付金であり、二〇一〇年に終了している。

以上の交付金の財源である国家の一般補助金額に不足が生じる場合、住民数に応じて各地方政府が調整負担金を拠出する。逆に、一般補助金額があまった場合は、住民数に応じて各地方政府に調整交付金を交付する。地方政府の規模が拡大していくにつれて、以上の財政調整制度が発達してきた。表15-6が示すように、平衡交付金制度において、中央政府による地方政府への垂直的移転額が大半を占めている。弾力的な地方所得税を持つスウェーデンにおいて、地方自治を財源面から強力に支えているのは中央政府による垂直的移転である。

基本的に地方政府のサービス増に必要な財源は、議会を通じて地方所得税の増税か他の歳出の削減によって調達される。それゆえ、地域間で不合理・不公正な地方税率格差が生じないようにする

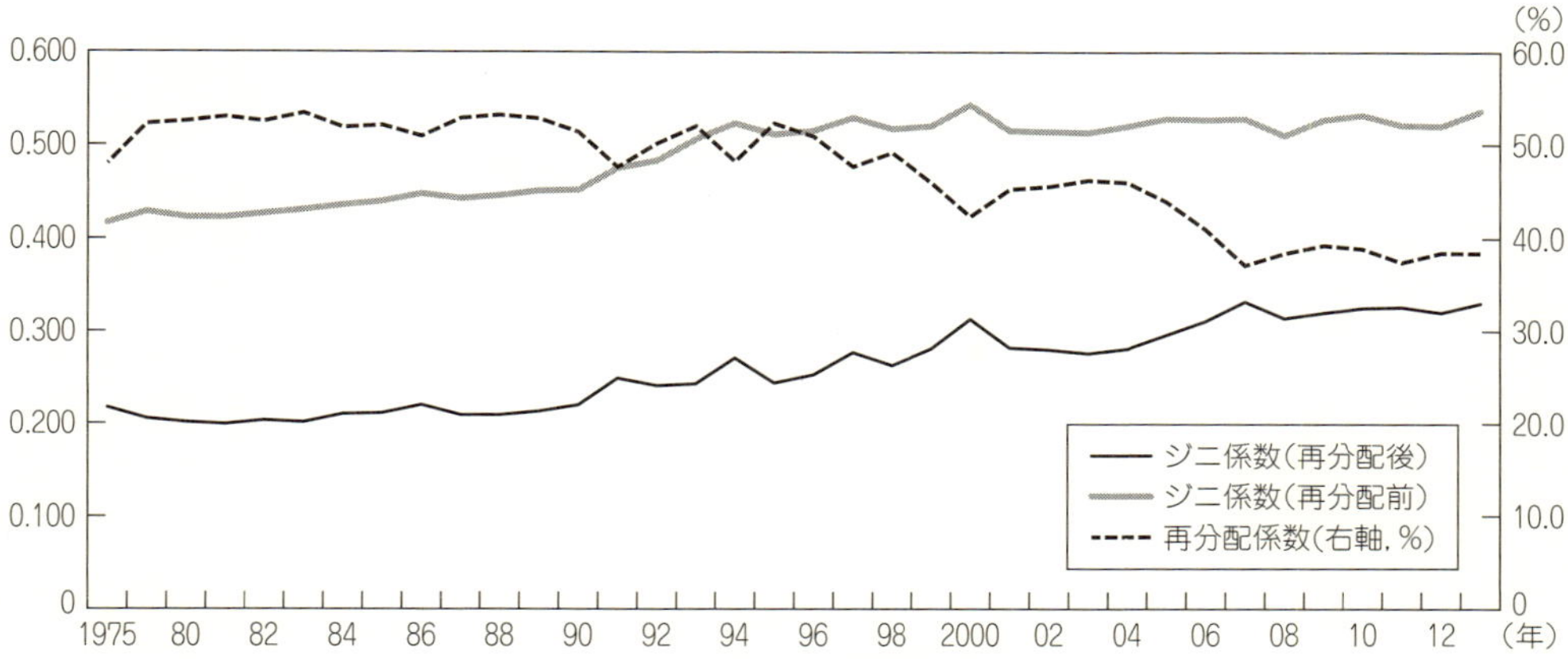

図15-1　ジニ係数と再分配係数の推移

注：1989年と1990年は改訂後のデータを採用している。
出所：SCB, Hushållens ekonomi（HEK）より作成。

ためにも、平衡交付金制度は必要不可欠な制度なのである。

4　度重なる苦難に適応してきたスウェーデンの福祉財政

格差の拡大と歳出削減

国際比較の観点からは、スウェーデンの貧困率や格差の指標は良好な部類に入る（第一章参照）。ただし、近年、スウェーデンの所得格差や貧困率は増加している。図15-1は、再分配前後のジニ係数、再分配によるジニ係数の改善度を示している。ジニ係数とは所得格差を示す指標であり、1に近いほど、その社会の所得格差が大きいことを表している。図15-1はスウェーデンの所得格差が緩やかに増加していることを示している。

所得格差拡大の要因の一つが高所得層における所得増加である（Fritzell et al. 2014）。表15-7は、一九九一年から二〇一三年までの所得階層別の可処分所得の変化率を示している。一九九一年から二〇一三年にかけて、平均的な可処分所得の増加率は約五〇％である。つまり、二〇数年の間に、スウェーデンの人々の所得は増加している。最も豊かな上位一〇％の所得層の可処分所得の増加率が九〇％なのに対して、他の所得階層は一四〜五五％程度の増加率である。全所得に占める低所得層と高所得層の割合を見ると、前者は微減し、後者が急増している（Skatteverket 2016）。そして、このような所得格差の拡大をもたらしているのは、資本所得の増加である。とりわけ、高所得層は他の階層よりも多くの資本所得を得ている。まとめると、他の階層に比べて低所得層の所得増加率が低いことと、高所得層がより豊かになったことによって、格差の指標が悪化している可能性がある。

社会支出の領域では、中道保守政権下で疾病手当や失業手当の受給条件の厳格化と所得代替率の

表15-6　平衡交付金の内訳（2016年）

（単位：100万クローナ）

		コミューン	ランスティング
収入平準化	補助金	68,986	30,383
	負担金	-6,351	-893
費用平準化	補助金	6,640	2,039
	負担金	-6,653	-2,040
構造交付金		1,050	530
過渡的交付金		784	237
調整交付金・納付金		-337	-4,697
総　額		64,121	25,559

出所：SCB, *Offentlig ekonomi*（http://www.scb.se/OE/0115）より作成。

低下が実施された。二〇〇七年には失業保険の保険料が引き上げられ、失業保険の加入率が低下する事態になった。その代わりに導入されたのが勤労所得税額控除である。既に言及した通り、この制度は人々の就労意欲の促進が狙いである。ただし、就労者とそうではない人との間の格差が拡大していることもいえる。

政権交代とスウェーデンの福祉財政

ＯＥＣＤ加盟国のデータによる研究では、高負担の租税・社会保険制度や豊かな社会保障制度と経済成長率の間に、単純な負の相関関係が見られないことが報告されている。政府の規模の大きさがただちに経済後退を生むとは考えられない（Mares 2010）。長い時間をかけて構築されてきた福祉財政は、スウェーデンの高い経済成長率を支えているとも言える。

戦後、スウェーデンでは、社民党の単独政権が続くも、穏健党を中心とする中道保守派による政権交代が数度実現した。かつては、福祉国家の維持を主張する社民党を中心とする左派陣営と、「小さな政府」路線を目指す中道保守陣営の対立が顕在化していた。しかし、二〇〇六年の選挙において勝利した中道保守政権は、「小さな政府」路線を放棄し、社民党が構築してきた福祉財政を受け入れるようになっていた（清水 2013）。なぜならば、人々の生活を支える福祉財政を否定することは、もはや現実的ではなかったからである。中道保守陣営が政権を獲得できたのは、福祉財政を肯定しつつ、雇用に軸足を置いた政策を打ち出した点にあるといえる。

表15－7　所得十分位別の等価可処分所得の増加率

	可処分所得の変化率	
	1991→2013年	2012→2013年
第Ⅰ分位	14.1	1.2
第Ⅱ分位	25.4	1.6
第Ⅲ分位	31.1	1.3
第Ⅳ分位	36.8	1.3
第Ⅴ分位	42.2	1.5
第Ⅵ分位	45.5	1.9
第Ⅶ分位	48.0	1.6
第Ⅷ分位	50.8	1.7
第Ⅸ分位	55.8	2.1
第Ⅹ分位	89.6	7.2
平　均	51.9	3.0

出所：Skatteverket（2016：40）.

中道保守政権は、人々の就労を促進する政策を実施し、二〇一〇年の選挙においても勝利した。同政権が推進してきた現金給付の削減や低・中所得層への減税を中心とする政策にも限界がきたためか、二〇一四年九月の選挙によって社民党を中心とする左派陣営に中道保守政権は敗れてしまった。しかし、この選挙結果は、社民党の支持拡大によるものではなかった。選挙の背景には、極右政党のスウェーデン民主党が既成政党の票を奪って躍進したことがあったのである。社民党は少数連立政権を組まざるを得なくなった。そこで、政権運営上の混乱を避けるため、二〇一四年一二月に与党の予算成立に野党が国会にて協力をすることなどが盛り込まれた「一二月合意」が成立した。

福祉財政の中軸に対する与野党の合意、人々の現行制度に対する支持の高さを踏まえれば、短期的には、スウェーデンの福祉財政が大幅に変化することは考えにくい。ただし、本章で触れてきた、格差や貧困の拡大を放置すれば、中長期的にはスウェーデンの福祉財政は大きく変貌するかもしれない。人々が安心して働けなくなれば、巨額の財源調達が必要な福祉財政を人々は支持しなくなるだろう。

福祉財政を通じて人々のニーズを捕捉してきたが故に、スウェーデンの財政規模は拡大してきた。拡大した財政が人々のニーズを捕捉していないと人々に判断されれば、財政の正当性は根幹から揺るがされることになる。そのため、スウェーデンは絶えず制度改革を行い、人々のニーズを適切に把握する福祉財政を構築する努力を怠らなかったのである。今も、その努力は続けられている。

参考文献

秋朝礼恵（2009）「福祉サービスにおける選択自由に関する一考察——スウェーデンの保育所を事例として」『社学研論集』Vol.一四。

――（2010）「スウェーデンの児童ケア拡充期における財源調達に関する一考察――1975年政府案の背景と思想」『季刊海外社会保障研究』No.一七三。

伊集守直（2006）「スウェーデンにおける政府間財政関係：地方分権と財政調整制度」『地方財政』第四五巻第五号。

――・古市将人（2013）「一九九〇年代のスウェーデンにおける財政再建と予算制度改革」井手英策編『危機と再建の比較財政史』ミネルヴァ書房。

奥村芳孝（2010）『スウェーデンの高齢者ケア戦略』筒井書房。

小野正昭（2016）「スウェーデンの年金制度」『年金と経済』Vol.三五（一）。

佐藤吉宗（2012）「一九九〇年代以降の労働市場政策の変化と現在の課題」『海外社会保障研究』No.一七八。

清水謙（2011）「スウェーデンの2006年議会選挙再考――スウェーデン民主党の躍進と2010年選挙分析への指標」『ヨーロッパ研究』一〇号。

高端正幸・伊集守直・佐藤滋（2011）『保育サービスを中心とする子育て支援政策の国際比較行財政――スウェーデン、イギリスの実態と日本の改革論議への示唆』全国勤労者福祉・共済振興協会公募研究シリーズ二〇。

中野妙子（2012）「老齢年金――一九九八年改革の意義と課題」『季刊海外社会保障研究』No.一七八。

西下彰俊（2007）『スウェーデンの高齢者ケア　その光と影を追って』新評論。

藤田香（2008）「スウェーデンの地方財政」宮本憲一・鶴田廣巳編『セミナー現代地方財政（2）世界にみる地方分権と地方財政』勁草書房。

古市将人（2012）「スウェーデンにおける財政調整制度形成過程の分析――税平衡交付金制度の交付方式に着目して」『地方財政』第五一巻第二号。

丸尾直美（2012）「スウェーデンの社会保障――理念・仕組み・財政」レグランド塚口淑子編『「スウェーデン・モデル」は有効か　持続可能な社会へ向けて』ノルディック出版。

宮本太郎（2009）『生活保障　排除しない社会へ』岩波書店。

山本麻由美（2013）「スウェーデンにおける失業保険の役割」『海外社会保障研究』No.一八三。

湯本健治・佐藤吉宗『スウェーデン・パラドックス』日本経済新聞出版社、二〇一〇年。

吉岡洋子（2012）「二〇〇〇年以降のスウェーデンにおける高齢者福祉――「選択の自由」拡大とそれに伴う諸対応の展開」『海外社会保障研究』No.一七八。

レグランド塚口淑子編（2012）『「スウェーデン・モデル」は有効か　持続可能な社会へ向けて』ノルディック出版。

Edebalk, Per Gunnar (2010) "Ways of Funding and Organising Elderly Care in Sweden." In *T. Bengtsson (ed.), Population Ageing-A Threat to the Welfare State? The Case of Sweden.* Heidelberg : Springer.

Forslund, A. and Krueger, A (2010) "Did Active Labor Market Policies Help Sweden Rebound from the Depression of the Early 1990s?" in *Reforming the welfare state: recovery and beyond in Sweden*, University of Chicago Press.

Fritzell, J. Hertzman, JB, Bäckman, O, Borg, I, Ferrarini, T. and K. Nelson (2014) "Sweden: increasing income inequalities and changing social relations," B Nolan et al. (eds), *Changing inequalities and societal impacts in rich countries: thirty countries' experiences.* Oxford: Oxford University Press.

Korpi, Barbara Martin (2006) *Förskolan i Politiken: om intentioner och beslut bakom den svenska förskolans framväxt*, Stockholm:Utbildnings-och kulturdepartmentet.（太田美幸訳『政治のなかの保育　スウェーデンの保育制度はこうしてつくられた』かもがわ出版、二〇一〇年。）

Mares, Isabela (2010) "Macroeconomic Outcomes," Castles, Francis G., Stephan Leibfried, Jane Lewis, Herbert Obinger (ed.) The Oxford Handbook of the Welfare State. Oxford: Oxford University Press.

OECD (2014a) *Economic Outlook*. No. 96.

OECD (2014b) *Employment Outlook* 2014.

Pensionsmyndigheten (2017) *Orange Rapport Pensionssystemets Årsredovisning 2016.*

Skatteverket (2016) *Skatter i Sverige -Skattestatistisk årsbok 2015.*

Skolverket (2003) *Uppföljning av reformen maxtaxa, allmän förskola m.m. 2003.*

Statens offentliga utredningar (2011) *Likvärdiga förutsättningar : Översyn av den kommunala utjämningen*, 2011, Stockholm: SOU 2011 : 39.

Statistiska Centralbyrån (SCB) (2011) *Offentlig Ekonomi 2011*, SCB-Tryck.

Statskontoret (2014) *Det kommunala utjämningssystemet- en beskrivning av systemet från 2014*, Stockholm: Statskontoret.

Szebehely, M. (2011) "Insatser för äldre och funktionshindrade i privat regi," i Hartman Laura (red.) *Konkurrensens Konsekvenser vad händer med svensk välfärd?* SNS Förlag. 2011.

Szebehely, M. and Trydegård, G.-B. (2012) "Home care for older people in Sweden: a universal model in transition," in *Health & Social Care in the Community*, 20: 300-309.

World Bank, *World Development Indicators*, 2012.

参考ホームページ

スウェーデン年金庁（http://www.pensionsmyndigheten.se/）。

スウェーデン・コミューン・ランスティング連合（SKL）（http://skl.se/）。

＊本研究は、科研費（研究活動スタート支援・課題番号23830007）の助成を受けた研究成果の一部である。

第16章

アメリカの福祉財政

——残余的な社会保障、罰則的なワークフェア、『水没した国家』

茂住政一郎

先進国の国民負担率を比較すると明らかなように、アメリカは先進国の中で最も低福祉・低負担型の福祉国家である。国民皆保険を持たず、福祉に対する財源配分が抑制されてきたことがその要因である。他方、その代替手段としてみなされる租税支出を通じて、間接的に社会サービスを給付する形態の福祉国家として、アメリカは評価されてきた。本章では、この様な福祉国家を運営するための財政運営に焦点を当て、その特徴と問題を明らかにしていく。

1　アメリカの残余的な「社会保障」

アメリカにおける「社会保障」と「福祉」

アメリカで一般的に使われる「社会保障」と「福祉」という言葉の間には懸隔が存在する。アメリカにおける「社会保障」は一般的に、老齢・遺族・障害年金保険（Old-Age, Survivors, and Disability Insurance：ＯＡＳＤＩ）を指し、これに公的な老齢医療保険であるメディケアを加えて「社会保険」と呼ばれ、同列で取り扱われる。一方、それらの受給資格を持たない人々を救済する目的の公的扶助を中心とした施策を指す場合、「福祉」という言葉が使われている（Katz 2008：新井 2002）。このような状況に従って、本章では、社会保障と福祉の両方を含めた広範な政策に言及する場合、例外的に「福祉政策」という表現を使い、それに関わる財政運営について論ずる際、「福祉財政」という用語を使うことをここで断っておきたい。

老齢・遺族・障害年金保険（ＯＡＳＤＩ）

アメリカにおいて、社会保険の受給対象となるための適格要件は、現役時代にＯＡＳＤＩの主な財源である社会保障税を納めることによって満たされる。これは、雇用主及び被用者、そして自営業者に対して課されるものであり、その税率と課税年収上限は、一九三五年の制度導入以降増加の一途を辿り、二〇一三年の段階で、被用者の場合には労使折半で、それぞれ七・六五％、自営業者に対しては営業収入から必要経費を除いた純収入に一五・三％の税率が適用される。その課税上限額は一〇万六八〇〇ドルとなっている。社会保障税に加えて、年金給付に対する課税もＯＡＳＤＩの財源となっている。これは一九八三年改正により定められ、その税額は、①年金額の五〇％、②年金額の五〇％と調整済み粗所得及び非課税利子所得の合計額から一定の控除額を差し引いた額の五〇％のうち、いずれか低い方に連邦所得税率を課した金額となる。以上の制度に基づき、雇用主であれば労使双方の納税額を、自営業者であれば所得税申告と合わせて内国歳入庁に四半期ごとに納付する。以上の財源は社会保障信託基金にて管理運用される。この信託基金は、①高齢者の所得保障を対象とした老齢・遺族年金保険（ＯＡＳＩ）、②障害年金保険（ＤＩ）、③病院保険（ＨＩ）、④補足的医療保険（ＳＭＩ）に分けることができる。このうち、①と②を合わせたものがＯＡＳＤＩと呼ばれており、③と④は後述するメディケアの財源となる。尚、給付に利用されない収入は積み立てられ、管理運用される。

以上の制度の対象者は、原則としてアメリカに居住する者であり、民間企業の使用者、被用者、年収四〇〇ドル以上の自営業者である。彼らは、社会保障事務所を通して社会保障番号を取得しなければならない。老齢年金保険を満額で受給するための完全被保険者資格は、一九五〇年以降または二一〜六二歳の間に毎年、社会保障点数を少なくとも一点取得し、受給申請する以前に社会保障点数を四〇点取得することによって得られる。社会保障点数は、ＯＡＳＤＩの適用対象期間中の四半期ごとに基準所得額以上の稼得所得を得ていた場合に一点が与えられる。稼得所得は、被用者については賃金等を、自営業者については純収入が当てはまる。こうした適格要件を満たした者は、老齢年金については、六二歳以降申請に基づいて受け取ることができ、満額支給は六五歳から開始される。障害年金は、老齢年金の被保険者が障害者となり有償の仕事に就けなくなった場合、あるいは二一歳以上の障害者が一定の要件を満たす場合に支給される。受給者本人が死亡した場合には、その配偶者と被扶養児童に遺族年金が支給される。

しかし、その給付水準は、他国の公的年金システムと比較すると非常に小さいものと評価されている。アメリカの年金システムは二階建ての構造となっており、社会保障年金はその一階部分を構成している。しかし、その給付水準は基礎的なものに限定され、一階部分単独で十分な退職後の所得保障となることは想定されていないと言われる（西山2015：100）。このことから、アメリカの老齢年金システムは、所得保障の機能を果たすには給付水準が低く、あまねく老齢者を受給対象としているわけではない「残余モデル」（Palme 1990：87-89）、あるいは、西欧諸国の基準に比べて社会保障税率や所得代替率が低い「準ビスマルク型」（ウィーヴァー 2004：196）と評されてきたのである。

メディケア

アメリカでは国民皆保険制度が導入されておらず、人々は、雇用主の提供する医療保険やその他民間医療保険に加入しなければならない。そのため、企業年金や民間健康保険といった民間部門による社会給付の規模が、他国と比べて非常に大きくなっていることがアメリカの特徴とされている（Hacker 2002）。

アメリカの社会保険制度の下では、適格要件を満たした六五歳以上の高齢者と一定の障害者に対してのみ、メディケアという連邦政府運営の高齢者医療保険が給付されている。メディケアは、六五歳以上のＯＡＳＤＩ受給者が対象であり、病院保険（パートＡ）、ＳＭＩ（パートＢ）がその中心である。前者は入院患者サービス、ナーシングホームサービス、結核・精神病院サービス、ホスピスケア、在宅医療サービスを、後者は外来診療、手術費用などの費用をカバーするものである。またSMIは、医師サービス、他の医療・保健サービス、在宅医療サービス等にかかる料金をカバーするものである。これに加え、許可を得た民間保険会社が運営するメディケアアドバンテージプラン（パートC）、医師からの処方薬の費用をカバーする処方薬給付プラン（パートD）が運営されている。

　メディケアの中心的な財源は社会保障税に上乗せされる賃金税で、その部分を指して、メディケア税と呼ばれる。パートAは賦課方式で運営され、雇用主、被用者及び自営業者の納めるメディケア税で賄われている。二〇一三年までは、雇用主、被用者ともに所得の一・四五％、自営業者は二・九％の税率がOASDI分の社会保障税に上乗せされていた。二〇一三年には制度変更が行われ、一年当たり調整総所得が夫婦分割申告で一二・五万ドル以上、あるいは単身世帯か稼ぎ主が一人で二〇万ドル以上の場合、被用者及び自営業者には〇・九％の付加税率が適用されることとなった。パートBは任意加入で、メディケア税とは別に受給者が月々支払う定額の保険料と連邦政府の一般財源で賄われており、連邦政府の一般財源七五％、加入者の保険料二五％で構成されている。また、地域ごとに異なる額の保険料を別途収めることで、パートDの受給が可能となる。

メディケイド

　また、正確には社会保険ではないが、低所得者が対象であり、現役世代でも受給可能な、メディケイドという医療扶助制度が存在する。この制度は、連邦政府が適格要件及び給付内容について定め、それに従って州政府が実施するものである。対象となる低所得者に対しては、医療サービス給付として直接サービスが提供され、その財源として連邦補助金が一部繰り入れられている。しかし、連邦政府の定めた給付内容を満たさなければ、州政府は連邦補助金を得ることができない。また、メディケイド支払い方式については各州がかなりの裁量を持っているものの、その裁量権には、メディケアの支払い料金との関係に基づいた支払い額に関する制限、連邦政府によるメディケイドの支出が費用全体の一定割合に限定されるといった制限も存在する。

社会保険財政運営の現状

　表16-1は、連邦・州・地方、全政府の財政収支を表している。連邦政府予算は、社会保障を運営する社会保障基金と郵便事業費からなるオフバジェットと、それ以外の連邦政府機関に関する予算を含むオンバジェットに分けられ、これら二つを合算したものは統合予算と呼ばれる。表16-1が示す通り、オフバジェットは一九八〇年代後半以降一貫して黒字を記録しているが、二〇〇八年以降黒字額は減少の一途を辿っている。オフバジェットのうち、OASDI財政は一九八五年以降黒字運営が続き、二〇一四年においては総収入八八四二億七六〇〇万ドル、総支出八五九二億三〇〇〇万ドル、積立金総額は二兆七八九四億七六〇〇万ドルであった（SSA 2016：Table 4.A3）。しかし、現在は黒字運営となっているオフバジェットも、二〇一六年には赤字に転ずると予想されている（OMB 2013：25）。

　その理由の一つと考えられるのが、メディケア財政運営の悪化である。メディケアの基礎的な部分であるパートA財政の推移を示す表16-2を見ると、一九九五年に赤字を記録し、二〇〇〇年に黒字に転ずるが、二〇〇八年には再び赤字に転じている。二〇一〇年以降収入は増加傾向にあるものの、二〇一四年まで赤字運営が続いている。それに伴って、二〇〇八年以降、積立金が減少し続けている。その理由は、支出の九割以上を占め

表16－1　全政府の財政収支の動向

（単位：10億ドル）

財政年度	全政府	連邦政府			州・地方政府
		総　計	オンバジェット	オフバジェット	
1960年度	-6.8	0.3	0.5	-0.2	-7.1
1965年度	-11.7	-1.4	-1.6	0.2	-10.3
1970年度	-16.0	-2.8	-8.7	5.9	-13.2
1975年度	-79.1	-53.2	-54.1	0.9	-25.9
1980年度	-101.1	-73.8	-73.1	-0.7	-27.3
1985年度	-232.4	-212.3	-221.5	9.2	-20.1
1990年度	-291.6	-221.0	-277.6	56.6	-70.6
1995年度	-270.3	-164.0	-226.4	62.4	-106.3
2000年度	132.0	236.2	86.4	149.8	-104.3
2005年度	-529.7	-318.3	-493.6	175.3	-211.3
2006年度	-437.2	-248.2	-434.5	186.3	-189.0
2007年度	-385.8	-160.7	-342.2	181.5	-225.1
2008年度	-762.2	-458.6	-641.8	183.3	-303.7
2009年度	-1,846.5	-1,412.7	-1,549.7	137.0	-433.8
2010年度	-1,693.7	-1,294.4	-1,371.4	77.0	-399.3
2011年度	-1,639.6	1,299.6	-1,366.8	67.2	-340.0
2012年度	-1,416.9	-1,087.0	-1,148.9	61.9	-329.9
2013年度	-958.2	-679.5	-719.0	39.5	-278.6
2014年度	-750.3	-484.6	-514.1	29.5	-265.7
2015年度	-692.2	-438.4	-465.7	27.3	-253.7

出所：OMB 2016：Table 15.6より作成。

表16－2　メディケアパートＡ財政の推移

（単位：100万ドル）

年	収　入							支　出				積立金
	総　計	賃金税	対給付課税	鉄道労働者退職勘定からの繰り入れ	一般基金払戻	任意保険料	利子収入その他	総　計	給　付	行政費用 総　額	行政費用 対給付比（%）	
1966年	1.943	1,858	—	16	37	—	32	999	891	108	12.1	944
1970年	5,979	4,881	—	66	874	—	158	5,281	5.124	157	3.1	3.202
1975年	12,980	11.502	—	138	669	7	664	11.581	11.315	266	2.4	10.517
1980年	26.097	23,848	—	244	838	18	1.149	25,577	25.064	512	2.0	13,749
1985年	51.397	47,576	—	371	1485	41	3,362	48,414	47.580	834	1.8	20,499
1990年	80,372	72,013	—	367	1406	122	8,451	66,997	66,239	758	1.1	98,933
1995年	115,027	98.421	3,913	396	523	954	10,820	117,604	116,368	1,236	1.1	130,267
2000年	167,185	144,351	8,787	465	472	1,382	11,729	131,095	128.458	2.636	2.1	177,475
2005年	199,374	171,384	8,765	445	286	2,416	16,078	182,933	180,013	2,920	1.6	285,770
2006年	211.515	181,274	10,319	471	408	2.645	16,398	191,933	188.989	2.944	1.6	305.352
2007年	223,717	191,855	10,593	483	468	2,841	17.477	203,058	200.151	2,907	1.5	326,011
2008年	230.815	198,693	11.733	526	506	2,938	16.419	235,556	232.299	3,257	1.5	321,270
2009年	225,428	190,890	12,376	524	1582	2.908	17,148	242.478	239,260	3,218	1.3	304,220
2010年	215,622	182.032	13,760	535	-142	3.310	16.128	247.925	244.463	3.461	1.4	271.918
2011年	228.945	195,592	15,143	477	275	3,267	14,190	256,673	252,879	3,795	1.5	244.189
2012年	243,046	205,730	18,643	511	262	3.441	14.459	266.841	262,894	3,947	1.5	220,394
2013年	251.149	220,817	14,310	577	228	3,417	11,800	266,178	261,906	4,272	1.6	205,366
2014年	261.239	227.445	18,066	612	204	3,251	11,662	269,312	264,852	4,460	1.7	197.292

出所：SSA 2016: Table. 8. A1より作成。

るメディケア給付の継続的な増加に、賃金税収が追い付いていない点に求められるのである。

メディケア給付額削減と国民皆保険論議

国民皆保険の制度化、及び健全なメディケア財政運営という二点は、アメリカの社会保障に関する重要な論点であった。一九三〇年代のニューディール期において、「社会保障」と「福祉」の二分法に基づいた制度設計が推し進められ、今日のアメリカ福祉政策の原型が形成された(Skocpol 1995：209-227)。一九六五年には、ジョンソン政権によって、ケネディ政権期における議論を土台に、メディケア、メディケイドが制度化されることとなった(Zelizer 1998：212-254；Derthick 1979：316-338)。このメディケア、メディケイドの導入によって、病院サービス利用者は一九六三～七〇年に六八％から七六％に増加し、診療経験のない人の割合が二〇％から八％まで減少するなど、医療サービス受給者数は確実に増えた。

一方、六〇年代から七〇年代にかけて、医療サービスや技術の改善や向上に伴って、医療費が高騰し始めた。同時期には、障害者向けメディケアや若年層を対象としたメディケイドが導入された。この状況下で、病院や医者への償還額に上限のないオープンエンド型協定や、高齢化の進行などを背景として、国民医療費の膨張が問題となり始めた。その結果、八〇年代のレーガン政権期において、メディケイド給付の縮小、及び、一人当たり給付額の抑制や事業の効率化、そして病院側に医療サービス費用を削減させることを目的としたメディケア改革が行われた。その一方で、同時期において、民間保険に対する保険料の高さが、低中所得層を圧迫し、無保険者の数を増やした。その結果、七〇～八七年に、民間医療保険加入率が八六％から七四％に下落していた。つまり、メディケアやメディケイドに対するニーズが高まっていた時期に、これらサービスの給付が抑制され、医療費の高騰、民間保険の適用範囲の縮小、医療保険における格差の拡大が大きな問題となったのである(Katz 2008：261-266)。

以上の文脈の下、無保険者を含む全国民に医療を保障し、医療市場の効率化とコスト管理で医療費の高騰を抑制する医療保障改革が政治的課題となるのは自然の流れであった。一九九二年、クリントンは大統領選挙の際、国民皆保険を目指す包括的医療改革法案を選挙公約として掲げた。この法案は、全雇用主に対して従業員の医療保険への加入を義務付け、雇用主がその保険料負担の八〇％、従業員が二〇％を負担するというものであった。しかし、共和党、民間医療保険企業などから強い反対を受け、結果的に廃案に追い込まれることとなった。その後、二〇〇〇～〇九年に無保険者が約一一八〇万人増加していたことを背景に、オバマが大統領選挙時から綱領の目玉として国民皆保険導入を強く訴えていた。その提案内容は、国民全員に健康保険への加入を義務付け、無保険者に安価な公的医療保険を提供する、あるいは貧困者に対しては医療扶助を拡充する制度を創設する、といったものであった。

しかし、このオバマの提案をめぐって、医療保険規制が州政府の管轄であったため連邦と州の間で対立が生じ、医師会や保険会社からは、医療の社会主義化や医療費負担及び財政負担増加を懸念する批判や反対が起こった(天野 2013)。結果的に、二〇一〇年三月に成立した医療保険改革法案は、基本的に国民全員に公的、民間を問わず、何らかの医療保険加入を義務付け、医療保険加入困難者が保険に加入できるよう、助成金給付あるいは税額控除を通じて保険料負担を軽減するという形に変わってしまった(根岸 2012)。その後この改革法案は、合衆国憲法違反であるとして、数々の訴訟に見舞われていることに加え、公的医療保険が創設されず、雇用主提供保険の加入率が低下傾向にあるという状況から、抜本的な無保険者問題の解消にはつながらないものとみられているのである（長谷川 2012）。

メディケア財政と公的医療保険に関する問題

十分な給付水準と適用範囲を保った健全なメディケア財政運営、及び国民皆保険の制度化及び健全なメディケア財政の健全化は依然として課題となったままである。

メディケア財政については、十分な財源の確保という点にも目を向ける必要があるだろう。財源調達を行うためには、メディケア税収を増やさなければならない。表16－2に示されるように、二〇一三年に行われた付加税率の適用によって、パートAの財政収支は改善を見せている。その一方で、高齢化の進行と非白人層のアメリカ国内への流入、就労者数や賃金水準にも社会保障財政やメディケア財政は影響され得る。この点に鑑みれば、これらの状況に左右されることなく、安定的に財源を調達できる制度の構築が必要になると考えられる。

より深刻な課題は、公的医療保険が制度化されない現状のもとでの対応である。アメリカの社会保障とメディケアの制度に包摂されるためには、収入を得、社会保障税を納めなければならない。同時に、現行の制度の下で、老齢者以外の人々は、就労し、収入を得ることで、あるいは助成金を得ることで、雇用主提供医療保険やその他民間医療保険に加入しなければならない。しかし、加入できる民間医療保険及び保険の適用範囲が稼得所得に左右され、保険料支払いが所得を圧迫しているという現状がある。以上の二点を勘案すれば、人々が就労し、十分な収入を得ることを促進するような政策は大きな意味を持つと言えるだろう。

そもそも、一九三五年社会保障法の起草段階では、「社会保障」と「福祉」の二分法は、連邦政府による公共事業などを通じた公的雇用の供給へのコミットが前提とされていた（Skocpol 1995：214）。以上を勘案すれば、低所得者や失業者の生活を保障すると同時に就労を促すような福祉の実施、すなわちワークフェアの推進、及びそのための財政運営に目を向ける必要があるといえよう。

2　罰則的なワークフェアとアメリカの「福祉」

公的扶助と就労促進政策

福祉の中心である公的扶助制度は、一九三五年社会保障法成立以降、繰り返し制度が変更されてきた。まず、同法に基づいて制定された要扶養児童扶助（Aid to Dependent Children：ＡＤＣ）は、児童を扶養するための経済的条件を欠く母子家庭を対象に現金給付を行う制度であり、州政府により運営されるものであったが、その財源の一部は連邦補助金によって賄われた。六二年にＡＤＣは、要扶養児童家庭扶助（Aid to Family with Dependent Children：ＡＦＤＣ）へと変更され、その対象が父親のいる世帯にまで拡大された。七四年に導入された補足的保障所得（Supplemental Security Income：ＳＳＩ）は、それまで州や地方の管轄に置かれていた老齢者扶助、視覚障害者扶助、障害者扶助という現金給付政策が統一され、その対象は低所得の高齢者と障害者で、連邦政府が一般財源を用いて全国一律に現金給付を行い、適格要件や給付水準も連邦政府が定めるものとされた。更に九六年には、ＡＦＤＣが貧困家庭一時扶助（Temporary Assistance for Needy Families：ＴＡＮＦ）へと変更された。また、ＴＡＮＦ受給者は、メディケイドの受給資格を自動的に取得することができることとされた。

このＴＡＮＦは、就労していることが受給の条件とされた。一九九六年にこの制度が導入された際、①現金給付開始後二年以内の職業教育・訓練への参加義務付け、②一九九七財政年度までに受給者の四分の一、二〇〇二財政年度までに半分、両親世帯については一九九九財政年度までに九〇％の就労達成を各州政府に義務付け、③②が達成されない場合、参加率の不足に応じた連邦補助金配分削減、④一六歳未満児童に対する親との同居と就学の義務付け、⑤就労移行支援サービスの制度化、⑥二年間の受給後に就労しない成人、あるいは一生の内合計で五年間福祉を受給した成人に対する追加的給付が禁じられた。また、一人親世帯は改正年度においては週二〇時間の就労を、二〇〇〇年までは週三〇時間の労働を要求された（藤田・塩野谷編 2000：160-161）。このようにアメリカの福祉は、労働すること、職業訓練を受けること、あるいは就職活動をすることを条件として、政府が低所得者を援助するという形態をとっているのである。

以上の点に鑑みれば、公的扶助受給者の就労を促進する政策が重要な意味を持つ。そのような事業は州・地方政府を中心として運営され、①地域のコミュニティ・カレッジ等で行われる職業訓練、②民間企業の下で職業訓練を受け、企業側が六カ月間半額の賃金補助を受けるＯＪＴ、③就職活動支援、④カウンセリングや読み書きの基礎教育といった事業が中心であった。

そして、これら福祉受給の中心は非白人層である。二〇一三年における失業率は、白人層では六・五％であったのに対し、アフリカン・アメリカン及びヒスパニック層ではそれぞれ一三・一％、九・一％、プエルトリコ系移民に至っては一三・六％に上った（ProQuest 2014：398）。二〇一二年における実質世帯所得の中央値は、白人世帯で五万ドルを超える一方、アフリカン・アメリカン及びヒスパニック世帯では双方三万ドル台にとどまっていた（*Ibid.*：475）。そして、年齢や一世帯あたり人数によって設定が異なるが、二〇一二年において、貧困線以下に属する白人層の割合が一二・七％であったのに対し、アフリカン・アメリカン及びヒスパニック層ではそれぞれ二七・二％、二五・六％であった（*Ibid.*：485）。以上の状況ゆえ、アメリカでは、より多くの福祉支出が民族的少数派である非白人層に流れてきた。この事実が、アメリカにおいて福祉に対する敵意を生み、再分配の促進を阻害する主な要因となっていると指摘される所以なのである（Alesina et al. 2001：61）。

連邦財政の動向

表16－1からも明らかなように、連邦政府の財政運営は一九六〇年以降赤字基調である。二〇〇〇年までに黒字化が達成されたものの、ブッシュ政権による五度の減税と国防費の拡大、二〇〇七～〇九年の不況のため、連邦財政赤字は空前の規模に達した。二〇〇九年以降、オバマ政権はブッシュ減税の延長と公共事業などによる景気対策を行った。しかし、大規模な財政出動のため財政赤字が拡大し、国債発行額が法定上限に達した。二〇一二年末には、いわゆる「財政の崖」が懸念され、財政再建策を巡る共和党と民主党の激しい議論が展開された。その結果、年収四五万ドル以上の富裕層に対するブッシュ減税が二〇一三年一月四日に打ち切られ、二〇一一年予算管理法で定められた強制的歳出削減条項が二〇一三年三月一日に発動した。同年一二月に成立した二〇一三年超党派予算法では、二〇一四年度から二年間の裁量的経費の水準を一兆一二〇億ドルに設定すること、強制歳出削減額を緩和すること、及び今後一〇年間増税なしで財政赤字を削減することなどが盛り込まれた（片桐 2014：281）。さらに、二〇一五年超党派予算法では、国債の発行が二〇一七年三月十五日まで認められ、裁量的経費の上限が引き上げられた。そのため、表16－1に示されるように、二〇一二年以降財政赤字は縮小傾向にあるものの、二〇一五年以降、財政赤字と累積債務は再び増加すると予想されている（CBO 2016：1-13）。

表16－3①は連邦政府の個人向け義務的経費（支出することが制度的に義務付けられている経費）を、②は裁量的経費（政策判断によって柔軟に増減させることができる経費）の内訳を示している。これを見ると、個人向け義務的経費の中心は、メディケ

表16－3　連邦政府義務的・裁量的経費内訳

（単位：％）

①義務的経費

事　業	2000	2005	2006	2007	2008	2009	2010	2011	2012	2013	2014	2015
個人向け事業												
教育・訓練・雇用・社会サービス	0.5	1.4	2.7	0.8	0.6	-1.0	-0.3	-0.7	-0.2	-0.7	-0.1	1.4
医　療												
メディケイド	12.4	13.8	12.8	13.1	12.6	12.0	14.3	13.6	12.3	13.1	14.4	15.2
医療保険税額控除及びコスト・シェアリング・リダクション	—	—	—	—	—	—	—	—	—	—	0.6	1.2
児童医療保険	0.1	0.4	0.4	0.4	0.4	0.4	0.4	0.4	0.4	0.5	0.4	0.4
その他	0.6	1.0	1.1	1.2	1.1	0.9	1.2	1.3	1.3	1.3	1.4	1.7
メディケア	20.4	22.3	23.0	25.6	24.2	20.3	23.3	23.7	23.0	24.2	24.1	23.5
所得保障												
退職者及び障害者	8.6	7.6	7.2	7.7	7.4	6.0	6.6	6.4	6.4	6.8	6.8	6.4
失業補償	2.2	2.4	2.2	2.2	2.7	5.7	8.2	5.8	4.5	3.3	2.0	1.4
食料及び栄養補助	2.9	3.4	3.4	3.4	3.4	3.4	4.6	4.7	4.9	5.1	4.6	4.3
SSI	3.1	2.7	2.4	2.3	2.4	2.0	2.3	2.4	2.2	2.5	2.4	2.3
TANF	2.2	1.8	1.7	1.7	1.6	1.3	1.4	1.3	1.2	1.2	1.1	1.0
EITC	2.7	2.6	2.6	2.6	2.5	2.0	2.9	2.7	2.7	2.8	2.9	2.6
児童税額控除	0.1	1.1	1.1	1.1	2.1	1.2	1.2	1.1	1.1	1.1	1.0	0.9
MWPTC	—	—	—	—	—	(1)	0.7	0.7	(1)	(1)	—	—
対州政府養子養育・養子縁組補助	0.6	0.5	0.4	0.5	0.4	0.3	0.4	0.3	0.3	0.3	0.3	0.3
住宅補助及びその他	-0.1	-0.1	(1)	(1)	0.9	0.5	0.6	0.4	0.2	0.2	0.2	0.2
社会保障	42.7	39.3	38.5	40.1	38.4	32.4	36.6	35.8	37.8	39.8	40.3	38.4
退役軍人給付及びサービス	2.8	3.0	2.6	2.6	2.7	2.3	3.0	3.5	3.3	3.9	4.1	4.0
その他援務的事量	-1.8	-3.3	-2.2	-5.2	-3.5	10.3	-7.4	-3.5	-1.4	-5.3	-6.7	-5.2
総　額（100万ドル）	951,375	1,319,430	1,411,823	1,449,987	1,594,903	2,093,239	1,913,719	2,025,966	2,030,456	2,031,634	2,098,484	2,296,559

②裁量的経費

事　業	2000	2005	2006	2007	2008	2009	2010	2011	2012	2013	2014	2015
国　防	48.0	51.0	51.1	52.6	54.0	53.1	51.1	51.9	52.1	52.1	50.6	49.9
国際情勢	3.5	4.0	3.5	3.4	3.3	3.5	3.4	3.6	3.9	3.9	4.2	4.4
一般科学・宇宙・技術	3.0	2.4	2.3	2.3	2.4	2.3	2.2	2.2	2.3	2.4	2.4	2.5
エネルギー	0.5	0.4	0.3	0.3	0.3	0.5	0.8	1.1	1.0	0.6	0.5	0.4
天然資源及び環境	4.0	3.1	3.4	3.0	2.9	2.8	3.2	3.2	3.1	3.0	3.0	3.1
農　業	0.7	0.6	0.6	0.6	0.7	0.5	0.5	0.5	0.5	0.5	0.5	0.5
商業及び住宅	0.7	0.2	0.2	0.2	0.3	0.6	0.5	-0.2	(1)	-1.2	-0.6	-0.9
交　通	7.3	6.8	6.8	6.8	6.7	6.6	6.7	6.8	7.1	7.5	7.6	7.6
コミュニティ及び地域開発	1.9	2.6	3.8	2.8	2.1	2.0	1.7	1.8	1.9	2.2	1.9	1.8
教　育	5.5	6.1	6.0	5.7	5.4	6.5	8.1	6.8	5.7	5.6	6.1	5.9
訓練・雇用・社会サービス	2.5	2.0	2.0	1.9	1.8	1.7	1.9	1.8	1.7	1.8	1.7	1.8
医　療	4.9	5.2	5.1	5.0	4.8	4.6	4.9	4.7	4.7	4.7	4.7	4.8
メディケア	0.5	0.4	0.5	0.4	0.4	0.4	0.4	0.4	0.4	0.5	0.5	0.5
所得保障	6.7	5.6	5.3	5.4	5.1	5.1	5.2	5.3	5.1	5.3	5.4	5.6
社会保障	0.5	0.5	0.5	0.5	0.4	0.4	0.4	0.4	0.4	0.5	0.5	0.5
退役軍人給付及びサービス	3.4	3.1	3.2	3.4	3.6	3.8	3.8	4.2	4.4	4.9	5.4	5.8
司法行政	4.5	4.1	4.0	4.0	4.2	4.1	3.9	4.0	4.2	4.3	4.2	4.3
一般行政	1.9	1.7	1.6	1.5	1.5	1.4	1.4	1.5	1.5	1.5	1.3	1.4
総　額（100万ドル）	614,626	968,541	1,016,624	1,041,590	1,134,884	1,237,536	1,347,166	1,347,128	1,286,087	1,202,128	1,178,674	1,168,552

注：(1)0.1％以下，あるいは -0.1％以上。
出所：OMB 2016: Table 8.5及び8.7より作成。

表16－4　連邦税収の推移

（単位：100万ドル）

財政年度	個人所得税	法人所得税	社会保障税等	消費税	その他
1960年度	40,715	21,494	14,683	11,676	3,923
1965年度	48,792	25,461	22,242	14,570	5,753
1970年度	90,412	32,829	44,362	15,705	9,499
1975年度	122,386	40,621	84,534	16,551	14,998
1980年度	244,069	64,600	157,803	24,329	26,311
1985年度	334,531	61,331	265,163	35,992	37,020
1990年度	466,884	93,507	380,047	35,345	56,174
1995年度	590,244	157,004	484,473	57,484	62,585
2000年度	1,004,462	207,289	652,852	68,865	91,723
2005年度	927,222	278,282	794,125	73,094	80,888
2006年度	1,043,908	353,915	837,821	73,961	97,264
2007年度	1,163,472	370,243	869,607	65,069	99,594
2008年度	1,145,747	304,346	900,155	67,334	106,409
2009年度	915,308	138,229	890,917	62,483	98,052
2010年度	898,549	191,437	864,814	66,909	141,015
2011年度	1,091,473	181,085	818,792	72,381	139,735
2012年度	1,132,206	242,289	845,314	79,061	151,294
2013年度	1,316,405	273,506	947,820	84,007	153,365
2014年度	1,394,568	320,731	1,023,458	93,368	189,362
2015年度	1,540,802	343,797	1,065,257	98,279	201,751

出所：OMB 2016：Table2.1より作成。

イド、メディケア、所得保障、社会保障となっている。しかし、TANF、教育や就労促進政策と関連をもつ教育・訓練・雇用及び社会サービスの経費は、一貫して小さな割合を記録している。一方、裁量的経費を見ると、教育、訓練・雇用及び社会サービス、医療、所得保障が大きな割合を示しているが、裁量的経費全体に占める割合で見ると、非常に小規模であることがわかる。以上の事実は、ワークフェア的な性格の福祉制度が採用されているが、就労促進や教育といった事業に、連邦政府が財政面でそれほど寄与していないことを示している。尚、個人向け義務的経費の欄の、EITC、児童税額控除、MWPTCの詳細は、本章第四節で説明する。

表16－4に目を向けると、連邦税制は個人・法人所得税、及び社会保障税に依存した構造となっていること、及び連邦税収が近年増加傾向にあることがわかる。この背景には、景気回復及び富裕層向けのブッシュ減税停止の影響があると思われる。しかし、表16－1が示すように、毎年赤字が記録されている状況は、連邦税制によってもたらされる税収が、歳出に追いついていないことを示している。個人・法人所得税については、各種控除や優遇措置による狭い課税ベース、低い税率、弱い所得再分配機能、及び制度の複雑さが、その特徴として指摘されてきた（Steurele 2008：Brownlee 2004）。加えてアメリカでは、たばこ税や酒税などの個別消費税は導入されている一方で、多くの先進国と異なり、連邦段階での付加価値税を導入していない（関口 2015：Prasad 2012）。このような特徴を持つ税制の下で、連邦政府は、財政需要を満たすことができるほど十分な財源を調達できていないのである。

州・地方財政の状況

さて、福祉の運営は、自己財源及び連邦補助金を用いて、州・地方政府が中心となって行っている。その州・地方政府の財政支出について、表16－5を見ると、最も規模が大きいのは教育に関する支出であり、地方政府が主にその運営を担

表16－5　州・地方政府財政支出推移

（単位：100万ドル）

財政年度	教　育	幹線道路	福　祉	医療·病院	警察·消防	天然資源	衛生·下水設備	住宅·地域開発	利子支払い	失業補償
2000年度	521,612	101,336	233,350	128,342	79,900	20,235	45,261	26,590	69,814	18,648
2005年度	689,057	124,602	362,932	170,375	106,166	25,057	58,069	39,969	81,119	29,849
2006年度	727,967	135,412	370,325	181,565	113,233	25,482	61,900	41,980	85,660	28,097
2007年度	774,373	144,713	384,769	193,072	120,916	28,717	67,016	45,937	93,586	28,934
2008年度	826,063	153,515	404,624	208,557	129,314	29,917	70,436	50,974	100,055	35,568
2009年度	851,149	154,047	431,884	220,768	135,950	30,746	75,911	49,173	105,053	66,159
2010年度	860,118	155,912	456,200	227,285	137,107	28,433	75,620	53,923	105,715	135,367
2011年度	862,271	153,895	490,645	233,018	138,137	28,689	77,154	56,284	108,478	121,870
2012年度	869,196	158,562	485,588	240,153	139,377	29,009	75,959	53,141	109,118	95,554
2013年度	876,566	158,744	516,389	247,786	144,705	28,938	78,117	51,539	108,384	71,449

出所：U.S Bureau of Census, *Statistical Abstract of the United States* 2012, 273; U.S Bureau of Census, Statistical Abstract of the United States 2015, 298; U.S Bureau of Census, Statistical Abstract of the United States 2016, 297; U.S Bureau of Census, Federal, State, and Local Governments, Government Finance Statistics, "Annual Surveys of State and Local Government Finance". (http://www.census.gov/govs/local/)（最終閲覧2016年7月21日）より作成。

表16－6　州・地方政府収入

（単位：10億ドル）

財政年度	総　計	自主財源						社会保険拠出金	移転収入			政府系企業余剰
		個人所得税等	資産収入	法人所得税	生産物及び輸入品に対する課税				連邦補助金	対企業	対個人	
					売上税	財産税	その他					
1990年度	729.6	519.1	68.5	22.5	184.3	161.5	28.3	10.0	104.4	7.1	14.9	5.6
1995年度	979.8	672.1	69.1	31.7	242.7	202.6	37.0	13.6	174.5	13.5	26.5	10.6
2000年度	1303.1	893.2	93.9	35.2	316.8	254.7	49.8	10.8	233.1	28.6	38.0	5.4
2005年度	1708.8	1166.5	88.6	54.9	402.5	351.3	81.4	24.6	343.4	36.5	56.5	-7.3
2010年度	1998.5	1305.6	82.6	47.7	446.0	435.0	79.4	18.1	505.3	43.4	63.2	-19.8
2011年度	2030.5	1368.3	79.2	50.2	466.7	439.2	88.1	18.2	472.5	44.2	65.4	-17.4
2012年度	2057.2	1416.1	75.4	52.5	482.8	442.2	92.0	18.0	444.0	44.0	70.1	-10.4
2013年度	2136.5	1479.8	74.3	55.5	507.2	449.5	95.4	18.6	450.1	49.6	71.5	-7 5
2014年度	2225.0	1517.5	75.7	58.3	524.9	455.6	95.4	18.9	494.8	48.7	72.8	-8.6

出所：U.S Bureau of Census, *Statistical Abstract of the United States* 2016, 295 より作成。

っている。次いで、福祉、健康・病院、幹線道路の順に財政支出の規模が大きいことが、同表より見て取れる。また、表16－6から、州・地方政府収入の中心は売上税及び財産税であることがわかる。売上税収は州政府の、財産税収は地方政府の主要な収入である。ところで、二〇〇八年における連邦政府と州・地方政府の事務配分の割合は、三六対六四であった。しかし、連邦、州、地方の税源配分の割合は、それぞれ五六％、二六％、一八％であった。すなわち、州・地方の担う役割と税収の間には二〇％の差があったことが分かる（川瀬 2013：14）。表16－1に示される通り、州・地方財政も全体で見れば赤字基調であることを勘案すると、現在の税制の下では、州・地方政府は、自らの担う事務を支えきれていないのである。

連邦補助金配分の問題

この点に鑑みれば、連邦補助金の福祉財政における役割は一層重要なものになる。表16－6の示す通り、連邦補助金の州・地方政府総収入に占める割合は年々上昇しており、売上税収及び財産税収をしばしば上回ることからも、このことはうかがえる。しかし、アメリカは他の先進諸国と異なり、州・地方間の財政力格差を是正する目的を持った、連邦政府からの一般補助金の形態をとっ

表16－7　職能別連邦補助金配分額

（単位：100万ドル）

職　能	1960年	1965年	1970年	1975年	1980年	1985年	1990年	1995年	2000年	2005年	2011年	2015年
国　防	5	33	37	74	93	157	241	68	2	2	—	—
国際情勢	—	4	5	—	—	—	—	—	—	—	—	—
エネルギー	6	9	25	43	499	529	461	492	433	636	5,128	577
天然資源および環境	108	183	411	2,437	5,363	4,069	3,745	3,985	4,595	5,858	8,259	7,044
農　業	243	517	604	404	569	2,420	1,285	780	724	933	938	707
商業及び住宅	2	—	4	2	3	2	—	5	1,218	1,364	2,322	1,875
輸送・交通	2,999	4,100	4,599	5,864	13,022	17,009	19,174	25,787	32,222	43,370	60,986	60,831
地域社会及び地域開発	109	643	1,780	2,842	6,486	5,221	4,965	7,230	8,665	20,167	20,002	14,357
教育・訓練・雇用及び社会サービス	525	1,050	6,417	12,133	21,862	17,080	21,780	30,881	36,672	57,247	89,147	60,527
健　康	214	624	3,849	8,810	15,758	24,451	43,890	93,587	124,843	197,848	292,847	368,026
所得保障	2,635	3,512	5,795	9,352	18,495	27,890	36,768	58,366	68,653	90,885	113,625	101,082
社会保障	—	—	—	—	—	—	—	—	6	2	27	15
退役軍人給付及びサービス	8	8	18	32	90	91	134	253	434	552	996	1,821
司法行政	—	—	42	725	529	95	574	1,222	5,263	4,784	4,876	3,664
一般政府	165	226	479	7,072	8,616	6,838	2,309	2,335	2,144	4,370	7,613	3,828
総　計	7,019	10,910	24,065	49,791	91,385	105,852	135,325	224,991	285,874	428,018	606,766	624,354

出所：OMB 2016：Table 12.3より作成。

た財政調整制度を持っていない（小泉 2004）。連邦補助金は、使途が特定の事業に限定される特定補助金、あるいは州・地方政府の裁量をある程度拡大したブロック補助金の形態をとっており、使途に制限のない一般補助金は採用されていないのである。

表16－7は職能別連邦補助金配分額を示している。この表を見ると、一九六五年以降、福祉政策に関連する連邦補助金の配分の割合が多かったのは、教育・雇用・訓練及び社会サービス、健康、所得保障に対してであったことがわかる。二〇一五年における個々の費目の詳細については、健康の費目に対する配分総額三六七八億五四〇〇ドルのうち、州政府に対するメディケイド補助金が三四九七億六二〇〇万ドルを占めていた。教育・雇用・訓練及び社会サービスの費目については、六〇五億二七〇〇万ドルの配分額の内、四一四億三九〇〇万ドルが教育に配分されていた。その一方で、医療及び社会サービスと労働に対する配分額はそれぞれ、一三六億九〇〇万ドル、四三億一七〇〇万ドルにとどまっており、非常に小規模なものであった。また、TANF補助金もそれほど大きな額ではなく、二〇一五年における所得保障向け連邦補助金配分額一〇一〇億八二〇〇万ドルのうち、わずか一五九億四〇〇〇万ドルの配分に止まっているのである（OMB 2016：Table 12.3）。

3　抑制の対象へと変化していった福祉財政

今日のアメリカ福祉政策の起こり

二〇世紀初頭までのアメリカの福祉政策の中心は、連邦、州・地方政府による老齢の南北戦争退役軍人及びその扶養者への給付、或いは老齢者、障害者、寡婦及び孤児への現金給付であった。

このような福祉政策の形態は、一九二九年の大恐慌を境に大きく変化する。州・地方政府による社会福祉支出は一九〇二年には一・七億ドルであったが、一九二九年には一三・六億ドルまで上昇し、そのアメリカ福祉財政における重要性は大きく高まっていた。しかし、大恐慌を境に、州・地方政府の間接税及び財産税を通じた財源調達は困難な状況に陥り、連邦政府は財政移転を通じて州・地方政府の社会福祉支出を支える必要性に迫られた。こうした中、一九三五年社会保障法の下で、深刻化した失業や貧困に対応するため、失業保険、公的扶助、老齢年金が成立した。失業保険は連邦政府が各州に義務付け、州政府が適格要件と給付水準を設定し、失業保険税を雇用者及び被用者から徴収するものであった。老齢扶助やADCなどの公的扶助はそれまでいくつかの州で存在した事業が全州に拡大され、事業ごとに使途が限定されている特定補助金を通じて連邦政府が費用を負担する形態となった。適格要件や給付水準は州政府に決定権が与えられた。その結果、連邦支出は州・地方に対して相対的に激増し、一九四五財政年度には、連邦支出の対GDP比は三一・八％、州・地方のそれは四・一％となったのである（Hansen 1941：118-124）。すなわち、ニューディール期から第二次大戦期を通じて、老齢年金を連邦政府が運営し、公的扶助や失業保険等の現金給付、公共事業等を通じた所得保障及びその他現物給付を、州・地方政府が連邦補助金と自己財源を通じて運営するという構造が形成されたのである。

社会政策拡充期における福祉政策

第二次世界大戦後の経済成長の中、アメリカは豊かな社会と貧しい社会が並存するという状況に突入した。産業構造の変化、機械化の進行、労働需要の変化に伴い、白人層を中心とした中間層の郊外への移動、教育ニーズの拡大が起こる一方で、農業や鉱業の変化による失業や貧困といった田園地帯の衰退、都市中心部への非白人層を中心とした人口流入、劣悪な環境と失業及び貧困といった都市問題が発生した。当時、州・地方政府はこのような状況に対処する財政力を失いつつあり、地域間での多様な制度や、大都市圏の複雑な構成のため、特定の行政機関が問題に対応することは困難であった。そのため、一九六〇年代までに、連邦政府の福祉財政運営の重要性はとみに増し、連邦、州・地方政府段階で、同様の認識が広まっていたのである（茂住 2015）。

一九六〇年代において拡充された福祉政策は、一時的に福祉財政の規模を拡大させても、長期的にはその規模を縮小させると期待されていた。ケネディ政権期には、ADCの受給対象を家族へと拡大するAFDCの導入や失業給付の拡大が行われた。しかしAFDCについては、申請者が資産や所得などの適格要件を満たせば、州政府は現金給付を行わなければなかった。そのためこの制度は、貧困層の福祉依存と非婚母子家庭を増大させ、就労意欲を阻害しているとしばしば批判されていた。そこで、このような批判に対処するため、ケネディ政権によってつくられた草案を土台に、ジョンソン政権は、職業部隊、近隣青年部隊などの職業訓練、成人教育及び社会サービス等、低所得層や失業者を労働市場に送り込み、貧困や公的扶助受給から脱却させる目的の事業を多く制度化した。また、六七年には、六歳未満の要扶養児童のいる者を除いて、就労可能なAFDC受給者に労働関連プログラムへの参加を義務付ける労働促進プログラム（Work Incentive Program：WIN）が制定された。これらの政策もまた、特定補助金の拡充を通じて実施された。そして、その対象は主に非白人層であった。この時期の福祉政策拡充は、現金給付によって受給者の生活を保障し、彼らを雇用サービスや職業訓練等により労働市場に戻すことで、非白人層を中心とした低所得層や失業者の福祉依存や貧困の解消を目的としたものだったのである（Davies 1996）。

支出抑制の対象とされた福祉

ところがその期待とは裏腹に、一九六〇年代後半以降、社会保障や各福祉制度の適用範囲が拡大されていくにつれ、福祉財政の規模がアメリカ財政全体の中での比重を高めていくこととなった。特定補助金の配分額は拡大し、州・地方政府による福祉財政運営の連邦補助金に依存する割合は一層高まった。一九六三財政年度において連邦補助金総額は八五・九六億ドルであったのが、一九六九財政年度には二〇二・五五億ドルまで増加した。項目的別でみると、最大の額を記録していたのは所得保障であり、同時期において三二・四六億ドルから四八・〇四億ドルに増加していた。また、教育・訓練・雇用・社会サービスが最も大きな伸びを示しており、同時期において六・六九億ドルから四五・三五億ドルに増加していた（川瀬 2013：36-37）。それにもかかわらず、一九六九年から一九七一年にかけての不況期に、州・地方財政はさらなる負担を強いられていた。そこで一九七二年、ニクソン政権によって一般歳入分与制度という一般補助金による財政調整制度が導入された。その仕組みは、①連邦予算の一定額に固定した交付財源を、州三分の一、地方三分の二の割合で配分し、②各州・地方政府に対する配分額は、人口、所得、税収、租税努力等の指標を組み合わせた定式により決定され、③州政府には使途を限定しない一般財源を、地方政府には使途に幾つかの限定を設け配分するというものであった。

しかし、連邦財政規模の拡大はそれ以降も続き、同時にスタグフレーションが進行したこともあり、アメリカ財政の状況は悪化の一途を辿った。そして批判の矛先は、拡大の一途を辿っていた福祉に向けられた。一九八一年のレーガン政権発足までに、公的扶助受給者数は増加し続けていた。そのため福祉は、財政赤字とインフレが急速に拡大していく要因とされ、大幅な支出削減の対象とされた。一九八一年には、包括予算調整法（Omnibus Budget Reconciliation Act：ＯＢＲＡ）が成立し、七七の特定補助金が九つのブロック補助金に統合された。

通常、ブロック補助金の使途は特定補助金に比べて広範囲にわたり、州・地方政府の裁量権が拡大すると言われる。しかし一九八一年ＯＢＲＡでは、各ブロック補助金支出が一〇～三五％削減され、一九八一～八二財政年度における連邦補助金削減額は六六億ドルに上った。最も削減額が大きかったのは教育・雇用・訓練及び社会サービスに対する補助金であり、削減額全体の七四％を占めていた。同時に、ＡＦＤＣの受給要件は厳格化され、それに伴ってメディケイドの受給対象までもが縮小されることとなった。また、一九八八年には一般歳入分与制度が廃止され、それによる一九八六～八七財政年度の連邦補助金削減額は五〇億ドルを超えた（川瀬 2013：71-94）。この結果、州・地方政府歳入に占める連邦補助金の割合は、一九八〇財政年度の三一・七％から一九八七財政年度には一九・五％に、州・地方政府歳出に占める割合は、一九七八財政年度の二六・五％から一九八九財政年度の一七・三％まで低下した。加えて、一九八七財政年度における連邦補助金の対連邦政府歳出比は一〇・〇％、対ＧＮＰ比は二・二％と、一九六〇年代末の水準まで低下した。こうして州・地方政府に対する援助を削減することによって、アメリカ福祉財政の規模は大きく抑制されることとなったのである。

ワークフェアの推進

以上の連邦補助金の削減と同時期に行われたのが、公的扶助と就労促進の結び付けである。一九八一年ＯＢＲＡの下で、各州政府福祉局が単独で就労促進事業を運営するＷＩＮデモンストレーション（一九八七年までの時限立法）、公園や道路での清掃活動等により労働経験を積ませるコミュニティ労働経験プログラム、公共機関、非営利団体、民間企業で就労したＡＦＤＣ受給者の賃金の一部或いは全額を補助する就労補給金が導入された。一九八八年には、家族支援法（Family Support Act）の下でＷＩＮが廃止され、基礎的技能習得のための就労機会基本技能訓練（Job Opportunities and Basic Skills：ＪＯＢＳ）プログラムに置き換えられた。これによりＡＦＤＣ受給者は、職業教育・訓練への参加を義務付けられ、州政府は一九九〇年までにその事業を実施し、一九九二年までに州内全域で展開することが義務付けられたのである（小林 2010：78-83）。

一九九〇年代に入ると、クリントン政権は、連邦政府の直面する膨大な財政赤字への対処を始めた。まずクリントン政権は、一九九三年ＯＢＲＡの下、増税と歳出削減の組み合わせによる財政赤字削減という、痛みを伴う改革を通じた財政再建を試みた（谷 2013）。それと同時に彼らは、技術革新投資と人的投資、双方の充実を訴えていた。彼らは、一九九六年個人責任・就労機会調整法（福祉改革法）に基づき、ＡＦＤＣ、貧困家族への緊急援助、及びＪＯＢＳプログラムに対する連邦補助金を、ＴＡＮＦブロック補助金に統合した。その際、その配分に一六四億ドルという上限を設け、五〇％であったＡＦＤＣ支出の連邦補助率を九四財政年度のＡＦＤＣ関連支出の二〇％まで縮小し、労働参加率をクリアできなかった場合、一年目に州政府が受け取る補助金の五％、二年目以降は二％ずつ、最大でＴＡＮＦ一括補助金を二一％削減するという措置が取られたのである。

二〇〇六年には、一九九六年福祉改革法の再承認が行われた。ＴＡＮＦ一括補助金は、二〇〇七～一一年度にかけての連邦政府予算総額は毎年一六四億ドルに固定された。しかし、一九九六～二〇〇六年の消費者物価指数の上昇を考慮すると、実質価値を維持するためには二一一億ドルが毎年の予算総額として設定されるべきであり、二二％実質価値が減少していた。一方、労働参加率について、二〇〇五年の福祉受給者を基準とし、成人がいる家族で五〇％、二人親がそろっている家族で九〇％が満たすべき労働参加率の水準と設定された。更に、ＴＡＮＦ等の福祉事業を担当する福祉事務所と、職業紹介や職業教育・訓練等のサービスを提供するキャリアセンターを統合し、一つの事務所で福祉と雇用に関係するサービスを提供し、福祉受給者に適した職業教育・訓練を開発し、成果を挙げた事業を普及させるということが行われたのである（根岸 2010：51-54）。

政府間財政関係とワークフェアの性格の転換

一連の改革を見ると、就労促進目的を持った州独自の施策に連邦補助金を充てることが認められ、州政府の裁量は拡大したように思われるかもしれない。しかし、二〇〇六年福祉改革法におけるＴＡＮＦ一括補助金総額の固定に象徴されるように、一九八〇年以降のＯＢＲＡの目的である連邦財政赤字削減のために連邦補助金が抑制され、州・地方政府の負担が更に重くなった点を考慮すると、むしろ彼らの実質的な政策運営に関する裁量は狭められたと見ることができる。連邦・州・地方政府間の事務配分を勘案すると、税源配分と連邦補助金配分を通じた政府間財政関係のあり方の再考が求められていると言えるだろう。

更に、ワークフェアは、単に対象者を質の低い労働市場に戻すだけで、彼らが直面する様々な問題を必ずしも解決するわけではないという批判をどのように考えるかという問題がある（岩田 2008：166-169）。事実、アメリカでは、一九八〇年代初頭から、高所得層と低所得層の増加と中所得層の減少により所得格差の拡大が進行した。その間、同じ労働者でも、企業の求める能力を持つと認められた者には一方では高い賃金や各種の付加給付が与えられ、他方、事務や警備、コンピュータ操作及び店内販売などの定型的職務に従事する労働者は賃金と付加給付を削減され、その日の生活にも困るような人々さえ生まれた。そして、一九九〇年代以降、比較的平均賃金の低いサービス業、及び平均賃金の高い金融・保険・不動産業に従事する人々が増えたことが、以上の潮流に拍車をかけた（Reich 2000=2002：163-168；Shore 1998=2011）。また、二〇一三年、学士以上の学歴を持つ人々の失業率が三・七％であるのに対し、高校卒業以下の学歴しか持たない者のそれは一一・〇％だった。そして、この傾向は非白人層においては一層顕著に表れていた（ProQuest 2014：425）。かつて一九五〇年代、これと非常に酷似した状況を目の当たりにしたガルブレイスは、連邦政府による教育政策と福祉政策の充実を訴えていた（Galbraith 1998=2006：347-372）。彼の主張の持つ意味は、それから六〇年以上経った今日においても、色あせていない。

4　租税支出とアメリカ福祉財政の機能不全

成長し続けてきた「隠れた」福祉国家

さて、ここで改めて、租税優遇措置の多用による狭い課税ベースという連邦税制の特徴に目を向けたい。この租税優遇措置は、人々に間接的に社会給付を行う「租税支出（tax expenditure）」として言及され、アメリカ福祉国家政策の特徴と広く捉えられてきた。

租税支出とは、所得控除、税額控除、優遇税率、納税猶予、及び非課税措置といった税負担を軽課する措置を、様々な社会政策と同様の目的を持った間接的な社会支出と捉える概念である。この概念は、政府支出を通じた直接的な社会支出と対比し、「隠れた福祉国家」と呼ばれる（Howard 1997）。表16－8を見ると、租税支出の規模は第一節で表した財政支出の規模と同程度となっている。しかも、教育・訓練・雇用及び社会サービス、健康、所得保障、社会保障といった機能に分類される租税支出が全体の半分を占めていることが見て取れる。また、「グロスの公的社会支出」の規模に租税支出を加えた「ネットの公的社会支出」という概念に基づいて、その水準を国際比較すると、アメリカの公的社会支出の規模が拡大し、代表的な高福祉高負担の福祉国家であるスウェーデンの社会支出規模に近づいて見えるのである（関口 2015：32）。

主な福祉政策目的の租税支出

福祉政策目的の租税支出として、表16－3で言及した勤労所得税額控除（Earned Income Tax Credit：ＥＩＴＣ）が挙げられる。この制度は、該当する勤労者が納めなければならない所得税負担額を控除額が超えた場合、その差額を給付してもらえる「給付付き税額控除」の一種といわれ、貧困層にある勤労者の税負担を引き下げ、その所得を貧困ライン以上に引き上げることを目的とした制度である。* ＥＩＴＣの場合、一定水準の所得ま

表16－8　2012～2013年租税支出推計

（単位：100万ドル）

職　能	2012年	2013年
教育・訓練・雇用及び社会サービス	107,203	105,319
健　康	206,930	229,280
所得保障	142,160	154,358
社会保障	33,420	40,850
福祉目的租税支出小計	489,713	529,807
国　防	14,140	14,640
国際関係	54,290	52,340
一般科学・宇宙及び技術	8,130	7,130
エネルギー	8,460	8,380
天然資源及び環境	2,050	2,130
農　業	1,330	1,350
商業及び住宅	433,920	404,350
輸送・交通	3,660	3,910
地域社会及び地域開発	2,480	2,250
一般目的財政補助	55,430	73,210
退役軍人給付及びサービス	5,550	6,850
利　子	980	1,020
総　計	1,080,133	1,107,367

出所：Office of Management and Budget, "Tax Expenditure Spreadsheet", Table 16.1（http://www.whitehouse.gov/omb/budget/Supplemental/）（最終閲覧2013年7月31日）より作成。

での勤労者について稼得一ドルあたり一定の額の税額控除が与えられ、勤労所得が最大控除額に達すると、勤労所得が増加するにつれて税額控除率が低下していき、最終的にはゼロとなる。勤労者のいる世帯はこの制度の有資格者であり、租税還付の一部として、この税額控除を受けとることができる。このような稼得所得上昇に比例する給付額の増加は、労働インセンティブを組み込むことで、就労収入の増加で福祉給付が削減されることで可処分所得が増加しないことを理由に福祉受給者が就労意欲を失ってしまう、「貧困の罠」を回避する効果を持つといわれている。一九七五年に導入されたこの制度は、当初はそれほど注目されなかったが、レーガン政権以降の福祉依存脱却と就労促進を中心とした福祉改革が進められるにつれ、頻繁に活用されるようになった。

表16－3で言及した児童税額控除は、一九九八年に、子供を有する家庭の負担を軽減するために導入され、要件を満たす子供一人当たり、五〇〇ドルの税額控除が与えられる。追加的勤労所得税額控除（Making Work Pay Tax Credit：MW-PTC）は、景気対策の一環として、二〇〇九～一〇年にオバマ政権が時限的に導入したものである。これは、勤労所得の六・二％（最大四〇〇ドル、夫婦共同申告の場合は最大八〇〇ドル）の税額控除が源泉徴収時に与えられるというものであった。また、福祉改革法の際に個人の就労を促進する目的で導入された雇用税額控除がある。これは、連邦政府が定める経済的困窮者や障害者を雇用する雇用主に対して、支払った賃金の一部を法人所得税負担額から税額控除するものである。それ以外にも、医療サービス消費に対する租税優遇措置、高齢者及び障害者税額控除、教育税額控除、退職貯蓄勘定拠出税額控除などが存在し、利用できる税額控除が多ければ多いほど課税所得が縮減し、その分税負担が軽くなるのである。

「隠れた」福祉国家の抱える問題

しかしながら、この「隠れた福祉国家」論は単純な話ではない。二〇一三年の所得保障目的租税支出総額に対してＥＩＴＣが占める割合を計算すると、その値は二・二％であった。訓練・雇用・社会サービス目的租税支出総額に対する雇用税額控除の割合は、二〇一三年において一・三％であり、児童税額控除のそれは二五・四％であった。一方、各職能の総額に占める割合の大きい租税支出を見ると、所得保障目的では年金拠出金・収入非課税（八八・一％）、訓練・雇用・社会サービス目的では慈善寄付控除（五四・六％）、健康目的では雇用主医療保険拠出金及び医療拠出金非課税（八八・三％）であった（OMB 2013：243-247）。このように、主に福祉政策を必要とする人々に直接利益を与えるような租税支出の規模は、相対的に小さいのである。

次に、租税支出の所得階層別の帰着という点に着目すると、租税支出は逆進的な性格を持っており、福祉政策をより必要とすると思われる低所得者より、高所得層に帰着する割合の方が高いことが指摘されている（谷・吉弘 2011）。主な租税支出の所得階層別の分布の割合を表している表16－9をみると、ＥＩＴＣや児童税額控除は低所得層に多く利用されているが、それ以外の租税支出は中高所得層により多く利用されていることが分かる。特に、控除及びキャピタルゲイン及び配当優遇税率の項目を見ると、第四～第五分位の所得階層で九割以上の租税支出を利用しているのである。以上の点に鑑みれば、租税支出は多額の税収を食い潰し、低中所得層に対して直接給付を与える事業に利用可能な財源を殆ど残さず、富裕層を中心に税負担を優遇する制度とみなすこともできる。言い換えると、アメリカは、国家が何をしているか、どのように人々に利益を与えているか、すなわち国家の役割が人々の視界から覆い隠され見えなくなっている「水没した国家（Sub-merged State）」ということができるのである

表16－9　所得階層別主要租税支出分布（2013年）

（単位：％）

	第１五分位	第２五分位	第３五分位	第４五分位	第５五分位
課税所得からの除外					
雇用主提供健康保険	8	14	19	26	34
純年金拠出及び収入	2	5	9	18	66
死亡時移転資産キャピタルゲイン	—	3	15	17	65
社会保障及び鉄道退職者給付	3	15	36	33	13
除外計	5	10	16	23	45
控　除					
州・地方税	—	1	4	14	80
住宅抵当利子	—	2	6	18	73
慈善拠出金	—	1	4	11	84
控除計		1	4	13	81
キャピタルゲイン及び配当所得優遇税率	—	—	2	5	93
税額控除					
EITC	51	29	12	6	3
児童税額控除	22	29	26	18	4
税額控除計	37	29	19	12	3
総　計	8	10	13	18	51

出所：CBO 2013：15より作成。

(Mettler 2011)。

さらに、租税支出の多用は、アメリカの税制を驚くほど複雑な体系にしている。それは、内国歳入法のガイドブックが新約聖書の一二倍の厚さに達していること、二〇一二年の納税ガイドには、一〇四〇もの書式があることからうかがえる。それゆえ、家計や企業が納税する際にかける費用や時間は膨大なものとなっていると、アメリカ内国歳入庁は報告している。そして、この複雑さは、連邦税制に対する人々の信頼を低下させ、納税者たちに、自分よりも税制に通じている人々、特に富裕層が、本来の税負担を回避していると考えさせていると指摘されているのである（Campbell 2012：108-109）。

実は、本来の租税支出概念の目的は、どの租税優遇措置の存在に正当性があるかを議論する基準を設け、不当あるいは不必要と思われる措置を廃止し、負担の公平性と累進性を強化し、必要とされる福祉政策に必要な財源を調達する能力を有する累進所得税制を構築することにあった（Surrey 1973）。この概念は、一九六〇年代後半に財務省内で進められた調査・研究によって生み出された。例えば、学費支払い分を納税額から控除する形の優遇措置について、当時の財務省租税政策担当副長官スタンリー・サリー及び財務省租税調査局員は、教育サービスを必要としている人たちに何ら利益にならない措置であるとしてその導入に反対し（Stockfisch to Lamont 1964）、人的控除の拡大及び中高所得層に多く利用されている種類の租税優遇措置の縮小・廃止の必要性が広く認識されていた（Brazer to Surrey 1965）。そして一九六七年、サリーによって初めて租税支出の概念は公にされた。しかし、今日の税制の特徴や、「隠れた福祉国家」論が広まったという事実は、租税支出概念を考案した彼らの意図や理念とはかけ離れた方向にアメリカ財政が歩みを進めてきたことを示しているのである。

今日、格差、人種間対立といった社会問題は深刻化しており、アメリカ社会の行方は混迷を極めている。財政の危機の本当の意味が、財政が有効に機能しなくなり、国家が社会経済的な危機を解消できないことであるとしたら、今日進行している状況は、まさに水没した国家アメリカの危機の象徴ということができよう。財源調達の充実は、国家の政策遂行能力の充実に不可欠であると、かねてより強調されてきた（Skocpol 1985）。このような主張に鑑みても、租税支出の評価は、アメリカ福祉財政を評価する上での重要な課題として残されている。

＊　このような性質から、ＥＩＴＣは所得保障の一種として論じられることが多い。しかし、「隠れた福祉国家」の提唱者Ｃ・ハワードは、ＥＩＴＣを間接的な社会支出の一種として分類している（Howard 1997：15）。また、連邦議会予算局（Congressional Budget Office：ＣＢＯ）や大統領府行政管理予算局（Office of Management of Budget：ＯＭＢ）は、ＥＩＴＣをそれ以外の租税支出と同等のものとして取り扱っている。本章では彼らに倣い、ＥＩＴＣを所得保障の一種としてではなく、租税支出の一つとして論じることとする。

参考文献

天野拓（2013）『オバマの医療改革――国民皆保険制度への苦闘』勁草書房。

新井光吉（2002）『アメリカの福祉国家政策――福祉切り捨て政策と高齢社会日本への教訓』九州大学出版会。

岩田正美（2008）『社会的排除――参加の欠如・不確かな帰属』有斐閣。

ウィーヴァー・R・ケント（2004）「アメリカの公的年金改革――なぜ改革は実現しないのか」新川敏光・ジュリアーノ・ボノーリ編著『年金改革の比較政治学――経路依存性と非難回避』ミネルヴァ書房。

片桐正俊（2005）『アメリカ財政の構造転換――連邦・州・地方財政関係の再編』東洋経済新報社。

片桐正俊（2014）「オバマ政権の経済・財政政策の成果と課題」『経済学論纂』第五五巻第五・六号合併号、二五九～二八六。

加藤美穂子（2013）『アメリカの分権的財政システム』日本経済評論社。

川瀬憲子（2012）『アメリカの補助金と州・地方財政――ジョンソン政権からオバマ政権へ』勁草書房。

小泉和重（2004）『アメリカ連邦制財政システム――「財政調整制度なき国家」の財政運営』ミネルヴァ書房。

小林勇人（2010）「カリフォルニア州の福祉改革――ワークフェアの二つのモデルの競合と帰結」渋谷博史・中浜隆編『アメリカ・モデル福祉国家Ⅰ――競争への補助階段』昭和堂。

関口智（2015）『現代アメリカ連邦税制――付加価値税なき国家の租税構造』東京大学出版会。

谷達彦・吉弘憲介（2011）「アメリカ型福祉国家――「小さな政府」を支えるメカニズム」井手英策・菊池登志子・半田正樹編『交響する社会――「自律と調和」の政治経済学』ナカニシヤ出版。

谷達彦（2013）「アメリカの財政再建と予算制度改革――GRH法から九〇年包括予算調整法へ」井手英策編著『危機と再建の比較財政史』ミネルヴァ書房。

西山隆行（2015）「自由主義レジーム・アメリカの医療保険・年金・公的扶助」新川敏光編著『福祉レジーム』ミネルヴァ書房。

根岸毅宏（2010）「アメリカの一九九〇年代の福祉再編――一九九五年バージニア州福祉改革と一九九六年連邦福祉改革」渋谷博史・中浜隆編『アメリカ・モデル福祉国家Ⅰ――競争への補助階段』昭和堂。

根岸忠（2012）「オバマ政権の社会保険制度改革――医療保険制度改革及び失業保険給付の延長に焦点を当てて」『大原社会問題研究所雑誌』第六三九号、三〇～三八。

長谷川千春（2012）「ゆらぐアメリカ医療保障制度――オバマ政権の医療保険改革を巡って」『立教アメリカン・スタディーズ』第三四号、一二七～一四〇。

藤田伍一・塩野谷祐一編（2000）『先進諸国の社会保障七――アメリカ』東京大学出版会。

茂住政一郎（2015）「戦後アメリカ社会の変容とケネディ政権による連邦補助金配分案」地方財務協会『地方財政』第五四巻第二号。

吉田健三（2012）『アメリカの年金システム』日本経済評論社。

吉弘憲介（2013）「付加価値税なき国、アメリカの増税政策――租税の公平性を中心に」井手英策編著『危機と再建の比較財政史』ミネルヴァ書房。

Alesina, A. (2001) Edward Glaeser, ad Bruce Sacerdote, "Why Doesn't the United States Have a European-Style Welfare State?" *Brookings Papers on Economic Activity*, No. 2.

Berkowitz, E. D. (1991) *America's Welfare State: From Roosevelt to Reagan*, Baltimore: The Johns Hopkins University Press.

Brazer, H. E. to Surrey, S. S. "Report: Tax Policy," October 3, 1965, National Archives College Park (NACP) (1964-1965) Record Group 56, Office of Tax Policy: Subject Files (OTPSF), Box 68, Folder: Tax Reform: 1965.

Brownlee, W. E. (2004) *Federal Taxation in America: A Short History, New Edition*, New York: Cambridge University Press.

Campbell. A. L. (2012) "America the Undertaxed—U.S. Fiscal Policy in Perspective," *Foreign Affairs*, Vol.91, No.5, 99-112, September/October 2012.

Congressional Budget Office (CBO) (2013) *The Distribution of Major Tax Expenditures in the Individual Income Tax System*, May 2013.

Congressional Budget Office (CBO) (2016) *The Budget and Economic Outlook: 2016 to 2026*, January 2016.

Davies, G. (1996) *From Opportunity to Entitlement: The Transformation and Decline of Great Society Liberalism*, University Press of Kansas.

Derthick. M. (1979) *Policymaking for Social Security*, Washington. D.C.: The Brookings Institution.

Galbraith, J. K. (1998) *The Affluent Society, 40th Anniversary Edition*, New York: Houghton Mifflin Company.（鈴木哲太郎訳『ゆたかな社会――決定版』岩

波書店、二〇〇六年。）

Hacker, J. (2002) *The Divided Welfare State: The Battle over Public and Private Social Benefits in the United States*, New York: Cambridge University Press.

Hansen, A. H. (1941) *Fiscal Policy and Business Cycle*, New York: W.W. Norton & Company, Inc.

Howard, C. (1997) *The Hidden Welfare State: Tax Expenditures and Social Policy in the United States*, New Jersey: Princeton University Press.

Katz, M. B. (2008) *The Price of Citizenship: Redefining the American Welfare State, Updated Edition*, Philadelphia: University of Pennsylvania Press.

Martin, I. W. (2007) *The Permanent Tax Revolt: How the Property Tax Transformed American Politics*, Stanford: Stanford University Press.

Mettler, S. (2011) *The Submerged State: How Invisible Government Policies Undermine American Democracy*, Chicago: The University of Chicago Press.

Mozumi, S. (2015) *A Prelude to Fiscal Gridlock of the United States: Social Policy, Taxation and Policymaking of the Administration of John F. Kennedy*, Ph.D. Dissertation, the Graduate School of Economics, Keio University, Tokyo.

Office of Management and Budget (OMB) (2012) *Historical Tables: Budget of the United States Government Fiscal Year 2013*, Washington D.C.: Government Printing Office.

Office of Management and Budget (OMB) (2013) *Analytical Perspectives: Budget of the United States Government Fiscal Year 2014*, Washington D.C.: Government Printing Office.

Office of Management and Budget (OMB) (2013) *Historical Tables: Budget of the United States Government Fiscal Year 2014*, Washington D.C.: Government Printing Office.

Office of Management and Budget (OMB) (2016) *Historical Tables: Budget of the United States Government Fiscal Year 2017*, Washington D.C.: Government Printing Office.

Palme, J. (1990) *Pension Rights in Welfare Capitalism: The Development of Old-Age Pensions in 18 OECD Countries 1930 to 1985*, Swedish Institute for Social Research-Dissertation Series.

Prasad, M. (2012) *The Land of Too Much: American Abundance and the Paradox of Poverty*, Cambridge: Harvard University Press.

ProQuest (2014) *ProQuest Statistical Abstract of the United States 2015*, Lanham: The Rowman & Littlefield Publishing Group, Inc.

Reich, R., B. (2000) *The Future of Success: Working and Living in the New Economy*, Vintage.（＝清家篤訳『勝者の代償――ニューエコノミーの深淵と未来』東洋経済新報社、二〇〇二年。）

Shore, J., B. (1998) *The Overspent American: Upscaling, Downshifting, and the New Consumer*, New York: Basic Books, 1998.（＝森岡孝二監訳『浪費するアメリカ人――なぜ要らないものまで欲しがるか』岩波書店、二〇一一年。）

Skocpol, T. (1985) "Bringing the State Back In: Current Research" in Peter B Evans, Dietrich Rueschemeyer and Theda Skocpol eds., *Bringing the State Back In*, New York: Cambridge University Press.

Skocpol, T. (1995) *Social Policy in the United States: Future Possibilities in Historical Perspective*, New Jersey: Princeton University Press.

Stockfisch, J. A. to Lamont, D. I. (1964-1965) "Answers to Questions Regarding Tax Policy," October 2, 1964, NACP, RG 56, OTPSF, Box 69, Folder #96: Tax Policy.

Social Security Administration (SSA) (2016) *Annual Statistical Supplement to Social Security Bulletin, 2015*, April 2016.

Steinmo, S. (2010) *The Evolution of Modern States: Sweden, Japan, and the United States*, New York: Cambridge University Press.

Steuerle, C. E. (2008) *Contemporary U.S. Tax Policy, 2nd ed.*, Washington, D.C.: The Urban Institute Press.

Surrey, S. S. (1973) *Pathways to Tax Reform: The Concept of Tax Expenditures*, Cambridge: Harvard University Press.

Zelizer, J. E. (1998) *Taxing America: Wilbur D. Mills, Congress, and the State, 1945-1975*, Cambridge: Cambridge University Press.

文献案内

第1章

① ＯＥＣＤ編（小島克久、金子能宏訳）『格差は拡大しているか――ＯＥＣＤ加盟国における所得分布と貧困』（原著：*Growing Unequal? Income Distribution and Poverty in OECD Countries*, OECD Publishing, 2008）明石書店、二〇一〇年。

＊本書は、ＯＥＣＤ加盟国における所得格差の特徴を把握したうえで、人口構造と世帯構造の格差に対する影響、賃金格差と所得格差の相互関係、政府の現金給付と税制による再分配の程度、貧困の状況と継続性、所得以外の貧困指標、所得格差の世代間移動性、公的な現物給付の役割、資産の世帯間分布、そして政府の課題を検討している。

② 新川敏光編著『福祉レジーム』福祉＋α⑧、ミネルヴァ書房、二〇一五年。

＊本書は、市場外の社会保障制度が生活を保障する「脱商品化」の度合い及び女性の経済的自立と家族構成の多様性を示す「脱家族化」の度合いを指標として、先進国を社会民主主義・自由主義・保守主義及び家族主義の4レジームに類型化する。そのうえで、ヨーロッパ、アメリカ、中南米、東アジア及びオセアニアの一九カ国における福祉レジームの特徴とその変容について分析する。

③ 神野直彦・池上岳彦編『租税の財政社会学』税務経理協会、二〇〇九年。

＊本書は、財政制度の歴史と国際比較を重視して政策形成過程を分析する財政社会学アプローチにより、租税政策の分析を展開する。日本・カナダ・アメリカ・ドイツ・スウェーデン等の税制改革における圧力要因と転換要因が、福祉・環境・教育などの財政支出との関係を意識した事例研究により明らかにされる。

④ 池上岳彦「社会保障と教育の財政制度」池上岳彦編『現代財政を学ぶ』有斐閣、二〇一五年、第一二章。

＊本章は、現代財政の論理と現状を把握するテキストの一環として、社会保障と教育の論理及び日本における財政制度の特徴を明らかにしたうえで、今後の課題について検討している。

第2章

① 横山和彦・田多英範編著『日本社会保障の歴史』学文社、一九九一年。

＊戦前から一九八〇年代までにおける日本の社会保障・社会福祉制度の歴史について、制度的な変遷を既述するだけではなく、それが批判的に検討されている。社会保障・福祉制度の変遷をたどるには厚生省五十年史編集委員会編『厚生省五十年史』（厚生問題研究会、一九八八年）も有用である。

② 吉原健二・和田勝『日本医療保険制度史 増補改訂版』東洋経済新報社、二〇〇八年。

＊元厚生省官僚によって書かれたもので、戦前から二〇〇〇年代までにおける日本の医療保険制度の変遷、およびその背景を知ることができる。年金保険制度の変遷については吉原健二・畑満『日本公的年金制度史』（中央法規、二〇一六年）、矢野聡『日本公的年金政策史』（ミネルヴァ書房、二〇一二年）がある。

③ 厚生労働統計協会編『保険と年金の動向』厚生労働統計協会、各年版。

＊月刊誌『厚生の指標』の増刊号として一九六三年から毎年発刊されており、その時々の医療・年金保険の現状を調べるのに便利である。現状だけではなく、制度の歴史的展開、諸外国の制度の動向にも触れられている。

④ 小山路男編著『戦後医療保障の証言』総合労働研究所、一九八五年。

＊雑誌『健康保険』（健康保険組合連合会）に連載された、厚生官僚に対するヒアリングをまとめたもので、戦後の医療保険制度改革に携わった当事者の考えを知ることができる。一方、厚生年金についての同類の書として、厚生団編『厚生年金保険制度回顧録』（社会保険法規研究会、一九八八年）がある。

⑤ 国立社会保障・人口問題研究所『日本社会保障資料Ⅳ（一九八〇〜二〇〇〇）』国立社会保障・人口問題研究所、二〇〇五年。

＊社会保障・福祉に関係する各省庁・各審議会などによる報告書・文書資料を収載した資料集である。国立社会保障・人口問題研究所のウェブサイトで閲覧することができる。それ以前の時期については、『日本社会保障資料』一〜三が冊子体の形で存在する。

第3章

① 池上岳彦編『現代財政を学ぶ』有斐閣、二〇一五年。

＊財政学のテキスト。本書の第6章と第7章では租税の理論、租税制度の国際比較、日本の税制の仕組みと改革の論点について解説されている。

② 諸富徹『私たちはなぜ税金を納めるのか——租税の経済思想史』新潮社、二〇一三年。

＊四〇〇年にわたる租税制度と、その背後にある経済思想の歴史を一般向けに丁寧に説いている。

③ 田原芳幸編著『図説日本の税制』財経詳報社、二〇一六年。

＊日本の税制の仕組みを図表や統計を用いて解説しており、諸外国の税制改革の動向や、日本税制の国際比較に関するデータも紹介している。また、毎年度改訂され税制改正にも対応している。

④ 宮島洋『租税論の展開と日本の税制』日本評論社、一九八六年。

＊現代における税制改革の理論の展開と、日本税制の問題点を詳しく論じている。やや古いが、租税論を学ぶ上での必読書である。

⑤ 石弘光『現代税制改革史——終戦からバブル崩壊まで』東洋経済新報社、二〇〇八年。

＊終戦後からバブル崩壊に至るまでの長期にわたる日本の税制改革の変遷を、改革の背景にある租税政策のあり方や租税理論との関係に触れつつ解説している。

第4章

① 市川貴崇『日本の中央-地方関係——現代型集権体制の起源と福祉国家』法律文化社、二〇一二年。

＊現代日本の中央-地方間の集権体制が、明治期に形成されたものではなく、占領期に「機能的集権化」が進展したことにより、福祉国家に

適合的なものとして形成されたものであることを明らかにした研究書。

② 金澤史男『福祉国家と政府間関係』日本経済評論社、二〇一〇年。

＊二〇〇九年に急逝した著者の遺稿集。近年における日本の福祉国家財政と地方財政の変化を歴史的に把握し、市場主義的な改革を批判するとともに、公共性や権利といった観点からあるべき改革の方向性について提言している。

③ 小西砂千夫『基本から学ぶ地方財政』学陽書房、二〇〇九年。

＊通常の地方財政のテキストとは異なり、地方財政計画や地方交付税の算定方法など、主として地方財政のマクロ的な制度について詳細に解説した書。「基本から」と銘打ってはいるものの、極めて高度なトピックを扱っている。

④ 長沼進一『現代日本地方財政論——地方財政の構造と改革』勁草書房、二〇一一年。

＊地域経済格差、三位一体改革、税源移譲と税源配分、地方債とその格付けなど、近年の地方財政をめぐるトピックについて論じている。社会保障と地方財政の関係に関しても、生活保護、高齢者医療、介護保険などについて論じている。

⑤ 持田信樹編『地方分権と財政調整制度——改革の国際的潮流』東京大学出版会、二〇〇六年。

＊財政調整制度について、理論および国際比較の観点から考察した論文集。特に国際比較では、垂直的財政調整と水平的財政調整のそれぞれについて、欧米諸国を中心とした各国における近年の改革動向を論じている。

第5章

① 駒村康平『日本の年金』岩波新書、二〇一四年。

＊年金制度について代表的論者である著者が、日本の年金制度の現状と問題点、近年の改革動向とその評価、今後想定される重要課題と求められる制度改革の可能性などについて、豊富なデータを用いつつ、一般向けに丁寧に説いている。

② 厚生統計協会編『保険と年金の動向（各年版）』厚生統計協会。

＊年金と医療保険を中心に、日本の社会保険制度の沿革、現状、改革の経緯などについて詳細に紹介している。社会保険制度のオフィシャルガイド的な一冊である。

③ ＯＥＣＤ編著（岡部史哉訳）『図表でみる世界の年金　ＯＥＣＤインディケータ（2013年版）』（原著：*Pensions at a Glance 2013: OECD and G20 Indicators*, OECD Publishing, 2013）明石書店、二〇一五年。

＊各国の年金政策とその改革動向が、豊富な統計指標や制度比較をつうじて綿密に紹介されている。日本の年金制度の国際比較のなかでの立ち位置をつかむとともに、各国の改革動向を俯瞰することができる。

④ 新川敏光、ジュリアーノ・ボノーリ編著（新川敏光監訳）『年金改革の比較政治学——経路依存性と非難回避』（原著：*Ageing And Pension Reform Around The World: Evidence From Eleven Countries*, Edward Elgar, 2005）ミネルヴァ書房、二〇〇四年。

＊一九八〇年代以降の日本および欧米諸国における高齢化と年金改革の関係を左右する諸条件について、各国の政治学者が本格的な比較分析を行っている。年金制度改革をめぐる各国の苦闘や事情の共通性と多様性を知るうえで有益な議論が展開されている。

第6章

①池上直己、J・C・キャンベル『日本の医療――統制とバランス感覚』中公新書、一九九九年。

＊日本の医療政策の特徴と、その政策決定にあたり主要な諸関係団体（政府、厚生省、医師会等）がどのように折衝してきたかをわかりやすく描いた良書。もともとはアメリカの読者向けに、日本における医療費抑制に関する構造的要因を明らかにする目的で書かれた。そのため入門書としても適切で、かつ学術的にも意義のある内容となっている。

②吉原健二・和田勝『日本医療保険制度史』東洋経済新報社、二〇〇八年。

＊日本の公的医療保険制度の歴史を紐解くにあたり参考となる書。九〇〇を超える頁数からもわかるように、その内容は極めて包括的である。著者は厚生省（現厚生労働省）にて、医療保険の政策形成の現場に長く関与してきた二氏であり、貴重な資料も多く含まれている。

③OECD. Health at a Glance. OECD Indicators.『図表で見る世界の保健医療　ＯＥＣＤインディケータ（2013年版）』（原著：*Health at a Glance 2013: OECD Indicators*, OECD Publishing, 2013）明石書店、二〇一四年。

＊日本の医療の特徴を学ぶ上で、国際比較の視点は欠かせない。本書は日本の医療に特化した専門書ではないが、敢えてこの場に挙げておく。一人当たり医療費や高齢化率等、日本の保健、医療指標はどの側面を切り取っても異例であり、日本のみを取りあげた専門書よりも参考になる点は多いであろう。

第7章

①森詩恵『現代日本の介護保険改革』法律文化社、二〇〇八年。

＊日本における介護制度について、措置制度の時期から介護保険制度まで歴史的な文脈を踏まえて整理しているのが本書である。初学者にはやや難しい内容であるが、制度の形成過程に基づいて現在の問題を論じている。

②増田雅暢編著『世界の介護保障』法律文化社、二〇〇八年。

＊日本の制度的特徴を考える上でも、他国における公的な介護サービス制度について知ることは重要となる。同書は先進諸国および中韓など東アジア諸国の公的介護サービス制度の概説および比較を行っている。他国の制度の関心について基本的情報を得るものとなろう。

③沖藤典子『介護保険は老いを守るか』岩波新書、二〇一〇年。

＊本書は社会保障審議会の委員という立場である著書が、介護保険制度の現場を丹念に歩くことでまとめられたものである。現行制度の課題点等がコンパクトにまとめられており、新書ということで、初学者にも手に取りやすい文献といえる。

第8章

①大沢真理『現代日本の生活保障システム――座標とゆくえ』岩波書店、二〇〇七年。

＊現代の福祉国家をめぐる類型論を問い直し、日本の福祉国家を「男性稼ぎ主」型として把握する、ジェンダー・アプローチに立った考察を展開している。「男性稼ぎ主」型の特徴が形作られ、補強されていく日本の政策展開についても示唆に富む考察が加えられている。

②阿部彩『子どもの貧困――日本の不公平を考える』岩波新書、二〇〇

八年。

＊近年まで日本では顧みられることのなかった子どもの貧困の実態とそれを生み出す政策的・社会的要因を、具体的な統計データを交えつつ平易かつ多面的に論じている。子どもの貧困問題について警鐘を鳴らし、注目を促す先駆けとなった一冊である。

③ ゲスタ・エスピン―アンデルセン『ポスト工業経済の社会的基礎――市場・福祉国家・家族の政治経済学』桜井書店、二〇〇〇年。

＊福祉国家の類型論の祖というべき著者が、工業化以後のサービス経済化や雇用構造の転換を踏まえつつ、「脱家族化」という社会的変化にも着目して、自らの福祉国家論の新展開を示している。グローバルな観点から日本の問題を考えるために有益な書。

④ 山本隆・山本惠子他編『よくわかる福祉財政』ミネルヴァ書房、二〇一〇年。

＊社会福祉行財政論の立場から、福祉財政全般について平易かつ的確に解説した一冊。児童福祉財政についても、基本的事項をおさえつつ、保育所・児童相談所・障害児支援など事業ごとの財源・費用の基本構造について紹介している。

⑤ OECD（経済協力開発機構）編著、高木郁朗監訳『国際比較：仕事と家族生活の両立 OECDベイビー&ボス総合報告書』明石書店、二〇〇九年。

＊ワーク・ライフ・バランスの問題を軸として、OECD諸国における家族政策を貴重な統計データに基づき比較検討している。なお、OECDのウェブサイトで公開されている“Family Database”では、最新のデータを入手することが可能である。

第9章

① 小澤温編『よくわかる障害者福祉（第六版）』ミネルヴァ書房、二〇一六年。

＊日本の障害者福祉制度を包括的に紹介しつつ、家族への支援や当事者を取り巻く環境、制度の形成過程等に関する当為についても論じている。障害者福祉の全体像を理解するために有益な書である。

② 河東田博『ノーマライゼーション原理とは何か――人権と共生の原理の探求』現代書館、二〇〇九年。

＊ノーマライゼーションの原理を探りつつ、その概念の変遷について分析している。さらにヨーロッパ諸国における法的具体化の考察を通じて、各国の実態を明らかにしている。それらとの比較から日本におけるノーマライゼーションの課題を把握することができる。

③ 瀧澤仁唱『障害者間格差の法的研究――格差法認と自立支援』ミネルヴァ書房、二〇〇六年。

＊日本の障害者法制によって生み出された格差の問題について検討している。交通機関や生活支援、就労などの諸側面において、法令から浮かび上がる障害に関する概念と実態とを考察している。諸制度間の障害の定義の違いについて学ぶことができる。

第10章

① 埋橋孝文編著『生活保護』福祉＋αシリーズ④、ミネルヴァ書房、二〇一三年。

＊日本の生活保護制度を取り巻く課題について網羅的な整理がなされているほか、本書でほとんど取り上げることのできなかった諸外国の公的扶助制度についても紹介されている。生活保護を含めた公的扶助の

在り方についての基本的知識を得る上で最適な一冊である。

② 阿部彩・國枝繁樹・鈴木亘・林正義『生活保護の経済分析』東京大学出版会、二〇〇八年。

＊生活保護制度についての解説に留まらず、公的扶助に関する財政分析や、他の社会保障制度との関連性についての考察が丹念に行われている。自治体の生活保護費についても詳しく論じられている。

③ 岩永理恵『生活保護は最低生活をどう構想したか』ミネルヴァ書房、二〇一一年。

＊生活保護制度における最低生活費の算定方式の変化に着目し、そこにどのような政治的背景や財政事情があったのかを紐解いたものである。マクロ的財政運営との関係で最低生活費が決められていく過程を膨大な資料を手掛かりに考察している。

④ 星野菜穂子『地方交付税の財源保障』ミネルヴァ書房、二〇一三年。

＊この本の第3章で「生活保護の財源保障」問題が取り上げられる。生活保護費の四分の一は地方自治体の負担とされているが、それにかかる地方交付税の財源保障の実情とその課題について、大都市自治体の事例を取り上げ、分析・考察が行われている。

⑤ 沼尾波子「自治体の生活保護行政をめぐる現状と課題」『社会政策研究』九、一五九〜一七八頁、二〇〇九年。

＊行財政改革を通じた地方自治体職員の削減とともに、生活保護行政の運営体制の確立が難しくなっている状況について紹介している。福祉事務所の運営体制確保に向けて、国の補助金を活用しながら専門性を持った嘱託職員を雇用する取組み等を紹介している。

第11章

① 樋口美雄「雇用保険制度改革」宮島洋・西村周三・京極高宣『社会保障と経済2　財政と所得保障』東京大学出版会、二〇一〇年。

＊主要先進国との比較からみた日本の雇用保険制度の特徴や制度改正の経緯、雇用保険制度が人々の就業行動などに与えた影響を分析した国内外の既存研究を踏まえて、雇用保険制度改革の主な論点を検討している。

② 禹宗杬「雇用政策の再構築に向けて」埋橋孝文・連合総合生活開発研究所編『参加と連帯のセーフティネット——人間らしい品格ある社会への提言』ミネルヴァ書房、二〇一〇年。

＊行き過ぎた市場化ではなく、市場に秩序を与える「制度化」という観点から日本の雇用政策の再構築について検討している。具体的には、労働市場の規制（雇用形態の適正化）、職業紹介、職業訓練について現状と問題点を明らかにしたうえで再構築の方向性を示している。

③ 佐口和郎「日本における地域雇用政策の進化と現状」社会政策学会編『社会政策』第二巻第三号、五〜二〇頁、二〇一一年。

＊日本には不在とされてきた地域雇用政策の二〇〇〇年代における進化過程と現状について、事例を紹介しつつ明らかにしている。また、日本における地域雇用政策の重要性と可能性を、雇用政策・雇用システムの変質と関連付けて論じている。

第12章

① マイケル・ヒル、ゾーイ・アービング（埋橋孝文、矢野裕俊訳）『イギリス社会政策講義——政治的・制度的分析』（原著：*Understanding social policy*, Wiley-Blackwell, 2009）ミネルヴァ書房、二〇一五年。

＊イギリスで定評のあるテキストの邦訳である。所得保障、雇用政策、保健医療政策、社会福祉、教育、住宅といった幅広い分野が論じられている。政策立案や執行の過程について詳しく頁が割かれていることが特徴である。

② 大沢真理『イギリス社会政策史』東京大学出版会、一九八六年。

＊ベヴァリッジ報告の中心的な思想であり、また、独創的なものとして評価されてきた「最低生活費保障原則」が救貧法に由来するものであることを、緻密な実証分析により明らかにした著作。イギリスの社会保障制度の根幹を理解するうえでの必読文献である。

③ 毛利健三編著『現代イギリス社会政策史』ミネルヴァ書房、一九九九年。

＊イギリスの社会政策・社会保障政策を、雇用政策、所得保障政策、医療保障政策、住宅政策、労使関係政策など分野ごとに詳しく紹介した著作。出版は少し前のものではあるが、①で紹介した文献よりも歴史的記述が豊富であり、補完的に読むと勉強になる。

第13章

① ピエール・ロザンヴァロン（北垣徹訳）『連帯の新たなる哲学　福祉国家再考』（原著：*La nouvelle question sociale: repenser L'Etat-Providence*, Seuil, 1995）勁草書房、二〇〇六年。

＊福祉国家の危機が叫ばれるようになって久しい一九九〇年代半ば、フランスの歴史家・政治哲学者ピエール・ロザンヴァロンによって書かれた現代社会分析および福祉国家の危機に対する処方箋。本書では、伝統的な社会権の概念では扱いきれない排除という新しい社会問題にも対応した福祉国家のあり方が模索され、雇用市場から排除された者に補償を与えることに満足する「受動的福祉国家」から社会参入を積極的に促す「能動的福祉国家」への転換の必要性が論じられる。一九八〇年代以降のフランスの社会保護制度の変遷を理解するうえで重要なキーワードとなる社会的連帯や排除の問題がどのように議論されていたのかを知ることができる。

② ジャン＝クロード・バルビエ、ブルーノ・テレ（中原隆幸、宇仁宏幸、神田修悦、須田文明訳）『フランスの社会保障システム――社会保護の生成と発展』（原著：*Le système français de protection sociale*, 2004 (Première édition), La Découverte, 2004）ナカニシヤ出版、二〇〇六年。

＊慢性的な高失業、少子高齢化など、他の欧州諸国もフランスと同様の問題に直面しているが、社会保護制度はなおも国ごとに多様である。社会学者と経済学者による共著である本書の特徴は、個別の制度解説にとどまることなく、一九七〇年代以降のフランスの社会保護制度の変遷と特徴を欧州諸国との国際比較を通じ、経済状況の動きと関連付けながらダイナミックに論じていることである。データや図表も多く掲載されており、フランスの福祉財政の概要を理解する助けとなるだろう。

③ 伊奈川秀和『フランスに学ぶ社会保障改革』中央法規、二〇〇〇年。

＊戦後フランスの社会保護制度の法的な変遷とその政治的な背景について詳細に論じられている。本書は特に、フランスの社会保障を理解するうえで重要でありながら、本章では十分に論じることができなかった社会保障機関の自律性の問題など、社会保護制度を取り巻く使用者、労働者（労働組合）、議会、省庁などのアクターの立場やそれぞれの間の関係性に着目している。一九九〇年代までのフランスの社会保護

制度の法的根拠や詳しい制度の内容を理解したい読者にとっては必読書である。

第14章

① 古谷徹・塩野谷祐一編『先進諸国の社会保障④　ドイツ』東京大学出版会、一九九九年。

＊本書は、日本との比較を踏まえながら、ドイツの社会保障の歴史的発展と制度の特徴について詳細に解説している。制度の内容は社会保険、社会扶助、家族政策など網羅的であり、本書は九〇年代の制度改革の動向までを扱っている。

② 松本勝明『ドイツ社会保障論Ⅱ――年金保険』信山社、二〇〇四年。

＊本書は、ドイツの医療・年金・介護の三つの社会保険制度を扱った三巻本のうちの第二巻であり、年金保険に関して詳細かつ網羅的な解説をしている。年金保険財政に関して、一章分の紙幅が割かれており、その内容と問題点が分かりやすく整理されている。

③ 松本勝明『ドイツ社会保障論Ⅲ――介護保険』信山社、二〇〇七年。

＊本書は、ドイツの医療・年金・介護の三つの社会保険制度を扱った三巻本のうちの第三巻であり、介護保険に関して詳細かつ網羅的な解説をしている。②と同様、介護保険財政に関する詳細な記述があるため、財政問題に関心のある読者にとっては必読書である。

④ 近藤正基「保守主義レジームから変化するドイツ」新川敏光編著『福祉レジーム』福祉＋α⑧、ミネルヴァ書房、二〇一五年。

＊本論文は、ドイツの福祉国家の特徴とその変化について論じている。著者はドイツの政治および福祉国家の展開について質の高い書籍を既に数冊発刊している。本論文はメルケル政権期までカバーしており、近年のドイツの福祉国家の展開について学習したいという読者にお勧めしたい。

第15章

① バルバーラ・マルティン＝コルピ（太田美幸訳）『政治のなかの保育　スウェーデンの保育制度はこうしてつくられた』（原著：*Förskolan i Politiken: om intentioner och beslut bacom den svenska förskolans framväxt*, Utbildnings-och kulturdepartmentet, 2006）かもがわ出版、二〇一〇年。

＊本書は、スウェーデンの保育制度の展開過程を扱っている。実際に政策に携わった著者の視点から保育政策に参加する各種アクターの記述がなされ、スウェーデンにおける保育の普遍化の過程を学ぶことができる。本書の末尾では、次のような普遍的福祉の特徴を示す、国会で行われたインタビュアーと子どものやりとりが紹介されている。「あなたはどうしてプレスクールに行くの？」「子どもだからだよ」。

② 大岡頼光『教育を家族だけに任せない　大学進学保障を保育の無償化から』勁草書房、二〇一四年。

＊福祉財政を考える上で、本来ならば、高等教育を視野に入れた教育財政の分析が必要になる。一五章で扱えきれなかったスウェーデンにおける奨学金政策や大学教育の無償化、保育政策に関する歴史的経緯が、本書で分析されている。スウェーデンの福祉財政に関心がある方や、日本においても注目される教育の公私分担に関心のある方に、本書を手にとってもらいたい。

③ 湯本健治・佐藤吉宗『スウェーデン・パラドックス　高福祉、高競争力経済の真実』日本経済新聞出版社、二〇一〇年。

＊本書は、高負担高福祉と高成長率を両立させているスウェーデンの競争社会としての側面を明らかにしている。スウェーデンの競争力を支える労使関係、産業構造の転換過程、雇用・賃金システムの歴史・制度について、詳細な分析がなされている。スウェーデンの高い競争力に関心のある方に本書を推薦したい。

④ レグランド塚口淑子編『「スウェーデン・モデル」は有効か——持続可能な社会へ向けて』ノルディック出版、二〇一二年。

＊本書は、スウェーデン・モデルとも称されるスウェーデンの特徴をあらゆる観点から分析している。社会保障制度のみではなく、環境問題、家庭・子育て・仕事の関係、家族関係の変遷など多くの論点が扱われている。

第16章

① 藤田伍一・塩野谷祐一編『先進諸国の社会保障⑦——アメリカ』東京大学出版会、二〇〇〇年。

＊二〇〇〇年出版と少々古い本ではあるが、アメリカ福祉政策の基本的な制度や理念が分かりやすく紹介されている。その中でも、本章で取り扱うことのできなかった社会保障、メディケア及びメディケイドの支出面の詳細な分析が行われている。

② 片桐正俊『アメリカ財政の構造転換——連邦・州・地方財政関係の再編』東洋経済新報社、二〇〇五年。

＊アメリカ福祉国家の変容を、一九六〇年代から二〇〇〇年代前半までの連邦財政、社会保障、福祉といった諸制度の改革、及び政府間財政関係の変容といった観点から分析している。

③ 西山隆行「自由主義レジーム・アメリカの医療保険・年金・公的扶助」新川敏光編著『福祉レジーム』福祉＋α⑧、ミネルヴァ書房、二〇一五年。

＊アメリカ型福祉国家の特徴を、国家、市場、家族、コミュニティそれぞれの役割と義務に着目して論じたもの。特に、本章で触れることのできなかったＮＰＯの役割について論じているところに、本論文の特色がある。

④ Katz, M. B. *The Price of Citizenship: Redefining the American Welfare State, Updated Edition*, Philadelphia: University of Pennsylvania Press, 2008.

＊アメリカの社会政策の歴史と特徴を、社会保障、福祉、労働、都市政策といった分野ごとに詳細に扱ったもの。「隠れた福祉国家」論に言及しつつ、福祉と社会保障という二分法がどのように生じ、いかにして今日のアメリカ型福祉国家が形成されたのか論じている。

⑤ 関口智『現代アメリカ連邦税制——付加価値税なき国家の租税構造』東京大学出版会、二〇一五年。

＊アメリカ連邦税制の特徴を、統計と歴史分析に依拠し、詳細に論じたもの。連邦の個人・法人所得税、社会保障税の動向、一九九〇年代から二〇〇〇年代までの税制改正がアメリカ連邦税制の特質を形成する過程、付加価値税を巡る議論の動向など、多くの論点が扱われている。

な　行

は　行

ま　行

や　行

た　行

さ　行

索　引

（＊は人名）

嶋田崇治（しまだ・たかはる）**第14章**

1983年　生まれ。
2013年　慶應義塾大学大学院経済学研究科後期博士課程単位取得満期退学。
現　在　下関市立大学経済学部経済学科准教授。
主　著　「1975年ドイツ所得税改革と財源調達を巡る政府間財政関係の実態――連邦国家ドイツにおける相対的財政健全性の一考察」『地方財政』第54巻第6号，地方財務協会，2015年。
"Explaining Japan's Fiscal Performance? Why has it Become an Outlier?"（共著），E. Ide and G. Park (eds.), *Deficits and Debt in Industrialized Democracies*, New York: Routledge, 2015.
「ドイツにおける債務累積回避的な財政金融構造の形成過程」井手英策編『危機と再建の比較財政史』ミネルヴァ書房，2013年。

古市将人（ふるいち・まさと）**第15章**

1983年　生まれ。
2011年　横浜国立大学国際社会科学研究科博士課程後期修了。
2011年　博士（経済学，横浜国立大学）。
現　在　帝京大学経済学部経済学科准教授。
主　著　『分断社会を終わらせる――「だれもが受益者」という財政戦略』（共著）筑摩書房，2016年。
『租税抵抗の財政学――信頼と合意に基づく社会へ』（共著）岩波書店，2014年。

茂住政一郎（もずみ・せいいちろう）**第16章**

1987年　生まれ。
2015年　慶應義塾大学大学院経済学研究科経済学専攻後期博士課程修了。
2015年　経済学博士（慶應義塾大学）
現　在　横浜国立大学大学院国際社会科学研究院准教授。
主　著　"Kennedy-Johnson Tax Cut of 1964, the Defeat of Keynes, and Comprehensive Tax Reform in the United States," *Journal of Policy History*, 30 (1), 2018.
"A Prelude to the Flood of Red Ink: From a Study of Comprehensive Tax Reform in the 1950s to Federal Tax Reform 1962 in the United States," *Keio Economic Studies*, Keio Economic Society, No. 52, 2016.
「戦後アメリカ社会の変容とケネディ政権による連邦補助金配分案」地方財務協会編『地方財政』第54巻第2号，2015年。

吉弘憲介（よしひろ・けんすけ）**第7章**

1980年　生まれ。
2007年　東京大学大学院経済学研究科博士課程単位取得退学。
現　在　桃山学院大学経済学部准教授。
主　著　「オバマ政権下の包括税制改革提案を巡る議論とその特徴」『桃山学院大学・経済経営論集』57巻３号，2016年。
「アメリカの消費ベース課税思想」『現代租税の整備と思想』宮本憲一・鶴田廣巳・諸富徹編著，有斐閣，2014年。

水上啓吾（みずかみ・けいご）**第９章**

1980年　生まれ。
2010年　東京大学大学院経済学研究科現代経済専攻博士課程単位取得退学。
2012年　博士（学術，横浜国立大学）。
現　在　大阪市立大学大学院都市経営研究科准教授。
主　著　『ソブリン危機の連鎖――ブラジルの財政金融政策』ナカニシヤ出版，2016年。
『グローバル資本主義と新興経済』（共著）日本経済評論社，2015年。
『日本財政の現代史Ⅱ――バブルとその崩壊1986～2000年』（共著）有斐閣，2014年。

沼尾波子（ぬまお・なみこ）**第10章**

1967年　生まれ。
1997年　慶應義塾大学大学院経済学研究科後期博士課程単位取得退学。
現　在　東洋大学国際学部国際地域学科教授。
主　著　『地方財政を学ぶ』（共著）有斐閣，2017年。
『交響する都市と農山村――対流型社会が生まれる』（編著）農山漁村文化協会，2016年。
『地域包括ケアと生活保障の再編――新しい「支え合い」システムを創る』（共著）明石書店，2014年。

谷　達彦（たに・たつひこ）**第11章**

1981年　生まれ。
2012年　立教大学大学院経済学研究科経済学専攻博士課程後期課程単位取得退学。
2014年　博士（経済学，立教大学）。
現　在　東北学院大学経済学部共生社会経済学科准教授。
主　著　『現代財政を学ぶ』（共著）有斐閣，2015年。
『日本財政の現代史Ⅰ――土建国家の時代1960～85年』（共著）有斐閣，2014年。
『危機と再建の比較財政史』（共著）ミネルヴァ書房，2013年。

佐藤　滋（さとう・しげる）**各国比較，第12章**

1981年　生まれ。
2009年　横浜国立大学大学院国際社会科学研究科グローバル経済専攻博士課程後期修了。
2009年　博士（経済学，横浜国立大学）。
現　在　東北学院大学経済学部共生社会経済学科准教授。
主　著　「イギリス帝国の『福祉国家』構想――マラヤ，シンガポールにおけるベヴァリッジ報告の『受容』と国家積立基金制度の形成」『国際政治』第191号，2018年。
『租税抵抗の財政学――信頼と合意に基づく社会へ』（共著）岩波書店，2014年。
『交響する社会』（共著）ナカニシヤ出版，2011年。

小西杏奈（こにし・あんな）**第13章**

1984年　生まれ。
2009年　東京大学大学院経済学研究科現代経済専攻修士課程修了。
現　在　帝京大学経済学部経済学科助教。
主　著　“The Difficulty of Fiscal Consolidation in France”（共著）E. Ide and G. Park (eds.) *Deficits and Debt in Industrialized Democracies*, New York: Routledge, 2015.
「フランス・ドイツの福祉国家への分岐」（共著）井手英策編『日本財政の現代史Ⅰ――土建国家の時代 1960年～1985年』有斐閣，2014年。
「フランスにおける単一総合累進課税の形成――1959年税制改革の考察」日本財政学会編『ケインズは甦ったか（財政研究第６巻）』有斐閣，2010年。

執筆者紹介

高端正幸（たかはし・まさゆき）**編者，第5章，第8章**

編者紹介欄参照。

伊集守直（いじゅう・もりなお）**編者**

編者紹介欄参照。

池上岳彦（いけがみ・たけひこ）**第1章**

1959年　生まれ。
1991年　東北大学大学院経済学研究科経済学専攻博士課程後期課程修了。
1991年　博士（経済学，東北大学）。
現　在　立教大学経済学部経済政策学科教授。
主　著　「社会保障の財源問題」『社会政策』第9巻第1号，社会政策学会，2017年。
『現代財政を学ぶ』（編著）有斐閣，2015年。
『分権化と地方財政』岩波書店，2004年。

村松　怜（むらまつ・りょう）**第2章**

1985年　生まれ。
2013年　慶應義塾大学大学院経済学研究科博士課程修了。
2013年　博士（経済学，慶應義塾大学）。
現　在　山形大学人文社会科学部講師。
主　著　"Tax Reform during the American Occupation of Japan: Who Killed Shoup?"（共著）E. Brownlee, E. Ide and Y. Fukagai (eds.), *The Political Economy of Transnational Tax Reform: The Shoup Mission to Japan in Historical Context,* Cambridge, Cambridge University Press, 2013.
「シャウプ地方税制『解体』の一側面——税源分離の問題を中心として」『エコノミア』第63巻第2号，横浜国立大学経済学会，2012年。
「占領期日本における税務行政と所得税減税——戦後減税政策の開始」『三田学会雑誌』第104巻第2号，慶應義塾経済学会，2011年。

根岸睦人（ねぎし・むつひと）**第3章**

1977年　生まれ。
2011年　立教大学大学院経済学研究科経済学専攻博士課程後期課程修了。
2011年　博士（経済学，立教大学）。
現　在　新潟大学経済学部経済学科准教授。
主　著　『現代財政を学ぶ』（共著）有斐閣，2015年。
『日本財政の現代史Ⅲ——構造改革とその行き詰まり 2001年～』（共著）有斐閣，2014年。
「創設期の固定資産税における資産評価問題——土地・家屋評価の地域間の均衡化を中心として」『日本地方財政学会叢書　政令指定都市・震災再復興都市財政の現状と課題』第21号，日本地方財政学会編，2014年。

天羽正継（あもう・まさつぐ）**第4章**

1978年　生まれ。
2010年　東京大学大学院経済学研究科現代経済専攻博士課程単位取得退学。
現　在　高崎経済大学経済学部経済学科准教授。
主　著　『日本財政の現代史Ⅱ——バブルとその崩壊 1986～2000年』（共著）有斐閣，2014年。
『ソブリン危機と福祉国家財政』（共著）東京大学出版会，2014年。
『危機と再建の比較財政史』（共著）ミネルヴァ書房，2013年。

福田直人（ふくだ・なおと）**第6章**

1979年　生まれ。
2018年　東京大学大学院経済学研究科博士課程修了。
2018年　博士（経済学，東京大学）。
現　在　帝京大学経済学部経営学科講師。
主　著　「シュレーダー政権期における企業課税改革の変遷——ハンス・アイヒェル財務大臣期を中心とした考察」『國學院経済学』63巻第3・4合併号，國學院経済学会，2015年。
「ドイツにおける福祉と就労の融合——アクティベーション政策の考察」『大原社会問題研究所雑誌』669号，2014年7月号，大原社会問題研究所，2014年。
「失業時所得保障の比較研究——日独比較を中心に」『社会政策』第4巻第1号，社会政策学会，2012年。

《編者紹介》

高端正幸（たかはし・まさゆき）

1974年　生まれ。
2002年　東京大学大学院経済学研究科博士課程単位取得退学。
2013年　博士（経済学，横浜国立大学）。
現　在　埼玉大学大学院人文社会科学研究科准教授。
主　著　『地方財政を学ぶ』（共著）有斐閣，2017年。
　　　　『復興と日本財政の針路』岩波書店，2012年。
　　　　『地域切り捨て――生きていけない現実』（共編著）岩波書店，2008年。

伊集守直（いじゅう・もりなお）

1975年　生まれ。
2007年　東京大学大学院経済学研究科博士課程単位取得退学。
現　在　横浜国立大学大学院国際社会科学研究院教授。
主　著　『地方財政・公会計制度の国際比較』（共著）日本経済評論社，2016年。
　　　　『危機と再建の比較財政史』（共著）ミネルヴァ書房，2013年。
　　　　『水と森の財政学』（共著）日本経済評論社，2012年。

福祉＋α ⑪
福祉財政

2018年9月20日　初版第1刷発行　〈検印省略〉

定価はカバーに
表示しています

編　者　高端正幸
　　　　伊集守直
発行者　杉田啓三
印刷者　中村勝弘

発行所　株式会社　ミネルヴァ書房
607-8494 京都市山科区日ノ岡堤谷町1
電話代表（075）581-5191
振替口座 01020-0-8076

中村印刷・新生製本

ISBN978-4-623-08369-5
Printed in Japan